Anette Scharla-Dey
Franz Peter Tschauner

MIT DEM WOHNMOBIL NACH HESSEN

Teil 2: Mitte & Süden

Lahntal · Taunus · Wetterau · Spessart · Odenwald
Neckartal · Bergstraße · Rhein-Main-Gebiet · Rheingau

Die Anleitung für einen Erlebnisurlaub

DER WOHNMOBIL-VERLAG
D-98634 Mittelsdorf/Rhön

Bibliografische Information der Deutschen Bibliothek

Die Deutsche Bibliothek verzeichnet diese Publikation in der Deutschen Nationalbibliografie.
Detaillierte bibliografische Daten sind im Internet über <http://dnb.ddb.de> abrufbar.

Titelbild:
Frankfurt, alte Oper

1. Auflage 2016

Druck:
www.schreckhase.de

Vertrieb:
GeoCenter ILH, 70565 Stuttgart

Herausgeber:
WOMO-Verlag, 98634 Mittelsdorf/Rhön
GPS: N 50° 36' 38.2" E 10° 07' 55.6"

Fon: 0049(0)36946-20691
Fax: 0049(0)36946-20692
eMail: verlag@womo.de
Internet: www.womo.de

Autoren-eMail: afp@womo.de

ISBN 978-3-86903-831-5

EINLADUNG

Liebe Leserin, lieber Leser,

zum zweiten Mal möchten wir Sie auf eine Reise durch unsere Heimat mitnehmen und Sie mit der charakteristischen Vielfältigkeit der hessischen Landschaften vertraut machen!

Duftende Wiesen und glucksende Bäche, große Flüsse und tiefe Wälder bilden einen beeindruckenden Rahmen für ausgedehnte Wanderungen sowie Radtouren. Saubere Badeseen locken zum spritzigen Badevergnügen und gepflegte Thermalbäder versprechen Entspannung pur. Spazieren Sie durch sympathische Fachwerkorte, besuchen Sie eine Vielzahl von Museen und Unesco-Welterbestätten oder begleiten Sie uns in weltoffene Metropolen und mondäne Heilbäder.
Neben kleineren Flüssen mäandern die Hauptwasserwege Rhein, Main, Lahn und Neckar durch die reizvolle Natur- und Kulturlandschaft. Die Gipfel und Höhenzüge im Taunus fallen leicht in die welligen Hügel der Wetterau ab und in den Wäldern von Spessart oder Odenwald warten historische Schlösser und sagenumwobene Burgen auf kleine und große Entdecker. Von lichtem Mischwald bedeckte Bergkuppen strecken sich dem Himmel entgegen, weite Talmulden öffnen sich und lang gezogene Hochflächen fallen in schluchtenartige Täler ab. Immer wieder gedeihen auf Streuobstbäumen Äpfel für das hessische Nationalgetränk, den Äppelwoi, und sonnenverwöhnte Hänge bringen edle Tropfen hervor. Das Rhein-Main-Gebiet präsentiert reizvolle Kontraste zwischen der imposanten Skyline in Frankfurt, historischen Fachwerk-Altstädten und eleganter Jugendstil-Architektur. An der Bergstraße betört der früh einziehende Frühling mit einem Duft von Mandel-, Pfirsich- und Kirschblüten und das Hessische Ried zeigt eine besondere Naturvielfalt. Zum Abschluss fasst der Rheingau noch einmal zusammen, was die hessischen Regionen an Kultur, Wein, Natur und Sehenswürdigkeiten zu bieten haben und verabschiedet sich mit der typischen Lebensfreude und herzlichen Gastfreundschaft der Hessen.

Viele schöne Reiseerlebnisse und eine angenehme Urlaubszeit wünschen Ihnen

Anette Wasla-Ay   Franz Peter Tiedmann

Sehr geehrter Leser, lieber WOMO-Freund!

Reiseführer sind für einen gelungenen Urlaub unverzichtbar – das beweisen Sie mit dem Kauf dieses Buches. Aber aktuelle Informationen altern schnell, und ein veralteter Reiseführer macht wenig Freude.

Sie können helfen, Aktualität und Qualität dieses Buches zu verbessern, indem Sie uns nach Ihrer Reise mitteilen, welchen unserer Empfehlungen Sie gefolgt sind (freie Stellplätze, Campingplätze, Wanderungen, Gaststätten usw.) und uns darüber berichten (auch wenn sich gegenüber unseren Beschreibungen nichts geändert hat).

Bitte füllen Sie schon während Ihrer Reise das Info-Blatt am Buchende aus und senden Sie es uns **unmittelbar** nach Ihrer Rückkehr zu (gerne auch formlos als eMail).

Dafür gewähren wir Ihnen auch bei späteren Buchbestellungen direkt beim Verlag ein Info-Honorar von 10%.

Aktuelle Korrekturen finden Sie unter: forum.womoverlag.de

Um die freien Übernachtungs- und Campingplätze auf einen Blick erfassen zu können, haben wir diese im Text in einem Kasten nochmals farbig hervorgehoben und, wie auf den Karten, fortlaufend durchnummeriert. Wir nennen dabei wichtige Ausstattungsmerkmale und geben Ihnen eine kurze Zufahrtsbeschreibung. »Max. WOMOs« soll dabei andeuten, wie viele WOMOs dieser Platz maximal verträgt und nicht, wie viele auf ihn passen würden (schließlich gibt es auch Einwohner und andere Urlauber)!

Übernachtungsplätze mit **B**ademöglichkeit sind mit hellblauer Farbe unterlegt. **W**anderparkplätze sind grün gekennzeichnet. **P**icknickplätze erkennen sie an der violetten Farbe. Auf Schlafplätzchen, denen die gerade genannten Merkmale fehlen – also auf einfache **S**tellplätze – weist die Farbe Gelb hin. Empfehlenswerte **C**ampingplätze haben olivgrüne Kästchen. Wanderungen, die wir Ihnen besonders ans Herz legen möchten, haben wir hellgrün unterlegt.

Und hier kommt das Kleingedruckte:

Jede Tour und jeder Stellplatz sind von uns meist mehrfach überprüft worden, wir können jedoch inhaltliche Fehler nie ganz ausschließen. Bitte achten Sie selbst auf Hochwasser, Brandgefahr, Steinschlag und Erdrutsch!

Verlag und Autoren übernehmen keine Verantwortung für die Legalität der veröffentlichten Stellplätze und aller anderen Angaben. Unsere Haftung ist, soweit ein Schaden nicht an Leben, Körper oder Gesundheit eingetreten ist, ausgeschlossen, es sei denn, unsere Verantwortung beruht auf Vorsatz oder grober Fahrlässigkeit.

Inhaltsverzeichnis

Zeichenerklärungen für die Tourenkarten

Touren / abseits der Touren

Autobahn
4-spurige Straße
Hauptstraße
Nebenstraße
Alternativroute
Schotterstraße
Rad-/Wanderweg

(**nicht** für freie Übernachtungen)
S W WOMO - Stell-, Wander-
P B Picknick-, Badeplatz

(**geeignet** für freie Übernachtungen)
11 12 WOMO - Stell-, Wander-
13 14 Picknick-, Badeplatz

Kirche, Kloster
Burg/Schloss, Ruine
878 m Berggipfel/Heilbad
Aussicht, Rundsicht
Aussichts-/röm. Wachturm
Sehenswürdigkeiten
Bergwerk/Grube, Höhle
V E Ver-/Entsorgung, Strom
WC Toilette
15 C empf. Campingplatz/Campingplatz
GPS N 50° 36' 03.8" E 10° 07' 12.0"

Alle übernachtungsgeeigneten Plätze sind im Text und auf den Tourenkarten fortlaufend nummeriert.

Einleitung

Nachdem wir uns in Band 81 der WOMO-Buch-Reihe mit den nördlichen und östlichen Regionen Hessens eingehend beschäftigt haben, erscheint nun der zweite Teil über Mittel- und Südhessen. Auch diesmal haben wir Unbekanntes entdeckt, Schönes erlebt und uns erneut in unsere Heimat verliebt.

Fast alle hessischen Regionen zeichnen sich durch eine unverfälschte Naturlandschaft aus. Endlos erscheinende Wälder wechseln sich mit sanften Hügeln und Tälern ab, in weiten Ebenen finden sich bezaubernde Fachwerkstädtchen und auf den Höhen wachen stimmungsvolle Burgen. Gegenden, die schon beim Durchfahren begeistern, aber erst beim Wandern und Radfahren oder beim Paddeln auf der Lahn ihren ganzen Reiz offenbaren. Den Kulturhunger stillen bekannte und weniger bekannte Museen sowie Ausstellungen oder die Unesco-Welterbestätten Limes, Grube Messel, Kloster Lorsch und Oberes Mittelrheintal. Traditionsreiche Thermal-, Kneipp- und Solebäder empfehlen sich für Badekuren und versprechen ein umfangreiches Wellness-Angebot in teilweise historischem Ambiente. Viele Freizeit- und Tierparks, Museen und Städte bieten spezielle Erlebnis- und Abenteuermöglichkeiten für Kinder.

Das Rhein-Main-Gebiet ist stark besiedelt und besonders bei schönem Wetter, an Wochenenden und Feiertagen sowie in den Ferienzeiten wird es schwer, in den Naherholungsgebieten rund um die Ballungsgebiete ein ruhiges Fleckchen zu finden.

Bevor wir Sie auf unsere von ganz persönlichen Wahrnehmungen und Vorlieben geprägte Reise mitnehmen, gestatten Sie uns, Ihnen in dieser Einleitung und im Anhang am Ende des Buches, einige Empfehlungen mit auf den Weg zu geben. Alle Touren bereisten wir problemlos mit unserem Wohnmobil, einem Hymer B 528 SL mit einer Länge von 6,60 m, einer Breite von 2,30 m und einer Höhe von 3 m sowie einem zulässigen Gesamtgewicht von 3,85 t. Sollte es nach unseren Einschätzungen für größere Reisemobile auf den beschriebenen Strecken Einschränkungen geben können, weisen wir im Text gezielt darauf hin.

Für Ihre Anreise wählen Sie am besten die von Westen nach Südosten verlaufende Autobahn A45, um mit unserer Tour 1 in Dillenburg zu beginnen. Ebenso empfehlen sich diverse Ausfahrten an der A5 oder die A61 als Start- bzw. Endpunkt Ihrer Reise. Für eine unkomplizierte An- und Abreise ist also bestens gesorgt und der Einstieg in unsere Touren an verschiedenen Punkten möglich. Da sich unsere Reiserouten an mehreren Stellen sehr nahe kommen, bietet sich ein „Touren-Hopping“ an. Sie können sich natürlich auch „sklavisch“ an unsere

Tourenvorschläge halten – wir empfehlen Ihnen jedoch, dieses Buch eher als Anleitung, als Gerüst für Ihren Urlaub zu betrachten! Gehen Sie zusätzlich auf Ihre eigene Erkundungsreise – Hessen hat so viel mehr Interessantes, Schönes und Geschichtliches zu bieten, als dass es Platz in diesem Büchlein finden könnte!
Gemäß dem Credo des WOMO-Verlages haben wir zahlreiche freie Stell- und Übernachtungsplätze gefunden. Wohnmobil-Touristen sind in Hessen gern gesehen und so nennen wir auch offizielle Stellplätze, die sich genau wie die von uns aufgeführten Campingplätze für einen längeren Aufenthalt besonders anbieten.
Für das leibliche Wohl nennen wir eine kulinarische Mischung vom noblen Restaurant über einfache Dorfgaststätten bis zum geselligen Weinprobierstand.
Eintrittsgelder, Entgelte für Stadtführungen u. ä. sind einem steten Wandel unterworfen, sodass wir auf die genaue Angabe in der Regel verzichtet haben und lediglich darauf hinweisen, wenn sie anfallen. Die zur Zeit unserer Recherche bekannten Gebühren für Stellplätze (€ bis 5 €, €€ bis 10 €, €€€ über 10 € jeweils für 2 Personen, 1 WOMO, ggf. Strom und V/E extra) und Campingplätze (€ bis 25 €, €€ über 25 €, €€€ über 30 € jeweils für 2 Personen, 1 WOMO, ggf. Strom und V/E extra) geben wir als Anhaltspunkt gestaffelt an.
Mit sehr viel Freude und Spaß, aber auch mit Arbeit und Mühe haben wir für die vorliegenden Tourenvorschläge recherchiert. Wir testeten Sehenswürdigkeiten und Aktivitäten vor Ort und haben unsere Erlebnisse für Sie aufgeschrieben. Trotz aller Sorgfalt ist es möglich, dass sich die Gegebenheiten bereits bei Erscheinen dieses Buches verändert haben. Wenn Ihnen Derartiges auffällt, Sie etwas Neues entdecken oder Ihnen etwas besonders gut gefallen hat, würden wir uns über eine entsprechende Nachricht freuen! Auch wenn Ihnen etwas missfallen hat, lassen Sie es uns bitte wissen. Nur so können wir Ihren WOMO-Reiseführer bei der nächsten Auflage verbessern. Ihre Tipps und Anregungen sind uns immer willkommen! Hierzu können Sie das vorbereitete Infoblatt am Ende des Buches benutzen oder uns direkt per E-Mail kontaktieren. Wir danken Ihnen bereits heute im Voraus für Ihre Mithilfe!

Anette Scharla-Dey und Franz Peter Tschauner
E-mail: afp@womo.de

Nun aber genug der Vorrede – wir hoffen, Ihnen einige nützliche und anregende Vorschläge für Ihre nächste Urlaubsreise nach Hessen gemacht zu haben und wünschen Ihnen viel Freude beim Erleben!

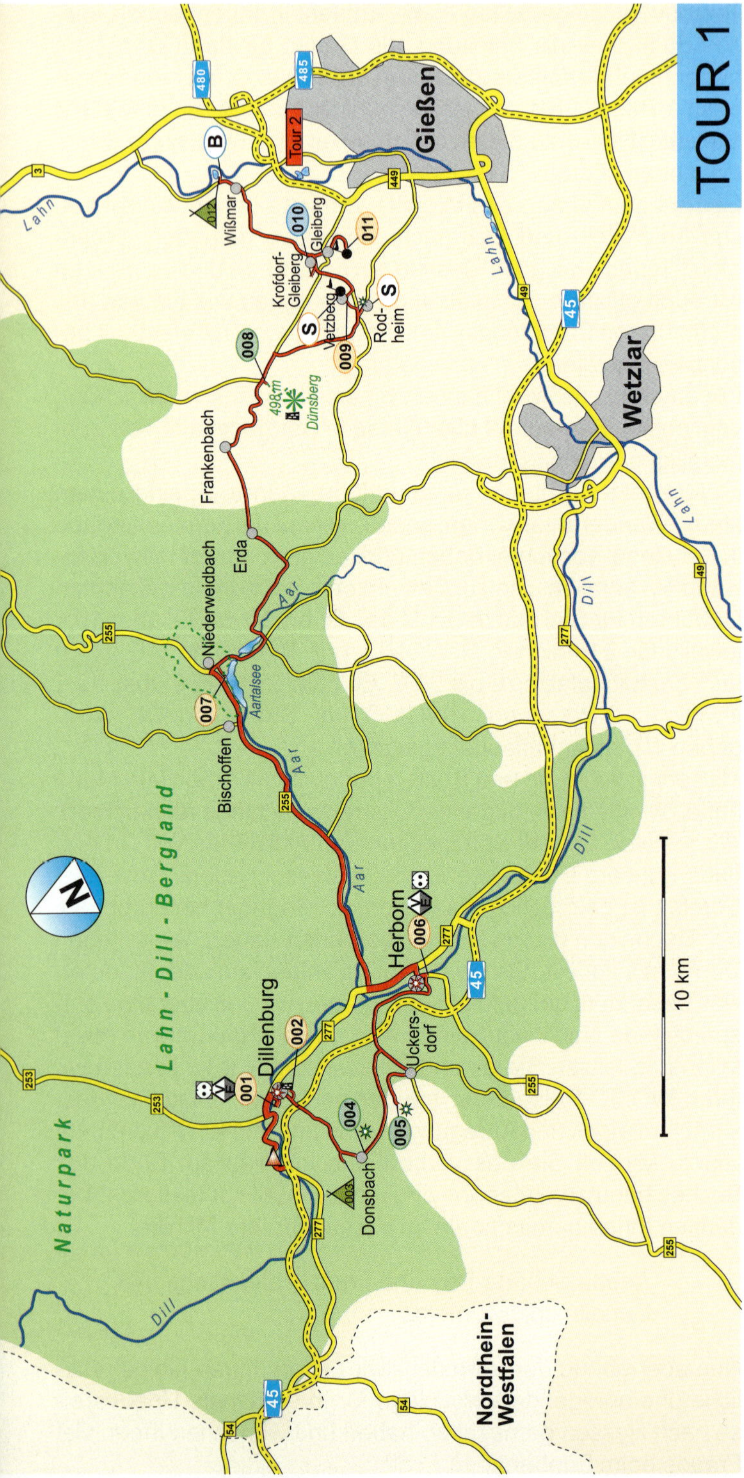
TOUR 1
Gießen
Wetzlar
Tour 2
Naturpark
Lahn - Dill - Bergland
Dillenburg
Herborn
Uckersdorf
Donsbach
Bischoffen
Niederweidbach
Aartalsee
Erda
Frankenbach
Dünsberg
498 m
Wetzberg
Rodheim
Krofdorf-Gleiberg
Gleiberg
Wißmar
Nordrhein-Westfalen
Lahn
Dill
Aar
10 km
001
002
003
004
005
006
007
008
009
010
011
012
B
S
45
49
54
253
255
277
449
480
485
3

Tour 1 70 km

Dillenburg - Donsbach - Uckersdorf - Herborn - Bischoffen - Vetzberg - Gleiberg - Wettenberg

Stellplätze: Dillenburg, Donsbach, Uckersdorf, Herborn, Bischoffen, Dünsberg, Vetzberg, Gleiberg, Wettenberg.
Campingplätze: Dillenburg Waldcamp Meerbornheide, Wettenberg Campingplatz Wißmarer See.
Ver-/Entsorgung: Dillenburg, Herborn.
Besichtigen: Dillenburg Stadtbild, Schlossberg Museen m. Kasematten, Hess. Landgestüt; Donsbach Wildpark; Uckersdorf Vogel- u. Naturschutztierpark; Herborn Stadtbild, Städt. Museum; Dünsberg Keltensiedlung; Vetzberg Burgruine; Rodheim Keltenkeller, Gail'scher Park; Gleiberg Burgruine; Wettenberg Holz + Technik Museum.
Wandern: Donsbach, Herborn, Bischoffen, Dünsberg, Gleiberg.
Radfahren: Dillenburg, Herborn, Bischoffen, Dünsberg, Wettenberg.
Baden: Dillenburg, Bischoffen, Krofdorf-Gleiberg, Wettenberg.
Essen: Dillenburg Bartmann's; Vetzberg u. Gleiberg Burggaststätten.

Unsere Reise durch die Mitte und den Süden Hessens beginnen wir zwischen Rothaargebirge und Westerwald am Ufer der Dill. Egal, ob man gerade wie wir, mit dem **WOMO-Band 81 „Mit dem Wohnmobil nach Hessen, Norden und Osten"** unterwegs war und aus Richtung Biedenkopf (B253) kommend die B277 erreicht, oder direkt über die A 45 auf der genannten Bundesstraße landet: Der Weg nach DILLENBURG ist nicht zu verfehlen. Der dortige offizielle Stellplatz ist eher zweckmäßig als schön zu nennen. Der Parkraum für WOMOs in Dillenburg ist sehr eng bemessen, daher bietet er jedoch den unbestrittenen Vorteil, dass wir von hier nach etwa 500 m Fußweg die reizvolle Altstadt gut erreichen können. Für den Besuch der Museen auf dem Schlossberg fahren wir später einen höher gelegenen Parkplatz an.

(001) WOMO-Stellplatz: Dillenburg, Aquaarena offiziell

GPS: N 50°44'27.0" E 8°16'44.0"
Stadionstraße/Am Sportzentrum **max. WOMOs:** 10
Ausstattung/Lage: V/E/Strom gegen Gebühr, ansonsten gebührenfrei, ausgewiesene Teile eines Großparkplatzes, Fußwege ca. 1 km zum Schlossberg und 500 m zur Innenstadt, Schwimmbad (Mo/Fr 13 - 20, Di/Do 8 - 22 Uhr, Mi 6 - 21 Uhr, Sa 11 - 18 Uhr, So 8 - 19 Uhr, evtl. veränderte Öffnungszeiten beachten, www.aquaarena.org), Wander- u. Radwege, Supermarkt in der Nähe, Mülleimer, Skaterpark, Altglas-Container, nachts ruhig/im Ort.
Zufahrt: Auf der B277 am 1. Kreisel geradeaus Richtung Zentrum und am 2. Kreisel rechts Richtung Schlossberg/Donsbach fahren. Dann rechts zum Stadion abbiegen und dem WOMO-Piktogramm folgen.

(002) WOMO-Stellplatz: Dillenburg, P 8 Schlossberg

GPS: N 50°44'06.8" E 8°16'57.5"; Auf der Schütte **max. WOMOs:** 2 - 3
Ausstattung/Lage: Tisch und Bank, 5 Minuten Fußweg zu den Museen und zum Wilhelmsturm, Mülleimer/Ortsrand.
Zufahrt: Wie vor, jedoch kurz vor dem Ortsausgang von Dillenburg links Richtung Schlossberg abbiegen und ca. 300 m bis zum links liegenden Parkplatz fahren.

Dillenburg und die Oranier

In den verwinkelten Gassen der 1254 erstmals urkundlich erwähnten Stadt begegnen wir auf Schritt und Tritt Spuren aus der Vergangenheit. Vorbei am **Alten Rathaus** aus dem Jahr 1723, in dem die **Tourist-Info** (Mo - Fr 8 - 16 Uhr, Hauptstraße, Telefon 02771/896151 www.dillenburg.de) untergebracht ist, säumen teils aufwendig restaurierte Fachwerkhäuser unseren Weg. So ist z. B. das dreistöckige **Haus Stremmel** aus der Barockzeit am Hüttenplatz, der seinen Namen von einer 1444 genannten Eisenhütte erhielt, zu nennen. Zu den ältesten heute noch bestehenden Gasthäusern zählt die „**Krone**", in deren ersten tapezierten Zimmern der Stadt im 18. Jh. Fürsten und Fürstinnen residierten. Beherrscht wird die Stadt vom **Schlossberg**, den man gut zu Fuß erreichen oder mit dem WOMO anfahren kann. Wenn nicht schon im Ort in der **Stadtkirche** (Juni - Sept. Mo - Fr 11 - 12/13.30 - 14.30 Uhr) mit der Grablege der Vorfahren des Hauses Oranien-Nassau, wird uns spätestens hier die Verbindung Dillenburgs mit dem niederländischen Königshaus vor Augen geführt.

Im Jahr 1130 erbauten und im Siebenjährigen Krieg zerstörten Schloss erblickte 1533 Wilhelm von Nassau-Dillenburg das Licht der Welt, der als Wilhelm I. der Schweiger oder Willem van Oranje in die Geschichte einging und der als Konstrukteur einer niederländischen nationalen Identität noch heute in der Nationalhymne unseres Nachbarlandes besungen wird. Ihm zu Ehren, und mittlerweile zum Wahrzeichen Dillenburgs avanciert, wurde mit vorwiegend niederländischer finanzieller Unterstützung 1872 - 1875 der **Wilhelmsturm** errichtet.
Er beherbergt das **Oranien-Nassauische Museum**, das die Verbindung zwischen dem Haus Nassau-Dillenburg und dem niederländischen Königshaus dokumentiert, die Geschichte des niederländischen Befreiungskampfes zeigt und über das Wirken Wilhelm von Oraniens informiert. Ein virtueller Rundgang führt durch das Alte Schloss vor seiner Zerstö-

rung und beschäftigt sich mit dem frühzeitlichen Festungsbau (April - 1. Nov. Di - So 10 - 13/14 - 17 Uhr, Juli/August/feiertags auch montags, Eintritt).

Eine besondere Besucherattraktion auf dem Schlossberg sind die **Kasematten** aus dem 15./16. Jh., die zu den größten Anlagen West-Europas zählten und erst im vergangenen Jahrhundert teilweise wieder freigelegt wurden. Das in seinen Ausmaßen einzigartige unterirdische Verteidigungssystem mit Bollwerken und Wehrgängen konnte in Kriegszeiten bis zu 2000 Soldaten zur Verteidigung des Schlosses aufnehmen. Frisch ist es in der „Unterwelt" und als wir bei der 45-minütigen Führung den interessanten Erklärungen lauschen, sind wir froh, wärmere Jacken dabei zu haben. Über Stufen, schmale Gänge und breite Durchfahrten dringen wir immer weiter in das Labyrinth der zweistöckigen, teils dreistöckig übereinander liegenden Kasematten vor. Auch wenn wir einiges an Fantasie aufbringen müssen, um uns die Dimensionen der gigantischen Anlage real vorstellen zu können, ist es ein faszinierender Rundgang durch die Vergangenheit (1. April - 1. Nov. Di - So/feiertags 15 Uhr, Eintritt).

Durch den Schlosspark, der sich über der früheren Schlossanlage erstreckt, gehen wir anschließend zur **Villa Grün mit dem Wirtschaftsgeschichtlichen Museum**. In den Jahren 1914/15 ließ der Gruben- und Hüttenbesitzer Carl Grün das Haus im neoklassizistischen Stil errichten und wir können heute in mehr als 20 Räumen die wirtschaftliche Ent-

In den Kasematten

wicklung und die Struktur des Dillgebiets anschaulich nachverfolgen. Die Ausstellungen widmen sich Themen wie Bergbau, Industrie sowie Hütten- und Gießereiwesen und der Entwicklung von Küchentechnik vom 16. Jh. bis zu modernen Einbau- oder Flugzeugküchen, die im Dillenburger Raum entwickelt wurden (April - 1. Nov. Di - 10 - 12/13 - 17 Uhr, Juli/August/feiertags auch montags, Eintritt). Mit der **Kombi-Schlossbergkarte** erhält man in allen Museen des Schlossberges vergünstigten Eintritt (www.dillenburger-museumsverein.de).
Pferdefreunde wissen längst, dass in Dillenburg das **Hessische Landgestüt** ansässig ist. Hervorragende Zuchterfolge und die alle zwei Jahre stattfindenden Hengstparaden haben es bekannt gemacht. Für eine Besichtigung oder den Besuch des Kutschenmuseums empfiehlt sich, genau wie für die angebotenen **Stadtführungen** in Dillenburg, eine Nachfrage bei der Tourist-Info (s. o.).
Zum Abschluss des ausgefüllten Tages verschlägt es uns noch einmal in die Altstadt Dillenburgs und dort ins **Restaurant Bartmann's**. In der gemütlichen, gut besuchten Gaststube lassen der aufmerksam-freundliche Service und die perfekte Menüfolge die gehobenen Preise angemessen erscheinen und sorgen für einen harmonischen Abend (Mo/Di ab 18 Uhr, Mi - So 12 - 14/18 - 22 Uhr, Untertor 1, www.bartmannshaus.de).

Am Morgen verlassen wir Dillenburg Richtung DONSBACH, unterqueren die Autobahn und notieren die Zufahrt zu einem im Grünen gelegenen, ruhigen Campingplatz.

(003) WOMO-Campingplatztipp: Dillenburg, Waldcamp Meerbornsheide

GPS: N 50°43'52.3" E 8°15'58.2"; Meerbornsheide 1 - 2
Telefon: 02771/3305022, www.waldcamp-meerbornsheide.de
Öffnungszeiten/Preis: Ganzjährig/€.
Ausstattung/Lage: Kiosk, Grillen am Platz erlaubt/außerorts.
Zufahrt: Ca. 1 km hinter Dillenburg Richtung Donsbach gelegen.

Am Ortsrand von DONSBACH sind im **Wildpark** Bergziegen, Exmoor-Ponys, Gams- und Muffelwild, Rot- und Schwarzwild sowie Sikawild zu Hause und können in ihrer natürlichen Umgebung beobachtet werden. Ein Streichelzoo und ein Spielplatz runden das Programm für die Jüngsten ab (April - Okt. 8 - 18 Uhr, Nov. - März 10 - 16 Uhr, Eintritt. www.wildpark.dillenburg.de). Gleich davor liegt ein schöner Wanderparkplatz.

(004) WOMO-Wanderparkplatz: Donsbach, Wildpark

GPS: N 50°43'08.0" E 8°14'26.5"; An der K39 **max. WOMOs:** 2 - 3
Ausstattung/Lage: Infotafel, Wanderwege, Gaststätte (Di Ruhetag), Glascontainer/Ortsrand.
Zufahrt: Im Ort den Hinweisen zum Wildpark folgen und am Ortsende rechts Richtung Parkplatz Dorfgemeinschaftshaus/Wildpark fahren.

In der waldreichen Umgebung lockt hier außerdem ein **Wandervergnügen** auf dem mit einem schwarzen W markierten Wacholderweg. Der Rundwanderweg zieht sich gut 10 km um Donsbach und führt ein Stück durch den Wildpark.
Nach dem vierbeinigen statten wir nun dem gefiederten Getier einen Besuch ab und folgen der Kreisstraße durch das Tal des Donsbachs bis zur L3042, an der wir rechts nach UCKERSDORF abbiegen.

(005) WOMO-Wanderparkplatz: Uckersdorf, Vogelpark

GPS: N 50°42'10.6" E 8°16'12.8"; Im Beilsbach **max. WOMOs:** 5

Ausstattung/Lage: Tisch und Bänke, Rundwanderwege (1,4 - 5,9 km), Mülleimer, leichte Geräuschkulisse durch die Autobahn/außerorts, teils schräg, einsam. Von den Koordinaten ca. 200 m zu den Parkplätzen fahren.
Zufahrt: Ca. 200 m hinter dem Ortseingang rechts den Hinweisen zum Vogelpark/Pkw-Parkplatz folgen (Achtung: Fiese Querrille!). Nach ca. 600 m sind die angegebenen Koordinaten erreicht und eine Einbahnstraße führt zum Parkplatz.

Im **Vogel- und Naturschutztierpark** mit seiner schönen Gartenanlage können mehr als 300 heimische und exotische Tiere in naturnahen Gehegen und Volieren beobachtet werden. Die Fütterung der possierlichen Liszt-Äffchen, der Papageien, Störche und Eulen dürfte für kleine Besucher ein Erlebnis sein, die sich außerdem auf einen Streichelzoo sowie einen Abenteuer-Spielplatz freuen können (tägl. ab 9.30 Uhr bis zum Einbruch der Dunkelheit, im Winter bei Dauerfrost und Schnee geschlossen. Fütterungszeiten 14 - 16 Uhr, Eintritt. www.vogelpark-herborn.de).
Zurück an der L3042 halten wir uns rechts und gelangen in BURG an einen Kreisverkehr, an dem wir uns rechts HERBORN zuwenden. Vom nächsten Kreisverkehr kann rechts abbiegend ein Parkplatz angesteuert werden, von dem eine mit H4 markierte, ca. 16 km lange **Wanderung** u. a. zum Vogelpark führt [N 50°41'03.5" E 8°18'04.4"; Kallenbachstraße].
Wir haben auf unseren Touren den Bummel durch pittoreske, überschaubare Fachwerkstädte lieben gelernt und werden auch in der Altstadt von HERBORN nicht enttäuscht.

(006) WOMO-Stellplatz: Herborn, Schießplatz offiziell

GPS: N 50°40'44.7" E 8°18'25.3"; Sinner Landstraße **max. WOMOs:** 6
Ausstattung/Lage: V/E/Strom gegen Gebühr (Grauwasserentsorgung schlecht zu erreichen), ansonsten gebührenfrei, ausgewiesener Teil eines

Großparkplatzes, WC 8 - 18 Uhr, ca. 500 m Fußweg in die Innenstadt, Radwege, Bushaltestelle (Blaue Linie), Mülleimer, Sperrung bei Veranstaltungen (Termine siehe unter www.herborn.de).
Zufahrt: Am 1. Kreisel in Herborn links über die Dill und am 2. Kreisel rechts Richtung Innenstadt fahren und den WOMO-Piktogrammen folgen.

Herborn

Erstmals im Jahr 1048 urkundlich erwähnt, wurden Herborn 1251 vom deutschen König die Stadtrechte verliehen. In der Folgezeit erhielt der Ort eine Stadtbefestigung, einen Mühlengraben und eine Burg, von der heute nur noch der gotische Palasbau erhalten ist und die nur von außen besichtigt werden kann. Von größeren Katastrophen und Zerstörungen blieb die Stadt im Laufe der Jahrhunderte weitestgehend verschont, sodass wir bei unserem Rundgang durch die Altstadt einen Hauch von Mittelalter spüren können. Vom Stellplatz kommend haben wir die Dill überquert und sind der „Hauptstraße" folgend am **Marktplatz** und am **Historischen Rathaus** aus dem Jahr 1630 angekommen. Hier befindet sich die **Tourist-Info** (Mo - Mi 8 - 16.30, Do 8 - 17, Fr 8 - 12.30 Uhr, Info-Stand im Foyer Mai - Okt. Fr 15 - 18, Sa/So 14 - 17 Uhr, Marktplatz, Telefon 02772/7081900, www.herborn.de), die neben Themenführungen auch **offene Stadtführungen** anbietet (Mai - Okt. So 14 Uhr, Treffpunkt im Hof der Hohen Schule, Gebühr). Auf dem Marktplatz befindet sich der 1732 errichtete **Löwenbrunnen**, der einst Endpunkt der ersten städtischen Trinkwasserleitung war, während gegenüber dem Rathaus das **Doppelhaus** mit seinem barocken Mansardendach und Ornamenten den Übergangsstil zwischen Renaissance und Barock widerspiegelt. Neben den teils reich verzierten Fachwerkelementen fallen die an ihren Wetterseiten mit Schiefer verkleideten Häuser auf dem Weg zum **Holzmarkt** auf. Von hier gelangen wir zum **Kornmarkt**, der, bereits vor 1200 besiedelt, im 16. und 17. Jh. zum wichtigen Umschlagplatz für Getreide zwischen der Wetterau und dem Siegerland wurde. Viele der schmuckvollen Gebäude, so das **Haus Bast** mit einer vollplastischen Löwenfigur, zeugen vom Reichtum ihrer damaligen Bewohner. In der Nähe finden wir die **Hohe Schule**, die durch die Idee von Johann von Nassau-Katzenelnbogen, jüngerer Bruder Wilhelm von Oraniens, im Jahr 1584 als Akademie gegründet wurde. Einer Universität ähnlich, aber nicht mit deren Privilegien ausgestattet, gehörte sie bald zu den wichtigsten Bildungsstätten der Calvinisten in Europa. Ihr bedeutendster Schüler war Jan Amos Comenius, der noch heute als bekann-

tester Förderer der Pädagogik gilt. Im **Städtischen Museum** weisen u. a. ein Orrery-Planetarium (um 1780) und eine Apotheke (2. Hälfte 18. Jh.) auf verschiedene Forschungszweige der ehemaligen Fakultät hin. Weitere Abteilungen beschäftigen sich mit der Vor- und Frühgeschichte sowie der Mittelalterarchäologie und der Wohnkultur des 18. und 19. Jh. aus der Dillregion (Di/Sa/So 14 - 18 Uhr, Eintritt). Die markante Silhouette des Schlosses ist genauso wenig zu übersehen wie der Kirchberg mit der **Stadtkirche**, die in ihrem Inneren mit einem aufwendigen Netzgewölbe im Chor und schönen Renaissance-Emporen im Hauptschiff aufwarten kann. Ein Stück entfernt sehen wir den **Bürgerturm** als Rest der Stadtbefestigung, in dem renitente Bürger inhaftiert wurden, während die Taten der Schwerverbrecher im **Hexenturm** Richtung Dill gesühnt wurden. Wir schlendern weiter durch das geschlossene historische Stadtbild, dessen ältestes Wohnhaus von 1445 in der Mühlgasse 5 erhalten ist und dessen Flair zusätzlich von Cafés, kleinen Geschäften und Gaststätten bestimmt wird.

Am Fuße des Westerwaldes gelegen, bietet Herborn ein ausgezeichnetes Netz an **Rad- und Wanderwegen**. Ein reizvoller Abschnitt des **Hessischen Radfernwegs R8** führt auf einer stillgelegten Bahntrasse z. B. Richtung Burg, Uckersdorf und Schönbach bis zur Krombachtalsperre. Da die Strecke an den in der Saison (Mai - Okt.) stündlich fahrenden Busverkehr der „Blauen Linie" mit Fahrradanhänger angebunden ist, besteht die Möglichkeit, sich bis Rehe oder Mademühlen/Krombachtalsperre fahren zu lassen und von dort aus bergab Richtung Herborn zurück zu fahren. Wanderer werden sich auf dem **Westerwaldsteig** oder dem **Lahn-Dill-Berglandpfad** wohlfühlen oder unsere bereits oben genannte Vogelparkrunde abwandern.

Die „Blauen Linie" befördert Radfahrer von Herborn aus auch in die andere Richtung bzw. zurück, doch wir rollen mit dem WOMO erst über die B277 und dann über die B255 Richtung MARBURG nach BISCHOFFEN. Hauptattraktion der Gemeinde ist der **Aartalsee**, der die zweitgrößte Seefläche Hessens vorweist und vom Segeln über Surfen, Angeln und Inlineskaten sowie Joggen und Wandern auf dem rund 7,5 km langen **Rundwanderweg** für fast jeden Freizeitsportler etwas bietet. Die als Hochwasserschutz erbaute Aartalsperre wurde 1992

in Betrieb genommen. Der Bereich der Vorsperre gehört der Natur und rund um die 21 angelegten Inseln finden zahlreiche heimische Tierarten Schutz, die sowohl im Sommer als auch im Winter hier Quartier nehmen. Zum Baden und Entspannen lädt der **Badestrand** mit Liegewiese ein und auf dem Gelände rund um den See finden im Sommer verschiedene Sport- und Freizeitevents statt.
Das Parken ist im Übrigen klar geregelt, wird kontrolliert und bei Zuwiderhandlung auch spätabends eiskalt geahndet!

(007) WOMO-Stellplatz: Bischoffen, Aartalsee offiziell

GPS: N 50°42'11.0" E 8°28'38.0"; An der B255 **max. WOMOs:** 10

Ausstattung/Lage: Badestrand, Bänke, teils Blick auf den See, Rad- u. Wanderwege, Gaststätten in der Nähe, Spielplatz, Supermarkt in der Nähe, Mülleimer, Parkgebühr 8 - 22 Uhr, Übernachtung WOMO/WOWA €/ außerorts, leichte Geräusche von der Bundesstraße, nachts ruhig.

Zufahrt: Von der B255 rechts Richtung Niederweidbach/ Wetzlar/Aartalsee abbiegen und nochmals rechts dem WOMO-Piktogramm folgen.

Wir befinden uns im Lahn-Dill-Bergland, in dessen beschaulichem Hügelland spektakuläre Aussichten eher selten zu finden sind. Eine besonders hübsche bietet sich aber vom hier startenden Premiumwanderweg. Wie dieser zu seinem Namen „Hochzeitsweg" kam ist uns nicht bekannt. Aber wer an einen romantischen Heiratsantrag denkt oder sich zur Liebsten oder zum Liebsten erneut bekennen will, dem bieten sich auf der Strecke einige lauschige Plätze dafür an…

WOMO-Wandertipp: Extratour Hochzeitsweg

Leichte Wanderung von ca. 13 km auf gut begehbaren Wegen mit schönen Ausblicken.

Der Weg ist durchgängig mit dem grünen Logo auf weißem Grund des Lahn-Dill-Berglandes markiert und nicht zu verfehlen.

Wir beginnen unsere Tour am o. g. Stellplatz entgegen des Uhrzeigersinns und gehen eine Weile am See entlang, bevor wir zweimal die Straßen unter- bzw. überqueren müssen und in die leicht gewellten Hügel mit ihren Wiesen, Wäldern und Feldern eintauchen. In Niederweidbach lohnt sich ein Abstecher zur Marienkirche mit ihrem quadratischen Wehrturm und einem spätgotischen Altarschrein aus dem 15./16. Jahrhundert. Vorbei am jüdischen Friedhof gelangen wir nach Roßbach an dessen nördlichem Waldrand die „Alte Eiche“ steht, die mit ihrer skurrilen Kronenbildung im Sommer Schatten spendet und an trüben Herbsttagen für Gruselschauern sorgen kann. Durch den Wald geht es nun bis zur Bundesstraße, die wir überqueren. Erst am Waldessaum entlang, später wieder durch den Wald erreichen wir eine Schutzhütte. Später führt ein kleiner Pfad zur „Adlereiche“, um die sich eine alte Geschichte eines Steinadlers im frü-

hen 19. Jh. rankt. Wenig später lassen wir uns am Hubertusplatz nieder und genießen den schönen Ausblick auf den Aartalsee und die in der Ferne liegende Burg Hohensolms. Nach einem knappen Kilometer ist die Bundesstraße erreicht, die wir durch einen Fußgängertunnel unterqueren und am See zum Ausgangspunkt der Wanderung zurückmarschieren.

Vom Stellplatz bzw. von der B255 kommend folgen wir der Straße Richtung NIEDERWEIDBACH/WETZLAR und überqueren wenig später die Vorsperre mit dem angrenzenden Naturschutzgebiet, das vielen selten gewordenen Vogelarten wie dem Kiebitz, dem Wiesenpieper oder der Nilgans Rastmöglichkeiten bietet. Am Ende des Sees zweigen wir links nach MUDERSBACH ab und erreichen über ERDA in kurviger Fahrt FRANKENBACH. Dort wechseln wir nach rechts Richtung GIESSEN/FELLINGSHAUSEN und sehen vor uns bald die höchste und vor allem markanteste Erhebung Oberhessens. Nicht zu übersehen sind der in den 1970er Jahren erbaute Fernsehturm sowie der bereits 1899 errichtete Aussichtsturm auf dem waldreichen, kegelförmigen **Dünsberg**. Wenig später peilen wir rechts einen Parkplatz an, um uns der Geschichte der Kelten zu widmen.

(008)
WOMO-Wanderparkplatz: Keltensiedlung Dünsberg

GPS: N 50°39'3.7" E 8°35'34.8"
An der L3047 **max. WOMOs:** 2 - 3
Ausstattung/Lage: Infotafeln, Rad- und Wanderwege/außerorts, z. T. schräg, direkt an der Straße.
Zufahrt: Siehe Text.

Der Berg der Kelten

Direkt am Parkplatz liegt hinter dem Keltentor die zentrale Anlaufstelle für Besucher des Dünsbergs, das **Keltengehöft**. Neben zwei kleineren Gebäuden, die Speicher- und Wirtschaftsbauten nachempfunden sind, wird im Hauptgebäude über die Geschichte sowie über die Flora und Fauna des Keltenberges informiert. In einem Diorama werden die Tiere des Dünsbergwaldes und ein keltischer Schmied in seiner Werkstatt gezeigt. Getreidearten sowie Repliken landwirtschaftlicher Geräte ermöglichen einen Einblick in die Landwirtschaft der Kelten (April - Okt. Mi/Sa 13 - 17 Uhr, So 10 - 17 Uhr).

Nach diesem ersten Eindruck über die keltische Kultur kann man neben einem **Archäologischen Wanderweg** von 9 km Länge, auf dem asphaltierten Fahrweg vom Parkplatz ca. 3 km rund um den Dünsberg bequem bis zum Gipfel gelangen. Radfahrer können ihre Kondition auf der ausgewiesenen 4 km lange **Kelten-Radrundtour** herausfordern, während wir den relativ steilen Waldpfad einschlagen, der nach etwa 1 km auf den 499 m hohen Berg führt. Oben angelangt wird uns klar, warum der „herausragende" Berg mit seiner exponierten Lage zu verschiedenen Zeiten der Vor- und Frühgeschichte als zentraler Punkt befestigt wurde. Bereits in der Jungsteinzeit und der Bronzezeit muss der Berg besiedelt gewesen sein, bevor etwa ein Jahrtausend v. Chr. eine erste obere Wallanlage den Gipfel sicherte und in der Frühlatènezeit ein zweiter Ringwall die stärker werdende keltische Bevölkerung schützen sollte. Die Hochkultur der Kelten am Dünsberg liegt im 2./1. Jh. v. Chr., in der auch der äußere Wall errichtet wurde. Heute gilt der Dünsberg als eines der wichtigsten Zentren keltischer Siedlungstätigkeit im deutschen Mittelgebirgsraum und als eine der letzten keltischen „Großstädte" nördlich des Mains. Die noch gut erhaltenen Ringwälle sind Reste der Stadtmauern, die aus Holz, Steinen und Erde errichtet wurden und die keltische Siedlung, ein „Oppidum", umfassten. Seit Ende der 1990er Jahre fanden archäologische Ausgrabungen statt, die wichtige Funde aus keltischer und römischer Zeit zu Tage brachten. Im Rathaus des Biebertaler Ortsteil Rodheim werden im **Keltenkeller** einige der Fundstücke präsentiert (jeweils 1. u. 3. So im Monat 14 - 16 Uhr, Eintritt, Mühlbergstraße 9). Vom Dünsbergturm, wenn er mitsamt der kleinen Gastronomie geöffnet ist, blicken wir über das Gießener Becken und ins Umland, bevor wir hinab zum Parkplatz gehen und unsere Reise fortsetzen (Gaststätte: Mi/Sa ab 13 Uhr, So ab 8 Uhr, feiertags ab 10 Uhr geöffnet, Hunde verboten, jedoch nicht im Biergarten).

Vom Dünsberg aus sahen wir bereits ins **Gleiberger Land**, in dem wir, der Landstraße Richtung KROFDORF-GLEIBERG folgend, von nur 1,5 km voneinander entfernten, wie aus Hügeln wachsenden Burgen erwartet werden.
Zuvor biegen wir links nach FELLINGSHAUSEN ab und gelangen nach RODHEIM. Beim Durchfahren des Ortes kann hinter dem Abzweig nach Vetzberg das WOMO am Straßenrand geparkt und das hübsche Beispiel eines englischen Landschaftsparks in Mittelhessen, der **Gail'sche Park**, besichtigt werden [N 50°36'59.3" E 8°36'10.2"; Gießener Straße]. Der für Besucher geöffnete Park ist ein Kleinod der Gartenkunst mit 135 Gehölzarten auf kleinstem Raum und stellt mit der Villa im Schweizer Stil, einem Uhrenturm und Wasserkünsten am Teich ein Gesamtkunstwerk dar (März - Okt. Sa 12 - 18 Uhr, So/feiertags 14 - 18 Uhr, Nov. - Feb. So 14 - 16 Uhr, Hunde nicht gestattet).

Von Rodheim gelangen wir nach VETZBERG, wo uns der Busparkplatz links am Ortseingang als Ausgangspunkt für den Besuch der Burg besonders geeignet erscheint [**009:** N 50°37'15.4" E 8°36'35.7"; Burgstraße]. Der beschilderte Burgparkplatz sollte wegen der engen Zufahrt nur von kleineren WOMOs bis max. 6,50 m Länge angefahren werden [N 50°37'15.6" E 8°36'59.4"; Burgstraße].
Die ältesten Teile der **Burgruine Vetzberg** wurden vermutlich zwischen 1100 und 1150 als Zweitburg der Gleiburger Grafen erbaut. Die Oberburg, 1226 erstmals erwähnt, wurde ab Mitte des 13. Jh. um die Unterburg erweitert. Erhalten geblieben sind der Bergfried, die Giebelwand des Palas, Teile der Burgringmauer und Reste der Unterburg. Während der Zugang zum Turm jederzeit frei zugänglich ist, ist der Schlüssel für das mittlere Bergfried-Stockwerk und die Aussichtsplattform in der **Burggaststätte** erhältlich (Mi/Do/Sa ab 14, So ab 10 Uhr).

Schräg gegenüber des Busparkplatzes verlassen wir den Ort über die Krofdorfer Straße, biegen links ab und fahren zwischen den beiden Burgen nach KROFDORF-GLEIBERG. Gleich links am Ortseingang befindet sich das **Freibad** (in der Saison tägl. 9 - 19 Uhr) mit schönem Burgenblick [**010:** N 50°37'36.4" E 8°37'41.5"]. Wir folgen der Durchgangsstraße, halten uns kurz Richtung GIESSEN und folgen den Hinweisen geradeaus zur **Burg Gleiberg**. Je näher wir dem alten Gemäuer kommen, umso schräger werden die Parkplatzmöglichkeiten, sodass wir das WOMO gleich zu Beginn der Burgauffahrt stehen lassen.

(011) WOMO-Stellplatz: Gleiberg, Burgparkplatz

GPS: N 50°36'51.7" E 8°38'02.5"; Burgstraße **max. WOMOs:** 2 - 3
Ausstattung/Lage: Restaurant Burg Gleiberg (12 - 14 Uhr und ab 18 Uhr, Mo geschlossen)/Ortsrand, teils sehr schräg, im unteren Bereich am Dorfgemeinschaftshaus ist es noch am erträglichsten.
Zufahrt: Im Ort den Hinweisen zur Burg folgen.

Der große Bruder der Ruine Vetzberg ist ein weithin sichtbares Wahrzeichen der Region sowie ein beliebtes Ausflugsziel, das dem Gleiberger Land seinen Namen gibt. Erste Teile der Oberburg wurden um das Jahr 950, die Unterburg etwa in der zweiten Hälfte des 16. Jh. errichtet. Neben dem Bergfried, diversen Mauerresten und Teilen der äußeren Befestigung sind verschiedene Bauten der Unterburg erhalten geblieben. Von der Aussichtsplattform gibt es mal wieder einen herrlichen Ausblick über das Gießener Becken, den Vogelsberg und den Westerwald bis zum Taunus. Nicht nur diejenigen, die ggf. von der knapp 8 km langen, als einfach zu nennenden **Rundwanderung** auf Feld- und Waldwegen von Burg zu Burg gerade zurückkommen, können sich im Burghof auf der bewirtschafteten Terrasse aufs Beste erholen.
Weit über die Grenzen bekannt ist das jährlich wiederkehrende Festival der **Golden Oldies** am letzten Wochenende im Ju-

Vetzberg und Gleiberg

li. Zu Füßen der Burg versetzen Petticoats, Oldtimer und die Musik der damaligen Zeit die Besucher zurück in die 1950er - 1970er Jahre. Wer den Trubel mag, sollte sich dieses Ereignis auf gar keinen Fall entgehen lassen (www.golden-oldies.de). Im Ort wenden wir uns anschließend WISSMAR-WETTENBERG zu. Durch den Kiesabbau im Lahntal sind weitestgehend naturbelassene Seen entstanden, die neben der Bedeutung als Brut- und Rastgewässer verschiedener Vogelarten, eine Erholungsfunktion für Menschen bieten. Im **Erholungsgebiet Wißmarer See** stehen gegen Gebühr ein Sandstrand mit Liegewiese und Kinderspielplatz sowie Möglichkeiten zum Angeln, Tischtennis spielen und ein Minigolfplatz zur Verfügung. Für den Tagesaufenthalt bietet sich ein gebührenpflichtiger Parkplatz [N 50°38'24.5" E 8°41'17.3"; Im Schacht] an, während der direkt daneben beginnende **Campingplatz** für einen längeren Aufenthalt angesagt ist.

(012) WOMO-Campingplatz: Wißmar-Wettenberg, Wißmarer See

GPS: N 50°38'24.5" E 8°41'17.3"; Ruttershausener Straße/Im Schacht
Telefon: 06406/75697, www.wissmarer-see.de
Öffnungszeiten/Preis: 15. April - Sept./€.
Ausstattung/Lage: Stellplätze teils parzelliert und mit Stromanschluss, Rad- und Wanderwege, Kiosk, Sanitäranlagen, Hunde erlaubt (jedoch nicht am Badestrand!), ca. 8 km Radweg nach Gießen/außerorts.
Zufahrt: Der Durchgangsstraße Richtung Staufenberg durch den Ort folgen. Der Campingsplatz befindet sich hinter dem Ortsausgang rechts.

Ganz in der Nähe wartet das **Holz + Technik Museum** mit vielen Objekten und Aktionen zum Anfassen und Mitmachen auf Besucher. Eine alte Dampfmaschine aus dem Jahr 1937 und ein Sägegatter von 1949 sind sicher die Besonderheiten dieser Ausstellung, die an besonderen Dampf- und Gattertagen von Holzarbeitern in historischer Handwerksbekleidung in Betrieb genommen werden (Di/Do/So 11 - 17 Uhr, Eintritt).

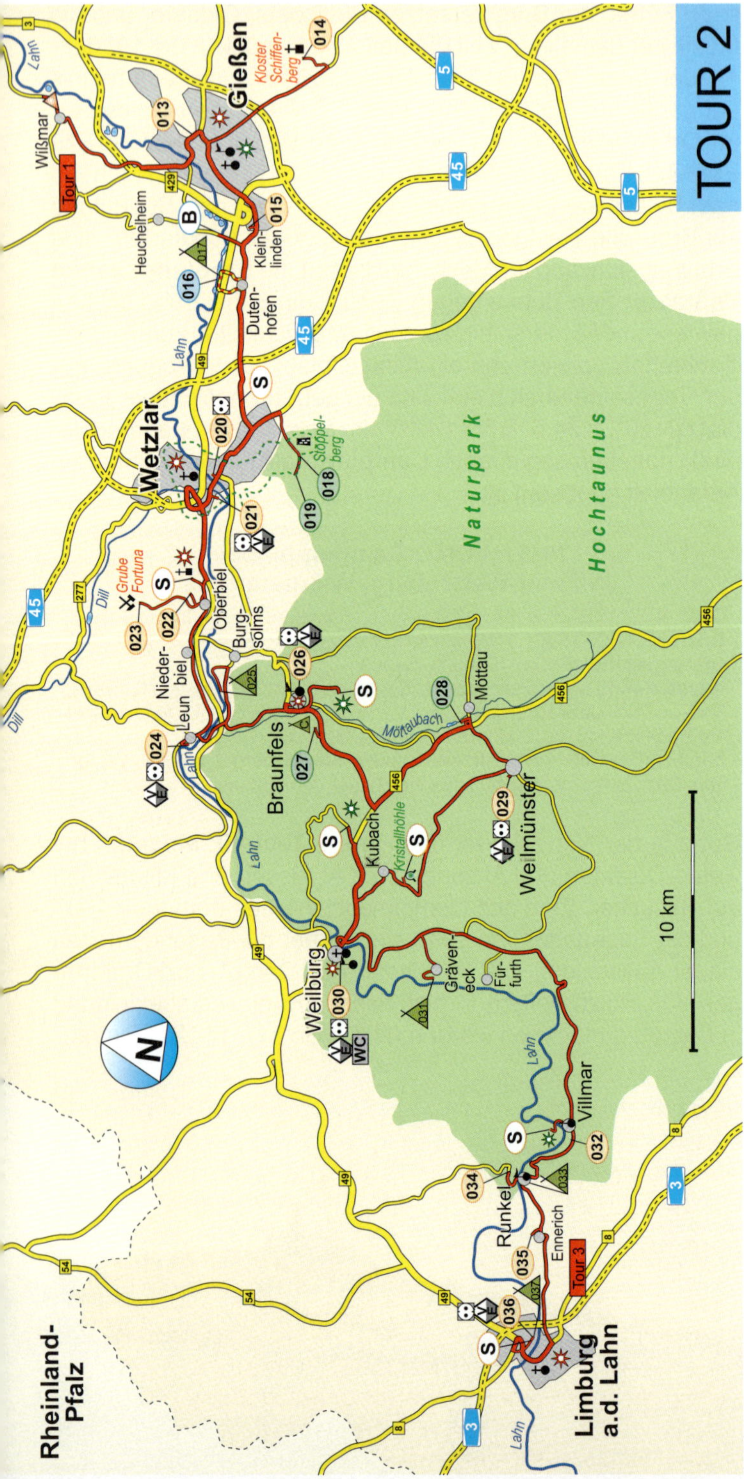
TOUR 2
Gießen
Kloster Schiffenberg
014
013
Wißmar
Lahn
Tour 1
Heuchelheim
B
015
Klein-linden
016
017
Duten-hofen
45
5
3
429
49
S
Wetzlar
020
018
019
Stoppelberg
021
Grube Fortuna
023
022
Oberbiel
Burg-solms
Nieder-biel
Leun
024
Dill
277
025
026
Braunfels
027
028
Möttau
Möttaubach
456
Kubach
Kristallhöhle
029
Weilmünster
Naturpark
Hochtaunus
Weilburg
030
WC
031
Gräven-eck
Für-furth
10 km
Villmar
032
033
034
Runkel
Ennerich
035
Tour 3
036
037
Limburg a.d. Lahn
Rheinland-Pfalz
54
8
N

Tour 2 180 km

Gießen - Dutenhofen - Wetzlar - Solms - Leun - Braunfels - Weilmünster - Weilburg - Vilmar - Runkel - Limburg

Stellplätze: Gießen, Wetzlar, Heuerberg, Solms, Leun, Braunfels, Möttau, Weilmünster, Weilburg, Runkel, Ennerich, Limburg.
Campingplätze: Dutenhofen Camping am See, Burgsolms Zeltplatz Schohleck, Gräveneck Camping Gräveneck, Runkel Lahntours-Campingplatz, Limburg Lahn Camping.
Ver-/Entsorgung: Wetzlar, Braunfels, Weilmünster, Weilburg.
Besichtigen: Gießen Stadtbild, Oberhessisches Museum, Liebig-Museum, Mathematikum, Kloster Schiffenberg; Wetzlar Leica Camera AG, Stadtbild, Lottehaus, Stadt- u. Industriemuseum, Viseum, Jerusalemhaus, Sammlung von Lemmers-Danforth, Dunkelkaufhaus; Solms Kloster Altenberg, Grube Fortuna; Braunfels Schloss Stadtmuseum Obermühle, Tiergarten; Kubach Kristallhöhle; Weilburg Stadtbild, Schloss- u. Gartenanlage, Bergbau- u. Stadtmuseum, Modellbaupark, Tiergarten; Villmar Naturdenkmal Unica, Geopark Tourist Informationszentrum; Runkel Stadtbild, Burg; Limburg Stadtbild, Städt. Kunstsammlungen, Dom m. Domschatz- u. Diözesanmuseum.
Wandern: Wetzlar, Solms, Villmar.
Radfahren: Wetzlar, Leun, Weilmünster, Weilburg, Gräveneck.
Baden: Dutenhofener See.
Paddeln/Schiffstouren: Leun, Burgsolms, Weilburg, Gräveneck/Fürfurth, Runkel.
Essen: Gießen Gasthaus Zum Löwen, Café-Bistro Türmchen, Schlosskeller, Hawwerkasten; Kloster Schiffenberg; Wetzlar Paulaner Wirtshaus; Braunfels Brauhaus Obermühle, Ristorante Geranio; Weilburg Schlosscafé; Limburg Gaststätte Obermühle.

In dieser Tour werden wir uns mehr oder weniger entlang der Lahn, die in eleganten Windungen durch blühende Auen und ein hügeliges Bergland mäandert, bewegen. Über den Flusslauf führen alte, steinerne Brücken und Burgen erheben sich am Ufer.

Fachwerkhaus in Wettenberg

Von Wettenberg fahren wir auf bekannter Strecke zurück in den Ort und steuern von dort GIESSEN an. Mitten in der waldreichen Mittelgebirgslandschaft zwischen den Ausläufern von Vogelsberg, Taunus und Westerwald und eingebettet in das reizvolle Flusstal liegt die betriebsame Universitätsstadt. Fast ein Drittel der meist jüngeren Bewohner zieht es Semester für Semester an die Uni und Technische Hochschule zu Studienzwecken, während wir uns auf unserer Tour den Sehenswürdigkeiten widmen wollen.

Zur Übernachtung als auch zur reinen Stadtbesichtigung nisten wir uns auf dem folgenden Parkplatz ein:

(013) WOMO-Stellplatz: Gießen, Ringallee offiziell

GPS: N 50°35'21.7" E 8°41'00.9"; Ringallee **max. WOMOs**: 5
Ausstattung/Lage: Strom, ausgewiesener Teil am Rande eines Parkplatzes, Gebühr €, Fußweg Innenstadt mit Gaststätten und Geschäften ca. 500 m, mit Buslinie 5 ab Landgericht (ca. 400 m) zum Liebig-Museum/Mathematikum, Badezentrum in unmittelbarer Nähe (Mo/Mi ab 13/14 Uhr, Di/Do/Fr ab 7 Uhr, Sa/So ab ab 8 Uhr. Wir haben es nicht ausprobiert, aber hier soll es auch Frischwasser fürs WOMO geben)/im Ort. Bei Veranstaltungen auf dem Messeplatz ist mit ordentlichem Trubel zu rechnen!
Zufahrt: Von Wettenberg aus kommend wird in Gießen eine T-Kreuzung erreicht, dort rechts Richtung Stadtmitte. Nach ca. 900 m gibt es eine Möglichkeit, um das WOMO um 180° Richtung Messeplatz/Schwimmbad zu wenden. Dann hinter dem Justizzentrum/Gutfleischstraße rechts den Hinweisen Messeplatz/Schwimmbad folgen, an der Ringallee kurz rechts und gleich wieder links zum Parkplatz fahren.

Gießen

Keimzelle des erstmals 1197 urkundlich erwähnten Ortes soll die Wasserburg „Zu den Giezzen" gewesen sein. Gut 50 Jahre später wird Gießen bereits als Stadt genannt und im Jahr 1442 verleiht Landgraf Ludwig II. ihr zwei achttägige Jahrmärkte. Landgraf Philipp sorgte 1526 für die Einführung des lutherischen Glaubens in seiner Landgrafschaft Hessen. 1604 wurde diese nach dem Tod Philipps aufgeteilt und Gießen gehörte der Landgrafschaft Hessen-Darmstadt. Ein weiterer Landgraf, Ludwig V., gründete 1607 mit Erlaubnis von Kaiser Rudolf II. die „Academica Ludiviciana" als lutherische Gegenuniversität zur calvinistisch gewordenen Marburger Universität. Nachdem diese wieder lutherisch wurde, wurde die Universität kurzfristig nach Marburg verlegt, um 1625 wieder nach Gießen zurückzukehren. Im Zweiten Weltkrieg wurde Gießen schwer bombardiert und zerstört. Die Uni bestand zunächst als Hochschule weiter und erlangte erst 1957 ihren Status als Volluniversität wieder. Seitdem ist sie nach ihrem berühmtesten Wissenschaftler Justus Liebig benannt. Viel ist von Gießens Altstadt nach dem Bombenhagel des letzten Krieges nicht mehr geblieben, doch einiges aus der wechselvollen Geschichte können wir auf unserem Gang durch die Stadt erkennen und die Verbindung zwischen Altem und Neuem übt einen gewissen Reiz aus. Bis wir zur **Tourist-Info** in der Kongresshalle vordringen (Mo - Fr 9 - 18 Uhr, Sa 10 - 14 Uhr, Berliner Platz

Turm der ehemaligen Stadtkirche, Leib´sches- und Wallenfel´sches Haus

Am Botanischen Garten

2, Telefon 0641/3061890, www.giessen-tourismus.de), erweisen sich die Wegweiser und Stadtpläne, die zum Zeitpunkt unserer Recherche im Stadtgebiet verteilt stehen, als hilfreich und lotsen uns zu den historisch bedeutsamen Stellen der Stadt.

Schräg gegenüber von unserem Stellplatz führt die Gutfleischstraße auf die vierspurige Ostanlage. Hier, am ehemaligen gründerzeitlichen Justizpalast von 1879, dem heutigen Landgericht, befindet sich auch die Bushaltestelle, die wir uns für den nächsten Tag merken. Schnell über die Straße und schon stoßen wir linkerhand auf den **Park der Ostanlagen** mit Goldfischteich und Springbrunnen. Der Ende des 19. Jh. angelegte öffentliche Park beweist sehr schön, dass Gießen mit viel Grün gesegnet ist und ein Stadtspaziergang nicht unweigerlich in eine Asphaltwüste führt. Auf der anderen Straßenseite erspähen wir die **Villa Leutert**, die 1884/85 als verkleinerte Kopie eines Loire-Schlosses erbaut wurde, bevor wir dem Bogen der Ostanlagen folgen und am Berliner Platz auf die Kongresshalle mit der dort beheimateten **Tourist-Info** treffen (s. o.). Auf der anderen Straßenseite befindet sich das **Stadttheater**, das Anfang des 20. Jh. im Wesentlichen durch Spenden der Bürgerschaft erbaut wurde. Falls es geöffnete Türen erlauben, sollten Architekturinteressierte einmal einen Blick ins Innere des Musentempels werfen – die Elemente des Jugendstils sind auch ohne Bühnenvorstellung sehenswert. Links vom Theater schließt sich ein weiterer Park an, in dem ein Denkmal Conrad Röntgen gewidmet ist. Das **Röntgen-Denkmal** erinnert an die bekannteste Entdeckung des Wissenschaftlers, die nach ihm benannten elektromagnetischen Strahlen, für die er den Nobelpreis für Physik erhielt. Röntgen lehrte von 1879 bis 1888 an der Gießener Universität und ist auf dem **Alten Friedhof** in der Licher Straße begraben. Der ehemalige Friedhof ist heute ein Kulturdenkmal, in dessem ro-

Altes Schloss

mantischen und öffentlichen Park mit altem Baumbestand ein Ort der Ruhe und Entspannung mitten in der Stadt entstanden ist (Führungen durch die Tourist-Info). Wir schlendern jedoch vorbei an der **Johanneskirche** mit ihrem 75 m hohen Turm, folgen dem Bogen der Südanlage und stehen unvermittelt vor dem Fußgängerüberweg am früheren Selterstor. Schön ist das wahrlich nicht und so wundert es nicht, dass die Einheimischen das Betonteil „Elefantenclo“ nennen. Doch schon nach wenigen Metern durch den Seltersweg, dem Beginn der Fußgängerzone, erreichen wir kurz vor der Einmündung der Goethestraße eine kleine, gassenartige Einfahrt, die zu einem Gebäude-Ensemble aus der Biedermeierzeit führt – eine wohltuender Kontrast zum elefantösen Missgeschick. Dem Seltersweg folgend – unbedingt mal nach oben zu den sehenswerten Fassaden schauen – gelangen wir an den Kreuzplatz. Hier zweigt rechts der Neuenweg ab, in dem eines der wenigen historischen Gießener Fachwerkhäuser, das **Gasthaus zum Löwen** zu finden ist. Wo schon Goethe tafelte, kann heute italienisch-deutsch gespeist

Neues Schloss

werden (So Ruhetag). Über den Kreuzplatz und die Mäuseburg gelangen wir zum zentralen Marktplatz, der Knotenpunkt der Hauptbuslinien ist. Von hier ist es nur noch ein Katzensprung zum historischen Stadtkern. Am Kirchplatz befindet sich der **Stadtkirchenturm**, das Wahrzeichen Gießens. In seinem Schatten gönnen wir uns erstmal ein zweites Frühstück im **Café-Bistro Türmchen**, in dem ebenso kleine Snacks und Mittagsgerichte schnabuliert oder der abendliche Cocktail geschlürft werden können. Der Blick fällt dabei auf die ehemalige Stadtkirche, die 1484 - 1529 erbaut und im Zweiten Weltkrieg bis auf den Turm zerstört wurde. Unmittelbar dahinter befindet sich das **Leib'sche Haus**, das zu den ältesten Fachwerkhäusern Hessens zählt und um 1350 errichtet wurde, sowie das **Wallenfels'sche Haus**, in dem man den Schlüssel für den Aufgang zum Stadtkirchenturm erhält. Beide Häuser beherbergen Abteilungen des **Oberhessischen Museums**, in dem Wissenswertes über die Stadtgeschichte und Volkskunde sowie etwas über die Vor- und Frühgeschichte und Archäologie zu erfahren ist (s. u.). Quer über den Kirchplatz gehen wir nun zum Lindenplatz und durch die Marktlaubenstraße. Hier bieten Händler und Selbsterzeuger ihre frischen Produkte auf dem **Gießener Wochenmarkt** an (Mi/Sa 7 - 14 Uhr). Das Marktgeschehen dehnt sich bis zum Brandplatz und zum **Alten Schloss** aus. Es ist Hauptsitz des **Oberhessischen Museums** mit Gemäldegalerie, kunsthandwerklicher Abteilung und wechselnden Ausstellungen (Di - So

10 - 16 Uhr, Eintritt frei). Das Gebäude wurde ab 1330 von Landgraf Ludwig II. zum Schutz gegen Eroberungen gebaut, aber dem Bombenangriff von 1944 konnte es nicht standhalten. Erst ab 1976 ist es als Neubau mit altem Erscheinungsbild wiedererrichtet worden, in dessen Kellergewölbe sich das **Restaurant Schlosskeller** befindet (Sa Mittag/So Abend/ Mo geschlossen). Während der Öffnungszeiten des Museums kann der Schlossturm bestiegen werden. Von oben eröffnet sich ein Blick über Teile der Stadt und den **Botanischen Garten**, den ältesten botanischen Garten Deutschlands, der sich noch an seinem ursprünglichen Standort befindet. 1609 schenkte Landgraf Ludwig V. ein Stück Parkgelände der kurz zuvor gegründeten Universität, die durch den Botaniker und Mediziner Ludwig Jungermann einen Heilpflanzengarten anlegen ließ. Anfang des 19. Jh. wurde der Garten erstmals erweitert und erreicht heute eine Größe von 4 ha. Hier gedeihen über 8.000 Pflanzenarten aller Erdteile, die nach ihrer geographischen Zugehörigkeit angeordnet sind. Der Botanische Garten ist nicht nur ein Ort von Forschung und Lehre, sondern auch ein Ruhepol inmitten der lebendigen Stadt (Garten: 20. März - 20. Okt. ab 8 Uhr, Gewächshaus: 15 Mai - 15. Sept. 10 - 12/13.30 - 15.30 Uhr, Eintritt frei, keine Hunde). Am Ende des Brandplatzes befindet sich das **Neue Schloss** und im rechten Winkel dazu das **Zeughaus**. Beide Gebäude wurden im 16. Jh. errichtet, dienten zum einen als repräsentativer Wohnsitz und zum anderen als riesiges Waffenlager. Im Laufe der Jahrhunderte wechselte die Nutzung u. a. zum Archiv, Gericht, Fruchtspeicher oder zum Theater. Während des Zweiten Weltkrieges zerstört, gehören beide Gebäude heute zur Justus-Liebig-Universität. Der kleine Anbau neben dem Hauptportal des Zeughauses stammt noch aus der Gründungszeit (1609) der Universität: Im kleinen Karzer wurden trink- und rauflustige Studiosi ausgenüchtert. Nach unserem ausgiebigen Stadtrundgang kehren wir am Landgraf-Philipp-Platz im **Hawwerkasten** ein. In der traditionsreichen Gaststätte wird wie von Oma gekocht und besonders die humanen Preise und die Oberhessischen Gerichte wie Bellschuh (Hackbraten) und Rippchen mit Kraut haben es uns angetan. An der Theke und im Biergarten treffen sich Einheimische wie Touristen und wer es mag, ist schnell im Gespräch mit den Tischnachbarn (Mo - Fr ab 16 Uhr, Sa ab 10.30 Uhr). Anschließend folgen wir der Straße geradeaus und sind im Nu an der Ostanlage, wo wir nach einer ruhigen Nacht auf dem Stellplatz am nächsten Morgen den Bus der Linie 5 besteigen. Zu unseren Zielen kann man natürlich auch mit dem WOMO fahren, aber da die Parksituation vor Ort für größere Vehikel schwierig ist, erscheint uns die 20-minütige Busfahrt Richtung Bahnhof angebracht. Nach einem kurzen Fußweg die Bahnhofstraße entlang und dann in die Liebigstraße abbiegend, besuchen wir als Erstes das **Liebig-Museum**. Chemiker werden ihre Freude haben, ist das Museum doch das ehemalige Labor von Justus Lie-

big! Aber auch wir können ohne Fachwissen einen Einblick in die technische und chemische Forschung des 19. Jh. gewinnen, die den Ruf der deutschen chemischen Industrie in der Welt begründete. Wir sehen das alte Laboratorium mit zeitgenössischen Laborgeräten, können uns über Pflanzenernährung, Kunstdünger und Ernährungsprobleme informieren und verfolgen Liebigs Beitrag zur Entwicklung der Organischen Chemie. Weiterhin sehen wir das Privatlaboratorium des Chemikers und sein mit Originalmobiliar ausgestattetes Arbeitszimmer. Außerdem können das Pharmazeutische sowie das Analytische Laboratorium besichtigt werden und das Auditorium für etwa 60 Hörer enthält noch einige Bänke und Liebigs Experimentiertisch im Original. Ein faszinierender Rundgang durch die bahnbrechende Chemiegeschichte Liebigs (Di - So 10 - 16 Uhr, Eintritt, Audioguide und Führungen zu bestimmten Terminen möglich. www.liebig-museum.de)! Gleich um die Ecke Richtung Bahnhof verfolgt das **Mathematikum** das Ziel, Mathematik der Allgemeinheit auf anschauliche Weise begreifbar zu machen. Die über 150 Exponate sind keine Sammlungsstücke im üblichen Sinne. Die Objekte eröffnen durch Bestaunen oder Ausprobieren vielmehr die Wege in mathematische Themen wie Stochastik (Zufall), Geometrie, Kurven oder Flächen. Wir legen Puzzle, bauen Brücken, stehen in einer riesigen Seifenblase und beobachten ganz nebenbei eines der komplexesten mathematischen Phänomene. Vor dem Faxenspiegel bringt uns die Symmetrie zum Lachen und wir entdecken an uns den goldenen Schnitt. Wir lernen die Zahl Pi genauer kennen und schauen einem Kugelwettrennen zu. Dem Slogan „Mathematik macht glücklich" konnten wir seit unserer Schulzeit nicht wirklich zustimmen, aber nach dem Besuch dieses idealen Ausflugsziels für Familien hat sich uns ein völlig neuer Zugang zur Mathematik eröffnet: spannend, informativ und unterhaltsam! Für das mathematische Erlebnis sollte man viel Zeit und Lust zum Experimentieren einplanen. Speziell für 4- bis 8-jährige Kinder ist das **Mini-Mathematikum** entwickelt worden. Zwischendurch kann man in der Cafeteria auftanken oder sich im Shop ein „Stück Mathe" zum Austüfteln mit nach Hause nehmen (Mo - Fr 9 - 18, Sa/So/feiertags 10 - 19 Uhr, Mini-Mathematikum Mo - Fr 15 - 18 Uhr, sonst gleiche Öffnungszeiten, Eintritt. www.mathematikum.de).

Mit dem Fazit, dass Gießen nicht unbedingt schön, aber umtriebig, interessant, lebendig und einen Besuch wert ist, verlassen wir die Innenstadt für einen etwa 5 km entfernten Abstecher an einen geschichtsträchtigen Ort.

(014) WOMO-Stellplatz: Gießen, Kloster Schiffenberg

GPS: N 50°33'18.5" E 8°43'29.0"
max. WOMOs: 2 - 3
Ausstattung/Lage: Restaurant im Klosterhof, teils schräg/außerorts. Das Kloster ist von Gießen aus mit dem Stadtbus der Linie 6 und einem anschließenden Fußmarsch von ca. 900 m zu erreichen. Die Größe der ansonsten geschlossenen Ausweichparkplätze lässt vermuten, dass bei Veranstaltungen mit vielen Besuchern zu rechnen ist und es unruhig werden kann!
Zufahrt: Auf der L3131/Schiffenberger Weg Gießen verlassen. Ca. 2,5 km hinter der Autobahnauffahrt zur A485 links den Hinweisen zum Kloster folgen.

Kloster Schiffenberg

Am Rand des Stadtwaldes erhebt sich der 281 m hohe Schiffenberg mit seiner weithin sichtbaren ehemaligen Klosteranlage. Bereits im 6./7. Jh. besiedelten und befestigten die Franken den Berg. Entsprechende Überreste werden am nördlichen Eselstor durch Informationstafeln erklärt, während Funde im Vorraum der **Gaststätte** (Di - Sa 14.30 - 22 Uhr, So/feiertags 11.30 - 22 Uhr) zu sehen sind. Das Restaurant ist im ehemaligen Komturei-Gebäude untergebracht, das, ebenso wie die ehemalige Probstei mit schönen Erkern, durch den Deutschen Orden im 15. Jh. erbaut wurde. Dieser übernahm, nachdem das Kloster für Augustiner Chorherrn 1129 von der Gräfin Clementina von Gleiberg gestiftet worden war, von 1323 - 1809 die Verwaltung der Anlage. Hinter den kräftigen Mauern befinden sich weiterhin ein jüngerer Bau mit Portal sowie ein schön gestalteter Brunnen vom Anfang des 18. Jahrhunderts. Gerade konnten wir noch vom Bergplateau einen weiten Blick in die Region werfen, als sich auch schon wenig später vor den letzten Sonnenstrahlen des Tages die Kulisse des Klosters traumhaft abhebt. Zu dieser Stimmung würde jetzt eigentlich die Einkehr im bewirtschafteten Biergarten am Rande des großen Klosterinnenhofs mit alten Bäumen passen, doch in diesen frühen Apriltagen ist es dafür viel zu frisch. Macht nichts, denn das köstlich zubereitete Klostergeflügel mundet auch in den Innenräumen der Gaststätte vorzüglich. Im Sommer finden auf dem Schiffenberg Gottesdienste

und kulturelle Veranstaltungen wie der „Musikalische Sommer“ statt. Inmitten der schönen Waldkulisse hat sich etwas abseits des Klosters der **Kletterwald Gießen** etabliert. Anfänger und Fortgeschrittene können sich langsam an die zunehmenden Schwierigkeitsgrade der Kletterstationen gewöhnen und spannende Herausforderungen bewältigen (März - Nov., Eintritt. www.kletterwald-giessen.de).

Ob man nun vom Schiffenberg zurück Richtung Gießen und dann über die A485 und die B49 oder direkt aus Gießen Richtung KLEINLINDEN fährt, ist jedem selbst überlassen. In dem Gießener Vorort folgen wir auf jeden Fall den Hinweisen nach DUTENHOFEN und WETZLAR.

(015) WOMO-Stellplatz: Kleinlinden, Bürgerhaus

GPS: N 50°33'45.9" E 8°38'34.6"; Zum Weiher **max. WOMOs:** 2-3
Ausstattung/Lage: Restaurant (Mo Ruhetag)/Ortsrand.
Zufahrt: Von der Durchgangsstraße (L3451/Wetzlarer Straße) rechts den Hinweisen zum Bürgerhaus und zum Parkplatz ca. 300 m folgen.

Die folgenden Seen entstanden durch Ausbaggern von Kiesgruben und werden touristisch genutzt. Von den 15 und 25 ha großen **Heuchelheimer Seen** hat man einen schönen Blick über die Lahnaue und das Gleiberger Land mit dem landschaftsprägenden Dünsberg, der Burgruine auf dem Vetzberg und der Burg Gleiberg. Vom Baden in guter Wasserqualität, über Angeln, Segeln, Surfen und Kiten sowie Wasserski- und Wakeboardfahren ist alles möglich. Es gibt eine ausgewiesene Badestelle für FKK-Freunde und in den kühleren Monaten lockt ein idyllischer Spazierweg um die Seen. Der dazugehörige Parkplatz, der von unserer Strecke rechts Richtung HEUCHELHEIM zu finden ist, scheint nur in der Saison geöffnet zu sein [N 50°34'01.5" E 8°37'42.5"; An der L 3359].
Wenig später kann auch am **Dutenhofener See** im Sommer das richtige Urlaubsfeeling aufkommen. Zahlreiche Besucher nutzen dann den ca. 900 m² großen **Badestrand** mit Liegewiese, Spielgeräten und Beachvolleyball-Anlage.

(016) WOMO-Badeplatz: Dutenhofen, Dutenhofener See

GPS: N 50°33'52.3" E 8°36'37.8" **max. WOMOs:** 3-5
Ausstattung/Lage: See- und Badestrandbenutzung gebührenpflichtig, Gaststätte/außerorts.
Zufahrt: Am Ortseingang rechts Richtung Lahnau und nochmals rechts Richtung Campingplatz/Dutenhofener See abbiegen und den Hinweisen folgen. Hinweis für das Navi: Den Straßennamen „Am Rübenmorgen 22“ eingeben. Von dort geht es direkt hinter dem Gebäude der Firma Neeb über eine Brücke zum Dutenhofener See.

Wer sich hier länger aufhalten möchte und wen die Bundesstraße im Rücken sowie etliche Dauercamper nicht stören, dem sei der naheliegende **Campingplatz am See** genannt [**017:** N 50°33'52.8" E 8°36'45.6"; www.dutenhofenersee.de; Tel. 0641/2502095; €]. Von Dutenhofen aus fahren wir auf der L3451 nach WETZLAR, dessen optische, feinmechanische, elektrotechnische und stahlverarbeitende Industrie es zur Weltgeltung brachten. Freunde exklusiver optischer Geräte und Kameras sollten unbedingt am Ortsrand einen Zwischenstopp einlegen [N 50°33'10.6" E 8°32'05.2"; Am Leitz-Park]. Hier residiert die Firmenzentrale der **Leica Camera AG** in einem hochmodernen Fertigungs- und Verwaltungskomplex. Klar, dass wir uns das nicht entgehen lassen und die Fertigung und Montage sehen möchten. In der Leica-Erlebniswelt sind zusätzlich historische Kameras, Objektive sowie Sportoptikprodukte zu sehen. Bei einem Rundgang können wir uns auf eigene Faust über Vergangenheit, Gegenwart und Zukunft der Fotografie informieren. Nachdem uns im Leica Store lediglich der Blick auf die hochwertigen Auslagen vergönnt ist, runden wir den spannenden Exkurs bei einem Milchkaffee im **Café Leitz** ab (Erlebniswelt: Mo - Fr 10 - 20 Uhr, Sa/So 10 - 18 Uhr, Store Mo - Fr 10 - 18 Uhr, Sa 10 - 16 Uhr, Café Mo - Sa 10 - 17 Uhr. www.leica-camera.com).

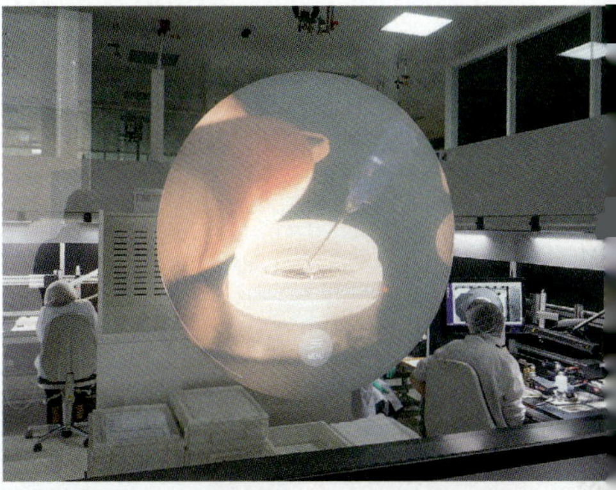

Der Landstraße weiter folgend erreichen wir eine T-Kreuzung (Frankfurter Straße/L3451). Bevor wir uns rechts den offiziellen Stellplätzen der Stadt zuwenden, bietet eine Wanderung eine großartige Aussicht auf die ehemalige Reichsstadt sowie ihr Umland und führt uns zudem mitten in die Altstadt.

(018) WOMO-Wanderparkplatz: Wetzlar, Stoppelberg

GPS: N 50°31'47.3" E 8°31'10.4"
max. WOMOs: 2 - 3
Ausstattung/Lage: Infotafel, Rundwanderwege (2 - 3,5 km), Tisch u. Bänke/außerorts, einsam. Ums Eck gibt´s weitere Parkmöglichkeiten.
Zufahrt: An der T-Kreuzung rechts Richtung Butzbach bis zu einem Kreisel fahren. Dort rechts der Beschilderung Kirschenwäldchen folgen. Nach ca. 1,8 km ist der Parkplatz erreicht.

(019) WOMO-Wanderparkplatz: Wetzlar, Kirschenwäldchen

GPS: N 50°31'47.2" E 8°30'43.1"
max. WOMOs: 2 - 3
Ausstattung/Lage: Infotafel, Rundwanderwege (3,5 u. 5 km), Gaststätte gegenüber (Mi - So 12 - 21.30 Uhr), Glascontainer/Ortsrand.
Zufahrt: Wie vor, nach weiteren 500 m ist der Parkplatz erreicht.

WOMO-Wandertipp: Vier-Türme-Wanderung

Mittelschwere Wanderung von ca. 14 km auf Wald- und Feldwegen durch hügeliges Gelände sowie durch die Stadt.
Markierung: Rote 1 auf weißem Grund.
Vom Parkplatz Kirschwäldchen folgen wir der Straße ca. 400 m abwärts, gehen rechts in den Wald, um diesen über den Hubertusweg zu verlassen. Nachdem die Nauborner Straße erreicht ist, wenden wir uns rechts und an der ersten Straße sofort links, um wenig später den Wetzbach zu überschreiten. Auf der Solmser Straße geht es rechts ein Stück stadteinwärts bis zur Ludwig-Erk-Schule. Dahinter führt links das Hundspfädchen, später der Burgweg hinauf zum **Kalsmunt**, unserem ersten Turm. Der Kalsmunt wurde als Reichsburg wahrscheinlich im Jahr 800 errichtet und dann maßgeblich von Kaiser Friedrich Barbarossa weiter ausgebaut. Ab dem 15. Jh. verlor die Burg ihre Bedeutung und verfiel langsam. Von hier oben haben wir einen hervorragenden Blick auf Wetzlar, das sich mit der Altstadt an die Lahn anschmiegt, die wiederum von der Dill gespeist wird. Am Kalsmunt-Westhang wandern wir zur Ernst-Leitz-Straße, der wir ein kleines Stück stadtauswärts folgen und dann rechts durch die Wetzbachstraße an die Lahn gelangen. Dort halten wir uns rechts und erreichen den Parkplatz auf der Lahninsel. Wir überqueren den Flutgraben und biegen vor dem Mühlgraben links in die **Colchester-Anlage**, die wir durchwandern und dann oberhalb der Hausermühle, die einzige Mühle Wetzlars in der heute noch gemahlen wird, über den Mühlengraben verlassen. Links hinauf geht es ins Rosengärtchen und zur Freilichtbühne und von dort links zum Goethebrunnen. Nach Überquerung der Harbacher Straße gehen wir über den Wahlheimer Weg bis zu einem Tennisplatz, biegen dort rechts ab und erklimmen den Berg hinauf zur Grabenheimer Warte, die 1901 zum **Bismarckturm** umgebaut wurde und in früheren Jahrhunderten zur Verteidigung der Stadt diente. Über die Baumwipfel schauen wir über Wetzlar und das Lahntal, bevor wir Richtung Osten, am neuen Friedhof vorbei, die „Kühmark" erreichen. Auf einem als Rundwanderweg markierten Weg durchqueren wir diese und anschließend die sog. „Alte Landwehr", die im 15. Jh. die befestigte Grenze Wetzlars darstellte, nach Südosten. Der Weg führt dann im Bogen nach Südwesten und immer an den Gräben und Wällen der alten Befestigung entlang. Bei Erreichen der Frankfurter Straße halten wir uns einige Meter rechts, um sie

Optik-Parcours in der Colchester-Anlage

in Höhe der J.-S.-Bach-Straße zu überqueren, wandern rechts an den Häusern vorbei und auf einem Fußpfad bergab. Kurz vor der Friedensstraße registrieren wir einen Gedenkstein, marschieren anschließend die Straße ca. 100 m nach links und dann auf einem Waldweg schräg bergauf. Am Wasserwerk schwenken wir nach Süden und hinauf zum dritten Turm, der **Brühlsbacher Warte**, die im Volksmund wegen ihrer Form „Bleistift" genannt wird und früher ebenfalls der Stadtbefestigung diente. Nach Osten gelangen wir unweigerlich zur Straße „Am Sturzkopf", der wir wenig später rechts bis zur „Stoppelberger Hohl" folgen und diese überschreiten. In einem Bogen geht es die Taunusstraße, später die Volpertshäuser Straße entlang und bald ist der Waldrand erreicht. Auf dem mit einem roten Fuchs, dann mit einem liegenden „Y" markierten Weg spazieren wir im Wald bergauf und überqueren die Straße, auf der wir einige Zeit vorher mit dem WOMO zum Kirschwäldchen gefahren sind. Nach Südosten geht es weiter bergauf zum höchsten Punkt unserer Wanderung. Rechts sehen wir bereits den **Stoppelbergturm** und bevor der markierte Weg wieder abwärts führt, schwenken wir hinauf zum knapp 400 m hohen Stoppelberg. Bei gutem Wetter reicht der Blick aus luftiger Höhe des vierten Turms vom Westerwald über den Taunus bis zum Vogelsberg. Steil hinab führt nun der Fußpfad bis zu einem breiten Querweg, dem wir rechts bis zu unserem ersten o. g. Wanderparkplatz und bis zur Straße folgen. Rechts der Straße sind die letzten 500 m bis zum Ausgangspunkt unserer abwechslungs- und aussichtsreichen Wanderung flott abgespult.

Brühlsbacher Warte

Auf unserer Wanderung ist Wetzlars sehenswerte Altstadt viel zu kurz gekommen und so beschließen wir, zu der bekannten Kreuzung an der Frankfurter Straße/L3451 zurückzufahren.

(020) WOMO-Stellplatz: Wetzlar, Lahninsel offiziell

GPS: N 50°33'16.9" E 8°29'51.8" **max. WOMOs**: 5

Ausstattung/Lage: V/E, Strom, WC, ausgewiesener Teil eines Großparkplatzes, z. T. eng, zentrumsnah, Gebühr€€incl. Strom/im Ort. Ggf. Geräuschbelästigung durch die Straße.

Zufahrt: An der T-Kreuzung rechts Richtung Innenstadt/Forum Arena abbiegen, den Berg hinunterfahren und geradeaus bis kurz vor die Lahnbrücke fahren. Dort rechts zum Parkplatz Lahninsel abbiegen und dem WOMO-Piktogramm folgen.

(021) WOMO-Stellplatz: Wetzlar, An der Dill offiziell

GPS: N 50°33'24.1" E 8°29'27.0"; Falkenstraße **max. WOMOs:** 16
Ausstattung/Lage: V/E, Strom, Gebühr €€ incl. Strom, Mülleimer, Altstadt ca. 1 km Fußweg, Radwege (Dill- und Lahntalradweg), Bergbaulehrpfad in der Nähe/Ortsrand, direkt an der Dill. Keine WOWA!
Zufahrt: Wie vor, jedoch die Lahn überqueren und an der nächsten Kreuzung links Richtung Limburg abbiegen. Nach dem Überqueren der Dill links dem WOMO-Piktogramm folgen.

Wir ziehen den Stellplatz an der Dill dem auf der Lahninsel vor und nehmen von dort den Fußweg entlang der Dill durch die Wiesen. Nachdem wir die Dill kurz vor ihrer Mündung in die Lahn überquert haben, gehen wir über einen großen Parkplatz, schwenken rechts in die Uferstraße und folgen anschließend dem Fußweg an der Lahn entlang. Nach etwa 800 m haben wir die siebenbogige **Alte Lahnbrücke** erreicht, die in der 2. Hälfte des 13. Jh. errichtet wurde und Teil des mittelalterlichen Handelsweges von Frankfurt nach Köln war.

Wetzlar

Wetzlar ist eine Stadt mit lebendiger Vergangenheit ... so lautet einer ihrer Slogans. Stimmt, möchten wir sagen und können bei einem Spaziergang zwischen verwinkelten Gassen, reizvollen Fachwerkhäusern, mittelalterlichen Plätzen und repräsentativen Bauten aus der Barockzeit gleichzeitig die Verbindung in die Gegenwart erkennen. Bereits vor dem Überschreiten der Alten Lahnbrücke lassen wir uns von der **Was-**

ser- und Lichtorgel in Wetzlar begrüßen. Sie soll die erste Anlage ihrer Art in einem fließenden Gewässer sein. Zwischen 10 und 21 Uhr zu jeder vollen Stunde schießen hier bis zu 36 m hohe Wasserfontänen zum Takt der Musik in die Luft. Dazwischen gibt es im Abstand von 15 Minuten Wasserspiele ohne Musikbegleitung. Die Orgel ist Teil des **Optikparcours**, der sich durch die gesamte Stadt zieht und bei dem man Phänomene der Optik erleben kann. Die Entwicklung des Parcours hat natürlich einen besonderen Grund, denn der Umgang mit Optik und Sehen hat in Wetzlar eine lange Tradition. Hier wurde die erste Kleinbildkamera der Welt, die sogenannte Ur-Leica, 1914 von Oskar Barnack entwickelt. Wie Barnack fotografieren auch wir den Eisenmarkt vom **Leica-Fotopunkt**. Noch heute befinden sich viele Unternehmen aus dem Bereich der Optik und Mechanik in der Region. Am Ufer der Lahn bestaunen wir die legendäre **Spionagekamera** von Minox im XXL-Format und machen gleich ein Foto vor dem Altstadt-Panorama von uns, um es später einfach und bequem auf dem heimischen PC herunterzuladen. Während des Stadtrundgangs wird uns noch manches Objekt begegnen, das die „objektiven“ physikalischen und „subjektiven“ physiologischen Wahrnehmungen ziemlich durcheinanderwirbelt. Wer sich für die Hintergründe zum Thema Optik interessiert, dem sei eine Führung angeraten. Diese, **öffentlichen Stadtführungen** (Sa 14 Uhr, Treffpunkt Brunnen/Domplatz, Gebühr) und diverse andere werden von der **Tourist-Info** angeboten (Mai - Sept. Mo - Fr 9 - 18 Uhr, Sa 10 - 14 Uhr, Okt. - April Mo - Fr 9 - 17 Uhr, Sa 10 - 12 Uhr, Domplatz 8, Tel. 06441/997755, www.wetzlar-tourismus.de).

Jetzt aber nichts wie über die Lahn und rein in die Stadt, deren Anfänge bis ins 8. Jh. reichen und deren erste Erwähnung 1141 erfolgte. Im Jahr 897 weihte ein konradinischer Bischof an der Stelle des heutigen Doms eine Kirche. Handwerker sowie Kaufleute siedelten sich an und 1180 bestätigte Kaiser Friedrich Barbarossa die Privilegien seiner Bürger und die Stadt entwickelte sich zur Reichsstadt. Von der aus dem 13. Jh. stammenden Stadtmauer mit fünf Toren und mindestens neun Türmen ist nur noch der sog. Säuturm und das während unserer Wanderung besuchte Kalsmunttor erhalten geblieben. Im Spätmittelalter begann der Niedergang der Stadt und auch die Aufnahme von wallonischen Glaubensflüchtlingen 1568 brachte nicht den erhofften Aufschwung. Erst 1690 brachte das damalige höchste Gericht, das Reichskammergericht, wieder Wohlstand, als sich Juristen und adlige Vertreter aus dem gesamten Heiligen Römischen Reich deutscher Nation in Wetzlar niederließen. Das kulturelle Leben stand in großer Blüte und zahllose Fremde und Gäste belebten die Straßen. Im Mai 1772 verschlug es auch **Johann Wolfgang Goethe** als Praktikant in die deutsche „Hauptstadt des Rechts“. Doch viel konnte er der trockenen Jurisprudenz nicht abgewinnen, widmete sich mehr dem Umgang mit anderen jungen Juristen, seinem literarischen Frühwerk und gab sich einem neuen Naturempfinden hin. Als Goethe Charlotte Buff, die Tochter des Deutschordensamtmanns, kennenlernt und für sie entflammt, verbringt er viel Zeit „in der paradiesischen Gegend“ und im Deutschordenshof. Goethes Liebe erweist sich jedoch als aussichtslos, da Charlotte einem anderen versprochen ist und so zieht er sich im September aus Wetzlar zurück. Diese Erlebnisse und den Tod ei-

"Herr Goethe" vor dem Lottehaus

nes Bekannten verarbeitet Goethe in seinem Briefroman „Die Leiden des jungen Werthers", der im September 1774 erscheint. 1802/03 verlor Wetzlar den Status einer Reichsstadt und als 1806 das Reichskammergericht aufgelöst wurde, kam es zum wirtschaftlichen Niedergang. Erst in der zweiten Hälfte des 19. Jh. setzte mit optischen und eisenverarbeitenden Betrieben die Industrialisierung ein und die Stadt erholte sich wieder. Von den Zerstörungen im Zweiten Weltkrieg blieb die Stadt weitestgehend verschont, sodass die ineinander verschachtelten Häuser der Altstadt mit ihren markanten Schieferdächern und der alles überragende Dom das unverwechselbare Bild Wetzlars immer noch prägen.

Beim Bummel durch die lebendige Altstadt mit etlichen kleinen Geschäften, Cafés und Restaurants gelangen wir zum **Dom**, dessen Fassade aus rotem Sandstein, verputzten Wandflächen und einigen offen liegenden grünen Schalsteinen recht uneinheitlich erscheint. Die Ende des 12. Jh. errichtete spätromanische Stiftskirche wurde bereits 40 Jahre später wieder abgerissen, um einem größeren Gotteshaus Platz zu machen. Der Neubau sollte weithin sichtbar sein und nicht hinter den umliegenden Kirchen in Limburg und Marburg zurückstehen. Es gab jedoch Streitigkeiten zwischen Stadt und Stift und später kamen Finanzierungsprobleme hinzu. Der Kirchenbau kam nur langsam voran oder ruhte über Jahrzehnte ganz. Die Baupläne wurden mehrfach geändert, was sich in den unterschiedlichen Baustilen von der Spätromantik bis zum Barock zeigt. Der prächtige Südturm und die Westfassade wurden teilweise noch fertiggestellt, bis die Bauarbeiten aus Geldmangel Ende des 15. Jh. eingestellt wurden. Seit der Reformation bis heute teilen sich die katholische und die evangelische Gemeinde die Simultankirche (April - 15. Okt. 9 - 19 Uhr, 16. Okt. - März: 10 - 16.30 Uhr). Wir schlendern gerade über den Domplatz und biegen in die Schmiedgasse ein, als uns der junge Goethe entgegen kommt. Natürlich ist es einer der Stadtführer in historischem Kostüm, der uns freundlicherweise bis zum **Lottehaus** begleitet und vor unserer Kame-

ra posiert. In der literarischen Gedenkstätte können wir den Menschen und Ereignissen des Sommers 1772 nachspüren, die Goethe im „Werther" beschreibt. Das Werk machte Wetzlar zur Goethestadt und im ehemaligen Verwalterhaus des Deutschordenshofs wurde des Meisters Jugendliebe Charlotte Buff genannt Lotte geboren. Bildnisse, Handschriften und Gegenstände der Buffs sowie historisches Mobiliar und Hausrat geben die bürgerliche Welt des 18. Jh. wieder. Neben dem kostbaren Erstdruck des „Werther" werden u. a. Streitschriften und Übersetzungen präsentiert. In dem Gebäudekomplex des Deutschherrnhofes befindet sich neben dem **Stadt- und Industriemuseum** auch das **Viseum Wetzlar**, in dem es vor allem um das Thema Licht geht und das Einblicke in die physikalischen Grundlagen optischer und optoelektronischer Produkte ermöglicht. Weitere sehenswerte Museen sind das **Reichskammergerichtsmuseum**, das sich im „Avemannschen Haus" befindet und in dem u. a. Originalzeugnisse aus drei Jahrhunderten deutscher Rechtsprechung gezeigt werden und das Aufbau, Arbeitsweise sowie Probleme der Institution dokumentiert. Als zweite literarische Gedenkstätte gilt das **Jerusalemhaus**, in dem neben bürgerlichem Mobiliar des 18. Jh. grafische Bildnisse, Landkarten und Druckschriften mit zeitlichem und persönlichem Bezug zu Karl Wilhelm Jerusalem gezeigt werden. Jerusalem war jener unglückliche Bekannte Goethes, der den Freitod wählte und dessen Leiden im „Werther" ihren Niederschlag fanden. Im Palais Papius gewährt uns die **Sammlung Dr. Irmgard von Lemmers-Danforth** einen Einblick in die europäische Wohnkultur der Renaissance und des Barocks. Die Ausstellung in der geschlossenen Vierflügelanlage umfasst historische Möbel, kostbare Gold- und Silberarbeiten, Tapisserien, Gemälde sowie Keramiken, die das jeweilige Lebensgefühl, den Geschmack und die Repräsentationsbedürfnisse der adligen und großbürgerlichen Besitzer vermittelt (alle bisher genannten Museen Di - So 10 - 13/14 - 17 Uhr, Jerusalemhaus Di - So 14 - 17 Uhr, Eintritt).

Am Eisenmarkt

Wem jetzt nach all dem Gesehenen nach Dunkelheit zu Mute ist, dem würden wir gern einen Besuch des **Dunkelkaufhauses** vorschlagen. Hier kann man nichts kaufen, sondern in absoluter Dunkelheit, begleitet durch blinde Mitarbeiter, seine Tast-, Geruch-, Fühl- und Geschmackssinne schärfen (Führungen tägl. 17 Uhr, Eintritt, www.dunkelkaufhaus.de). Nach unserem ausführlichen Stadt- und Besichtigungsprogramm schaffen wir es leider nicht mehr rechtzeitig, um pünktlich an der Führung teilzunehmen und schlendern ziemlich geschafft von den übrigen Eindrücken durch kleine Gassen und über Treppen zurück zur alten Lahnbrücke. Das Spektakel der eingangs erwähnten Wasser- und Lichtorgel ist natürlich bei Dämmerung besonders schön und als wir der Darbietung vom Biergarten des **Paulaner Wirtshauses** (Mo - Sa ab 15Uhr, So ab 11.30 Uhr) vom Lahnufer aus zuschauen, steht für uns fest, dass wir sicher nicht zum letzten Mal in Wetzlar gewesen sind.

Die Zufahrt zur B49 Richtung Weilburg/Limburg ist nicht schwer zu finden, doch wir verlassen die Bundesstraße bereits wenig später, als das **Kloster Altenberg** ausgeschildert ist. Eine schmale Straße schlängelt sich hinauf zu dem kleinen Kloster, das auf einem Höhenzug zwischen Wetzlar und Solms seit über 800 Jahren still über dem Lahntal liegt [N 50°33'34.5" E 8°26'48.3"].
Die berühmteste Bewohnerin war Gertrud, die Tochter der Heiligen Elisabeth von Thüringen. Die Anlage des ehemaligen Prämonstratenserinnenstifts und die gotische Kirche mit dem Grab Gertruds sind ganzjährig zu besichtigen. Regelmäßige Führungen erzählen von der Geschichte und den Geschichten rund um das Kloster (Mai - Sept. jeden 1. So im Monat Uhr, Gebühr). Wir reißen uns von der schönen Aussicht, die über das Tal bis zur Landmarke von Schloss Braunfels reicht, los und setzen unsere Fahrt zur ebenfalls beschilderten GRUBE FORTUNA fort. Zuvor notieren wir in HEUERBERG eine Stellplatzmöglichkeit.

(022) WOMO-Stellplatz: Heuerberg, Sportplatz

GPS: N 50°33'30.9" E 8°26'24.3"; Am Heuerberg **max. WOMOs**: 2
Ausstattung/Lage: Glascontainer/Ortsrand.
Zufahrt: Von der B49 Richtung Oberbiel abbiegen und den Hinweisen zur Grube Fortuna und ca. 400 m später rechts den Hinweisen zum Sportplatz weitere 400 m folgen.

Der Verlauf unserer Lahntour führt durch den **Geopark Westerwald-Lahn-Taunus**, der Einblicke in die Millionen Jahre umfassender Entwicklungsgeschichte der Erde ermöglicht (www.geopark-wlt.de). Wir werden bizarre Basaltformationen, Zeugnisse tropischer Riffe sowie Höhlensysteme entdecken. Doch zunächst ergründen wir die Bedeutung des 2000 Jahre alten Bergbaus, der die regionale Wirtschafts- und Kulturgeschichte maßgeblich geprägt hat.

(023) WOMO-Stellplatz: Solms, Grube Fortuna

GPS: N 50°34'26.9" E 8°25'26.9"
max. WOMOs: 2 - 3
Ausstattung/Lage: Wanderwege (z. B. zum Kloster Altenburg und zurück, Bergbaulehrpfad), Spielplatz, Gaststätte, Mülleimer/außerorts, einsam.
Zufahrt: Von der B49 ca. 3 km den Hinweisen zur Grube Fortuna bis zum Parkplatz folgen.

Besucherbergwerk Grube Fortuna

Bereits in der La-Tène-Zeit (ca. 500 - 100 v. Chr.) begann der Abbau der wertvollen Erze, die man während des Mittelalters oberflächennah gewann. In der Zeit zwischen den Weltkriegen des letzten Jahrhunderts wurden im Lahn-Dill-Gebiet fast 50 Erzgruben betrieben. Durch hohe Förderkosten sowie die Konkurrenz aus dem Ausland ist der Eisenerzabbau zunehmend unwirtschaftlich geworden und als letzte Eisenerzgrube musste die Grube Fortuna 1983 geschlossen werden. Am Mundloch werden wir zu der ca. 50-minütigen Führung mit dem Bergmannsgruß „Glück auf“ begrüßt und „fahren“ zu Fuß in die Grube ein. Als nächstes kann jeder selbst feststellen, welche seiner Phobien am stärksten ausgeprägt sind: Beim Einen ist es der enge Förderkorb, der vier Meter pro Sekunde in die Tiefe schnellt, beim Anderen ist es die anschließende Fahrt mit der Grubenbahn, auf der wir im Reitersitz mit 8 km/Stunde durch die teils dunklen oder nur spärlich beleuchteten Stollen auf die 150-Meter-Sohle fahren. Manchmal ist es aber auch der ohrenbetäubende Lärm, der in Aktion gesetzten Arbeitsgeräte, der einen erschauern und die laute Arbeitswelt der Bergleute nur erahnen lässt. Uns wird allzu deutlich, dass Eisen nicht einfach nur im Handel erworben wird, sondern dass erst das Erz vor der Verhüttung mühsam aus dem Berg geholt werden muss. Alles in allem ein kleines Abenteuer, bei dem sich unter Um-

ständen ältere Schuhe bewähren, da der rötlich-braune Eisenerzstaub in Verbindung mit Wasser hässliche Spuren an der Fußbekleidung und im WOMO hinterlassen kann. Auch kann das Tragen einer wärmeren Jacke nichts schaden, da die konstante Temperatur im Berg bei 13°C liegt (April - Okt. Di - Do 9.30 - 16.30 Uhr, Sa/So/Feiertage 10 - 17 Uhr, letzte Einfahrt jeweils eine Stunde vor Schließung, Mindestalter 6 Jahre, Eintritt. www.grube-fortuna.de).
Auf dem Gelände befindet sich außerdem die **Gaststätte Zum Zechenhaus** (April - Okt. Di - So 11 - 22 Uhr, Nov. - April Di - Fr 15 - 22 Uhr, Sa/So 11 - 22 Uhr) und das **Feld- und Grubenbahnmuseum Fortuna**, in dem 59 Lokomotiven und etwa 100 Klein-, Feld- und Grubenbahnwagen zusammengetragen sind. An bestimmten Tagen können mit dem Kleinbahn- oder Grubenzug 2,5 km lange, gebührenpflichtige Fahrten durch das obere Grundbachtal unternommen werden. Die entsprechenden Daten sind bei der Grube zu erfragen.

Auf gleichem Weg fahren wir zurück nach OBERBIEL und von dort, parallel zur B49, vorbei an NIEDERBIEL und anschließend nach LEUN. Die Hauptdurchgangsstraße führt uns an einigen schönen Fachwerkhäusern und am **Stadtmuseum** vorbei. Der Schwerpunkt der Ausstellung ist der Wohn- und Arbeitswelt der letzten 200 Jahre gewidmet. Weiterhin sind eine Spielzeugsammlung und eine Abteilung über die Zeit der 1950er Jahre zu sehen (1. So im Monat 14 - 17 Uhr, Eintritt). Nicht nur Paddlern, Radfahrern und Wanderern dürfte der mitten in der Natur zwischen Wiesen und direkt an der Lahn liegende Stellplatz des Ortes gefallen.

(024) WOMO-Stellplatz: Leun, Lahnwiese offiziell

GPS: N 50°33'10.6" E 8°21'09.6"
max. WOMOs: 8
Ausstattung/Lage: Strom (3-poliger Campingstecker erforderlich), Wasser, Abwasser, Feuerstelle, Gebühr €€, Mülleimer, Zeltplatz nebenan, Bootsanleger, Radweg ca. 1 km entfernt, in den Ort ca. 300 m Fußweg/außerorts.
Zufahrt: Im Ort Richtung Stockhausen halten und am Ortsausgang links dem WOMO-Piktogramm folgen.

Schweren Herzens verabschieden wir uns von der idyllischen und ruhigen Umgebung, fahren durch Leun zurück und halten uns Richtung BRAUNFELS.
Die Lahn durchfließt auf 242 km von ihrer Quelle bei Bad Laasphe im Rothaargebirge bis zu ihrer Mündung in den Rhein bei Lahnstein drei Bundesländer. Paddler und solche die es werden wollen finden auf dem Wasser Erholung und können die Landschaft aus einer ganz anderen Perspektive erleben. Für **Wasserwanderer** haben wir einen kleinen Campingplatz ausgemacht, auf dem das WOMO beruhigt abgestellt und so-

gar die Nacht verbracht werden kann. Nach dem Überqueren des Flusses rollen wir links durch den Ort LAHNBAHNHOF Richtung SOLMS.Auf dem Zeltplatz ist neben anderen Anbietern die **Krumos' Kanustation** (Tel. 06442/922992, www.krumos.de) integriert, die Touren mit gemieteten Kanus und einen Shuttleservice anbietet. Wie wir erfahren konnten, dürfen WOMO-Besatzungen nur bei dieser einen Kanustation übernachten und aufgrund der Renaturierung der Wiesen wird dem fahrbaren Untersatz ein Platz auf einem Schotterweg zugewiesen. Auch wenn die Bahnstrecke direkt hinter dem Zeltplatz verläuft, gefällt uns die Örtlichkeit.

(025) WOMO-Campingplatztipp: Burgsolms, Zeltplatz Schohleck

GPS: N 50°32'24.6" E 8°22'49.2" **max. WOMOs**: 5

Öffnungszeiten/Preis: Mai-Sept./€€€.
Ausstattung/Lage: Strom, Wasser, WC, Duschen, keine Entsorgung, Kanu-Verleih Krumos', Kletterwand, kleiner Kiosk,Wander- und Radwege/außerorts. Ggf. Geräuschbelästigung durch Bahnstrecke.
Zufahrt: In Burgsolms hinter dem Leica-Werk auf den Radweg nach links abbiegen und die Schienen überqueren. Nach ca. 1000 m wird der Zeltplatz erreicht. Bitte nur auf dem ausgewiesenen KRUMOS Parkplatz parken und im gelben Pavillion melden!
Fürs Navi: Den Straßennamen „Oskar-Barnack-Straße" eingeben. Die Fa. Leica wird erreicht, von dort der Beschilderung „Schohleck" folgen.

Alle Nichtkanuten befinden sich mit uns auf dem direkten Weg in das charmante Fachwerkstädtchen BRAUNFELS, dessen Schloss mit einer märchenhaften, zinnenreichen Silhouette auf der Spitze eines Basaltfelsens thront und manchmal als **Neuschwanstein Hessens** bezeichnet wird. Um die Stadt zu erobern, bietet sich der offizielle Stellplatz unterhalb des Schlosses an.

(026) WOMO-Stellplatz: Braunfels, Jahnplatz offiziell

GPS: N 50°30'53.4" E 8°23'10.2"
Jahnplatz **max. WOMOs**: 4
Ausstattung/Lage: Strom, WC, Ver- und Entsorgen von Wasser (Schlüssel gegen Kaution), Mülleimer, Gebühr € - €€, zahlbar lt. Aushang im Ort /im Ort.
Zufahrt: Im Ort den WOMO-Piktogrammen folgen.

Braunfels

Vom Stellplatz ist der Weg zum **Schloss Braunfels** ausgeschildert, das als „Castellum Bruninvels" 1246 erstmals erwähnt wurde und das im Laufe der folgenden Jahrhunderte sein Erscheinungsbild als Schutzburg massiv veränderte. Mit dem Aufkommen von Feuerwaffen mit größerer Reichweite entstanden zunächst Ringmauern mit Verteidigungstürmen und Wallanlagen, weitere Besitzer bauten bis zu einem Brand im 17. Jh. an und um. Danach erfolgte der Wiederaufbau, später die Veränderung zu einer barocken Residenz und, dem Zeitgeist folgend, ab 1845 die Umgestaltung im neugotischen Stil. Nach 1880 erhielt das Schloss schließlich sein heute eindrucksvolles Aussehen mit vielen malerischen Türmchen und Erkern. Seit 800 Jahren ist es Stammsitz der Grafen und Fürsten zu Solms-Braunfels und wird noch heute von der Familie bewohnt. Die schönsten Räumlichkeiten des Schlosses sowie die fürstlichen Sammlungen können im Rahmen von verschiedenen Führungen, auch speziell für kleine Gäste, besichtigt werden. Die umfangreichen Sammlungen des **Fürstlichen Familienmuseums** sind ohne Führung zugänglich. Hier erwarten den Besucher zahlreiche Militaria, Kleider von Fürstinnen und Prinzessinnen, vorgeschichtliche Funde sowie andere familiengeschichtliche Erinnerungsstücke. Zur äußeren Schlossanlage gehören Kanonenplatz, Kutschenhalle und Kerker, sowie das Hungerloch. Über eine kleine Wendeltreppe gelangt man zu einer Plattform, die eine gute Aussicht bietet (zur vollen Stunde Schlossführungen April - 2. Nov. tägl. 11 - 17 Uhr, 3. Nov. - 27. März Sa/So/Feiertage/Hess. Schulferien 11 - 16 Uhr. Familienmuseum ohne Führung tägl. 8.30 Uhr bis zur Dämmerung, Eintritt. www.schloss-braunfels.de). Im **Schlosscafé** kann man die Zeit bis zur nächsten Schlossführung wunderbar abwarten oder eine Pause auf dem Stadtrundgang einlegen. Der lohnt sich nämlich durch die überschaubare, mittelalterliche Altstadt auf jeden Fall. Um den historischen Marktplatz gruppieren sich reich verzierte Fachwerkhäuser, einige Gaststätten und für eine **öffentliche Stadtführung** (Mai - Okt. Sa 14 Uhr, Gebühr) trifft man sich vor der **Tourist-Info**, die weitere Themenführungen anbietet (Mo, Mi - Fr 10 - 13/14 - 18 Uhr, Di 10 - 12/14 - 18 Uhr, Sa 10 - 14 Uhr, April - Okt. zusätzlich So 14 - 18 Uhr, Am Kurpark 11, Tel. 06442/934411 www.braunfels.de). Der idyllische Herrengarten wurde Anfang des 17. Jh. von Graf Solms als Terrassengarten angelegt, um 1800 im Stil eines englischen Landschaftsgartens umgestaltet und wird heute als **Kurpark** des Luftkurortes genutzt. Er bietet, genau wie das Schloss, eine reizvolle Kulisse für kulturelle Veranstaltungen und Konzerte.

Was wäre ein Kurort ohne Kaffeehaus?! Ein „Muss“ ist deshalb das **Café Vogel**, das mit wunderbaren Angeboten aus der Konditorei und der Confiserie zum Verwöhnen einlädt (Mo Ruhetag).
In der ehemaligen gräflich-solmschen Mühle, die mit Hilfe einer sog. Brunnenkunst das Braunfelser Schloss mit Wasser versorgte, ist das **Stadtmuseum Obermühle** beheimatet. Unterhalb der Altstadt gelegen, kann es zu Fuß oder mit dem WOMO erreicht werden [N 50°30'58.5" E 8°22'52.2"; Tiefenbacher Straße]
Im ältesten Steingebäude der Stadt wird auf dessen Funktion eingegangen. Es werden verschiedene Pumpen, die Zahnradtechnik von 1875 sowie Werkzeuge des für die Wasserversorgung und die Rohrleitungen zuständigen Klempners gezeigt. Ein nachgebautes Wasserrad ist genauso wie das freigelegte und rekonstruierte Gerüst eines mittelalterlichen Hammerwerks zu betrachten. Außerdem werden Einblicke in die vergangenen Wohnverhältnisse gewährt und ein weiterer Bereich ist dem ehemaligen Braunfelser Handwerk gewidmet (März - Okt. 1. u. 3. So im Monat 14 - 17 Uhr, Eintritt. www.stadtmuseum-obermuehle.de). Schräg gegenüber finden wir Hessens kleinste Spezialitätenbrauerei im **Brauhaus Obermühle**, wo uns der „Braune Schlawiner“ am besten zur hessischen Küche schmeckt (Di - Sa ab 17 Uhr, So ab 11 Uhr, www.obermuehle-braunfels.de). Hochpreisiger, aber sehr gut speisen wir im **Ristorante Geranio** (12 - 14/18 - 22 Uhr, Di Ruhetag, www.ristorante-geranio.de).
Naturfreunde und Aktivurlauber finden in den bis zum Horizont reichenden Wäldern genug Möglichkeiten für **Wanderungen und Radtouren**. Ein **Panoramawanderweg** bietet Ausblicke auf das Schloss sowie das angrenzende Lahntal und neben dem bereits erwähnten Lahntalradweg finden sich zahlreiche Radwege für Ausflüge in die nähere Umgebung. Vielleicht könnte eine der Touren zum **Fürstlichen Tiergarten** führen. Im ehemaligen Jagdgebiet der Grafen zu Solms-Braunfels gibt es viel zu entdecken. Auf 55 ha tummeln sich Wildschweine, Mufflons, Rehe sowie Damhirsche, deren Fütterung je nach Jahreszeit zwischen 16 und 17 Uhr an Wochenenden und Feiertagen aus nächster Nähe beobachtet werden kann. Rundwanderwege führen durch das Gelände mit altem Baumbestand, das natürlich auch über eine beschilderte Zufahrt mit dem WOMO zu erreichen ist [N 50°30'16.2" E 8°23'38.1"]

Bevor wir uns endgültig aus Braunfels verabschieden, registrieren wir bei der Weiterfahrt Richtung WEILBURG den **Campingplatz Braunfels** und notieren wenig später einen Wanderparkplatz.

(027) WOMO-Wanderparkplatz: Braunfels, Weiherstieg

GPS: N 50°30'20.5" E 8°22'34.6"
An der L3451 **max. WOMOs**: 2
Ausstattung/Lage: Infotafel, Wanderwege (4 u. 6 km, z. B. zur Obermühle), Bank, Mülleimer/außerorts.
Zufahrt: Etwa 1,4 km hinter der Zufahrt zum Campingplatz bei Erreichen des Waldes im spitzen Winkel rechts abbiegen und ca. 300 m bis zum Parkplatz fahren. **Achtung:** Es ist wirklich ein sehr spitzer Winkel, der evtl. ein Rangieren verlangt!

Von hier lässt sich das Weihergebiet bestens erwandern. Großer Weiher, Eisweiher und Warmer Weiher sind künstlich angelegte Teiche, deren Entstehung im Dunkeln der Geschichte verborgen ist, und die besonders wegen ihres artenreichen Vogel- und Insektenbestandes in schöner Umgebung bei Naturliebhabern sehr beliebt sind.
Der Landstraße folgend erreichen wir die B456, der wir links Richtung FRANKFURT/BAD HOMBURG folgen und sie 5 km später nach WEILMÜNSTER verlassen.
Ganz in der Nähe liegt der **Möttauer Weiher**, der mit einer Wasserfläche von 45.000 m², mit Grillstellen und Wassertretanlage einige Erholungsmöglichkeiten bietet. Freunde des Angelsports können einen Tagesangelschein im Ort erwerben (Elektro-Ketter, Möttauer Straße 1).

(028) WOMO-Wanderparkplatz: Möttau, Möttauer Weiher

GPS: N 50°27'12.4" E 8°23'35.1"
max. WOMOs: 1 - 2
Ausstattung/Lage: Infotafel, Rundwanderwege (3 u. 6 km), Radwege, ca. 500 m Fußweg zur Ortsmitte/außerorts, schräg. Ggf. Geräuschbelästigung durch die Bundesstraße.
Zufahrt: Nach dem Verlassen der B456 links Richtung Möttau und gleich wieder links ca. 200 m bis zum Parkplatz fahren.

Mittlerweile sind wir uns schon im Vordertaunus und im Marktflecken WEILMÜNSTER finden wir einen vollausgestatteten, ortsnahen Stellplatz.

(029) WOMO-Stellplatz: Weilmünster, Am Froschgraben offiziell

GPS: N 50°26'02.0" E 8°22'22.0" **max. WOMOs:** 10
Ausstattung/Lage: V/E, Strom gegen Gebühr, Infotafel, Rad- und Wanderwege, zentrumsnah, Bushaltestelle für den Weiltalbus in der Nähe/Ortsrand.
Zufahrt: Im Ort am Kreisel den WOMO-Piktogrammen folgen.

Sehenswert sind in Weilmünster das historische **Rathaus „Alte Schule"**, ein Fachwerkhaus mit Haubendachreiter und die evangelische Pfarrkirche mit einem gotischen Hauptschiff. Der Ort zeichnet sich jedoch besonders als Basislager für Touren auf dem 50 km langen **Weiltalradweg** aus. Die Weil entspringt am Roten Kreuz auf dem Kleinen Feldberg im Hohen Taunus und mündet nach etwa 47 km bei Guntersau in der Nähe von Weilburg in die Lahn. Dabei überwindet sie einen Höhenunterschied von 560 m und wird meist durch enge Talhänge begleitet. Bis auf eine Steigung und Abfahrt vor Weilrod ist die Strecke familienfreundlich. Von Mai bis Oktober verkehrt an den Wochenenden der **Weiltal-Bus mit Fahrradanhänger** entlang der Strecke. Mit ihm können Pedalritter von Weilmünster aus bequem auf den Feldberg im Taunus z. B. nach Schmitten oder zum Sandplacken chauffiert werden, nehmen von dort die Zuführung zum gut beschilderten Radweg und rollen 36 km zum Ausgangspunkt zurück (www.vldw.de, Linie 245). Von einigen weiteren, im Verlauf dieser und der folgenden Tour beschriebenen Stellplätzen sind ähnliche Fahrten an der Weil möglich.
Wir bringen unser WOMO wieder auf die Landstraße Richtung WEILBURG und fahren über ERNSTHAUSEN bis zum Abzweig zur KRISTALLHÖHLE KUBACH. Dort folgen wir den weiteren Hinweisen zum Höhlensystem, das seit 2010 zum GEOPARK (s. o.) gehört und einen Einblick in erdgeschichtliche Vorgänge bietet [N 50°28'06.8" E 8°18'13.1"].

Morgennebel über dem Weiltal

Kristallhöhle Kubach

Umgeben von 350 Millionen Jahre altem Kalkstein liegt etwa 40 bis 70 Meter unter der Erdoberfläche nicht nur die einzige Calcitkristallhöhle in Deutschland, sondern auch die einzige Schauhöhle der Bundesrepublik, die mit 30 m Höhe die höchste Halle zu bieten hat. Das mit unzähligen Kristallen und Perltropfsteinen geschmückte Höhlensystem entstand während der Eiszeit und ist bisher nur zu einem kleinen Teil freigelegt worden. Bei der Suche nach einer alten Tropfsteinhöhle stieß man auf die Naturschönheit der Kristallhöhle, die 1974 zum ersten Mal von Menschen betreten wurde. Bei der 45-minütigen Führung werden die verschiedenen wissenschaftlichen Methoden der Suche erklärt und im angrenzenden **Höhlenmuseum** nahegebracht. Dort und im **Freilicht-Steinemuseum** sind große Mineralien- und Gesteinssammlungen zu betrachten. Doch zunächst steigen wir über insgesamt 456 Stufen hinab in die Höhle, in der es schnell feucht und kühl wird und von der man nicht zu viel „Glitzer und Glimmer" erwarten sollte. Die Größe der Hallen und Dome sind es, die das System so beeindruckend und einzigartig machen. Die Perltropfkristalle wirken wie Kuchenstreusel und im künstlichen Licht funkeln sie dann tatsächlich wie kleine Diamanten. Manchmal wird es enger in den Durchgängen und die von den sachkundigen Gästeführern vorgestellten Bohrtunnel und Löcher, durch die die Forscher ins Innere der Höhle gelangten, können unter Umständen klaustrophobische Gefühle erzeugen. Da die Höhle lange Zeit absolut verschlossen war, befinden sich keine Tiere in den unterirdischen Tiefen. Wir schleppen uns mit immer schwerer werdenden Beinen die gefühlten 1000 Treppenstufen hinauf ans Tageslicht. Auf der Terrasse der angrenzenden **Gaststätte** genießen wir anschließend in der wärmenden Sonne die schöne Aussicht auf die umliegenden Höhen (Ende März - Okt., Führungen Mo - Fr 15 - 17 Uhr, hessische Schulferien Mo - Fr 13 - 17 Uhr, Sa/So/Feiertage 10 - 17 Uhr, Eintritt. www.kubacherkristallhoehle.de).

Wer unter Herzerkrankungen sowie Kreislaufbeschwerden leidet oder starke Gehbehinderungen hat, dem wird vom Besuch der Höhle abgeraten!

Nach dem spannenden Ausflug in die Welt unter Tage führt uns die Kreisstraße rechts nach KUBACH. Von dort ist es nicht mehr weit nach WEILBURG, einer städtischen Schönheit, die Johann Wolfgang Goethe die **Perle an der Lahn** nannte.

(030) WOMO-Stellplatz: Weilburg, Wohnmobilstation offiziell

GPS: N 50°28'59.5" E 8°15'30.0"
Hainallee **max. WOMOs:** 80
Ausstattung/Lage: V/E, Strom, Gebühr €€, Schlüsselkaution für V/E-Häuschen, Sanitärgebäude mit WC, Brötchenservice im Sommer Mo - Sa, Weiltalradweg, ca. 5 Min. Fußweg ins Zentrum/Ortsrand, direkt an der Lahn.
Zufahrt: Bei Erreichen der B456 am Kreisel in die Innenstadt fahren und den WOMO-Piktogrammen folgen.

Weilburg

Im erstmals im Jahr 906 als Wilineburch erwähnten Ort erblickte bereits einige Jahre früher ein Junge das Licht der Welt, der 911 zum ersten deutschen König gewählt wurde. Konrad I. war es dann auch, der 912 das Chorherrenstift St. Walpurgis oberhalb der Mündung der Weil in die Lahn gründete, dessen exponierte Lage zusammen mit dem Königshof auf dem Berg zur Kontrolle der Handelsstraßen und der Lahn wie geschaffen war. Besondere geschichtliche Bedeutung erfuhr die Wilinaburg 918, als Konrad auf seinem Sterbebett die Einheit des deutschen Rei-

Marktplatz mit Schlosskirche

ches sicherte, in dem er mit dem „Weilburger Testament“ seinem ärg-sten Widersacher Herzog Heinrich von Sachsen die Macht übergab. In den kommenden Jahren wurden das Stift und die spätere Stadt dem Bistum Worms übereignet. 1294 fiel alles an das Haus Nassau, das dem Ort ein Jahr später das Stadtrecht verlieh. Die Nassau-Weilburger prägten die Stadtgeschichte für die nächsten Jahrhunderte und Anfang des 18. Jh. wurden unter Graf Johann Ernst die Schlossanlage und die Stadt zu einer barocken Residenz umgestaltet. Noch heute gilt der damalige Regierungssitz als fast vollständig erhaltenes Beispiel für eine deutsche Kleinresidenz des Absolutismus.

Vom Stellplatz gelangen wir über einen Fußweg bergauf zum ehemaligen Regierungssitz und zur **Tourist-Info** (April - Mai Mo -Fr 9 - 18 Uhr, Sa 10 - 13 Uhr, Nov. - März Mo - Mi 10 - 16 Uhr, Do bis 18 Uhr/Fr bis 12 Uhr, Mauerstraße 6/8, Tel. 06471/31467, www.weilburg.de). Neben verschiedenen Themenführungen beginnen hier auch **öffentliche Stadtführungen** (Mai - Sept. Sa 10.30 Uhr, Gebühr). Über den barocken Marktplatz mit Cafés, Restaurants und Biergärten gelangen wir zur **Schlosskirche**, die als eine der bedeutendsten protestantischen Kirchenbauten des Barock in Deutschland gilt. Ihr Turm überragt alle anderen Gebäude und ist mit seiner prägnanten Dachhaube das Wahrzeichen der Stadt. Die **Schloss- und Gartenanlage**, die sich über 400 Meter Länge auf einem von der Lahn umschlossenen Felssporn erstreckt, beherrscht nicht nur das Stadtbild, sondern gilt als eine der schönsten in ganz Deutschland. Die Vierflügelanlage wurde im 16. Jh. im Renaissancestil erbaut. Nachdem Graf Johann Ernst sie barock umbauen ließ, waren es nachfolgende Generationen, die weitere Erweiterungen tätigten, sodass eine Stilmischung entstand. Im Rahmen von 45-minütigen Führungen können etwa 30 Räume des Hochschlosses besichtigt werden, deren Inneneinrichtung überwiegend die adelige Lebensführung des 19. Jh. widerspiegeln. Besonders schön ist das Badekabinett, das in schwarzem Lahnmarmor ausgeführt ist und 1712 mit der damals modernsten Technik ausgestattet wurde. Die Prachtentfaltung im Obergeschoss verdeutlicht den absolutistischen Herrschaftsanspruch und das Kurfürstliche Gemach diente mit zwei Wohnappartements sowie dem Festsaal zur Repräsentation. Die Anfang des 18. Jh. entstandene **Obere Orangerie** stellt die Verbindung zwischen Hochschloss und Schlosskirche her und wurde als festlicher Gartensaal genutzt (März - Okt. Di - So 10 - 17 Uhr, Nov. - Feb. Di - So 10 - 16 Uhr, stündlich Führungen, die letzte 1 Stunde vor Schließung, Eintritt). An der Südseite des Schlosses schließt sich der dreiterrassige

barocke Schlossgarten an. Die Anlage entstand im Jahr 1700 und ist zusammen mit dem angrenzenden Gebück auf dem Steilhang zur Lahn mit alten Bäumen, dem 250 Jahre alten Lindenbuskett und wunderschönem Blumenschmuck das grüne Herz der Schlossanlage. Im **Schlosscafé** findet unser musealer Spaziergang durch die Jahrhunderte schließlich seinen Abschluss (Mo Ruhetag). Noch mehr über die Stadtgeschichte und den Bergbau in der Region ist im zum GEOPARK gehörenden **Bergbau- und Stadtmuseum** am Schlossplatz zu erfahren. Weilburg war bis Anfang der 1950er Jahre das montane Zentrum des Lahn-Dill-Gebiets. Nach der Stilllegung der Gruben wurde das Stadtmuseum durch eine Bergbauabteilung erweitert, in der Maschinen, Bilder und Geräte verdeutlichen, wie Eisenerz, Dachschiefer, Marmor, Ton und Phosphorit abgebaut wurde. Eine mineralogisch-lagerstättenkundliche Sammlung gibt Aufschluss über die Geologie, während in den Kellergewölben ein ca. 200 m langer Schaustollen eingerichtet ist. Mit seiner originalgetreuen Grubenatmosphäre vermittelt der „Tiefe Stollen" einen Eindruck von der ehemaligen Arbeitswelt unter Tage (April - Okt. Di - Fr 10 - 12/14 - 17 Uhr, Sa/So/Feiertage 10 - 17 Uhr, Nov. - März Mo - Fr 10 - 12/14 - 17 Uhr, geschlossen: Karfreitag, Anfang Dez - Mitte Feb., Eintritt).
Richtig Verkehr herrscht in der Nähe des Stellplatzes im **Modellbaupark 1:8**. Das Funktionsmodellbauteam hat auf über 2.500 m² eine sich stetig verändernde Welt im Maßstab 1:8 geschaffen. Mit einer elektrisch betriebenen Lok können Interessierte z. B. vorbei an Seen, der Polizei- und

Orangerie mit Schlosscafé

Feuerwehrstation sowie einer Altstadtpassage oder durch einen Tunnel fahren. Man kann beim Abtragen von Erde oder beim Bau neuer Straßen zuschauen und sich an den batteriebetriebenen Fahrzeugen erfreuen. Nach telefonischer Anmeldung können Gastfahrer mit eigenen Fahrzeugen den Parcours selbst befahren (Mai - Okt. meist an einem Wochenende geöffnet, Eintritt. Genaue Termine unter www.weilburger-modellbau-team.de oder 06471/52209).
Etwas außerhalb von Weilburg und von der B456 aus zu erreichen, liegt der **Tiergarten Weilburg** in einem fast 1 km² großen Parkgelände [N 50°29'14.6" E 8°19'30.3"; Tiergartenstraße]. Zwischen Wasserflächen

und Wiesenzügen sind in naturnahen Gehegen Auerochsen, Wisente, Wölfe, Luchse, Dam- und Rothirsche sowie etliches andere einheimische und ehemals einheimische Getier zu beobachten. Beim Durchwandern des Parks, vorbei an Braunbären und Wildpferden, erfährt man viel Wissenswertes über den Wildtierbestand und kann sich über das Verhalten und die Verbreitung der Tiere informieren. Ein Kinderspielplatz, zahlreiche Rastmöglichkeiten und eine Gaststätte runden das Angebot ab (Sommer: 9 - 19 Uhr, Winter: 9 Uhr bis Einbruch der Dunkelheit, letzter Einlass 1 Stunde vor Schließung, Hunde nicht gestattet, Eintritt. www.wildpark-weilburg.de).

Rund um Weilburg bieten sich zahlreiche **Wandermöglichkeiten** durch herrlichste Natur und **Radfahrer** oder **Paddler** finden attraktive Touren entlang bzw. auf der Lahn oder der Weil. Bei der Tourist-Info können Fahrräder gemietet werden und es gibt Tipps zum Entleihen von Kanus. Von Mai bis Oktober schippert das **Ausflugsschiff „Wilhelm von Nassau“** ab Weilburg zunächst lahnaufwärts und dann zurück durch den **Schiffstunnel**. Dieser wurde von 1844 bis 1847 erbaut und gilt mit einer Länge von 195 m sowohl als ältester als auch als längster Schiffstunnel Deutschlands. Ursprünglich war die Lahn als Verbindungsstück des Schifffahrtswegs zwischen Rhein und Elbe gedacht, doch die Lahnschleife bei Weilburg stellte mit ihrem Höhenunterschied von über vier Metern und zwei Wehren ein großes Hindernis dar – der Plan für einen Schiffstunnel war geboren und der Bergdurchbruch begann. Bereits zehn Jahre nach der Eröffnung verloren die Lahnschifffahrt und somit der Tunnel ihre Bedeutung und gaben sie an die Lahntalbahn ab. Heute nutzen meist Wassersportler und eben jenes o. g. Ausflugsschiff den Schiffstunnel (Sa/So/Feiertage 14 Uhr, Fahrtdauer ca. 2 Stunden, Treffpunkt Parkplatz am Schiffsanleger, weitere Infos bei der Tourist-Info, Gebühr).

Mehrfach hörten wir, dass der folgende Abschnitt flussabwärts zum romantischsten und schönsten Teil der Lahn gehört. Wer sich davon selbst überzeugen und seine Freizeit aktiv sowie sportlich dort gestalten möchte und dabei die Natur genießen will, kann einen Campingplatz als Ausgangspunkt wählen. Wie so oft, wird auch in diesem engen Flusstal die Ruhe tagsüber durch eine Bahnstrecke unterbrochen. Vorteilhaft ist die **Lahntalbahn** jedoch, wenn sie als Alternative zum WOMO genutzt wird, und man nach einer umfangreichen Rad-, Paddel- oder Wandertour auf den Schienen zurückkommt (www.v-l-d.de).

Von Weilburg fahren wir Richtung VILLMAR, um nach einigen Kilometern nach GRÄVENECK abzuzweigen und den Hinweisen zum Campingplatz, mit Dauercampern und Zeltwiese, aber eben auch mit Platz für WOMOs aller Größen, zu folgen.

(031) WOMO-Campingplatztipp: Gräveneck, Camping Gräveneck

GPS: N 50°27'05.4" E 8°15'04.3"; In der Aue 1
Kontakt: 06471/490320; www.camping-graeveneck.de
Öffnungszeiten/Preis: Ganzjährig/ €.
Ausstattung/Lage: Wander- u. Radwege, Kiosk, Restaurant, Bootssteg, Bahnhof in unmittelbarer Nähe (nachts kein Bahnverkehr), Kinderspielplatz, Tischtennisplatte/außerorts, direkt an der Lahn.
Zufahrt: Im Ort den Hinweisen zum CP ca. 2 km folgen. Im Tal angelangt, rechts zum Bahnhof/CP abbiegen.

Den 2,5 km lahnabwärts gelegenen Nachbarort FÜRFURTH haben wir zwar angefahren, aber mangels Parkplatzmöglichkeiten für WOMO-untauglich eingestuft. Trotzdem lohnt sich von Gräveneck aus bei entsprechenden Wetterverhältnissen z. B. ein Spaziergang oder eine kurze Radtour wegen der Einkehr im idyllisch mit Weinreben bewachsenen **Biergarten der Lahntalschänke** (tägl. ab 10 Uhr).
Unsere Reise führt uns nun zu einem weiteren Geopunkt im GEOPARK Westerwald-Lahn-Taunus. Über ein Plateau halten wir uns immer Richtung VILLMAR, genießen die Aussicht und gelangen bald wieder ins Lahntal.
Der Ort an der Lahn und seine Umgebung gelten als **Zentrum des Lahnmarmors**. Ein besonders schönes Beispiel für die Verwendung des edlen Materials ist in der **Pfarrkirche St. Peter und Paul** zu sehen: Marmor, wohin das Auge schaut! Aber auch Zweckbauten wie die **Lahnbrücke** aus dem Jahr 1894 und der Brückenheilige Nepomuk sind mit dem polierfähigen Kalkstein verkleidet oder daraus gefertigt. Über die Marmorbrücke gelangen wir zum neuen **Geopark Tourist**

Informationszentrum, in dem wir uns über die Entstehungsgeschichte, den Abbau und die Anwendungsbeispiele des Marmors informieren können [N 50°23'45.2" E 8°11'12.6"; Oberau]. Die Öffnungszeiten lagen bei Drucklegung noch nicht vor.

Naturdenkmal Unica

In mehr als 12 Lagerstätten wurde der Marmor in der Vergangenheit hier abgebaut und vor Ort verarbeitet. Heute sind jedoch alle ehemaligen Marmorbrüche bis auf einen Steinbruch verwaist und von Gebüsch überwuchert. Ergänzend zum Museum können wir nach einem kurzen Fußweg

im letzten Bruch, dem Naturdenkmal Unica, einen einzigartigen Einblick in die Entstehung des Lahnmarmors vor 380 Millionen Jahren bekommen. Im Erdzeitalter Devon, als die Region um Villmar noch in der Nähe des Äquators lag und von einem warmen Meer bedeckt war, bildeten sich Riffe aus Stromatoporen (eine heute ausgestorbene Art von Meereslebewesen). Korallen, Schnecken sowie Muscheln und verrottete Pflanzen sammelten sich in flachen Lagunen an. Im Laufe der Erdgeschichte wurden diese bis zu 1000 m überdeckt, mit eisenhaltigem Wasser durchflossen und durch Druck verfestigt. Es entstanden viele Variationen des Lahnmarmors und der rot-geflammte Aufschluss im Unica-Bruch gehört heute zu den bedeutendsten Geotopen Deutschlands, denn nirgends in der Welt ist diese Riffbildung so klar zu sehen. Der Aufschluss ist in zwei Terrassen gegliedert und etwa 6 m hoch und 15 m breit. An den glattgesägten und polierten Wänden können wir deutlich die verschiedenen Wachstumsphasen des Riffs sowie versteinerte Reste seiner Bewohner erkennen. Der Steinbruch ist jederzeit zugänglich.

Ergänzend zum Museum und zum Unica-Bruch vermittelt der **Lahn-Marmor-Weg** an 22 Stationen auf zwei jeweils ca. 1,5 Stunden Rundwegen zu Fuß weitere Einblicke in die faszinierende Geschichte des Werksteins, der u. a. in der Eremitage von St. Petersburg, dem Berliner Dom und der Moskauer Metro verbaut wurde. Als Ausgangspunkt der informativen Wanderung bietet sich der zweckmäßige, offizielle Stellplatz des Ortes an der König-Konrad-Halle Richtung RUNKEL an [**032:** N 50°23'27.2" E 8°1'06.8"; König-Konrad-Straße]. Sowohl auf dem Wanderweg, aber auch auf unserem weiteren Weg nach Runkel kommen wir an der Bodensteiner Lay und dem **König-Konrad-Denkmal** vorbei. Von dem Felsen aus devonischem Massenkalk hoch über der Lahn blickt König Konrad I. vom marmornen Sockel scheinbar bis zu seinem Geburts-

ort Weilburg. Wir werden schon bald die Burg Runkel erblicken, doch zunächst wenden wir uns den nächsten Übernachtungsplätzen zu. Klarer Favorit ist der einfache Campingplatz, wenn man den kurzen und bequemen Weg ins Städtchen bevorzugt. Für bekennende Freisteher bietet sich der zweitgenannte, zweckmäßige Parkplatz an, der uns auch zur reinen Stadtbesichtigung am geeignetsten erscheint, da der Parkplatz am Bahnhof oft belegt und zudem nur für kürzere Kastenwagen zu empfehlen ist. Nicht nur Wohnmobile über 3,5 t zulässigem Gesamtgewicht sollten unbedingt die Ortsdurchfahrt wie vorgesehen umfahren, denn der Altstadtkern wirkt manchmal wie ein Nadelöhr, das Fahrer und Beifahrer schon einmal den Schweiß auf die Stirn treiben kann.

(033) WOMO-Campingplatztipp: Runkel, Lahntours-Campingplatz

GPS: N 50°24'23.5" E 8°09'06.3" **Kontakt:** 06482/911022, www.lahntours.de
Öffnungszeit/Preis: Mai - Okt./€. **Reservierung angeraten!**
Ausstattung/Lage: Strom, Sanitärtrakt mit Duschen, Kanu- u. Fahrradverleih, Gaststätte, Supermarkt, Kinderspielplatz, Feuerstellen, ca. 500 m in die Altstadt/Ortsrand, direkt an der Lahn. Geräusche durch die Straße und die Bahnlinie.
Zufahrt: Am Ortseingang links Richtung Brechen halten und rechts nach Runkel hineinfahren. Dort den Hinweisen Richtung Weilburg, dann Richtung Usingen/Villmar und der Beschilderung zum CP folgen.

(034) WOMO-Stellplatz: Runkel, Stadthalle/Feuerwehr

GPS: N 50°24'21.4" E 8°09'56.1"; Am Sportplatz **max. WOMOs**: 3-5
Ausstattung/Lage: Ca. 700 m Fußweg in den Ort, Gaststätte ca. 200 m entfernt (Di Ruhetag)/außerorts, zweckmäßig.
Zufahrt: Wie vor, jedoch nicht zum CP abbiegen, sondern weiter Richtung Weilburg über die neue Lahnbrücke fahren. Hinter den Bahngleisen ca. 500 m den Berg hinauffahren und vor der Feuerwehr rechts zu den Parkplätzen an der Schule/Stadthalle abbiegen.

Runkel

Die kleine Stadt ruht zwischen Westerwald und Taunus und wird durch die auf einem starren, senkrecht abfallenden Felsen gelegene und mit mächtigen wehrhaften Türmen versehene **Burg Runkel** dominiert. Alten Überlieferungen zufolge soll diese 778 erbaut worden sein, doch erst 1159 wurde sie urkundlich erwähnt. Sehr wahrscheinlich ist die Gründung auf den Hohenstauferkaiser Friedrich Barbarossa zurückzuführen und

tatsächlich wurde die Burg zur Sicherung des Lahnübergangs errichtet und im Laufe der Jahrhunderte erweitert. Wie in manchen Familien üblich, gab es im Jahr 1250 Streitigkeiten, die dazu führten, dass ein weiterer Runkel auf der gegenüberliegenden Lahnseite das erstmals 1288 erwähnte **Schloss Schadeck** errichten ließ. Dann folgt eine bewegte, teils kriegerische Geschichte, in deren Folge die Kernburg 1634 durch österreichische Truppen zerstört und nicht wieder aufgebaut wurde. Sie bildet den heutigen Ruinenteil. Stattdessen wurden andere Gebäudeteile, die zwei Innenhöfe umschließen, zu Wohnzwecken ausgebaut. Noch heute befindet sich die Burg im Besitz der Familie, die einen Teil des frühmittelalterlichen Verteidigungsbaus zur Besichtigung freigegeben hat. Ahnensaal, alte Gemälde und Möbel, Waffen sowie allerlei Gerät lassen neben dem Gewölbe und der Folterkammer einen kurzen Blick ins Mittelalter zu (April - Okt. Di - So/Feiertage 10 - 17.45 Uhr, letzter Einlass 17 Uhr, Eintritt. www.burg-runkel.de). Wie es sich gehört, schließt sich ein kleiner, beschaulicher Altstadtkern mit verschiedenen gastronomischen Einrichtungen um die Burg an. Zur typischen Stadtansicht Runkels gehört die historische **Lahnbrücke** aus dem Jahr 1448. Sie ist eine der ältesten Brücken über die Lahn, die in ihrem alten Zustand erhalten ist.

Über die neue Lahnbrücke geht es nun zurück und wir peilen LIMBURG an. In ENNERICH gibt es zuvor eine Stellplatzmöglichkeit am Sportplatz zu vermelden. Die Zufahrt liegt ca. 500 m rechts vor dem Ortseingang [**035:** N 50°23'54.1" E 8°07'30.9"]. Schon bald tauchen gewaltige Brückenkonstruktionen vor uns auf. Dahinter sehen wir den scheinbar einer anderen Zeit angehörenden, berühmten siebentürmigen Dom der mittelalterlichen Handelsstadt LIMBURG, die mit einer komplett erhaltenen Fachwerk-Altstadt glänzen kann. Die Parkplatzsituation ist für unsereins nicht so prickelnd, denn entweder sind die Parkbuchten zu eng oder lediglich für Pkw zugelassen. An der Zufahrt zum Stellplatz kommt uns ein Ordnungspolizist daher wie gerufen. Er erklärt uns, dass WOMOs, obwohl das Parken nur für Pkw erlaubt ist, für das Kurzparken hier abgestellt werden dürfen. **Einzige Voraussetzung:** Neben der Parkscheibe muss der Vermerk **„Stadtbummel – keine Übernachtung“** angebracht sein! Unsere Frage, ob wir seine Aussage in diesem Büchlein für unsere Leser veröffentlichen dürfen, bejaht der Ordnungshüter wohlwollend und wir bedanken uns an dieser Stelle freundlich für das Entgegenkommen [N 50°23'26.9" E 8°04'04.7"; Schleusenweg]! Für die Übernachtung bieten sich die folgenden Möglichkeiten an:

(036) WOMO-Stellplatz: Limburg, offiziell

GPS: N 50°23'20.5" E 8°04'23.2"; Schleusenweg **max. WOMOs**: 8
Ausstattung/Lage: V/E, Strom, Gebühr: Grundpreis €/4 Std. inkl. 1 € für Strom oder Wasser, je nach Saison max. €€€/24 Std., im Sommer Brötchenservice, ca. 800 m zur Innenstadt, Schwimmbad in der Nähe/ Ortsrand, vor dem CP liegend. Die Geräuschkulisse der Autobahn und der Bahnstrecke werden durch ein Lahnwehr teils überdeckt.
Zufahrt: Hinter der Bahnunterführung links (alle Richtungen), nochmals links zur B8/Altenkirchen abbiegen und auf der Bundesstraße rechts Richtung Gießen fahren. Dann den WOMO-Piktogrammen/Hinweisen zum CP folgen.

(037) WOMO-Campingplatztipp: Limburg, Lahn Camping

GPS: N 50°23'21.1" E 8°04'26.1"; Schleusenweg 16
Kontakt: Telefon 06431/22610, www.lahncamping.de
Öffnungszeit/Preis: Mitte April - Okt./€.
Ausstattung/Lage: Gaststätte, Kiosk, Kinderspielplatz, Tischtennisplatten, Bootssteg, ca. 800 m zur Innenstadt/Ortsrand. Die Geräuschkulisse der Autobahn und der Bahnstrecke werden durch ein Lahnwehr teils überdeckt.
Zufahrt: Wie vor. Der CP grenzt direkt an den Stellplatz.

Limburg

Vom Park- bzw. Stellplatz spazieren wir lahnabwärts bis zur Lahnbrücke. Wo einst Pferdekarren beladen mit Handelswaren auf dem Weg von Antwerpen nach Byzanz über den Fluss und in die Stadt rumpelten, bahnen auch wir unseren Weg in die immer noch mittelalterlich anmutenden Altstadtgassen. Natürlich hat sich seit der Errichtung einer Burg im 7. Jh., der Gründung des St. Georgs-Stift im Jahr 910 und der sich anschließenden Entwicklung des ehemaligen „Lintburc“ viel verändert. Schnell gewann das spätere Limburg durch seine verkehrsgünstige Lage an Bedeutung, erhielt 1214 die Stadtrechte und brachte es dank des 500 Jahre lang erhobenen Brückenzolls zu einigem Reichtum. In den folgenden Jahrhunderten wurde die Stadt von Bränden und der Pest heimgesucht,

die weltlichen sowie kirchlichen Landesherren wechselten einige Male und das Wahrzeichen der Stadt, der Dom, wurde erbaut. Geblieben ist die fast unversehrte mittelalterliche Bausubstanz des ehemals ummauerten Stadtkerns zwischen dem Dom, der Grabenstraße und der Alten Lahnbrücke, die heute als Gesamtanlage unter Denkmalschutz steht.
Etwas außerhalb des Altstadtkerns, direkt in der Verlängerung von Korn- und Altmarkt ist die **Tourist-Info** zu finden (April - Okt. Mo - Fr 9 - 18 Uhr, Sa 10 - 14 Uhr, Nov. - März Mo - Fr 9 - 17 Uhr, Bahnhofsplatz 2, Telefon 06431/8166, www.limburg.de). Von April bis Oktober sowie während des Limburger Christkindlmarktes ist zusätzlich eine zweite **Tourist-Info** an der Busempfangsstation eingerichtet, die nach unserem Überqueren der Alten Lahnbrücke rechter Hand liegt (tägl. 9.30 - 12.30/13.30 - 16.30 Uhr, Am Philippsdamm). Alles Wissenswerte über die Stadt sowie über

verschiedene Themenführungen können Interessierte dort in Erfahrung bringen. Für Kurzentschlossene bieten sich **öffentliche Stadtführungen** (April - Okt. So 11 Uhr, Treffpunkt am Brunnen „Ritter Hattstein“, Plötze, Gebühr) und **Nachtwächterführungen** (April - Okt. 1./3. Sa im Monat 20 Uhr, Treffpunkt ebenfalls am Brunnen, Gebühr) an.
Für uns ist bereits der Spaziergang durch die **Altstadt** mit ihren reichen, oft mit figürlichen Schnitzereien versehenen Fachwerkbauten aus dem 13. - 18. Jh. ein Genuss. Es sind Burgmannshöfe und Stiftsherrnhäuser, Wohnhäuser wohlhabender Patrizier und reicher Händler. Vom 1567 erbauten „Haus der sieben Laster“ in der Brückengasse 9 starren uns sieben Untugenden (Hoffahrt, Geiz, Neid, Unkeuschheit, Unmäßigkeit, Zorn und Trägheit) entgegen, in der Fahrgasse halten am Walderdorffer Hof (1359) rosige Engel ein Familienwappen und in der Straße „Römer“ sind einige der ältesten Fachwerkhäuser Deutschlands (1289 - 1296) zu bewundern. Im ehemaligen Rathaus und in einem nebenliegenden weiteren historischen Gebäude am Fischmarkt sind die **Städtischen Kunstsammlungen** untergebracht. Zu sehen sind u. a. die Stiftung des Silhouettenkünstlers Ernst Moritz Engert, die über 600 Scherenschnitte, Grafiken und Zeichnungen des Künstlers umfasst, und eine umfangreiche Sammlung von Werken des in Limburg geborenen Malers und Expres-

sionisten Josef Eberz (Mo 8.30 - 12 Uhr, Di 7 - 12 Uhr, Mi 8.30 - 14 Uhr, Do 8.30 - 12/14 - 16 Uhr, Sa/So 11 - 17 Uhr, Eintritt). Eine Besonderheit sind die Hallenhäuser, in deren ebenerdige Hallen ganze Pferdefuhrwerke passten, die von Galerien aus be- und entladen wurden. Heute sind zwischen schiefen Wänden und kräftigen Eichenbalken kleine Boutiquen, Werkstätten, Restaurants und Cafés untergebracht und der Einkaufsbummel oder die Kaffeepause kann zu einer kleinen Besichtigungstour werden. Das beeindruckendste und wohl auch berühmteste Bauwerk Limburgs ist der **St. Georgs Dom**, ein Meisterwerk der rheinischen Spätromantik – u. a. zu erkennen an den Rundbögen, den beiden Westtürmen und deren Rautendächern. Wahrscheinlich wurde er ab 1206 auf dem Platz der ältesten Stiftskirche durch Graf Heinrich von Nassau erbaut und 1235 durch den Trierer Erzbischof geweiht. Der himmelwärts strebenden Frühgotik verdankt der Kirchenbau weitere Türme, die Strebebogenkonstruktion, den Chorumgang und eine viergeschossige Wandgestaltung. Ziegelrot leuchten seine Säulen und Arkaden in den Farben des Mittelalters und unterstreichen damit seine Schönheit und gewaltige Dimension. Im Inneren sind original mittelalterliche Wandmalereien aus dem 13. Jh. freigelegt worden, die einen einmaligen Kunstschatz in Europa darstellen (Führungen: Di - Fr 11 u. 15 Uhr, Sa 11 Uhr, So nach dem Gottesdienst 12 Uhr, bitte Sondertermine beachten, Eintritt, www.dom.bistumlimburg.de). Gleich neben dem Dom präsentiert das **Domschatz- und Diözesanmuseum** sakrale Kunstwerke. Mittelpunkt der Sammlung ist die Staurothek, eine kostbare Lade mit Holzpartikeln vom Kreuz Jesu Christi aus dem 10. Jahrhundert. Daneben werden bischöfliche Insignien, Altargefäße aus ehemals kurtrierischem Besitz und Reliquiaren aus 12 Jahrhunderten Kirchengeschichte gezeigt (April bis zum 4. Advent Di - Sa 10 - 13/14 - 17 Uhr, So 11 - 17 Uhr, Eintritt).

Schön ist ein Spaziergang am stadtseitigen Lahnufer unterhalb des mächtigen Domfelsens entlang, der zur ehemaligen Stiftsmühle aus dem Jahr 1237 führt. Neben dem mächtigen Mühlrad wird heute in der **Gaststätte Obermühle** traditionelle deutsche Küche angeboten (Mo Ruhetag). Als wir ein Stück weiter am Flussufer entlangschlendern, eröffnet sich ein Blick auf den über uns thronenden Dom, der nicht auf vielen Postkartenmotiven zu sehen ist. Limburg ist eine lebensfrohe Stadt zu deren Flair etliche Märkte, Feste und Feiern beitragen. Ende Juni drängen sich Stände und Bühnen beim **Altstadtfest** auf allen Plätzen, Ende Juli findet das größte **Weinfest** mit Rheingauer Weinen außerhalb des Rheingaus statt und das fünftägige **Oktoberfest** gehört zu den bedeutendsten Jahrmärkten in der Region. Nach diversen Musik-, Theater- und weiteren Kulturveranstaltungen zaubert der **Christkindlmarkt** zum Jahresende mit Glühwein, Lebkuchen und lichterbunt geschmückten Ständen für Weihnachtsstimmung. Wer Ruhe und Natur bevorzugt, kann diese vielleicht bei einer Schiffsrundfahrt durch das Lahntal finden (April - Okt. www.lahntalschiffahrt.de), die Uferwege mit dem Rad erkunden oder entlang der sanften Hügel von Taunus und Westerwald auf Schusters Rappen die Wälder und Wiesen erobern. Für uns steht fest, dass man in und um Limburg locker einige erfreuliche und erlebnisreiche Tage verbringen kann!

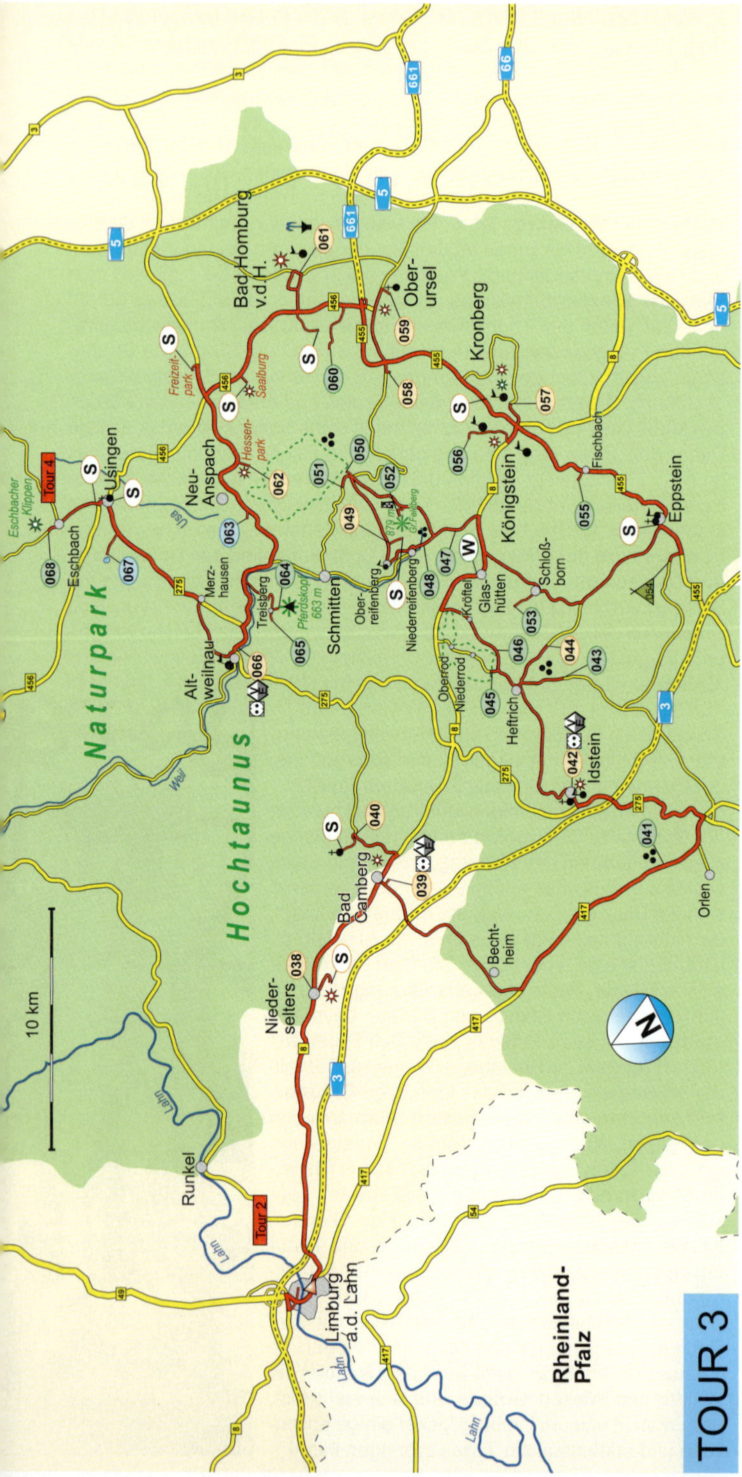
TOUR 3
10 km
Naturpark
Hochtaunus
Rheinland-Pfalz
Limburg a.d. Lahn
Runkel
Lahn
Tour 2
Tour 4
Nieder-selters
Bad Camberg
Becht-heim
Orlen
Idstein
Heftrich
Oberrod
Niederrod
Kröftel
Glas-hütten
Schloß-born
Eppstein
Fischbach
Königstein
Kronberg
Ober-ursel
Bad Homburg v.d.H.
Saalburg
Freizeit-park
Hessen-park
Neu-Anspach
Usingen
Usa
Eschbach
Eschbacher Klippen
Merz-hausen
Alt-weilnau
Weil
Treisberg
Pferdskopf 663 m
Schmitten
Ober-reifenberg
Niederreifenberg
Gr. Feldberg
879 m
038
039
040
041
042
043
044
045
046
047
048
049
050
051
052
053
054
055
056
057
058
059
060
061
062
063
064
065
066
067
068

Niederselters - Bad Camberg - Idstein - Glashütten - Schmitten - Eppstein - Königstein - Kronberg - Oberursel - Bad Homburg - Neu-Anspach - Altweilnau - Usingen

Stellplätze: Niederselters, Bad Camberg, Orlen, Idstein, Heftrich, Nieder-Oberrod, Glashütten, Schmitten, Oberreifenberg, Schloßborn, Königstein, Kronberg, Oberursel, Bad Homburg, Neu-Anspach, Treisberg, Altweilnau, Eschbach.
Campingplätze: Eppstein TaunusCamp.
Ver-/Entsorgung: Bad Camberg, Idstein, Altweilnau.
Besichtigen: Niederselters Selterswassermuseum; Bad Camberg Stadtbild, Stadt- u. Turmmuseum; Orlen Kastell Zugmantel; Idstein Stadtbild, Stadtmuseum, Unionskirche; Glashütten Eingangsportal Limeserlebnispfad, Glashüttenareal; Schmitten Feldberg, Römerkastell Kleiner Feldberg; Eppstein Stadtbild, Burg, Stadt- u. Burgmuseum; Königstein Stadtbild, Burgruinen Königstein und Falkenstein, Burg- u. Stadtmuseum; Kronberg Stadtbild, Burg Kronberg, Kronberger Malerkolonie, Museum Stadtgeschichte, Burgmuseum, Victoriapark, Schloss Friedrichshof, Opel-Zoo; Oberursel Stadtbild, Vortaunusmuseum; Bad Homburg Stadtbild, Schloss, versch. Museen, Kurpark, Römerkastell Saalburg; Neu-Anspach Freilichtmuseum Hessenpark; Altweilnau Burg; Usingen Stadtmuseum.
Wandern: Heftrich, Nieder-Oberrod, Schmitten, Kelkheim, Königstein/Kronberg, Oberursel, Treisberg, Eschbach.
Radfahren: Neuselters, Idstein, Altweilnau.
Thermen: Bad Homburg.
Baden: Neuselters, Bad Homburg, Neu-Anspach, Usingen.
Essen: Idstein Gasthaus zur Peif, Restaurant Höerhof, Feldberg Feldberghof, Kelkheim Landgaststätte Zum fröhlichen Landmann, Kronberg Restaurant Villa Rothschild, Oberursel Forellengut, Alt-Oberurseler Brauhaus, Bad Homburg Taberna, Landgasthof Saalburg, Altweilnau Landsteiner Mühle.

Auf der B8 verlassen wir Limburg Richtung KÖNIGSTEIN und sind nach wenigen Kilometern in NIEDERSELTERS. Selters – da klingelt doch etwas?! Wir denken sofort an den allseits beliebten Durstlöscher. Aber gibt es nicht mehrere Gemeinden, die den Namen Selters tragen und damit nichts anderes symbolisieren, als einen Ort, indem sich „salziges Wasser“ einen Weg aus der Erde bahnt? Der hiesigen Wasserquelle ist es jedoch zu verdanken, dass „Selters“ zu einem weltweit gebräuchlichen Synonym für Mineralwasser geworden ist. Um uns über die Geschichte und die geologischen Zusammenhänge bei der Entstehung des Sauerborns zu informieren, folgen wir den Hinweisen durch den Ort zum **Mineralbrunnen Niederselters** [N 50°19'56.1" E 8°13'47.0"; Am Urseltersbrunnen].

Sekt oder Selters?

Seit fast 500 Jahren sprudelt die älteste und originale Seltersquelle aus dem Boden, über die 1907 ein Brunnengebäude im Jugendstil errichtet wurde. Im 18. und 19. Jh. war der Brunnen in Niederselters der größ-

te Mineralwasserproduzent Europas und jährlich wurden Millionen Krüge Selterswasser in die ganze Welt verkauft. 1999 wurde die Quelle in Niederselters stillgelegt und das berühmte Wasser wird nur noch in Löhnberg bei Weilburg abgefüllt. Die Einwohner von Selters/Taunus sowie der angrenzenden Ortschaften haben aufgrund einer jahrhundertealten Brunnenordnung jedoch weiterhin das Recht, sich ihr Selterswasser für den Eigenverbrauch am Brunnen zu holen und die Museumsbesucher dürfen immerhin ein Schlückchen des sog. Haustrunks kosten (April - Okt. Sa/So 14 - 17 Uhr, Eintritt. www.selterswassermuseum.de).

Bei der Weiterfahrt notieren wir direkt an der Bundesstraße neben dem **Freibad** den offiziellen Stellplatz von Niederselters, der sich als Ausgangspunkt für eine gemütliche, 40 km lange **Radrundtour durch das Ems- und Wörsbachtal** anbietet. Auch ist von hier der historische Ortskern des ehemaligen Runddorfes mit einer zum Kulturzentrum umgestalteten Barockkirche von 1717 und restaurierten Fachwerkhäusern gut zu erreichen.

(038) WOMO-Stellplatz: Niederselters, Freibad offiziell

GPS: N 50°20'05.3" E 8°14'02.0" Am Schwimmbad
max. WOMOs: 3 - 5
Ausstattung/Lage: Ausgewiesener Teil eines Parkplatzes (Anreise während des Badebetriebs Mai - Sept. erst ab 19 Uhr), kostenfrei, Infotafeln, Rad- und Wanderwege, Restaurant (Mo Ruhetag), Supermarkt in unmittelbarer Nähe, 5 Min. Fußweg zum Brunnenmuseum/Ortsrand, direkt an der B8.
Zufahrt: Von der B8 rechts zum Sportplatz/Schwimmbad/Tennisplatz und dann links abbiegen.

Im Verlauf der B8 gelangen wir, inmitten von Wiesen und grünen Wäldern und an den Ausläufern des Taunus gelegen, nach BAD CAMBERG. Der goldgelben Kornfelder im Spätsommer wegen wird das Umland als der „Goldene Grund" bezeichnet, aber auch in den übrigen Jahreszeiten lädt das älteste hessische **Kneipp-Heilbad** zum Verweilen ein.

(039) WOMO-Stellplatz: Bad Camberg, Jahnstraße offiziell

GPS: N 50°17'49.8" E 8°15'56.9"
max. WOMOs: 8
Ausstattung/Lage: V/E (Dez. - März wegen Frostgefahr geschlossen), Strom gegen Gebühr, ansonsten kostenfrei, Rad- u. Wanderwege, Altstadt ca. 200 m/innerorts. 2. Wochenende im Okt. wegen Kirmes gesperrt.
Zufahrt: Im Ort von der B8 rechts Richtung Aarbergen/Hünstetten abbiegen und dann links dem WOMO-Piktogramm folgen.

(040) WOMO-Stellplatz: Bad Camberg, Gaststätte Waldschloss

GPS: N 50°17'58.7" E 8°17'49.0"; Dombacherweg **max. WOMOs**: 2
Ausstattung/Lage: Fußweg in die Altstadt und zur Kreuzkapelle jeweils ca. 1,5 km, Einkehr empfohlen, Gebühr €€€/außerorts.
Zufahrt: Hinter dem Ort von der B8 links Richtung Usingen/Dombach/Kurgebiet abbiegen und ca. 2 km bis zur Gaststätte fahren.

Bad Camberg

Die im Jahr 1000 erstmals erwähnte Stadt wartet mit einem **Kurpark** im Herzen der Stadt auf, der mit schönen Spazierwegen samt Wassertretbecken, Kräutergarten und Minigolfanlage punktet. Bevor wir uns dort umsehen, steht jedoch die historische Altstadt auf dem Programm, deren Schmuckstück die **Fachwerkbautengruppe des Amtshofes** ist. Mit einer Gesamtlänge von knapp 140 m zählt sie zu den längsten Fachwerkzeilen Deutschlands und stammt aus dem 17. Jahrhundert. Hier befindet sich u.a. das **Stadt- und Turmmuseum**, das mehrere Räumlichkeiten umfasst: die historische Hohenfeldkapelle, einen großen Saal und eine Galerie für heimatgeschichtliche Präsentationen, den viergeschossigen Obertorturm sowie Nebenräume im ehemaligen Amthof (April - Okt. So/Feiertage 10 - 12/15 - 17 Uhr). Nachdem wir dem Glockenspiel im Innenhof gelauscht haben, wenden wir uns dem nur wenige Meter entfernt liegenden **Marktplatz** zu, der von alten Fachwerkhäusern mit zum Teil fränkischen Krüppelwalmdächern umgeben ist. Über die regelmäßig stattfindenden Stadtführungen gibt die **Tourist-Info** Auskunft (Mo - Mi 7.30 - 16 Uhr, Do 7.30 - 18.30 Uhr, Fr 7.30 - 13 Uhr, Chambray-lès-Tours-Platz 1, Telefon 06434/202153, www.bad-camberg.de). Auf dem Neumarkt findet immer freitags ab 8 Uhr der **Wochenmarkt** statt. Eine kleine Wanderung auf einem Kreuzweg mit 14 Stationen kann zur oberhalb der Stadt gelegenen **Kreuzkapelle** führen, die als Wahrzeichen des Goldenen Grundes gilt. Wer nicht so gut zu Fuß ist, sollte den Weg

zum herausgeputzten Kapellchen mit dem WOMO zurücklegen und von der B8 Richtung Usingen/Dombach den Beschilderungen folgen [N 50°18'26.0" E 8°17'12.0"]. Vom Hügel mit dem kleinen Gotteshaus hat man nämlich einen ausgezeichneten Blick ins Limburger Becken und auf die Berge des Hochtaunus.

Bevor wir uns dem Hochtaunus weiter nähern und uns später eingehender mit der römischen Vergangenheit der Region beschäftigen, wollen wir schon einmal ein wenig in die Thematik hineinschnuppern (vgl. S. 91). Was liegt also näher, als vom Stellplatz in Bad Camberg der Straße Richtung AARBERGEN/HÜNSTETTEN vorerst weiter zu folgen und an BECHTHEIM vorbei zur B417 zu gelangen. Dort zweigen wir links Richtung WIESBADEN ab. Mit schönen Aussichten folgt die Bundesstraße einem alten Weg, der Hühnerstraße, der schon in römischer Zeit die Verbindung zwischen Limburg und dem Rheingau bei Wiesbaden war. Nahe des Ortes Orlen überquert die Bundesstraße den ehemaligen **Limes**, der seit 2005 in die **Welterbeliste der Unesco** eingetragen ist. Ein nachgebauter Römerturm kündigt diese Stelle an und vom folgenden Parkplatz führt ein **archäologischer Rundweg** an den obergermanisch-raetischen Limes.

(041) WOMO-Wanderparkplatz: Orlen, Kastell Zugmantel
GPS: N 50°11'26.0" E 8°12'10.0" **max. WOMOs:** 2-3
Ausstattung/Lage: Infotafeln, Wander- u. Radwege, Mülleimer/außerorts, nahe der Bundesstraße.
Zufahrt: Von der B417 ca. 600 m hinter dem Abzweig nach Ehrenbach links zum ausgeschilderten Parkplatz abbiegen.

Limes - Grenze des Römischen Reiches

Vom Ende des 1. Jh. bis zur Mitte des 3. Jh. bildete der Limes (lat. Schneise, Weg) in den Provinzen Obergermanien und Raetien die äußere Grenze zu den im Norden lebenden germanischen Stämmen. Zunächst legten die Römer einen Postenweg mit hölzernen Wachtürmen an, um das fruchtbare Land im Rheingau vor Überfällen zu schützen. Später wurde der Limes mit einer Palisade aus halbierten Eichenstämmen erweitert, Mitte des 2. Jh. entstanden anstelle der Holztürme steinerne Wachtürme und gegen Ende des 2. Jh. wurden Teile der Palisaden durch Wälle und Gräben ersetzt bzw. ergänzt. Die Bewachung der Grenze übernahmen römische Soldaten, die in Militärlagern, den sog. Kastellen, untergebracht waren. Um die Kastelle wuchsen Siedlungen, in denen Handwerker und Händler sowie die Familien der Soldaten lebten. Auf einem 2,5 km langen Rundweg mit Informationstafeln können wir Spuren vom ehemaligen Kastell Zugmantel erspähen, Rundschanzen sowie Pfahlgraben erkennen und weitere Informationen zum Welterbe Limes im rekonstruierten Wachturm WP3/15 erhalten (Turmbesichtigung März - Okt. 3.So im Monat 14 - 17 Uhr. Führungen über das Gelände möglich, Gebühr. Infos unter www.zugmantel-cohorte.de).

Wer es nun nicht so mit den alten Römern hat, der ist bereits vorher von Bad Camberg direkt nach IDSTEIN gefahren oder folgt uns auf der B417 und dann auf der B275 in die ehemalige nassauische Residenzstadt.

(042) WOMO-Stellplatz: Idstein, Wohnmobilhafen offiziell

GPS: N 50°13'04.0" E 8°16'42.9"
Himmelsbornweg **max. WOMOs:** 12
Ausstattung/Lage: V/E, Strom, Gebühr €€, Mülleimer, Duschen/WC können zu den Öffnungszeiten in der Erivan-Haub-Halle (Sporthalle) genutzt werden, Wander- und Radwege, Fußweg in die Stadt ca. 10 Minuten/außerorts.
Zufahrt: Von der B275 kommend Richtung Stadtmitte/Altstadt/Hoerhof fahren und dem WOMO-Piktogrammen folgen.

Idstein

In der erstmals 1102 erwähnten Stadt wird jeder sein Lieblingsplätzchen finden! Zu verdanken ist das den Grafen und Fürsten von Nassau-Idstein, die Idstein von 1255 - 1721 mit Unterbrechungen zu ihrer Residenz und somit zum Zentrum der Region machten. Zahlreiche Künstler zog es in die Stadt, Handwerker und Gerber verdienten nicht schlecht und seit Ende des 18. Jh. war Idstein ein bedeutender Standort der Lederindustrie. Als Sitz des nassauischen später preußischen Archivs, als Gerichtsort und Verwaltungssitz sowie Ausbildungsstätte gewann die Stadt an Popularität, was sich noch heute an einem reichen und gut gepflegten Bestand an Fachwerkhäusern aus dem 15. - 18. Jh. ablesen lässt. Vom Wohnmobilhafen den Berg hinabkommend, ist der Altstadtkern mit seinen heimeligen Gassen und Gässchen gar nicht zu verfehlen. Mittelpunkt ist der **König-Adolf-Platz**, der nach Graf Adolf von Nassau-Idstein benannt ist, der nicht nur König Rudolf von Habsburg 1287 um die Verleihung der Stadtrechte bat, sondern diesen für kurze Zeit auch als deutschen König beerbte. Im prächtigsten aller Idsteiner Fachwerkgebäude, dem Killingerhaus von 1615, ist die **Tourist-Info** zu finden (Di/Mi 8 - 12/14 - 17 Uhr, Do/Fr 8 - 12/14 - 18 Uhr, Sa 11 - 16 Uhr, So/Feiertage 14 - 17 Uhr, Telefon 06126/78620, www.idstein.de). In dem dreigeschossigen Bau mit großem Mittelerker und typischen Schmuckelementen und Farbgebungen der Spätrenaissance befindet sich auch das

Stadtmuseum. Hier werden unterschiedliche Aspekte der 900-jährigen Stadtgeschichte dargestellt und wir können uns über die Burg und das Schloss informieren. Bei der Präsentation des historischen Handwerks und der Gewerbe bildet die Lederindustrie einen Schwerpunkt, während sich eine andere Abteilung dem Idsteiner Landschaftsmaler Ernst Toepfer widmet (Öffnungszeiten s. Tourist-Info, Eintritt). An Sonn- und Feiertagen werden um 14.30 Uhr verschiedene **öffentliche Stadtführungen** angeboten, die u. a. Kindern das mittelalterliche Stadtleben nahebringen wollen. Wochentags besorgen wir uns einen Flyer für den Stadtrundgang und schlendern gut informiert durch die **einem Schmuckkästchen gleiche Altstadt**. Wir betrachten u. a. das Schiefe Haus von 1727, stehen vor der von außen eher schlichten **Unionskirche**, die jedoch im Innenraum mit einem farbintensiven Gemälde von Malern der Rubensschule an Decken und Wänden verblüfft und mit Arkaden, Säulen und einem Taufstein sowie Altar aus Lahnmarmor glänzt. Hinter dem **Kanzleitor**, das die Trennlinie zwischen städtischem Bereich und herrschaftlichen Bezirk darstellt, befinden sich Verwaltungsbauten aus dem 16. - 18. Jh.

und das Wahrzeichen Idsteins, der **Hexenturm**. Über eine wuchtige Bogenbrücke ist das auf einem Felssporn liegende **Renaissanceschloss** zu erreichen, in dem sich heute ein Gymnasium befindet. Der Streifzug durch vier Jahrhunderte malerische Fachwerkgeschichte setzt sich fort und das unverwechselbare Flair der Stadt wird durch zahlreiche gastronomische Angebote abgerundet. Bereits zum Frühstück können etliche Cafés am Morgen besucht werden und abends empfiehlt sich u. a. die Einkehr im **Gasthof zur Peif** (Mi Ruhetag, Mo - Fr ab 17 Uhr, Sa/So ab 18 Uhr, www.gasthaus-zur-peif.de). Das Restaurant mit gemütlicher Kneipe befindet sich in einem hübschen Fachwerkhaus von 1615 am König-Adolf-Platz und bietet eine saisonal wechselnde Regionalküche. Edler und hochpreisiger, aber mit etlichen kulinarischen Auszeichnungen versehen, geht es im 1620 erbauten **Restaurant Höerhof** zu (Mo 17.30 - 22 Uhr, Di - Sa 12 - 14/17.30 - 22 Uhr, So 12 - 14 Uhr, Obergasse 26, www.hoerhof.de, Hunde im Restaurant nicht gestattet).

Um die angefutterten Pfunde wieder los zu werden, bieten sich gegebenenfalls Wander- oder Radtouren durch das Idsteiner Land an. Die Tourist-Info hält eine Broschüre parat, die **12 Radtouren unterschiedlicher Länge** vorstellt und vermittelt bei Bedarf die Ausleihe von Elektrofahrrädern. Wanderfreunde finden ein gut ausgebautes **Wanderwegenetz** vor, das zu ausgedehnten Ausflügen in und um Idstein einlädt.

Einen dieser Wanderwege peilen wir als Nächstes an, indem wir vom Wohnmobilhafen zurück in die Stadt fahren und uns am Kreisel Richtung B275/USINGEN/WALDEMS halten, um HEFTRICH anzusteuern. Die Landschaft wird hügeliger und vor uns liegt das Feldberg-Massiv.

(043) WOMO-Wanderparkplatz: Heftrich, Alteburg

GPS: N 50°12'34.9" E 8°20'03.6"; An der L3273 **max. WOMOs:** 3-5

Ausstattung/Lage: Wander- u. Radwege (u.a. Limeserlebnispfad), Tische u. Bänke, Mülleimer/außerorts. An Markttagen belegt oder nur eingeschränkte Möglichkeit zum Parken. Zelt- u. Feuerverbot!

Zufahrt: Am Kreisel in Heftrich rechts Richtung Eppstein/Ehlhalten und dann rechts Richtung Niedernhausen/Lenzhahn abzweigen. Der Parkplatz ist ca. 1,3 km vom Kreisel entfernt.

(044) WOMO-Stellplatz: Heftrich, Am Moor

GPS: N 50°12'28.8" E 8°20'39.7"; An der L3011 **max. WOMOs:** 1-2

Ausstattung/Lage: Am Waldrand mit Blick auf die Felder/außerorts.

Zufahrt: Am Kreisel in Heftrich rechts Richtung Eppstein/Ehlhalten und dann ca. 1,3 km geradeaus bis zum Parkplatz fahren.

Vom Parkplatz bieten sich mehrere Wandermöglichkeiten an. Der **Limeserlebnispfad Idstein-Tenne** mit einem Rundkurs von 45 km ist sicher etwas für die ganz harten Wanderburschen und führt bis zum Feldberggebiet im Hochtaunus hinauf (Info u.a. bei www.bad-camberg.de). Kürzere Etappen von ca. 5 bzw. 7 km (einfache Strecke) zum **Kastell Maisel** oder zum **Römerturm bei Dasbach** sind ebenfalls möglich. Wir beschränken uns diesmal auf einen klitzekleinen Ausflug zum ehemaligen **Kastell Alteburg**. Wie zur Bestrafung für unseren Mini-Gang können wir lediglich einige magere Spuren aus der Römerzeit im Boden entdecken. Der Parkplatz an der Alteburg erzählt jedoch noch eine ganz andere Geschichte, denn bereits um das Jahr 200 n. Chr. wurden an dieser Stelle Handelstage abgehalten. Am Knotenpunkt zweier alter Handelsstraßen behielt das **Marktgeschehen** mit kurzen Unterbrechungen über Jahrhunderte bis in die heutige Zeit seine Anziehungskraft – bis auf ein bisschen Federvieh sucht man mittlerweile allerdings die großen Viehverkaufsstände vergeblich und das fröhliche Zusammensein bei „Weck, Worscht, Ebbelwoi und Bier“ steht im Mittelpunkt (feste Termine: jeweils Do nach Pfingsten, Jacobus und Bartholomäus).

Nun ist doch noch Wandern angesagt und wir tingeln von Heftrich Richtung SCHMITTEN/KRÖFTEL. Obwohl wir unseren Ausflug in die Natur von beiden folgenden Parkplätzen starten können, beziehen wir auf dem ersten Quartier, denn er ist eindeutig schöner gelegen.

(045) WOMO-Wanderparkplatz: Nieder-Oberrod, Gebück

GPS: N 50°13'36.7" E 8°20'53.3"; An der K717 **max. WOMOs:** 1-2
Ausstattung/Lage: Infotafel, Runderwanderweg 11,5 km, schöne Aussicht, Mülleimer/außerorts.
Zufahrt: Von der Landstraße links Richtung Oberrod/Niederrod abbiegen und ca. 400 m bis zum Parkplatz fahren.

(046) WOMO-Wanderparkplatz: Nieder-Oberrod, Dellenbach

GPS: N 50°13'18.1" E 8°21'32.7"; An der L 3023 **max. WOMOs:** 1-2
Ausstattung/Lage: Infotafel, Runderwanderweg, Mülleimer/außerorts.
Zufahrt: Der Parkplatz liegt ca. 900 m hinter dem vorgenannten Abzweig an der Landstraße.

WOMO-Wandertipp: Durch das Buchfinkenland

Mittelschwere Wanderung von ca. 11,5 km Länge durch überwiegend hügeliges Gelände.
Der Weg ist durchgängig gut markiert und nicht zu verfehlen. Auf Feld- und Waldwegen wandern wir rund um die Idsteiner Ortsteile Nieder-Oberrod und können aus der Ferne schon einmal eines unserer nächsten Reiseziele, den Großen Feldberg, in Augenschein nehmen. Unterwegs treffen wir immer wieder auf Informationstafeln, die auf die Existenz von prähistorischen Hügelgräbern sowie eine historische Hinrichtungsstätte hinweisen oder das Quellgebiet des Dellenbachs erläutern. Insgesamt 12 Hinweistafeln vermitteln Wissenswertes über Flora und Fauna sowie die Geologie des Gebietes. Das erfreuliche Wandererlebnis wird durch schöne Fernsichten abgerundet und nach gut 3 Stunden erreichen wir wieder wohlbehalten das WOMO.

Bereits einige Male haben wir „den Taunus“ erwähnt und müssen gestehen, dass er in unseren Köpfen bisher rund um seinen höchsten Gipfel, den Großen Feldberg, liegt, ausgedehnte Wälder umfasst und als Naherholungsgebiet des Rhein-Main-Gebietes fungiert. Alle drei Dinge stimmen, aber zum Terrain dieses Mittelgebirges gehört viel mehr und die geschilderten Erklärungsversuche sind bei Weitem zu einfach gefasst. Zwischendurch werden wir in diesem Büchlein unsere Taunus-Reise unterbrechen und erst zu einem späteren Zeitpunkt wieder zu seinen Ausläufern zurückkehren. Trotzdem wollen wir an dieser Stelle bereits einige Worte über das Gebiet verlieren, das für den Naturforscher Alexander von Humboldt das „schönste Mittelgebirge der Welt“ war.

Taunus

Vor 400 Millionen Jahren war unsere Reiseregion und noch viel mehr von einem tropischen Meer bedeckt. Auf dessen Boden lagerten sich im Laufe der Zeit dicke Sand- und Schlammschichten ab, die sich unter ihrem Eigengewicht zu Quarzit- und Schiefergestein verfestigten. Irgendwann kam alles in Bewegung, Urkontinente prallten aufeinander, der versteinerte Meeresboden stauchte sich und große Teile schoben und falteten sich zu einem Hochgebirge übereinander. Das Meer wurde zurückgedrängt und das Gebirge mehrmals abgetragen, um sich dann wieder zu heben. Diese erdgeschichtlichen Vorgänge hinterließen nicht nur Spuren, sondern auch einen ordentlichen Knacks, der sich vor 65 Millionen Jahren mit dem Ende der Absenkung des Oberrheingrabens zeigte, in deren Verlauf sich die Profile des linksrheinischen und des rechtsrheinischen Schiefergebirges bildeten. Einen Teil des linksrheinischen Schiefergebirges stellen wir im **WOMO-Band 17 „Mit dem Wohnmobil durch den Hunsrück entlang der Mosel in die Eifel“** vor, während wir jetzt weiter auf das rechtsrheinische Gebiet eingehen wollen. Der extrem harte Quarzitkern des Taunus-Hochkamms entstand aus den Sanddünen des Urmeeres und wurde vom weicheren Schiefer separiert. Beide Hauptgesteine des Taunus entwickelten sich über die Jahrhunderte zu einem wichtigen Abbauprodukt: Wurde der Schiefer vorwiegend als haltbare Hausverkleidung genutzt, so entwickelte sich der Quarzit seit Ende des 19. Jh. zu einem begehrten Rohstoff ganz anderer Art. Aufgrund seines hohen Abnutzungswiderstandes und seiner Widerstandsfähigkeit gegen hohe Temperaturen und Säuren wird er als Schotter im Gleiskörperunterbau von Schienenstrecken oder als Splitt beim Straßenbau verwendet. Auch kommt Quarzit bei der Herstellung von feuerfesten Materialien, wie etwa in Hochofenauskleidungen oder bei der Herstellung von Jenaer Glas, zum Einsatz.

Später, wenn wir den Taunus von Frankfurt aus betrachten, können wir uns mit viel Fantasie die versteinerte Dünenkette auf dem Hauptkamm vorstellen und darüber spekulieren, ob das sanfte Hügelland ringsherum wohl aus den Resten des ehemaligen Urmeerbodens entstanden ist. Fakt ist, dass sich die vielfältige Landschaft am Südostrand des Rheinischen Schiefergebirges von Ost nach West über rund 75 km von der Wetterau bis zum Oberen Mittelrheintal und von Nord nach Süd über etwa 35 km vom Lahntal bis zum Rhein-Main-Gebiet erstreckt.

Der Taunus ist kein einheitlicher Landschaftsraum, sondern gliedert sich in Teillandschaften. Im Süden liegen die stärker bewaldeten und höher gelegenen Teile mit dem **Vordertaunus** und dem **Hochtaunus**, dessen

höchste Erhebung der Große Feldberg mit 880 m ü. NN ist. Sein „kleiner Bruder“, der Kleine Feldberg, sowie der Altkönig und der Fuchstanz folgen ihm in der Höhenskala dicht auf den Fersen. Hier zeigt sich das Klima rauer, es regnet und schneit öfter. Die Region nördlich des Hohen Taunus bis zum Lahntal wird als **Hintertaunus** bezeichnet, erscheint offener und weniger bergig und wird landwirtschaftlich mehr genutzt, wie wir bereits im Goldenen Grund um Bad Camberg gesehen haben.
Seinen Namen erhielt der Taunus von keinem Geringeren als dem römischen Geschichtsschreiber Tacitus, der „mons tauno“ in seinen Annalen erwähnte. Doch nach dem Rückzug der „Sandalenträger“ verschwand der ursprünglich keltische Name und man sprach in Anlehnung an die weithin sichtbaren Gipfel schlicht von der „Höhe“. Erst Anfang des 19. Jh. machte sich der Schriftsteller und Romantiker Johann Isaak von Gerning die Worte Tacitus‘ wieder zu eigen, dichtete vom Taunus und wurde dadurch quasi zum Taufpaten einer ganzen Region, die sich durch tiefe Wälder, weitläufige Täler, Burgen und Heilquellen auszeichnet.

Über viele Jahrzehnte waren es vor allen Dingen die schmucken Kurorte im Vordertaunus, die vom Wohlfühlfaktor profitierten, doch spätestens durch die Gesundheitsreformen der letzten Jahre verloren sie an Attraktivität für Kurende. Wie auch andere Gemeinden mussten sie sich weitere Standbeine suchen und schafften u. a. Platz für Gewerbeparks oder vergrößerten begehrten Wohnraum vor den Toren der Großstädte in der Rhein-Main-Ebene.
Als **zweitgrößter Naturpark Hessens** punktet der Taunus jedoch weiterhin mit touristischen Angeboten und einer weitgehend sich selbst überlassenen und geschützten Natur. Daneben gesellt sich der **Naturpark Rhein-Taunus**, in dessen größtem geschlossenen Waldgebiet Hessens noch die scheue Wildkatze und die seltene Bechsteinfledermaus zu Hause sind. Zahlreiche Flusstäler wie die von Aar, Wisper und Rhein beeindrucken genauso wie das milde Klima, das im Rheingau erstklassige Weine hervorbringt. Zu jeder Jahreszeit finden Erholungssuchende alles, was das Wanderer-, Radfahrer-, Skifahrer-, Faulenzer- und Genussmenschenherz begehrt. Naturgeschichtliche Denkmäler und eine Fülle von Sehenswürdigkeiten runden die Anziehungskraft des Taunus ab und machen ihn für uns als Reiseziel so interessant.

Dringen wir also von Nieder-Oberrod aus kommend weiter in den Taunus vor, durchfahren KRÖFTEL, zweigen bei Erreichen der B8 rechts Richtung KÖNIGSTEIN ab und sind wenig später in GLASHÜTTEN. Gleich am Ortseingang des zwischen dichten Wäldern und am Fuße des Großen Feldberg gelegenen Ortes befindet sich linkerhand hinter zwei Einkaufsmärkten ein Wanderparkplatz [N 50°13'20.4" E 8°24'24.7"]. Der Ortsname

leitet sich von den ehemals im Mittelalter ansässigen Glashütten ab, deren konserviertes Areal mit Haupt- und vier Nebenöfen im Waldgebiet „An der Emsbachschlucht“ zu sehen ist. Da am nördlichen Rand der Gemeinde seinerzeit der Limes verlief, wundert es nicht, dass an einem Informationspavillon die Kurzversion, aber nicht minder anspruchsvolle Etappe des bereits in Heftrich vorgestellten **Limeserlebnispfades** mit Turmresten und Kastellen startet.

Auf der Suche nach einem Stellplatz für die Nacht fahren wir, vorbei an der evangelischen Kirche in Schalenbauweise, weiter durch Glashütten. Beim anschließenden Durchfahren des Waldes registrieren wir einen Abzweig nach Schlossborn, dem wir uns nach der Umrundung des Feldbergplateaus zuwenden wollen.

Um es noch einmal zu erwähnen: Der Taunus ist ein ausgesprochenes gutes Revier für Wanderer, Radfahrer und andere Outdoorsportler! Wir mussten jedoch feststellen, **dass die Übernachtungsmöglichkeiten für Wohnmobilisten gerade im Hochtaunus sehr beschränkt sind!** Fast flächendeckend erwarten uns im Folgenden Parkplätze, die lediglich das Parken für Pkw zulassen. Da fragt man sich als eingefleischter WOMO-Sapiens natürlich: Dürfen wir hier noch nicht einmal vom Wohnmobil aus zu einer Wanderung aufbrechen oder will man uns hier gar nicht haben? Um diese herrliche Region nicht vollends demoralisiert und frustriert links liegen zu lassen, entscheiden wir uns, in der Feldberggemeinde SCHMITTEN beim **Tourismus- und Kulturverein e. V.** nachzufragen (Mo - Fr von 8.30 - 12 Uhr, Do 14 - 18 Uhr, Parkstraße 2, www.schmitten.de). Der zuständige Mitarbeiter teilt uns mit, dass wir uns auf ihn berufen können, und protokollieren nachstehend gerne seine Aussage: **Auf allen als Pkw-Parkplätzen**

gekennzeichneten Flächen können WOMOs tagsüber parken. Eine Übernachtung wird toleriert, soweit kein Campingverhalten ersichtlich ist.
Wir müssen es natürlich jedem Wohnmobilfahrer selbst überlassen, wie er diese Aussage einordnet, und übernehmen keine Gewähr, inwieweit sie von den Ordnungsbehörden auch so gesehen wird! Für uns ist sie jedoch Grund genug, um den Hochtaunus weiter zu erkunden.
Nachdem wir den Abzweig nach Schloßborn hinter uns gelassen haben, verlassen wir die B8 nach etwa 1,6 km aufwärts Richtung SCHMITTEN. Die Aufzählung der vorhandenen Wanderparkplätze wäre lang und wir begnügen uns damit, die zu nennen, welche uns aufgrund ihrer etwas geschützteren Lage für einen Aufenthalt am geeignetsten erscheinen.

(047)
WOMO-Wanderparkplatz: Schmitten, Glaskopf

GPS: N 50°12'56.3" E 8°25'45.8"
An der L3025 **max. WOMOs:** 2-3
Ausstattung/Lage: Infotafeln, Rundwanderwege, Tisch u. Bänke, Schutzhütte, Mülleimer/außerorts.
Zufahrt: Ca. 1,1 km hinter dem Abzweig von der B8 liegt der Parkplatz an der linken Straßenseite.

(048)
WOMO-Wanderparkplatz: Schmitten, Weilsberg

GPS: N 50°13'44.7" E 8°26'00.5"
An der L3025 **max. WOMOs:** 2-3
Ausstattung/Lage: Infotafel, Rundwanderwege (2,5 - 4 km), Gaststätte ca. 400 m entfernt (Do/Fr Ruhetag), teils schräg/außerorts.
Zufahrt: Ca. 1,5 km hinter dem vorgenannten Parkplatz geradeaus nach Schmitten fahren. Der Parkplatz liegt ca. 400 m später auf der linken Straßenseite.

Im Schmittener Ortsteil NIEDERREIFENBERG biegen wir rechts nach OBERREIFENBERG ab und haben freie Sicht auf die **Burgruine Oberreifenberg** mit ihrer gewaltigen Schildmauer. Die Burg „Riffinberg" entstand im 14. Jh. und weist einen mächtigen runden Bergfried und einen rechteckigen, sechsgeschossigen Wohnturm auf. Wer das Sinnbild der Wehrhaftigkeit vom folgenden Parkplatz aus erwandern möchte, kann erkennen, dass in der Anlage Schiefer-„Riff" verbaut wurde, von dem der Ortsname Reifenberg abgeleitet wird. Wir folgen der Durch-

gangsstraße bergauf und erreichen ein Basislager, von dem sommers wie winters allerlei Unternehmungen gestartet werden können. Zusätzlich verfügt der Platz im hinteren Teil über ein Areal, das keinerlei Beschränkungen für das Parken ausweist.

(049) WOMO-Stellplatz: Oberreifenberg, Freizeitanlage Hegewiese

GPS: N 50°14'34.9" E 8°26'33.6" An der L3276
max. WOMOs: 5
Ausstattung/Lage: Infotafel, Wanderwege (u. a. 3 km zum Feldberg), WC, Gaststätte in der Nähe, Mülleimer, Glascontainer, Skilift, Loipeneinstieg, Rodelhang/Ortsrand.
Zufahrt: Im Ort der Durchgangsstraße folgen. Der Parkplatz liegt auf der rechten Straßenseite.

Abgesehen vom Wintervergnügen für Groß und Klein oder ausgedehnten Wanderungen zu allen Jahreszeiten, ist ein ca. 2 km langer Spaziergang zur **Weilquelle** möglich. Wenn man schon einmal dort ist, kann das naheliegende **Römerkastell Kleiner Feldberg** gleich mit angeschaut werden. Mit über 700 m über NN ist es die höchste Befestigungsanlage des römisch-germanischen Limes und vermittelt ein anschauliches Bild, wie es um 200 n. Chr. in dieser Höhenlage ausgesehen haben muss.

Auf eine andere Art kann die Höhenluft im **Hochseilgarten** von taunatours geschnuppert werden. Wer sich für ein In- oder Outdoor-Erlebnis samt Erlebnisgastronomie interessiert, sollte sich vorab bei www.tauna-tours.de informieren [N 50°14'11.2" E 8°26'35.3"].
Der Landstraße folgend erreichen wir Richtung OBERURSEL/SCHMITTEN eine große Straßenkreuzung und den **Sandplacken**, wie die Passhöhe zwischen den beiden Orten genannt wird. Verschiedene Pässe führten teils schon in prähistorischer Zeit über den Taunuskamm und ermöglichten die Verbindung zwischen der Rhein-Main-Ebene und dem Usinger Land sowie dem Weil- bzw. Lahntal.

(050) WOMO-Wanderparkplatz: Oberreifenberg, Sandplacken

GPS: N 50°14'45.1" E 8°29'32.0"
max. WOMOs: 3 - 5
Ausstattung/Lage: Infotafeln an der Straße, dort befinden sich zwei Gaststätten, Wanderwege (z. B. 200 m zum röm. Kleinkastell, ca. 6 km zur Saalburg)/außerorts.
Zufahrt: An der Sandplacken-Kreuzung geradeaus Richtung Parkplatz Naturpark an der Gaststätte vorbei und an der Gabelung links bis zum hinteren Parkplatz fahren.

Wer hier an einem Wochenende bzw. bei schönem Wetter auftaucht, wird wie im gesamten Taunus auf Scharen von Ausflüglern treffen. Trotzdem sollte man sich nicht von einer ausgedehnten Wanderung abhalten lassen! Wir haben eine Tour ausfindig gemacht, die uns in zwei ruhige Täler ohne viel Rummel führt.

WOMO-Wandertipp: Vom Taunuskamm in den Stahlnhainer Grund

Mittelschwere Wanderung von ca. 13 km mit einigen kurzen An- und Abstiegen und einem heftigen Anstieg.
Wir starten von der Einfahrt des hinteren Parkplatzes am Sandplacken mit der Markierung grüner Balken auf einem Pfad in den Wald und gelangen an eine T-Gabelung, an der wir uns links halten. An der ersten Wegkreuzung gehen wir geradeaus, um an der folgenden (weiter grüner Balken) rechts abzubiegen. An der nächsten Kreuzung weiter geradeaus und nach etwa 200 m (jetzt weißer Balken mit schwarzem Pfeil) links. Am Ende der recht eintönigen Gefällstrecke knickt unser Wanderweg links vom Hauptweg ab und sofort an der nächsten Gabelung wenden wir uns rechts. Am folgenden Wegekreuz wandern wir geradeaus und am Rand des Naturschutzgebietes Aubach-Wiese durch einen stillen Talgrund. Bald ist wieder der Wald erreicht und wir bleiben an einer weiteren Weggabelung geradeaus auf dem Hauptweg. Wir durchqueren einen Buchenwald und stapfen nach einem Linksbogen leicht bergauf (Markierung Roter Pilz). Nachdem wir zwei Waldwiesen passiert haben, gelan-

gen wir an eine links im Wald gelegene Felsgruppe, an der es rechts auf dem Hauptweg bis zu einer T-Gabelung weitergeht. Dort schwenken wir links und lassen uns bald wieder von der Markierung grüner Balken leiten. Etwas abwärts erreichen wir den Waldrand und haben eine **schöne Aussicht auf den Hintertaunus**. Nach rechts führt der Weg, jetzt u. a. mit einem liegenden U. Vor uns liegt der Stahlnhainer Grund, über den wir bis zum Hessenpark, den wir im Verlauf dieser Tour noch besuchen

werden, schauen können und einen Blick auf den oberen Teil eines Quarzitbruchs sowie links davon auf den Fernsehturm auf dem Steinkopf haben. Rechter Hand liegt am Waldrand der Opelhof, der in den 1950er Jahren von Martha von Opel aus der Auto-Dynastie erbaut wurde. Zwischen Pferdekoppeln führt wenig später links ein Weg. Wir überqueren eine Brücke und gehen rechts zum ländlichen **Ausflugslokal Talmühle** (Mo, Di geschlossen, Mi/Do ab 11.30 Uhr, Fr ab 16 Uhr, Sa/So ab 10 Uhr). Mit einer ordentlichen Stärkung im Bauch verlassen wir die Gaststätte und folgen hinter dem Lokal dem Weg mit der Markierung liegendes U links. Wieder zwischen Pferdekoppeln gehend, erreichen wir den Wald und halten uns an der folgenden Wegkreuzung rechts. Mit der Markierung schwarzer Punkt beginnt nun der Anstieg zum Hochtaunuskamm. Wir bewegen uns auf dem „Metzgerpfad", über den früher die Oberurseler Metzger ihre vierbeinige Ware aus dem Usinger Becken bezogen. Hinter einer Waldweide geht es an einer Gabelung halb rechts auf dem Metzgerpfad weiter, der gerade und ziemlich steil auf dem Taunuskamm landet. Dabei werden mehrere Wege gekreuzt, bis wir den **Limeswall** erreichen und diesem rechts Richtung Wachturm folgen. Etwa 500 m hinter dem **Kleinkastell Heidenstock** queren Hauptwanderwege den Limes und wir lassen uns von den Hinweisen zum Parkplatz Sandplacken leiten.

Bevor wir uns dem höchsten Punkt unserer Reise widmen, sei noch ein weiterer Wanderparkplatz genannt, der Touren in die reizvolle Landschaft des **Heilklima-Park Hochtaunus** verspricht.

(051) WOMO-Wanderparkplatz: Schmitten-Hegewiese, Weißenberg

GPS: N 50°15'01.5" E 8°28'59.4"; An der L3004 **max. WOMOs:** 1 - 2
Ausstattung/Lage: Wanderwege, Tisch und Bank, Feldbergblick, Bushaltestelle/außerorts, nahe der Straße.
Zufahrt: An der Sandplacken-Kreuzung Richtung Weilburg/Schmitten abbiegen. Der Parkplatz liegt ca. 800 m später auf der rechten Straßenseite.

Wir fahren an die Passhöhe am Sandplacken zurück und von dort hinauf zum geografischen Höhepunkt des Taunus und unserer Reise. Der **Große Feldberg** ist aus großer Entfernung genauso sichtbar, wie er bei gutem Wetter eine fantastische Weitsicht bietet. Dementsprechend zieht er zu allen Jahreszeiten eine Unmenge von Besuchern an. Seit fast 160 Jahren pilgern die Menschen auf den Feldberg, auf dem 1868 der älteste Wanderverein Deutschlands, der heutige Taunusklub, gegründet wurde. Bereits 24 Jahre zuvor startete das erste **Feldbergfest**. Seitdem findet das Ereignis alljährlich großen Zuspruch bei Sportlern, die sich beim Laufen, Mehrkämpfen und Steinstoßen messen und gehört zu den ältesten Bergturnfesten im deutschsprachigen Raum (www.feldberglauf.de). Neueren Datums ist das **Schlittenhunderennen**, bei dem die Vierbeiner durch Schnee und Eis um den Gipfel stürmen. Der obere Teil des Feldbergs ist unbewaldet und auf gut ausgebauter Straße erreichen wir das Plateau, auf dem der Sendemast und die drei Feldbergtürme wie die Orgelpfeifen aufgereiht sind. [**052:** N 50°15'01.5" E 8°28'59.4"].

Die touristische Infrastruktur ist perfekt: Der **Gasthof Feldberghof** (Sommerzeit: 11 - 22 Uhr, So/Feiertage ab 10 Uhr, Winterzeit: Mo - Sa 11 - 18 Uhr, So 10 - 18 Uhr, Do bis 22 Uhr mit „Großer Feldberg Hüttenabend“, So/Feiertage Brunch ab 10 Uhr, www.feldberghof.com) und ein Kiosk offerieren große und kleine Speisen für Wanderer, Radsportler und Motorradfahrer. Außerdem befindet sich hier oben eine **Falknerei**, die sich großer Beliebtheit erfreut (April - Okt. 10 - 18 Uhr, Eintritt, Hunde nicht erlaubt. www.falkenhof-feldberg.de). Absolutes Highlight ist jedoch die unvergleichliche Aussicht vom zweithöchsten Berg Hessens. Bei passendem Wetter reicht die Sicht bis zum

Odenwald oder dem Hunsrück und über die Rhein-Main-Ebene. Noch weiter schweift der Blick von der rundum verglasten Plattform des **Aussichtsturms** (Mo - Sa ab 9 Uhr, So ab 8 Uhr bis zum Einbruch der Dunkelheit, Nov. geschlossen, Eintritt). Nach einem abendlichen „Schöppchen" im Feldberghof und nachdem alle Besucher abgezogen sind, wird es ruhig auf dem Gipfel. Die nächtliche Stille wird lediglich durch ein paar jugendliche Rambos unterbrochen, die meinen, die Motoren ihrer Autos ausprobieren zu müssen ... da sie uns jedoch ansonsten in Frieden lassen und bald wieder verschwinden, verbringen wir die übrige Nacht in luftiger Höhe.
Am frühen Morgen schnappen wir uns ein kleines Frühstück und bepackt mit einer Thermoskanne voll frischem, duftendem Kaffee geht es zum Brunhildisfelsen am nördlichen Rand des Feldberg-Plateaus. Die klare Luft, die atemberaubende Aussicht, das Gefühl, über den Wolken und fernab jeder Hektik zu schweben, und die Ruhe vor dem Ansturm der nächsten Besucherwelle ist unglaublich wohltuend und angenehm. Dieser kleine Glücksmoment bleibt lange im Gedächtnis! Klingt kitschig? Mag sein, ist aber auch der totale Luxus des (WOMO-) Lebens! Einfach mal ausprobieren und genießen!
Diesen stärkenden Augenblick hatten wir auch bitter nötig, denn auf den folgenden Kilometern gestaltet sich unsere Suche nach schönen Stellplätzen wieder einmal gar nicht so einfach. Zunächst verlassen wir den Großen Feldberg, rollen hinab zur Landstraße und dort rechts Richtung KÖNIGSTEIN. Bei Erreichen des nächsten Abzweigs registrieren wir rechts an der Passhöhe Rotes Kreuz einen weiteren Wanderparkplatz, von dem man auch zur **Weilquelle** und zum **Römerkastell**

Kleiner Feldberg laufen kann, und biegen links Richtung KÖNIGSTEIN ab. Ein kurzes Stück bergab und schon ist die B8 erreicht, an der es rechts zurück Richtung LIMBURG geht. Wer unseren nächsten Schlenker nicht mitmachen möchte, kann links direkt nach KÖNIGSTEIN abknicken, wo wir uns dann später wiedersehen werden.

Nach der Erkundung des Hochtaunuskamms sind wir nun wieder an der bekannten Kreuzung nach SCHLOSSBORN gelandet (vgl. S. 70) und biegen in den Ortsteil von Glashütten ab. Auf einer wie mit dem Lineal gezogenen Straße bekommen wir ganz schön Fahrt drauf und können wenig später einen von Birken begrenzten Wanderparkplatz mit Aussicht vermelden.

(053) WOMO-Wanderparkplatz: Schloßborn, Nachbarwald

GPS: N 50°12'24.3" E 8°22'44.7"
max. WOMOs: 2
Ausstattung/Lage: Infotafel, Wanderwege (Limeserlebnispfad), Bank, Aussicht auf den Ort und den Atzelberg, Mülleimer/Ortsrand.
Zufahrt: Der Durchgangsstraße durch den Ort Richtung Schwimmbad/Tennisplatz folgen. Der Parkplatz liegt ca. 150 m hinter den letzten Häusern am Waldrand.

Von Schlossborn aus führt unser Weg über EHLHALTEN in die Burgstadt EPPSTEIN. Im Ortsteil VOCKENHAUSEN ist ein **Campingplatz** ausgeschildert, der **weit und breit als einziges Quartier für einen längeren Aufenthalt in dieser Gegend zu nennen ist**.

(054) WOMO-Campingplatztipp: Eppstein, TaunusCamp

GPS: N 50°08'50.3" E 8°21'39.4"; Bezirksstraße 2
Kontakt: Telefon 06198/7000, www.taunuscamp.de
Öffnungszeiten/Preis: Ganzjährig/€€.
Ausstattung/Lage: Kiosk, QuickCamp, Kinderspielplatz/Ortsrand.
Zufahrt: Bei Erreichen der B455 rechts Richtung Wiesbaden abbiegen und ca. 1,5 km später rechts den Hinweisen zum CP ca. 1 km folgen.

Wer sich dann weiter EPPSTEIN nähert, wird an einem wolkenverhangenen Tag nicht gerade Lust verspüren, diesem, an der B455 und in ein enges Tal gedrängten Ort, einen Besuch abzustatten. Angesichts einer Fabrik mit hohem Schornstein ist man versucht, das Gaspedal durchzudrücken und einfach weiterzufahren. Das wäre allerdings ein Fehler! Wir quetschen das WOMO auf den links der Bundesstraße gelegenen und engen Parkplatz in eine Lücke am Rand und machen uns in die kleine, aber besuchenswerte Altstadt auf [N 50°08'25.4" E 8°23'16.9"; An der B 455]. Mit Glück kann man auch einen Standplatz am gegenüberliegenden Bahnhof erwischen.

Eppstein

Zwischen hoch aufragenden Felswänden drängen sich heimelig die Fachwerkhäuschen aneinander und über allem thront als Blickfang die erstmals 1122 erwähnte **Burg Eppstein** mit einer imposanten Befestigungsanlage. Vom 25 m hohen Bergfried bietet sich ein herrlicher Ausblick und im **Stadt- und Burgmuseum** kann der Geschichte nachgegangen werden (April - Okt. Mi 16 - 18 Uhr, Sa 14 - 17 Uhr, So 11 - 17 Uhr, Nov. - März So 12 - 15 Uhr, Eintritt). Wer nach der Besteigung des Turms noch ausreichend Puste hat, der kann auf der gegenüberliegenden Talseite gleich noch den von 1892 - 1894 erbauten **Kaisertempel** oder den um die gleiche Zeit errichteten **Neufville-Turm** im Eppsteiner Bergpark besichtigen. Von beiden bietet sich eine schöne Aussicht auf Stadt und Burg. Ebenerdig und ohne Anstrengung, ist die am Fuß der Burg gelegene spätgotische **Talkirche** mit den Grabsteinen der Herren von Eppstein zu erreichen.

Im Tal des Fischbachs führt die B455 durch den gleichnamigen Ort und wenig später folgen wir dem Hinweis zum **Rettershof** [**055:** N 50°10'07.1" E 8°25'58.4"; Rettershof].

Rettershof

Mitten im Taunus geht es „very british“ zu, denn das Areal eines ehemaligen Klosters samt Hofgut wurde 1885 von einem Engländer namens Frederik Arnold Rodewald gekauft. An dem von ihm errichteten Herrenhaus im Tudor-Stil hatte die Familie jedoch nicht lange Freude und in der Folgezeit sah das Schloss viele Besitzer. Darunter befanden sich u. a. die „Organisation Gehlen“, der Vorläufer des Bundesnachrichtendienstes, oder die Hare-Krishna-Sekte. Heute ist der Rettershof im Besitz der Stadt Kelkheim, die viel Geld in das Schmuckstück steckte und das sich zu einem der beliebtesten Ausflugsziele der Region entwickelt hat. Das liegt zum einen an einem renommierten Hotel-Restaurant, zum anderen an der malerischen Landschaft, die zu **Rundwanderungen** (2 - 13 km) einlädt. Ob man auf gut markierten Wegen einen kleinen Spaziergang durch die Streuobstwiesen oder den am Ende sehr steilen Weg zum Aussichtsturm auf dem Atzelberg bevorzugt, ist sicher Konditions- und Geschmackssache. Am Ende kann jedoch immer ein Besuch in der **Landgaststätte Zum fröhlichen Landmann** stehen (Mi - So ab 11 Uhr). Küche und Keller bieten heimische Spezialitäten, super leckeren Kuchen und das auf dem Rettershof gekelterte „Stöffche“, wie der Hesse seinen Apfelwein nennt.

Als Nächstes peilen wir, der B455 folgend, KÖNIGSTEIN an. Am großen Kreisverkehr treffen wir auf die WOMO-Besatzungen, die bereits vom Feldberg aus kommend über die B8 direkt hier eingetroffen sind. Wohnmobilfreundlichkeit wird hier und in der über die Bundesstraße zu erreichende Nachbargemeinde KRONBERG leider nicht gerade groß geschrieben. Soll heißen: Der offizielle Parkraum für unser WOMO ist arg beschränkt bzw. nicht vorhanden. Sehr schade, denn beide Städte sind hübsch anzusehen und bieten eine ganze Menge! Das sollen auch weit über 100 Millionäre so sehen, die sich hier für einen Wohnort am Rande des Taunus entschieden haben. Nachdem wir unser WOMO durch die teils engen Sträßchen der Altstädte quälten, am Königsteiner Freibad vor einer Bahnunterführung kapitulierten und alle verfügbaren (nahen) Parkplätze abgeklappert haben, können wir für einen Kurzbesuch der Städte nur die Empfehlung für eine Parkplatzsuche „auf gut Glück" abgeben. Alternativ sehen wir die Möglichkeit, vom Wanderparkplatz in Falkenstein die Zufahrtsstraße etwa 500 m hinab zu laufen und von dort mit dem ÖPNV von der Haltestelle „Auf dem Seif" nach Königstein/Stadtmitte oder Kronberg/ Berliner Platz zu fahren.

(056) WOMO-Wanderparkplatz: Königsstein-Falkenstein, Schraderhohlweg

GPS: N 50°11'56.2" E 8°28'47.4"; Schraderhohlweg **max. WOMOs:** 3-5
Ausstattung/Lage: Infotafeln, Wanderwege/außerorts.
Zufahrt: Am Königsteiner Kreisel Richtung Königstein/Stadtmitte fahren und an der 2. Möglichkeit rechts dem Hinweis nach Falkenstein immer bergauf folgen. An einem Mini-Kreisel rechts weiter bergauf, am Bürgerhaus vorbei bis in den Wald fahren. Der Parkplatz zieht sich links ca. 300 m in den Wald.
In den Schneemonaten sollte der Parkplatz nicht angefahren werden!

(057) WOMO-Stellplatz: Kronberg, Opelzoo Waldeingang

GPS: N 50°10'42.6" E 8°28'54.5" **max. WOMOs:** 2-3
Ausstattung/Lage: Rückwärtiger Zoo-Eingang/außerorts.
Zufahrt: Am Königsteiner Kreisel den Hinweisen zum Waldparkplatz Opelzoo/Mammolshain folgen. Sehr schräge Einfahrt ca. 10 m vor dem Ortsausgangsschild!

Königstein und Kronberg

Burg Königstein

Altes Rathaus Königstein

In der Nähe der o. g. Bushaltestellen dürften die ersten Anlaufadressen in beiden heilklimatischen Kurorten die jeweiligen **Tourist-Infos** sein: **Königstein** (Mo - Fr 9 - 18 Uhr, Sa 9 - 13 Uhr, Mai - Sept. zusätzlich 11 - 16 Uhr, Hauptstraße 13/Kurparkpassage, Telefon 06174/202251, www.koenigstein.de) und **Kronberg** (Mo - Mi/Fr 8 - 13 Uhr, Do 13 - 18 Uhr, Sa 10 - 13 Uhr, Katharinenstraße 7, Telefon 06173/703, www.kronberg.de). **Königstein** wurde 1215 erstmals urkundlich erwähnt und erhielt 1313 die Stadtrechte. Stolz und mächtig thront die **Burg Königstein** über den Dächern der Stadt, die vermutlich im 12. Jh. entstanden ist und die wichtige Handelsstraße zwischen Frankfurt und Köln sicherte. Das Wahrzeichen und wohl auch Ausflugsziel Nummer Eins der Stadt ist die ehemals herrschaftliche Residenz, spätere Landesfestung und Staatsgefängnis, die heute als eine der größten Burgruinen Deutschlands gilt (März - Okt. 10 - 19 Uhr, Nov. - Feb. Sa/So 10 - 17 Uhr, letzter Einlass 16.30 Uhr, Eintritt). An den Burgberg schmiegt sich die **Altstadt** mit verwunschenen kleinen Gässchen und dem Alten Rathaus, in dem das **Burg- und Stadtmuseum** beheimatet ist. Sehenswert ist dort das Modell der Festung Königstein im unzerstörten Zustand von 1790 (Sa/So 14 - 17.30 Uhr, Eintritt). Wegen der guten Luft und der ruhigen Lage zog es Mitte des 19. Jh. viele Kurende in die „Kaltwasserheilanstalt“ des Dr. Georg Pingler. Seinen medizinischen Erfolgen ist es zu verdanken, dass sich der gute Ruf des Kurortes in den folgenden Jahrzehnten verbreitete. Nach den Heilung Suchenden zogen auch die Schönen und Reichen ein, die damals wie heute durch den **Kurpark** mit altem Baumbestand flanieren können. Renommierte Frankfurter Bankiers und Industrielle ließen sich hier Villen errichten, in denen sie die Sommerfrische verbrachten und die noch heute Zeugen vom Aufstieg der Stadt sind. Im **Luxemburgischen Schloss**, in dem einst Herzog von Nassau residierte, ist heute das Amtsgericht untergebracht. Auf dem Weg zum Königsteiner Ortsteil Falkenstein fahren wir an der **Villa Rothschild** vorbei, zu deren Einweihung 1894 die Kaiserwitwe Viktoria und der Prince of Wales über die Schwelle traten. Nicht nur für die damalige Zeit war die Villa ein Hingucker und noch heute fühlt man sich wie in eine andere Welt versetzt, wenn man durch die große Parklandschaft spaziert und einen exquisiten Blick auf Burg Kronberg im Nachbarort hat. In seiner wechselvollen Geschichte war das Haus ein Treffpunkt der Reichen, Berühmten sowie Mächtigen und nach dem Zweiten Weltkrieg stellten hier die Ministerpräsidenten der westdeutschen Länder die Weichen für die Schaffung der Bundesrepublik. Wir lassen es uns nicht entgehen, in diesem historischen Umfeld zumindest einen Kaffee zu trinken, denn mittlerweile ist die Villa als Hotel umgemodelt und samt Parkanlage auch für „Normalsterbliche" zugänglich. Sollte, wie bei uns, gerade ein ganz besonderer Festtag anstehen, dann ist das seit 2014 mit **zwei Michelin Sternen gekrönte Restaurant Villa Rothschild** sehr zu empfehlen. Uns war der Anlass und die formidable Haute Cuisine in entspannter Atmosphäre den tiefen Griff ins Portemonnaie wert (Mi - Sa 18.30 - 21.30 Uhr, Telefon 06174/29080, Tischreservierung empfohlen).

In Falkenstein ist die **Burgruine Falkenstein** ein weiterer Zeuge vergangener Zeiten. Sie wurde Mitte des 13. Jh. erbaut, ist in vielen Teilen gut

erhalten und nach dem Aufstieg auf den Hauptturm bietet sich ein toller Blick auf Frankfurt und in die Rhein-Main-Ebene (März - Okt. 10 - 19 Uhr, Nov. - Feb. Sa/So 10 - 17 Uhr, letzter Einlass 16.30 Uhr, Eintritt). Durch den **„3Burgen-Weg"** sind die geschichtsträchtigen Burgen Falkenstein, Königstein und Kronberg auf etwa 13 km für **Wanderfreunde** miteinander verbunden. Der Verlauf ist bestens ausgeschildert und man kann vom Wanderparkplatz Falkenstein in den Rundweg einsteigen. Dazu marschiert man den Schraderhohlweg und die Feldbergstraße ca. 500 m abwärts und vertraut sich in der Nähe des Ehrenmals am Kreisverkehr den Wegmarkierungen an.

Kronberg schmiegt sich wie gemalt an die Hänge des Taunus und die hübschen Fachwerkhäuser in der Altstadt werden immer noch durch mit Kopfsteinpflaster belegte enge Gässchen voneinander getrennt. Wenn nicht vereinzelt Pkw am Straßenrand stehen würden, könnten wir meinen, dass uns auf dem Weg zur Burg gleich einer der letzten Ritter von Cronberg entgegen geritten kommt. Die Mitglieder der Kronberger Künstlerkolonie müssen das wohl ähnlich empfunden haben und griffen Mitte

des 19. Jh. zu Pinsel und Palette, um die bezaubernden Eindrücke festzuhalten. Im **Museum Kronberger Malerkolonie** kann man den Künstlern um den Landschaftsmaler Anton Burger nahekommen (Mi 15 - 18 Uhr, Sa/So/Feiertage 11 - 18 Uhr, Eintritt). Untergebracht ist das Museum in der **Streitkirche**, deren Namen durch einen misslungenen Versuch, die Kronberger Bürgerschaft unter kurmainzischer Landesherrschaft wieder zum katholischen Glauben zurückzuführen, entstand und nie als Kirche genutzt wurde. Streitbar waren die Kronberger nicht generell, aber sie wussten genau, was sie nicht wollten. Das bekamen schon die Frankfurter Ende des 14. Jh. zu spüren, als diese die **Burg Kronberg** belagerten und von den Kronbergern nebst Verstärkung aus der Umgebung vertrieben wurden. Dabei fielen 620 Frankfurter den Angegriffenen in die Hände, darunter sämtliche Bäcker, Metzger, Schuster und Schlosser der Reichsstadt. Ein herber Schlag, für den die Frankfurter das für damalige Verhältnisse enorme Lösegeld von 73.000 Goldgulden aufbringen mussten. Angeblich brauchte es 120 Jahre, um die Schuld abzutragen. Mehr Geschichten und Geschichtliches präsentieren das **Museum Burg Kronberg** (Mi/Do/Sa 14, 15, 16 Uhr So/Feiertage stündlich 12 - 17 Uhr nur im Rahmen von Führungen, Eintritt) und das **Museum Stadtgeschichte Kronberg** (April - Okt. Sa/So/Feiertage 13 - 17 Uhr, Eintritt). Auf dem Burgberg findet alle zwei Jahre an den Pfingsttagen ein **Mittelaltermarkt** statt, bei dem die Besucher Ritterkämpfe, Lagerleben, Bogenschießen und allerlei mehr erleben können (zuletzt 2015, www.kronberger-rittergarde.de). Abgesehen von dem fantastischen Blick über den Taunus und die Rhein-Main-Ebene besticht die im 13. Jh. erbaute Oberburg mit dem aufgestockten Bergfried durch einen hervorragenden Zustand. Bis 1892 war die Kronberg wie die Nachbarburgen Königstein und Falkenstein in einem verfallenen Zustand. Das änderte sich, als Kaiser Wilhelm II. seiner Mutter die Burg schenkte. Kronprinzessin Victoria, Tochter von Königin Victoria von Großbritannien, hatte sich nach dem Tod ihres Mannes, Kaiser Friedrich III., Kronberg als Witwensitz gewählt. In Erinnerung an ihren verblichenen Mann nannte siche „Kaiserin Friedrich"gewählt. Die kunstsinnige, ehemalige deutsche Kaiserin ließ Burg Kronberg originalgetreu restaurieren. Durch die engen Gassen und über Treppenverbindungen gelangen wir bergab in den **Victoriapark**, der ebenfalls der Kaiserin Friedrich zu verdanken ist und auf ihr

Geheiß um das Denkmal des verstorbenen Ehemannes angelegt wurde. Die typisch englische Gestaltung setzt sich über die Hainallee fort, denn dort entstand zwischen 1889 und 1894 **Schloss Friedrichshof**, eben jener o. g. Witwensitz. Wie könnte es anders sein, sorgte Victoria für ein Schloss im Tudor-Stil, dessen Parklandschaft aus dem Osten Englands importiert sein könnte. Heute kann in den noblen Hallen im noch nobleren Schlosshotel der Afternoon Tea eingenommen werden, während sich hinter dem Schloss ein nicht öffentlicher Golfplatz anschließt. Weniger britisch, dafür tierisch gut geht es im **Opel-Zoo** zu [P Waldeingang s. o., P Haupteingang N 50°11'01.6" E 8°29'00.7"]. Zu dem umfangreichen Tierbestand gehören auch die einzigen Elefanten in Hessen, die u.a. neben Giraffen, Gnus, Zebras, Erdmännchen, Roten Pandas, Geparden, Kamelen und vielen anderen Mehr jährlich über 700.000 Besucher anziehen. Abenteuerspielplätze, Lehrpfade, Streichelgehege und Schaufutterküche sowie Pony- und Kamelreiten lassen den Aufenthalt zu einem Erlebnis für die ganze Familie werden und können ihren Abschluss im Zoo-Restaurant finden (Winterzeit 9 - 17 Uhr, Sommerzeit 9 - 18 Uhr, Juni/Juli/August 9 - 19 Uhr, Eintritt. Trotz teilweise steilem Gelände Rollstuhl und Kinderwagen geeignet. Hunde an der kurzen Leine erlaubt. www.opel-zoo.de).

Am Taunushang fahren wir über die B455 nach OBERURSEL/ BAD HOMBURG weiter und verlassen die Bundesstraße an der Ausfahrt HOHEMARK.

Wir wollen noch mehr über den Taunus erfahren und so liegt es nahe, das **Taunus-Informationszentrum** zu besuchen (Mai - Okt. Di - Fr 10 - 16 Uhr, Sa/So 10 - 18 Uhr, Nov. - 30. April 10 - 16 Uhr, Hohemarkstraße 192, Telefon 06171/507820, www.taunus.info). Auf dem nebenliegenden Parkplatz sind WOMO-Stellplätze ausgewiesen und wir stellen verblüfft fest, dass Porsche scheinbar unter die Wohnmobilhersteller gegangen ist ... nur ironisch-belustigt können wir das Ärgernis verdauen, dass alle vorhandenen Stellplätze von großen SUVs zugeparkt sind. Ok, schon klar, die Schüler der nahen International School müssen natürlich von ihren Muttis „an- und abgeliefert" werden und so ein doofes WOMO kann ja schon mal ein bisschen warten! Jetzt gibt's nur eins, denn wir haben ja Urlaub: Ruhig bleiben und warten, bis der Spuk vorüber ist! Im Info-Zentrum ist das Problem bekannt und man rät uns, ob der Situation ziemlich demoralisiert, den Stellplatz am besten erst nach 16 Uhr anzufahren. Ganz toll! Kann man nur hoffen, dass tagsüber wenig Verkehr herrscht, um sich mit dem WOMO bis zum Parkplatz am Info-Zentrum vorzutasten und

sich dort mit Informationen zu versorgen. Das lohnt sich nämlich! Neben **Ausflugstipps** und Vorschlägen für **Wander- und Radtouren** gibt es hier auch die Möglichkeit **E-Bikes** auszuleihen (Mai - Okt.). Außerdem ist der Stellplatz eine hervorragende Ausgangsbasis, um von hier mit der U-Bahn direkt in die Frankfurter Innenstadt zu starten (vgl. S. 176).
Für den kurzen Oberursel-Besuch bietet sich der zweitgenannte Parkplatz an, auf dem wir auch schon übernachtet haben.

(058) WOMO-Stellplatz: Oberursel, Taunus-Informationszentrum offiziell

GPS: N 50°12'52.1" E 8°32'05.4"; Hohemarkstraße **max. WOMOs:** 5
Ausstattung/Lage: Ausgewiesener Teil eines Großparkplatzes, für WOMOs bis 7 m Länge, Gaststätte, Gebühr €€, 1 Std. frei. Tram in der Nähe (z. B. in 40 Min. mit der U3 nach Frankfurt/Hauptwache oder fünf Stationen bis zur Altstadt)/Ortsrand, nachts ruhig. **Für die Übernachtung werktags am besten nach 16 Uhr anfahren!**
Zufahrt: Von der B455 zum Taunus-Informationszentrum/Hohemark und am folgenden Kreisel rechts abbiegen.

(059) WOMO-Stellplatz: Oberursel, Festplatz Bleiche

GPS: N 50°12'15.4" E 8°34'32.0"; Portstraße **max. WOMOs:** 2
Ausstattung/Lage: Einfacher Parkplatz am Rand der Altstadt/im Ort. **Bei verschiedenen Volksfesten gesperrt!**
Zufahrt: Wie vor, jedoch hinter dem Kreisel links parallel zu den Straßenbahnschienen ca. 3 km in den Ort fahren. Dann rechts dem Hinweis zum Parkplatz ca. 300 m folgen.

Oberursel

Nach dem kaiserlichen Kronberg und vor dem folgenden, fast als mondän zu bezeichnendem Bad Homburg finden wir in Oberursel die urwüchsigere, hessischere Lebensart am Rande des Taunus. Schön ist es und uns gefällt's! Das dachten wohl auch die Kelten, die hier seit dem 5. Jh. v. Chr. siedelten und denen man auf dem 4,5 km langen **Keltenrundwanderweg** um ihre ehemals mächtige Siedlung **Heidetränk-Oppidum** näher kommen kann. 791 n. Chr. taucht dann eine Siedlung namens „Ursella“ erstmals in einer Urkunde auf, die am Urselbach immer weiter wuchs. Seit dem 14. Jh. wurde die Wasserkraft des aus dem Taunus hinabrauschenden Baches für Wassertriebwerke und Mühlen genutzt. Sage und schreibe 13 Mühlen

Historisches Rathaus

gab es im Stadtgebiet und der 11 km lange **Mühlenwanderweg** führt zu den Orten der Natur- und Industriegeschichte Oberursels. Start beider Wanderwege ist am Taunus-Informationszentrum und man kann vom Ziel der letztgenannten Wanderung mit der U-Bahnlinie U3 zurückfahren. Der Weg führt direkt durch das Herz von „Orschel", wie die Einwohner ihre Heimatstadt nennen, und damit in die Altstadt von Oberursel. Am Marktplatz befinden sich die **Tourist-Info** und das **Vortaunusmuseum** in einem Gebäude (zu den **Museums-Öffnungszeiten** Mi 10 - 17 Uhr, Sa 10 - 16 Uhr, So 14 - 17 Uhr ist die T-Info über den Haupteingang zu erreichen, ansonsten Mo/Fr 8 - 13 Uhr, Di/Do 8 - 15 Uhr über den rückwärtigen Eingang im Museumshof, Telefon 06171/502232, www.oberursel.de). Das Museum präsentiert Exponate zur Regionalgeschichte und hat dem Maler und Grafiker Hans Thoma eine Kabinettausstellung gewidmet. Ein außergewöhnlicher Bereich beschäftigt sich mit einem Rennsportereignis, das wir so gar nicht auf dem Plan hatten. 1904 fand in Oberursel das erste Seifenkistenrennen in Deutschland statt und noch heute starten tollkühne Rennpiloten in rollenden Kisten alljährlich im September beim **Orscheler Seifenkistenrennen** (www.orscheler-seifenkistenrennen.de). Orientierungspunkte zwischen den winkeligen Gassen und den romantischen Fachwerkhäusern sind das **Historische Rathaus** am Marktplatz und die weithin sichtbare **St. Ursula Kirche** mit ihrem Wacht- und Glockenturm „Hohe Wacht". Obwohl wir eigentlich in der Ebbelwoi-Gegend sind, zieht es uns ins **Alt-Oberurseler Brauhaus**, wo wir neben kupfernen Sudkesseln in der rustikalen Gaststube unseren Oberursel-Tag ausklingen lassen (ab 11 Uhr geöffnet, www.meinbier.de).

Eines der Ausflugsziele in Oberursel, dass man zu Fuß, per Rad oder mit dem WOMO erreichen kann, ist das Forellengut. Die geräucherten Forellen sind ein Genuss und haben unsere WOMO-Küche sehr bereichert.
Vom Informationszentrum aus kommend fahren wir der B455 folgend Richtung BAD HOMBURG v. d. H. und wechseln auf die B456 nach OBERURSEL/OBERSTEDTEN.

(060) WOMO-Wanderparkplatz: Oberursel, Forellengut

GPS: N 50°13'56.7" E 8°32'37.9" **max. WOMOs:** 2-3
Ausstattung/Lage: Infotafel, Wanderwege, Gaststätte (Sa/So/Feiertage 11 - 18 Uhr), Fischverkauf Mo - Sa 9 - 16 Uhr, So/Feiertage 9 - 11 Uhr)/ außerorts.
Zufahrt: Von der B456 nach Oberursel/Oberstedten abbiegen. Am Kreisel geradeaus und der Straße in den Ort folgen. Hier links haltend auf der Hauptstraße aus dem Ort herausfahren und den Hinweisen Waldfriedhof/ Forellengut ca. 2 km folgen.

Auf der B456 erreichen wir schnell BAD HOMBURG VOR DER HÖHE, also vor dem Taunus gelegen, und gelangen in die heimliche Hauptstadt der Region. So sehr die Stadt mit ihrer anregenden Stimmung und der berühmten „Champagnerluft" wirbt, so wenig mondän ist die einzige wirkliche Stellplatzmöglichkeit für WOMOs. Sei's drum, für den Stadtbesuch ausreichend, starten wir von hier zu einer Entdeckungstour auf den Spuren derer, die sich Ende des 19./Anfang des 20. Jahrhunderts zum damaligen Jet Set gehörig fühlten.

(061) WOMO-Stellplatz: Bad Homburg, P Am Heuchelbach

GPS: N 50°13'54.4" E 8°36'29.3"; Am Heuchelbach **max. WOMOs:** 3 - 5
Ausstattung/Lage: Großparkplatz, Altglascontainer, ca. 500 m zum Schloss/ im Ort, zweckmäßig.
Zufahrt: Von der B456 ca. 300 m hinter dem Ortseingang rechts Richtung Zentrum abbiegen. Etwa 900 m später scharf links Richtung Kirdorf. Bei Erreichen des Gluckensteinwegs an der Ampel rechts ca. 700 m bis zur Dietigheimer Straße fahren. Dort rechts und 200 m später nochmals rechts zum Parkplatz

Bad Homburg vor der Höhe

Mit der Produktion von Tuch erlebte das damals noch kleine Dorf im Mittelalter seine erste wirtschaftliche Blüte und erhielt um 1330 die Stadtrechte. Die aus dem 14. Jh. stammende „Hohenburg" wurde ab 1680 durch Landgraf Friedrich II. in absolutistischer Manier zur frühbarocken Residenzanlage umgebaut. Dabei wurde der ehemalige Bergfried in den oberen Schlosshof integriert und als **Weißer Turm** zum Wahrzeichen Bad Homburgs. Im Vestibül des **Homburger Schlosses** begrüßt uns die Bronzebüste eben jenes Landgrafen, dem Heinrich von Kleist in seinem Drama „Prinz von Homburg" ein literarisches Denkmal setzte. 1866 ging die Residenz der Landgrafenschaft Hessen-Homburg in den Besitz der Hohenzollernfamilie über, die eine Neugestaltung der Räume vornahm und das Schloss bis 1918 als Sommerresidenz nutzte. Wie „Grafens und Kaisers" wohnten, zeigen die Museumsräume in einem Querschnitt durch 300 Jahre Herrschafts- und Stilgeschichte. Neben prunkvollen Salons und dem klassizistischen Speisesaal finden wir im Arbeitszimmer von Kaiser Wilhelm II. die für ihn typische Möblierung mit Stehpult und Sattelsitz. Mit dem „Silberne Bein" ist der skurrile Schatz einer mit silbernen Scharnieren versehenen Beinprothese Friedrichs II. zu betrachten. Der Landgraf trug sie, nachdem er, noch als Offizier unterwegs, 1659 beim Sturm auf Kopenhagen ein Bein verlor. Den Zeitgeist spiegelt u. a. das Telefonzimmer der Kaiserin wider, das eine Art Telefonzelle in einem umgebauten Schrank zeigt. Als besonders schick galt wohl auch das bis dahin einmalige erste Wasserklosett auf dem europäischen Kontinent, das sich die kaiserliche Familie einbauen ließ. Im Englischen Flügel kann das ehemalige Wohnappartement der Landgräfin Elizabeth besichtigt werden. Wie zu Zeiten Friedrich II. liegt vor dem Schloss der **Barockgarten**, während unterhalb des Schlossbergs ein **englischer Landschaftsgarten** zum Spaziergang einlädt (März - Okt. Di - So 10 - 17 Uhr, Nov. - Febr. bis 16 Uhr. Führungen zur vollen Stunde, Eintritt. Während unserer Recherche war der Königsflügel wegen Sanierungsarbeiten geschlossen, der Schlosspark ist

Sinclair-Haus und Schloss

ganzjährig bis zum Einbruch der Dunkelheit zugänglich). Eine Besonderheit der Stadt stellt die **Landgräfliche Gartenlandschaft** dar, die sich in Verlängerung des Schlossparks entlang der Tannenwaldallee und bis hinauf zum Taunus zieht. Von den Landgrafen ab 1770 angelegt, gerieten die Gärten in Vergessenheit, verwilderten und wurden zum Teil bebaut. Mittlerweile hat man ihre Bedeutung erkannt und sie werden nach und nach wieder hergestellt. Bei einem Spaziergang durch die Gartenlandschaft erreicht man nach etwa 2 km das **Gotische Haus**, das man auch mit dem WOMO anfahren kann [N 50°14'04.4" E 8°34'32.8"; Tannenwaldweg]. Das Museum bietet einen Überblick über die Stadtgeschichte und erzählt im Hutmuseum die Geschichte der Kopfbedeckung von der Herstellung, über die gesellschaftliche Bedeutung bis zu ihrer Funktion. Mittelpunkt ist hierbei sicher der „Homburger-Hut", der in den 1880er Jahren erstmals nach dem Geschmack des Prince of Wales in einer Homburger Hutfabrik angefertigt und später weltberühmt wurde (Di - Sa 14 - 17 Uhr, So 10 - 18 Uhr, Eintritt). In unmittelbarer Nähe des Schlosses liegt das **Sinclair-Haus**, ein barocker Bau, der nach dem Freund des Dichters Friedrich Hölderlin benannt ist und in dem die Sammlung „Natur in der zeitgenössischen Kunst" steht (Di - 14 - 20 Uhr, Mi - Fr 14 - 19 Uhr, Sa/So/Feiertage 10 - 18 Uhr, Eintritt). Um das Flair und die Lebensart von Bad Homburg einzuatmen, lässt man sich am besten durch die Straßen treiben. In der Altstadt ducken sich kleine, alte Häuser in verwinkelten Gassen um den Marktplatz und die Dorotheenstraße entführt in die Zeit des Barock. In der Louisenstraße sowie den Nebenstraßen locken Geschäfte und Ladengalerien zum Bummeln und Shoppen ein und für das leibliche Wohl wird in kleinen Lokalen oder exquisiten Restaurants gesorgt. Aufgrund der Fülle von Sehenswertem und Schönem in und um Bad Homburg empfehlen wir unbedingt einen Besuch in der **Tourist-Info** (Mo - Fr 10 - 18 Uhr, Sa 10 - 14 Uhr, Louisenstraße 58/Kurhaus, Telefon 06172/1783710, www.bad-homburg-touris-

Marktplatz mit Laternen-Brunnen

mus.de). Regelmäßige, gebührenpflichtige **Stadtführungen** (April - Sept. Fr/Sa 15 Uhr, Okt. - März Fr 15 Uhr) bieten einen ersten Eindruck, die bei weiteren Themenführungen vertieft werden können. Bei einer dieser Führungen könnte der fast 40 Hektar große **Kurpark** entdeckt werden. Geplant hat ihn kein Geringerer als Peter Joseph Lenné, dessen Homburger Paradestück als einzige Parkanlage außerhalb des Berliner und Potsdamer Raums weitgehend im Originalzustand erhalten blieb. Beauftragt wurde Lenné von den Brüdern Blanc, die ihrerseits vom Homburger Landesfürsten dazu verdonnert wurden. 1834 wurde der Elisabethenbrunnen, früher zur Salzgewinnung genutzt, als Heilquelle entdeckt und weitere salz- und schwefelhaltige Quellen sollten folgen. Prima, dachten die Blanc-Brüder, dann können die Gäste morgens kuren und sich abends an den Roulettetischen vergnügen. Der Plan war gut, doch das Spielcasino fehlte. Im Gegenzug zur Erteilung der Spielkonzession und

Thai-Sala im Kurpark

der Baugenehmigung durch den Landgrafen, mussten sie diesem ein Kur- und Badehaus errichten und zusätzlich für einen repräsentativen Kurpark sorgen. Eine Win-Win-Situation, die zum Erfolgsmodell wurde. Nachdem das Landgrafengeschlecht ausstarb und die Preußen ab 1872 in Homburg herrschten, gab es ein vorläufiges Spielbankverbot. Francois Blanc focht das jedoch nicht an, war er doch bereits in Monaco aktiv geworden und sorgte mit der dortigen Spielbank für eine ganz andere Erfolgsgeschichte. Mittlerweile rollt die Kugel auch wieder in Bad Homburg und wer die Urlaubskasse aufstocken (oder aber auch restlos plündern) möchte, kann das in der **Francois-Blanc-Spielbank** im Kurpark tun. Nachdem das Haus Hohenzollern das Schloss zu seiner Sommerresidenz auserkoren hatte, zog es weitere Kaiser und Könige, Reiche und Schöne an den Rand des Taunus. Wer hier Heilung fand, bedankte sich mit einem „kleinen" Geschenk an die Homburger. So ließ z. B. der siamesische König einen ganzen Tempel, den sogenannten **Thai-Sala**, erbauen und Zar Nikolaus II. legte den Grundstein für die **Russische Kirche**. Beide befinden sich, genau wie der von Wilhelm II. verschönerte **Elisabethenbrunnen**, im Kurpark. Auch die Briten kurten selbstverständlich hier und so verwundert es nicht, dass im wunder-

Elisabethenbrunnen im Kurpark

schönen Park die **ersten Tennisplätze** und der **erste Golfplatz** auf dem europäischen Festland entstanden. Der Golfplatz reizt noch heute als öffentlicher Old-Course mit sechs Löchern zum gepflegten Einlochen.

Zu einem Kurbad gehören natürlich auch Thermen und Solebäder, die man im exklusiven Ambiente des **Kaiser-Wilhelm-Bades**, im **Kur-Royal Day Spa** genießen kann (10 - 22 Uhr, bitte zusätzlich saisonale Öffnungszeiten beachten, Eintritt. www.kur-royal.de). Zum Stressabbau eignet sich jedoch auch die **Taunus Therme** (9 - 23/24 Uhr, Eintritt. www.taunus-therme.de), während das **Seedammbad** ein Erlebnis- und Freizeitbad für die ganze Familie ist (Mo 13 - 21 Uhr, Di - Fr 7 - 21 Uhr, Sa/So/Feiertage 8 - 20 Uhr, Eintritt).

Wer nun immer noch nicht genug von Bad Homburg hat und etwas ganz anderes sehen möchte, dem sei das **Horex Museum** genannt. Die legendäre Kradschmiede wurde 1923 durch Fritz Kleemann gegründet. Er stammte aus einer Homburger Unternehmerfamilie, die bereits vorher mit Rex-Konservengläsern zu einigem Wohlstand gekommen war. Was lag also näher, als das zu seiner Zeit sehr bekannte Motorrad „Regina" unter dem Firmennamen Ho(mburg)Rex zu vermarkten. Im musealen Umfeld darf man heute Platz auf dem Krad nehmen und die Fahrhaltung ausprobieren (Mi 10 - 14 Uhr, Sa/So 12 - 18 Uhr, Eintritt).

Bevor wir uns aus dem mondänen Bad Homburg verabschieden, lockt uns auf dem Weg zurück zum WOMO eine ganz andere Schokoladenseite der Stadt. In einem kleinen Laden legen wir uns in Form einer Praline ... na, was wohl ... einen Kurschatten zu! Ein Schatten, der bleibt ... zumindest auf den Hüften (Chocolat Plus, Schulberg 8, Mo geschlossen).

Wenn man den Geschichten glauben darf, hat Wilhelm II. bereits in seinen Kinderjahren in den Ruinen des nahen Römerkastells gespielt. Folgen wir also den Fußstapfen des Kaisers über die B456 zum Kastell, das auf Wunsch des Regenten um 1900 nach dem römischen Vorbild rekonstruiert wurde [N 50°16'11.8" E 8°34' 05.5"; Am Römerkastell].

Römerkastell Saalburg

Wie wir bereits wissen, bildete der Limes vom Beginn des 2. Jh. n. Chr. die Grenze des Römischen Reiches zu den Germanengebieten. Die Saalburg war eines der Kastelle, die einen Limesabschnitt im Taunus überwachten. Rund 600 Fußsoldaten und Reiter waren hier stationiert und vor dem Haupttor lagen ein Badegebäude, ein Gästehaus und ein Dorf, in dem Händler und Handwerker siedelten sowie ein Wirtshaus vorhanden war. Insgesamt dürften 2.000 Menschen im Umfeld der Saalburg gelebt haben, die ein Gräberhaus und kleine Heiligtümer hinterließen. Nach dem Rückzug der Römer verfiel die Anlage, bis sie auf Initiative Wilhelms II. von 1897 - 1907 als Forschungsinstitut wieder aufgebaut wurde. Heute ist sie mit rekonstruierten Wehrmauern sowie weiteren Gebäuden aus Holz und Stein ein **archäologisches Freilichtmuseum**, gehört seit 2005 als Teil des Limes zum **Unesco-Welterbe** und gilt als Bodendenkmal. Die Saalburg ist wohl das am besten erforschte und annähernd vollständig rekonstruierte Kastell des Obergermanisch-Raetischen Limes. Durch das Haupttor (Porta Praetoria) betreten wir die Saalburg und tauchen in die sehr authentisch wirkende Römerzeit ein. Der ehemalige Getreidespeicher (Horreum) und die Werkstattgebäude (Fabrica) dienen

als Ausstellungsräume und zeigen umfangreiche Sammlungsbestände. Die Museumsverwaltung und das Forschungsinstitut sind im Wohnhaus des Kommandanten (Praetorium) untergebracht, während das zentrale Stabsgebäude (Principia) mit einer großen Halle und einem stimmungsvollen Innenhof besticht. Eindrucksvoll ist das nach antiken Vorbildern ausgemalte Fahnenheiligtum und in einem mit außergewöhnlich gut erhaltenen Wandmalereien ausgestatteten Raum kann ein nachgestelltes römisches Gastmahl betrachtet werden. Archäologische Funde und weitere inszenierte Räume berichten ausdrucksstark und ausführlich vom Leben der Soldaten und der Dorfbewohner. Auch die alten Römer wussten bereits, dass ein hungriger Magen nicht gut ist und deshalb sorgt das **Museumscafé Taberna** in den Mannschaftsbaracken (Centuriae) mit Speis und Trank nach Art der Caesaren für Abhilfe. Auf dem etwa 2,5 km langen **Rundweg Saalburg** außerhalb der Wehrmauern erreichen wir einen gut erhaltenen Teil des Limes, der an der Stelle eines historischen

Durchgangs rekonstruiert wurde. Informationstafeln weisen auf Überreste oder Rekonstruktionen von Denkmälern wie der Jupitersäule oder dem Mithrasheiligtum hin. Alles in allem ein Besichtigungsprogramm, für das man sich viel Zeit nehmen sollte und das durch eine **öffentliche Führung** (März - Okt. Sa 14 Uhr, So 11/13/15 Uhr, Nov. - Feb. So 14 Uhr, Gebühr) noch interessanter wird. Damit sich der Nachwuchs nicht doch langweilt, sprechen die Museumsmacher die Kinder bei speziellen Führungen direkt an (März - Okt. So 11/13/15 Uhr). Für diejenigen, die auf eigene Faust dem römischen Leben nachspüren wollen, empfehlen sich die für verschiedene Altersgruppen konzipierten Ralleybögen (Römerkastell: März - Okt. 9 - 18 Uhr, Nov. - Feb. Di - So 9 - 16 Uhr, letzter Einlass ½ Stunde vor Schließung, 24./31.12. geschlossen, Eintritt. www.saalburgmuseum.de).

Wem es nicht nach römischer Bratwurst und Gewürzwein in der Taberna zumute war, der kann an der Zufahrt zum Kastell im **Landgasthof Saalburg** einkehren (11 - 23 Uhr). Im denkmalgeschützten wilhelminischen Ensemble lässt es sich hessisch gediegen speisen.
Wir starten indes auf der B456 zu den nächsten Anziehungspunkt für Familien durch. An der nächsten Kreuzung rechts und schon ist der **Freizeitpark Lochmühle** erreicht [N 50°16'59.4" E 8°35'10.9"]. Direkt am Limes gelegen, können sich die großen und vor allen Dingen die kleinen Besucher auf dem Römer-Parcours über das römische Leben informieren oder sich auf rund 100 Fahrgeschäften und Spielgeräten austoben. Tierkinderstube, Streichelzoo, ein Landwirtschaftsmuseum und eine große Allwetter-Spielhalle sorgen garantiert für viel Spaß (März/April - Anfang Oktober 9 - 18 Uhr, letzter Einlass 16.30 Uhr, Eintritt. Hunde an kurzer Leine erlaubt. www.lochmuehle.de).
Biegt man an der vorgenannten Kreuzung links Richtung NEU-ANSPACH ab, dann wird nach kurzer Zeit der Hessenpark erreicht.

(062) WOMO-Stellplatz: Neu-Anspach, Hessenpark

GPS: N 50°16'33.9" E 8°31'56.6"; Laubweg **max. WOMOs:** 3-5
Ausstattung/Lage: Gaststätten auf dem Museums-Gelände, Übernachtung in Verbindung mit dem Museumsbesuch gestattet/außerorts.
Zufahrt: Den Hinweisen zum Hessenpark folgen.

Freilichtmuseum Hessenpark

Auf 60 Hektar Freifläche erleben wir über 400 Jahre ländliches Leben in ganz Hessen. Über 100 Gebäude in verschiedenen Baugruppen dokumentieren den Alltag und die kulturelle Entwicklung unseres Bundeslandes. Wir betreten den Hessenpark über die Baugruppe am Marktplatz und sehen ein Umfeld, das für viele Kleinstädte in Hessen typisch war. Im **Wirtshaus Zum Adler** wird vom „gout Süppche“ bis zum „hennedroff ebbes Seußes“ viel Wert auf hessische Küche gelegt. Das Ganze zu zivilen Preisen und echt lecker (März - Okt. Mo - Fr 11 - 18 Uhr, Sa/So bis 20 Uhr) und auch im **Restaurant Alter Markt** lässt es sich regional-bodenständig und ebenso gut speisen (Mo - Fr ab 15 Uhr, Sa/So ab 9 Uhr).

In einigen Häusern sind Läden nach historischem Vorbild eingerichtet und beim Bäcker über das Käsehaus bis hin zum Marktladen kann man schnell den einen oder anderen Euro los werden. Die sog. Gießener Zeile zeigt Häuser, die bis zu ihrer Zerstörung im Zweiten Weltkrieg in Gießen standen und als neue Holzbauten nach historischen Fotografien errichtet wurden. Ansonsten wurden die historischen Wohnhäuser, Scheunen, Kapellen, Ställe und Werkstätten aus allen Regionen Hessens zusammengetragen und sorgfältig wieder aufgebaut. In der Baugruppe Mittelhessen stehen „alte Schmuckstücke" verschiedener Haus- und Hofformen, die traditionell verankerte Handwerke sowie unterschiedliche Bräuche darstellen und am Dorfplatz mit Linde und Brunnen kommen wir uns tatsächlich wie in eine andere Zeit versetzt vor. Die übrigen Baugruppen aus Nord-, Ost und Südhessen sowie dem Rhein-Main-Gebiet wirken lichter, aber nicht weniger interessant – zu unterschiedlich sind die Baustile und die realitätsnahen Einblicke sind beeindruckend. Wir

staunen über die verschiedenen Inneneinrichtungen, sehen historisch ausgestattete Handwerksbetriebe und können uns mit traditionellen Arbeitsweisen vertraut machen. In dem weitläufigen Gelände werden die Felder mit der über Jahrhunderte praktizierten Dreifelderwirtschaft bewirtschaftet und in den Ställen tummeln sich Ferkel und auf den Weiden grasen Ochsen und Esel. Allein der Spaziergang durch die wunderschöne Wiesen- und Weidelandschaft des Hessenparks ist ein Genuss. Um die Eindrücke besser einordnen und verstehen zu können, werden **öffentliche Führungen oder Vorträge** angeboten (März - Okt. Sa 15 Uhr) und über das Jahr verteilt, präsentieren verschiedene Märkte u. a. eine Vielzahl an Leckereien, Dekorationen und Pflanzen. Daneben gibt es eine Fülle von Vorführungen, die alte Handwerke wie z. B. die Blaufärberei, die Wagnerei oder die Köhlerei zum Leben erwecken. Selbstverständlich gibt es speziell für Kinder ein vielseitiges Programm, dass das Eintauchen in die Vergangenheit noch spannender und abwechslungsreicher macht (März - Okt. 9 - 18 Uhr, Nov. - Feb. Sa/So 10 - 17 Uhr, Eintritt. Bitte die aktuellen Winteröffnungszeiten erfragen! Hunde sind an der kurzen Leine zu führen und dürfen nicht in die Häuser. Telefon 06081/5880, www.hessenpark.de).
Unser Fazit nach dem Besuch des Hessenparkes: Daumen hoch und ganz viel Zeit mitbringen!

Nach einem erlebnisreichen Tag und einer ruhigen Nacht fahren wir am nächsten Morgen Richtung NEU-ANSPACH und von dort weiter Richtung SCHMITTEN. An warmen Sommertagen sorgt das Neu-Anspacher **Waldschwimmbad** für eine nötige Abkühlung und zu den übrigen Jahreszeiten kann man im **Generationen-Fitnesspark** die vom vielen Sitzen im WOMO steif gewordenen Glieder trainieren.

(063) WOMO-Badeplatz: Neu-Anspach, Waldschwimmbad

GPS: N 50°17'13.0" E 8°29'24.4"
max. WOMOs: 2 - 3
Ausstattung/Lage: Gaststätte (zu den Öffnungszeiten des Schwimmbades)/außerorts.
Zufahrt: Ca. 700 m hinter dem Ortsausgang rechts zum Schwimmbad fahren.

Der Landstraße folgend erreichen wir eine T-Kreuzung, an der wir uns rechts Richtung WEILROD halten und noch einmal den Hintertaunus aufs Korn zu nehmen. Von der Landstraße biegen wir links in den kleinsten Ortsteil der Gemeinde Schmitten ab und erreichen bergauf und über Serpentinen TREISBERG. Zwischen den ausgedehnten Wäldern fühlt man sich fast wie am Ende der Welt – kein Wunder, denn die Straße endet hier und wir müssen später auf gleichem Weg wieder zurück. Was es hier gibt? Im Winter den längsten Schlepplift im Taunus, der neben einem weiteren Lift die Abfahrtsläufer zu den **Skihängen** bringt, und einen **Rodelhang**. Ansonsten sind **Wanderungen** angesagt. Die Interessanteste kann auf den 663 m ü. NN hohen **Pferdskopf** führen. Oben angekommen, hat man vom Aussichtsturm einen atemberaubenden 180-Grad-Blick in die Region.

(064) WOMO-Wanderparkplatz: Treisberg, Pferdskopf

GPS: N 50°17'36.2" E 8°26'15.9"
Am Pferdskopf **max. WOMOs:** 2
Ausstattung/Lage: Infotafel, Wanderwege, Gaststätten ca. 200 m, 1 km zum Aussichtsturm, Bänke, Aussicht ins Tal über bewaldete Berghänge/Ortsrand, sehr schräg.
Zufahrt: Im Ort an der „Alten Schule“ links ca. 300 m bergauf bis zum Parkplatz fahren.
Achtung: Fiese Querrillen!

(065) WOMO-Wanderparkplatz: Treisberg, Löwenheck
GPS: N 50°17'48.9" E 8°25'49.9" **max. WOMOs:** 1 - 2
Ausstattung/Lage: Café (Di/Mi Ruhetag) ca. 500 m im Ort/außerorts, einsam. **Zufahrt:** Ca. 600 m weiter durch den Ort fahren.

Wieder an der Landstraße angekommen, fahren wir links durch das noch junge Weiltal und folgen wenig später der B275 nach ALTWEILNAU. Bevor wir den Ort erreichen, liegt linkerhand das **ApfelWeinBistrorant Landsteiner Mühle**, in dem Apfelweine aus aller Welt ausgeschenkt werden. Die Mühle kann man vom folgenden WOMO-Stellplatz auch prima zu Fuß erreichen.

(066) WOMO-Stellplatz: Altweilnau, Taunus MobilCamp offiziell
GPS: N 50°18'37.7" E 8°25'35.6"
An der B275 **max. WOMOs:** >30
Ausstattung/Lage: V/E, Strom gegen Gebühr, €€, Sanitärgebäude, Waschmaschine, Trockner, Brötchenservice, Gaststätte, Wander- und Radwege (Weiltal-Radweg s. Tour 2)/Ortsrand.
Zufahrt: Am Ortseingang links.

Obwohl direkt an der Bundesstraße gelegen, gefällt uns der Stellplatz. Zumal es nachts ruhig ist und man von hier in den kleinen Erholungsort spazieren kann. Über dem alten Ortskern liegt malerisch **Burg Altweilnau**, von deren Aussichtsplattform sich ein hübscher Blick eröffnet.

Wir zweigen gleich hinter dem Stellplatz rechts Richtung GRÄVENWIESBACH ab und erreichen in MERZHAUSEN wieder die B275, der wir uns links nach USINGEN anvertrauen.

Im Hintertaunus entspringt die Usa, die geruhsam in die Wetterau plätschert und der Region ihren namentlichen Stempel aufdrückt. Das Usinger Land kann mit dem Pfund des einzigen offiziell zugelassenen Badesees im gesamten Taunus wuchern. Wenn man davon absieht, dass der **Naturbadesee** im Sommer gelegentlich aus Gründen des Gewässerschutzes gesperrt werden muss, ist das beliebte **Erholungsgebiet Hattsteinweiher** einen Abstecher wert.

Von Mai bis August ist Badezeit inklusiv Sandstrand, Liegewiese und Nichtschwimmerbereich angesagt. Der Weiherweg führt hingegen ganzjährig in einem knapp 6 km langen Bogen rund um den See.

(067) WOMO-Badeplatz: Usingen, Hattsteinweiher

GPS: N 50°20'38.3" E 8°30'33.2" **max. WOMOs:** 2 - 3

Ausstattung/Lage: Badesee, Infotafel, Wanderwege, Gaststätte (Mo/Di Ruhetag), Mülleimer, Bänke, Gebühr, Aufenthalt am Weiher zwischen 22 - 6 Uhr verboten/außerorts, Haus in der Nähe.

Zufahrt: Von der B275 links Richtung Wilhelmsdorf abbiegen und den Hinweisen zum Hattsteinweiher ca. 1 km folgen.

Von hier ist man im Nu in der ehemaligen Residenzstadt USINGEN, die auf eine 1200-jährige Historie zurückschauen kann und parken das WOMO am Neuen Markt [N 50°20'03.6" E 8°31'59.1"; Bahnhofstraße].

Usingen

Rund um das **barocke Rathaus** von 1687 gibt es einige ansprechende Ecken zu entdecken. Im Rathaus selbst befindet sich das kleine **Stadtmuseum**, das sich mit der Vor- und Frühgeschichte beschäftigt und das im 14-tägigen Wechsel mit dem **Museum im Kavaliershaus** geöffnet ist. Dieses berichtet von bedeutenden Persönlichkeiten und Dingen aus alter Usinger Zeit (So 14 - 17 Uhr, Eintritt). Die mit einer Haube gekrönte **Laurentiuskirche** gilt als Wahrzeichen der Stadt, während die ehemalige **Hugenottenkirche** am Marktplatz auf die Ansiedlung der Hugenotten hinweist. Die französischen Glaubensflüchtlinge wurden von Graf Walrad geholt, um die stark dezimierte Bevölkerung nach dem Dreißigjährigen Krieg wieder ins rechte Lot zu bringen. Vom einst prunkvollen Usinger Schloss am Schlossplatz ist leider seit einem Großbrand 1873 nichts mehr übrig geblieben und wir müssen es uns anstelle der heutigen Christian-Wirth-Schule vorstellen. Erhalten geblieben ist lediglich der **Schlossgarten**, der ein ruhiges Refugium zwischen einem umfangreichen Eibenbestand bietet.

Wir machen uns auf den Weg in den Usinger Ortsteil ESCHBACH und notieren am Ortsausgang Usingens die **Caravan-Oase** mit einem Laden für Campingzubehör nebst Gasflaschentausch und Werkstatt [N 50°20'23.2" E 8°32'18.8"; Eschbacher Straße]. Zum Abschluss unserer Reise durch den Taunus finden wir hinter Eschbach einen starken Kontrast zu der bisher sanfthügeligen Landschaft des Naturparks.

(068)
WOMO-Wanderparkplatz: Usingen,Eschbacher Klippen

GPS: N 50°21'55.8" E 8°32'00.5"
An der L3270 **max. WOMOs:** 3 - 5
Ausstattung/Lage: Infotafeln, Rad- und Wanderwege (Rundwanderwege 4 - 10 km/auch barrierefrei), ca. 300 m bis zu den Eschbacher Klippen/außerorts. P auf zwei Ebenen im Wald oder lichter am Feld.
Zufahrt: In Usingen von der B275 aus nach Eschbach fahren und den Hinweisen zu den Eschbacher Klippen folgen.

Die **Eschbacher Klippen** gehören zu einem 6 km langen Quarzgang, der sich hinunter ins Usatal zieht. Die sichtbare Felswand, auch Buchsteinfelsen genannt, ragt bizarr und steil bis zu 12 m hoch und ist ein perfekter Platz für **Kletterer**. Auf 30 Routen und weiteren Varianten kann das Gesteinsmassiv bezwungen werden. In der Klettérersprache sagt man wohl, dass die Schwierigkeitsgrade von 1 bis 7 reichen.

TOUR 4
Band 81: Mit dem Wohnmobil nach Hessen Norden und Osten
10 km
Gießen
Grünberg
Ettings-hausen
Laubach
Lich
Muschen-heim
Hungen
Inheiden
Münzenberg
Gambach
Butzbach
Rocken-berg
Steinfurth
Bad Nauheim
Friedberg
Obermörlen
Wernborn
Esch-bach
Usingen
482 m Winterstein
Bad Salz-hausen
Nidda
Eichels-dorf
Schotten
Ranstadt
Stockheim
Glauberg
Lindheim
Büches
Büdingen
Selters
Ortenberg
Hirzenhain
Merkenfritz
Steinberg
Gedern
Oberseemen
Maus-winkel
Fischborn
Bösgesäß
Birstein
Tour 3
Tour 5
Naturpark Hochtaunus
Naturpark Hoher Vogelsberg
Wetter
Nidda
Nidder
Usa

Tour 4 265 km

Friedberg - Bad Nauheim - Butzbach - Münzenberg - Lich - Grünberg - Nidda - Glauburg - Büdingen - Hirzenhain - Gedern - Birstein

Stellplätze: Ober-Mörlen, Friedberg, Bad Nauheim, Steinfurth, Butzbach, Münzenberg, Arnsburg, Muschenheim, Lich, Ettingshausen, Grünberg, Nonnenroth, Hungen, Bad Salzhausen, Nidda, Glauberg, Büdingen, Ortenberg, Hirzenhain, Merkenfritz, Gedern, Fischborn, Unterreichenbach.
Campingplätze: Grünberg Campingplatz Spitzer Stein, Gedern Campingpark.
Ver-/Entsorgung: Friedberg, Grünberg, Hungen, Merkenfritz, Gedern.
Besichtigen: Friedberg Wetterau-Museum, Mikwe, Burganlage; Bad Nauheim Jugendstil-Ensemble, Stadtbild, Kuranlagen; Steinfurth Rosenmuseum; Butzbach Stadtbild, Museum; Münzenberg Burgruine, Heimatmuseum; Lich Heiliger Stein, Kloster Arnsburg, Kastell Alteburg, Wildpark, Stadtbild, Licher Brauerei; Grünberg Alstadt, Museum im Spital; Hungen Schaukäserei, Hof Grass; Bad Salzhausen Kurpark; Nidda Heimatmuseum, Jüdisches Museum, Feuerwehrmuseum; Stockheim Modellbahnhof; Glauburg Keltenwelt Glauberg; Büdingen Stadtbild, versch. Museen, Schloss; Ortenberg Stadtbild, Musikinstrumentenmuseum, Marienkirche; Hirzenhain Stadtkirche, Eisenkunstmuseum; Gedern Schlossmuseum, Seifensiederei; Fischborn Wasser-Lehrpfad.
Wandern: Ober-Mörlen, Muschenheim, Hungen, Nidda, Gedern.
Radfahren: Hungen, Nidda, Fischborn, Birstein.
Thermen: Bad Nauheim, Bad Salzhausen.
Baden: Bad Nauheim, Butzbach, Lich, Inheiden, Hungen, Nidda, Gedern, Birstein.
Essen: Bad Nauheim Cafés Badehaus und Bienenkorb, Restaurant Johannisberg; Steinfurth Rosencafé; Lich Alte Klostermühle; Hungen Schaukäserei; Nidda Zur Traube; Gedern Schlosshotel; Birstein Caféteria Freizeitbad.

Wir lassen die bewaldeten Höhen und die Ausläufer des Taunus hinter uns und wenden uns einer ganz anderen Landschaftsform zu. Von ESCHBACH fahren wir zunächst nach WERNBORN und von dort Richtung BAD NAUHEIM zur B275.

Wetterau

Eingebettet zwischen den Höhen des Taunus und Europas größtem Vulkanmassiv, dem Vogelsberg, sowie in direkter Nachbarschaft zum Rhein-Main-Gebiet liegt die Wetterau. Namensgebend ist das Flüsschen Wetter, das zusammen mit Horloff, Nidda, Nidder und Seemenbach die Region durchfließt. Die Wetterau ist mit ihrem Schachbrettmuster von grünen Wiesen und fruchtbaren Äckern der Inbegriff von Hessens Kornkammer. Breite, offene Flussauen prägen das zentrale Landschaftsbild und die jahrhundertealten Streuobstwiesen liefern den Rohstoff für das allseits beliebte „Stöffche". Je näher wir dem Vogelsberg kommen, desto mächtiger sind die Bergwellen und umso tiefer eingeschnitten die Täler. Nach Osten und Süden dominieren sonnenüberflutete, sanfte Hänge und blütenreiche Magerrasen sowie von Heide überzogene Kuppen. Für den Facettenreichtum sprechen die Binnensalzwiesen, die sonst nur an den Küsten zu finden sind. Dazwischen laden an alten Pilgerpfaden und Handelswegen geschichtsträchtige Fachwerkstädte mit verwinkelten Gassen und trutzigen Burgen ein. Dass es sich hier gut leben lässt, wussten bereits die Kelten, deren kulturelles Erbe auf dem Glauberg bewahrt wird.

In OBER-MÖRLEN folgen wir neugierig einem versteckten Parkplatzschild. Am Ziel unserer Erkundungsfahrt finden wir mitten im Wald einen betonierten Parkplatz, der nachts sicher sehr einsam ist. Dort, wo vor einigen Jahren noch das amerikanische Militär den Ernstfall geübt hat, erschließt sich nun ein herrliches **Wandergebiet**. Neben den gut markierten Wegen zum Römerturm auf dem Gaulskopf und dem Aussichtsturm auf dem Winterstein, haben besonders Kinder Spaß am **Wildkatzen-Walderlebnis**. Auf dem 7 km langen Erlebnispfad können an verschiedenen Stationen z. B. „versteckte Tiere“ in den Baumkronen entdeckt werden, auf dem Barfußpfad kann man wie eine Wildkatze schleichen oder „Gesprächen“ zwischen Baummardern und Co. lauschen.

(069) WOMO-Wanderparkplatz: Ober-Mörlen, Winterstein

GPS: N 50°20'30.7" E 8°40'25.1" **max. WOMOs**: 5

Ausstattung/Lage: Infotafeln, Rundwanderwege (4,7 - 7 km), Bank, Waldgaststätte ca. 700 m (Mo - Mi Ruhetag)/außerorts, einsam.

Zufahrt: Ca. 300 m hinter dem Ortseingang an einer Fußgängerampel rechts in die Haselheckerstraße abbiegen. Durch zwei Kreisel bis zum Ortsausgang fahren. Nach ca. 2 km am Ende der Straße rechts halten (links befindet sich die Straßenunterführung unter der A5) und den Hinweisen zum Wanderparkplatz/ Forsthaus Winterstein in den Wald folgen. Nach weiteren 2 km befindet sich links der Wanderparkplatz.

Die B275 führt uns weiter nach FRIEDBERG sowie BAD NAUHEIM und wieder einmal mehr gestaltet sich das Parken für WOMOs als schwierig. Für die Stadtbesichtigung in Bad Nauheim verweisen wir auf einen gebührenpflichtigen Parkplatz am Kurpark [N 50°22'23.6" E 8°44'31.7"; Frankfurter Straße]. Während eines längeren Aufenthaltes ist das Parken auf dem offiziellen Stellplatz am Wellenbad angeraten, zumal dieser ziemlich genau zwischen den beiden Städten liegt. Letztgenannte Möglichkeit erweist sich als gute Lösung, denn mit dem ÖPNV sind wir flott in die eine oder andere Richtung gefahren. In Friedberg sei die Firma **Caravaning Engel** mit einem F**ritz-Berger-Shop** genannt (Mo - Fr 9 - 18 Uhr, Sa 10 - 14 Uhr, www.engel-caravaning.de). Neben einer **Werkstatt** bietet das Unternehmen auch zwei Stellplätze und eine **V/E-Station**, die während der Öffnungszeiten zu erreichen sind [**070:** N 50°20'47.0" E 8°45'24.7"; Dieselstraße 4].

(071) WOMO-Badeplatz: Bad Nauheim, Usa-Wellenbad offiziell

GPS: N50°21'11.4" E 8°44'34.5"; In der Au **max. WOMOs:** 20
Ausstattung/Lage: Teil eines Großparkplatzes, Gebühr €, Anmeldung im Wellenbad (8 - 20 Uhr), Busverbindung nach Bad Nauheim/Friedberg (Linie FB-34, jeweils ca. 10 Min.)/außerorts. Keine WOWA!
Zufahrt: Von der B275/B3 den Hinweisen zum Usa-Wellenbad folgen.

Friedberg

Die ehemalige Reichs- und Messestadt gehörte im Mittelalter zu den wichtigsten hessischen Städten. Noch heute erinnert die Friedberger „Skyline“ mit dem Turm der Stadtkirche und dem Adolfsturm an diese ruhmreiche Zeit und weist uns unmissverständlich den Weg. Um Friedberg besser kennenzulernen, bietet sich eine 2-stündige **öffentliche Stadtführung** an (So 14 Uhr, Treffpunkt Wetterau Museum, Gebühr). Weiterführendes Material oder Tipps für **Rad- und Wandertouren** hält die **Tourist-Info** bereit (Mo - Do 8 - 12.30 Uhr, Di 16 - 18 Uhr, Fr 8 - 12 Uhr, Mainzer-Tor-Anlage 6, Telefon 06031/881, www.friedberg-hessen.de). Die zentrale Ader der Stadt ist die 700 m lange **Kaiserstraße**, an der wir vom Usa-Wellenbad kommend aus dem Bus steigen. Es reihen sich größtenteils historische Fachwerkbauten aus dem 15. - 18. Jh. aneinander und die kleinen Geschäfte unterbrechen den Bummel durch die Stadt.

Adolfsturm mit Burgtor

Am **Elvis-Presley-Platz** erinnern wir uns an den King of Rock'n Roll, der eine Nacht seiner Militärzeit in den Ray Barracks in Friedberg verbrachte. Vielleicht ging der hüftschwenkende Musiker wie wir in die Haagstraße und machte einen Besuch im **Wetterau-Museum**. Der Ausstellungsschwerpunkt liegt bei der Geschichte und Kultur der Wetterau von der Steinzeit, über die Epoche der Kelten und Römer bis zum frühen Mittelalter. Neben der stadtgeschichtlichen Abteilung wird die ländliche Arbeit in der Wetterau dokumentiert und auch Elvis ist ein Plätzchen reserviert (Di - Fr 9 - 12/14 - 17 Uhr, Sa 10 - 12/14 - 17 Uhr, So/Feiertage 10 - 17 Uhr, Karfreitag, 24./25./31.12./1.1 geschlossen, Eintritt. www.wetterau-museum.de). In unmittelbarer Nähe befindet sich die **Stadtkirche** „Unserer Lieben Frauen“ mit ihrer imposanten Turm- und Dachkonstruktion. 150 Jahre baute man an ihr, bis sie als gotische Pfarrkirche 1410 fertiggestellt wurde und heute als eine der bedeutendsten mittelalterlichen Hallenkirchen Hessens gilt. Zu Beginn des 13. Jh. existierte in Friedberg eine große jüdische Gemeinde, die unter dem Schutz der Burg stand. In der Judengasse 20 vermutet man hinter der Fassade ei-

nes neugotischen Hauses aus dem Jahr 1903 erstmal nichts Auffälliges. Im Hinterhof geht es jedoch hinab in eines der eindruckvollsten Zeugnisse jüdischer Kultur in Hessen. 72 Sandsteinstufen führen in die **Mikwe**, einem Ritualbad, das in der Stadt als „Judenbad" bekannt ist. Die Tiefe von 25 m war nötig, um nach religiösen Vorschriften, das reine Grundwasser für das Ritualbad zu erreichen. Kunstvoll bearbeitete Säulen, Kapitelle und Bögen wirken monumental und unterstreichen die Bedeutung für die Gläubigen (So 10 - 12/14-17 Uhr, ansonsten wie Museum). Zum Burgberg ist es nun nicht mehr weit und je näher wir kommen, desto imposanter wird die 39.000 qm große Burganlage, die zu den größten Deutschlands gehört. Die Gründungszeit der **Friedberger Burganlage** liegt zwischen 1171 und 1180, die von Kuno von Münzenberg vermutlich im Auftrag des Stauferkaisers Barbarossa erbaut wurde. Aus dieser Zeit ist jedoch nach einer Auseinandersetzung mit der Stadt Friedberg nicht mehr viel erhalten. Im 17. Jh. wandelte sich das Areal zum Herrensitz, das Schloss im Stil der Hochrenaissance entstand und wurde später zur Sommerresidenz der hessischen Großherzöge. Mit dem Ende des Heiligen Römischen Reiches Deutscher Nation im Jahr 1806 endete auch die territoriale Eigenständigkeit der Burg. 1990 zerstörte ein Großbrand das Friedberger Schloss und nur die Außenmauern blieben erhalten. Mittlerweile aufs Feinste restauriert, ist die Finanzbehörde zum neuen Schlossherrn geworden. Neben dem Sitz der Burgherren und den Burgmannshöfen ist der 1347 erbaute 58 m hohe **Adolfsturm**, das Wahrzeichen Friedbergs, sehenswert und ein Spaziergang durch den schönen **Burggarten** aus dem 18. Jh. lohnt sich (Turm: April - Okt. Sa/So/Feiertage 14 - 18 Uhr, Garten April - Okt. 9 - 20 Uhr Nov. - März Di - So 9 - 16.30 Uhr).

Eingang zu einem Badehaus

Bad Nauheim

Wir sind vom Usa-Wellenbad mit dem Bus zur Haltestelle Parkstraße gefahren und purzeln direkt in die **Tourist-Info** (Mo - Fr 10 - 18 Uhr, Sa/So/ Feiertage 11 - 16 Uhr, In den Kolonnaden 1, Telefon 06032/92992, www.bad-nauheim.de). Bad Nauheim zählt zu den renommiertesten Heilbädern Deutschlands und ist bekannt für sein einzigartiges Jugendstilerbe. Kein Wunder also, dass neben zahlreichen weiteren öffentlichen **Stadtführungen**

auch ein **Jugendstilrundgang** angeboten wird (April - Okt. täglich außer Di/Do 15 Uhr, Gebühr). Um die Wende zum 20. Jh. entwickelte sich die Kunstrichtung des Jugendstils, die auf fruchtbaren Boden bei Großherzog Ernst Ludwig von Hessen und bei Rhein fiel. Er wird uns übrigens noch einmal auf der Darmstädter Mathildenhöhe begegnen. Aber auch Bad Nauheim verdankt dem kunstsinnigen Herzog einige wunderbare Bauten wie z. B. das zwischen 1864 und 1866 erbaute Kurtheater, den Bahnhof von 1912 oder das 1906/07 entstandene Heizwerk am Rande des Kurparks. Wie etliche Hotelbauten und Wohnhäuser werden diese von farbigen Glasfenstern, geschwungenen Türgriffen, Blütenornamenten und filigranen Geländern geschmückt. Den Höhepunkt des Jugendstil-Ensembles bildet der 1906 - 1911 errichtete **Sprudelhof**, ein einzigartiges Kulturdenkmal, das unbedingt ins Besichtigungsprogramm gehört! Der Streifzug durch die Badeanlage der Jahrhundertwende wird von weißen Fassaden mit Ornamenten, sprudelnden Fontänen und Schmuckhöfen begleitet. Badehäuser bestechen durch die Auskleidung mit Lahnmarmor und Mosaiken und werden nur durch die kostbare Ausstattung im Fürstenbad übertroffen. (Das Außengelände ist frei zugänglich, um die inneren Werte zu sehen, muss man sich jedoch der Jugendstilführung anschließen). Was für ein Jammer, dass hier nicht mehr im großen Rah-

Elvis-Stele

men gekurt werden kann. Lediglich im Badehaus 3 können Gäste noch heute wie vor 100 Jahren baden oder zumindest in der dortigen **Caféteria** ein wenig Badeluft versetzt mit Kuchenduft schnuppern (Mi - So 9/11 Uhr - 18 Uhr, Badehaus Mi - So 13 - 18 Uhr, www.badehaus-sprudelhof). In der modernen **Therme am Park** ist das Baden in der Thermalmineralsole natürlich möglich und der Sauna- sowie Wellnessbereich laden zum Entspannen ein (www.therme-am-park.de). Der achteckige Quellenausschank der ebenfalls im schönsten Jugendstil gestalteten **Trinkkuranlage** wird von einer goldenen Kuppel gekrönt und lädt zur Verkostung verschiedener Natrium-Chlorid-Säuerlinge ein (Winterhalbjahr tägl. außer Mo/So, Sommerhalbjahr tägl. außer Mo 14 - 16 Uhr). Neben dem weitläufigen **historischen Kurpark** mit kleinem Stausee laden weitere Parks und Gärten zu ausgedehnten Spaziergängen ein, die einem Heilbad mehr als gerecht werden. Eine fast erfrischende Meeresbrise erwartet uns an den **Gradierbauten**. Von den ehemals 23 Bauten, die Mitte des 18. Jh. zur Salzgewinnung dienten, sind noch fünf vorhanden und befeuchten Bronchien und Lunge. Dass schon die Kelten das „Weiße Gold" zu schätzen wussten, wird neben dem Gradierwerk I im **archäologischen Keltenpavillon** geschildert (April - Okt. 10 - 18 Uhr, Eintritt). Zusätzlich können Besucher beim Salzsieden auf keltische Art zuschauen (April - Okt. Mi/Sa/So ab 15 Uhr). Bei all dem Prunk des Kurbades wollen wir aber nicht die **Altstadt** Bad Nauheims vergessen. Hier reihen sich restaurierte Fachwerkgebäude in engen Gassen aneinander und in einem der ältesten Häuser kann man im **Pfälzer Hof** eine kleine Rast einlegen (Mo - So 11 - 14.30/17.30 - 23 Uhr, Hauptstraße 46). Wir gehen jedoch einige Schritte weiter und kehren im **Café Bienenkorb** ein (Mo - So 7/13 - 17/18 Uhr, Hauptstraße 3). Hier huldigen wir **Elvis Presley** in Form einer Schokocreme-Torte, die er anlässlich seines 25. Geburtstages im Café genossen hat. Der King wusste schon, was gut war! Deshalb hat er, obwohl in Friedberg stationiert, auch in Bad Nauheim samt seines Familienclans residiert. Fans aus aller Welt pilgern seitdem zu den authentischen Orten seines Lebens und stehen z. B. andächtig vor der **Elvis-Stele** am südwestlichen Rand des Kurparks in der Terrassenstraße oder leben das Rock'n Roll-Gefühl alljährlich beim **European Elvis Festival** so richtig aus (www.european-elvis-festival.de).

Wenn man sich alles einmal von oben anschauen und zusätzlich eine fantastische Aussicht über den Bad Nauheimer Weinberg, den Friedber-

ger Adolfsturm und die Wetterau sowie den Vogelsberg haben möchte, dann führt kein Weg am 268 m hohen **Johannisberg** vorbei. Selbiger ist durch einen beschilderten Pfad aus der Stadt erreichbar oder kann mit dem WOMO bis zu einem Wanderparkplatz auf teils enger Straße angefahren werden [N 50°21'50.3" E 8°43'21.3"].
Im 19. Jh. war der leichte „Johannisberger" als guter Tropfen bekannt, doch bald verschwanden die Weinreben, da der Anbau zu aufwendig wurde. Nach 100 Jahren gedeihen nun wieder Reben auf dem Areal und werden von einem Freundeskreis gepflegt. Aufgrund des milden Kleinklimas grünt und blüht es im Frühjahr hier oben besonders frühzeitig und die Einheimischen nennen den sonnigen Hang gerne „das Nizza". Bereits Österreichs Kaiserin Sissi wusste bei ihrem Aufenthalt in Bad Nauheim dieses hübsche Fleckchen Erde in Hessen zu schätzen und speiste regelmäßig im **Restaurant Johannisberg**.

So ganz lässt uns Bad Nauheim noch nicht los und wir fahren vom Stellplatz rechts bis zu einem Kreisel, an dem wir uns rechts Richtung GIESSEN halten. Hinter der Saline zweigen wir Richtung KURANLAGEN/STADTMITTE ab und lassen uns nach Passieren des o. g. Tagesparkplatzes in den Ortsteil STEINFURTH leiten. Nicht nur Rosenliebhabern dürfte schon beim Durchfahren des Ortes das Herz aufgehen. Im Juni/Juli stehen am Straßenrand die Königinnen der Blumen in vielfacher Ausführung und mannigfaltiger Blüte. Das „duf-te(nde)" Wetterauer Rosendorf blickt auf eine 150 Jahre alte Anbautradition zurück und in den Rosenanbaubetrieben werden etwa zwei Millionen Rosenpflanzen pro Jahr produziert. Wir folgen dem Hinweis zum Pkw- und Busparkplatz und meinen, dass einer Übernachtung auf dem angrenzenden Festplatz, außer bei Veranstaltungen, nichts im Wege stehen dürfte [**072:** N 50°23'42.6" E 8°44'50.5"; Im Kirschgarten].

Das etwa 600 m entfernte, weltweit einzige **Rosenmuseum** präsentiert in einer Dauerausstellung mit verschiedenen Themenschwerpunkten so ziemlich alles, was zur Kunst- und Kulturgeschichte der Rose gehört. Wechselnde Ausstellungen gehören genauso zum Repertoire wie ein Rosengarten, ein Museumsshop und das **Rosencafé** (März/April/Okt./Nov. 14 - 17 Uhr, Mai - Sept. 11 - 18 Uhr, So/Feiertage 11 - 18 Uhr, tägl. außer Mo, Eintritt. Barrierefrei, kleine Hunde erlaubt. www.rosenmuseum.com).

Mit dem Gedanken „Eine Rose ist eine Rose ist eine Rose ist eine Rose" aus dem Gedicht von Gertrude Stein folgen wir der Landstraße über ROCKENBERG bis zum Kreisverkehr an der B488 und machen einen Abstecher nach BUTZBACH.

Nicht wirklich schön, aber äußerst zentral für einen Stadtbesuch gelegen, ist der gekennzeichnete offizielle WOMO-Stellplatz. Viel ruhiger stehen wir abends am Schrenzerbad, aber dafür auch schräg – man kann eben nicht alles haben.

(073) WOMO-Stellplatz: Butzbach, Am Markt offiziell

GPS: N 50°26'08.6" E 8°40'21.0"; Küchengartenweg **max. WOMOs**: 5

Ausstattung/Lage: WC, kurzer Fußweg zum Museum und zur Altstadt/ im Ort, zweckmäßig.

Zufahrt: Im Ort am Kreisel Richtung Innenstadt und rechts dem Küchengartenweg ca. 250 m bis zum links liegenden Parkplatz folgen.

(074) WOMO-Badeplatz: Butzbach, Schrenzerbad

GPS: N 50°26'04.2" E 8°39'00.0"; Kleebergerstr./Außenliegend **max. WOMOs**: 2 - 3

Ausstattung/Lage: Freibad, Saunalandschaft Vitalis m. Café, Gaststätte ca. 500 m entfernt, Wanderwege, Römerturm/außerorts, teils sehr schräg!

Zufahrt: Wie vor und am folgenden Kreisel geradeaus und später bergauf den Hinweisen ca. 1,6 km bis zum Schrenzerbad folgen.

Butzbach

Nachdem bereits die Kelten im Gebiet um Butzbach siedelten, waren es später die Römer, die auch hier das Sagen hatten. Danach kamen die Germanen, unter denen erstmals 773 von einem Dorf „Botinesbach" die Rede ist. 1321 wurde aus dem Örtchen eine Stadt, die sich bis 1550 zu einer aufstrebenden Tuchmacher- und Handwerkerstadt mauserte. Aus der alten Burg entwickelte sich das **Landgrafenschloss**, in dem Landgraf Philipp von Hessen-Butzbach (1609 - 43) den Astronom und Mathematiker Johannes Kepler mehrmals empfing und in dem heute die Stadtverwaltung untergebracht ist. Für die Stadt prägend war Friedrich Ludwig Weidig, der lange in der Stadt lebte und als Lehrer arbeitete. In dieser Funktion richtete er nach dem Vorbild der Turnerbewegung den ersten hessischen Sportplatz auf dem Schrenzer, dem Butzbacher Hausberg, ein. Gemeinsam mit dem Schriftsteller Georg Büchner gab er das politische Flugblatt „Der Hessische Landbote" heraus und wurde zu einer Zentralfigur der oberhessischen Oppositionellen des „Vormärz". Der Höhepunkt

dieser frühen deutschen Demokratiebewegung gipfelte 1848/49 mit der Nationalversammlung in der Frankfurter Paulskirche und den ersten frei gewählten Volksvertretern der Deutschen. Diesen Triumph erlebte Weidig jedoch nicht mehr. Nachdem man ihn 1834 verraten hatte, nahm er sich 1837 in der Haft das Leben. Seit 2011 trägt das Wetterau-Städtchen im Gedenken an seinen bekanntesten Bürger den Beinamen „Friedrich-Ludwig-Weidig-Stadt". Neben vielen anderen Fachwerkhäusern und Resten der Stadtmauer duckt sich das restaurierte **Weidighaus** noch heute neben der mächtigen gotischen **Markuskirche** auf unserem Weg in die nette Altstadt Butzbachs. Im ehemaligen Solms-Braunfelser Hof ist derzeit die **Tourist-Info** untergebracht (Mo - Fr 14 - 17 Uhr, Sa/So 10 - 12 Uhr/14 - 17 Uhr, Färbgasse 16, Telefon 06033/747114, www.stadt-butzbach.de). Hier ist aber vor allem das **Museum der Stadt Butzbach** eingerichtet. Zum einen präsentiert es neben verschiedenen Sonderausstellungen viel Interessantes rund um die Stadtgeschichte und F. L. Weidig, zum anderen staunen wir besonders über die einzigartige Sammlung von **Schuhminiaturen**. Der Industrieschuhmachermeister Richard Fenchel fertigte gemeinsam mit seiner Frau 200 Minimodelle vom Fellschuh des Höhlenmenschen bis zum Astronautenstiefel Neil Amstrongs (Öffnungszeiten s. Tourist-Info, Eintritt).

Am Abend verziehen wir uns dann auf den „Schrenzer". Von hier oben hat man eine tolle Aussicht über die Felder der Wetterau, was scheinbar schon die Römer dazu veranlasste, am Grenzweg zwei Wachtürme aus Stein zu bauen. Oben an der Wiese ist ein Lehm-Holz-Fachwerkturm errichtet, der mit dem Palisadenzaun dahinter, eindrücklich auf die einstige Limes-Befestigung hinweist.

Zwei stark befahrene Transitstrecken haben heute den alten Handelsweg abgelöst, an dem Butzbach noch vor Jahrhunderten lag. Wohl jeder, der Hessen auf einer dieser Autobahnen befahren hat, wird sich bei der Anfahrt zum Gambacher Kreuz fragen, was denn das für eine mächtige Burg sein mag, die sich unmittelbar aus den sanft gewellten Feldern und Wiesen erhebt. Begeben wir uns also von Butzbach auf der B488 zurück Richtung Autobahn und unterfahren zunächst die A5 Richtung MÜNZENBERG/LAUBACH, um eine Antwort auf die Burgenfrage zu bekommen. In GAMBACH vermerken wir einen zweckdienlichen WOMO-Stellplatz direkt an der Straße [**075:** N 50°27'27.7" E 8°44'02.6"; An der B488] und verlassen schon bald die Bundesstraße nach MÜNZENBERG. Rechts vor dem Ortseingang werfen wir einen Blick auf das **Naturschutzgebiet Salzwiesen**. Es handelt sich um das größte hessische Binnensalzwiesen-Gebiet, das aus Nass- und Feuchtwiesen mit Süßwasser, Röhricht sowie trockenem Grünland besteht und vielen durchziehenden Vögeln als Rastplatz dient. Doch dann ragen auch schon die zwei wuchtigen Wehrtürme der **Burg Münzenberg** vor uns in den Himmel und erinnern aus der Ferne an ein Schreibtischutensil mit zwei Gefäßen – eins für Tinte und eins für den Sand zum Trocknen der feuchten Schrift. Kein Wunder also, dass die Anlage den Spitznamen „Wetterauer Tintenfass" erhielt.

(076) WOMO-Stellplatz:
Münzenberg, Sportanlagen offiziell

GPS: N 50°27'25.2" E 8°46'19.6"
Am Viehtrieb
max. WOMOs: 3
Ausstattung/Lage: Hübsche Aussicht auf die Burg, ca. 500 m in den Ort/Ortsrand, auf einem Seitenstreifen am Sträßchen, das befahren ist. Evtl. steht man auf dem P der Sportanlagen geschützter. Am Feld gelegen, leichte Geräusche von der Autobahn.
Zufahrt: Ca. 800 m hinter dem Ortseingang rechts dem WOMO-Piktogramm folgen.

Wer nicht so gut zu Fuß ist, findet auf der Rückseite der Burg einen weiteren Parkplatz, indem er im Ort den Hinweisen zur Burg folgt [N 50°26'59.4" E 8°46' 37.1 ; Hattsteiner Hof].

Münzenberg

Das ehemalige Ackerbürgerstädtchen gefällt uns durch seinen kleinen, aber hübschen denkmalgeschützten Altstadtkern. Über den vielen Fachwerkhäusern, Kirchen und dem historischen Rathaus erhebt sich die **Burg Münzenberg**, die aus der Stauferzeit im 12. Jh. stammt

und von Kuno von Münzenberg erbaut wurde. Etwas aus der Puste erklimmen wir die 144 Stufen bis zur **Aussichtsplattform** des Burgturms und sofort verschlägt es uns gleich noch einmal den Atem: Was für ein grandioser Blick! Meilenweit erstreckt sich vor uns die hessische Kornkammer. Leicht sind Taunus sowie Vogelsberg auszumachen und auch der Odenwald hält sich nicht lange verborgen. Vom Wetter abhängig ist die Sicht in unsere nordhessische Heimat, wo wir den Knüll, den Kellerwald und das Rothaargebirge nur erahnen können. Nicht verschweigen wollen wir, dass der Innenhof der Burg durch seine Weitläufigkeit ebenfalls ins Auge fällt. Neben den beiden Wehrtürmen ist nur noch der Palas erhalten, an dessen Fassade kunstvoll verzierte Fenster noch heute an die Pracht von damals erinnern (März - April/Okt. Di - So 10 - 16 Uhr, Mai - Sept. Di - So 10 - 19 Uhr, Juli/Aug. auch Mo, Nov. nur Sa/So 10 - 16 Uhr; Eintritt). Der Burgname Münzenberg bezieht sich übrigens nicht auf ein Münzprägerecht, sondern wird vielmehr vom Heilkraut Minze abgeleitet, welches das Wappen der Münzenberger Burgherrn zierte. In der Nähe des Stellplatzes befindet sich der **Geologische Garten**, der nichts mit Pflanzen zu tun hat, sondern vielmehr Einblicke in die Erdgeschichte gibt (nähere Infos unter www.geologischer-garten-muenzenberg.de).

… und nicht vergessen: Wer demnächst auf einer seiner Reisen von Nord nach Süd oder umgekehrt auf der Autobahn vorbeiprescht, weiß nun endlich, um welche Burg es sich in der Nähe des Gambacher Kreuzes handelt!

Kurz vor dem Ortsausgang von Münzenberg halten wir uns rechts nach TRAIS und von dort nach MUSCHENHEIM. Auf einer kleinen Anhöhe, umgeben von Wiesen und Feldern, auf denen Reiher und Störche schreitend nach Nahrung suchen, finden wir ein passables Quartier.

(077) WOMO-Wanderparkplatz: Muschenheim, Heiliger Stein

GPS: N 50°28'24.4" E 8°47'59.6"
max. WOMOs: 2
Ausstattung/Lage: Infobox, Wanderweg, Mülleimer, ca. 1,5 km im Ort nette Gaststätte „Zum heiligen Stein“ (Mi - Fr ab 17.30 Uhr Sa/So ab 11 Uhr, Hunde nur auf der Terrasse)/außerorts, schräg.
Zufahrt: Knapp 1 km hinter Trais, vor einem kleinen Brückchen über das Flüsschen Wetter im spitzen Winkel rechts abbiegen und ca. 400 m bis zum Parkplatz fahren.

WOMO-Wandertipp: Kulturhistorischer Wanderweg

Leichte, abwechslungsreiche Routen durch sanft hügeliges Gelände. Die kleine Infobox am Parkplatz ist bestens präpariert und wir versorgen uns mit einem Wanderplan. Auch wenn kein Plan vorhanden sein sollte, kann man sich dank der gut markierten Wege kaum verlaufen (KHW R1blau/10 km, R2rot/4 km, R3 grün/4,5 km, R4gelb/4 km). Wir entscheiden uns für Route 1 des Kulturhistorischen Wanderwegs um Muschenheim. Ganz in der Nähe des Parkplatzes befindet sich der **Heilige Stein**,

eines der ältesten menschlichen Zeugnisse in der Wetterau. Über der 4000 - 5000 Jahre alten Begräbnisstätte thront dominant ein 7 t schwerer Menhir. Bei der Vorstellung, wie er auf Rollen über Rampen und Blöcke durch reine Muskelkraft hierher verfrachtet wurde, können wir die Rast an dieser exponierten Stelle mit herrlichem Ausblick noch besser genießen. Auf dem weiteren Weg wird ein Waldgelände gestreift, in dem **Hügelgräber** auf ihre Entdeckung warten und nach der Überquerung einer Straße sehen wir auf der Höhe einen **Limesturm**. Im weiteren Verlauf der Wanderung erreichen wir das **Kloster Arnsburg**, von dem wir später berichten werden und anschließend das **Kastell Arnsburg-Alteburg**. Eine schöne Runde, die Kulturdenkmäler aus verschiedenen Epochen miteinander verknüpft.

Nach unserer Wanderung kehren wir zur Landstraße zurück, überqueren die Wetter und gelangen rechts durch MUSCHEN-

HEIM. Hier orientieren wir uns am Wegweiser nach ARNSBURG und notieren einen Parkplatz am Sportplatz **[078:** N 50°29'23.5" E 8°47'47.0"; Klosterweg]. Wenig später ist der erste von zwei Parkplätzen am Kloster Arnsburg erreicht. Nach dem Durchfahren der Anlage (nur Mut!) und des Klostertors liegt rechter Hand im Wald ein weiterer Parkplatz.

(079) WOMO-Wanderparkplatz: Lich, Kloster Arnsburg I

GPS: N 50°29'30.5" E 8°47'33.5"
max. WOMOs: 2
Ausstattung/Lage: Wanderwege, Hotel-Restaurant ca. 200 m/ außerorts. **Zufahrt:** Siehe Text.

(080) WOMO-Wanderparkplatz: Lich, Kloster Arnsburg II

GPS: N 50°29'42.1" E 8°47'21.4" **max. WOMOs**: 2-3
Ausstattung/Lage: Wanderwege, Hotel-Restaurant ca. 250 m/außerorts, teils schräg.
Zufahrt: Siehe Text. **WOMOs, die breiter als 2,35 m sind, sollten vom Wanderparkplatz (077) der Landstraße folgen und nicht durch Muschenheim fahren! Hinter dem Abzweig zum Ort ist nach ca. 1,5 km die Zufahrt zum Kloster beschildert. Der Parkplatz liegt dann ca. 350 m später links.**

Kloster Arnsburg

Vom zweitgenannten Stellplatz betreten wir die Anlage durch das repräsentative Pfortenhaus, von dem uns die Statue des Bernard von Clairvaux scheinbar willkommen heißt. Er ist Gründer des Zisterzienserordens, der u. a. das Kloster Eberbach im Rheingau erbauen ließ und in Arnsburg 1197 aktiv wurde. Über Jahrhunderte war die Abtei ein Zentrum des geistigen und kulturellen Lebens in der Region und überstand die wechselvollen und oft kriegerischen Zeiten bis zur Säkularisation im Jahr 1803. Zahlreiche Gebäude sind erhalten und re-

stauriert und strahlen einen besonderen Charme aus. Die alte Klostermühle, ein Fachwerkbau aus der zweiten Hälfte des 17. Jh. sowie das angrenzende alte Brauhaus werden heute gastronomisch vom **Restaurant Alte Klostermühle** genutzt. Die nicht ganz günstige Einkehr lohnt sich, aber eine Erfrischung im Biergarten während unserer o. g. Wanderung tut's ja auch (Esszimmer: Di - So 12 - 22 Uhr, Stube/Fine Dining: Mi - So 18 - 22 Uhr. In der Stube ist eine telefonische Reservierung unter 06404/6967082 erforderlich. www.alte-klostermuehle-arnsburg.de). Durch einen Rundbogen betreten wir den Innenhof des Klosters, der auf der gegenüberliegenden Seite vom 1250 erbauten Kreuzgang begrenzt wird. Hier ruhen seit 1960 Opfer des Zweiten Weltkriegs, deren Gräber vorher über mehrere Kreise der Region verstreut waren. Durch eine Drehtür gelangen wir zur Ruine der dreischiffigen Klosterkirche und erst hier wird uns die Dimension und Bedeutung des Klosters bewusst. Auch wenn das Dach fehlt, sind die zum Himmel strebenden Mauern der knapp 90 m langen Ruine beeindruckend. Fresken sowie Kapitelle und wunderschöne Sandsteinbögen im gut erhaltenen Dormitorium stehen den Abbeys, die wir bei unseren Reisen durch Großbritannien so bewundert haben, in nichts nach (der Großteil der Klosteranlage ist frei zugänglich, Klosterruine Eintritt 2 €, öffentliche Führungen werden über die Homepage veröffentlicht/3€. www.kloster-arnsburg.de).

Vom Kloster ist die B488 schnell wieder erreicht und wir notieren, gleich nachdem wir rechts abgebogen sind, den **Wildpark Klosterwald** (Mo - So 10 - 18 Uhr, im Winter witterungsabhängig geöffnet, Eintritt). Der Weg nach LICH ist schnell gefunden, doch die Anfahrt des offiziellen und nicht mehr als zweckdienlichen Stellplatzes dauert etwas länger, da wir die Altstadt in weitem Bogen umfahren müssen.

(081) WOMO-Stellplatz: Lich, P6 offiziell

GPS: N 50°31'05.0" E 8°49'20.6"; Ringstraße **max. WOMOs**: 3
Ausstattung/Lage: Ca. 400 m zum Zentrum, Mülleimer, Glascontainer, Supermarkt/im Ort, direkt an der Straße. WOMOs sollen auf einer Wiese am Rand eines Großparkplatzes stehen, was u. U. bei Feuchtigkeit/Nässe mit Vorsicht zu genießen ist!
Zufahrt: Von der B488 im Ort den Hinweisen zum Parkplatz P6 und den WOMO-Piktogrammen folgen.

Lich

Vom Stellplatz ist es nicht weit in die Altstadt, deren Attraktivität durch die Sanierung und Freilegung der verputzten Fachwerkhäuser entscheidend ist. Zentrum des restaurierten Altstadtkerns ist der Marktplatz mit Brunnen, von dem Gassen und Straßen in alle Richtungen verzweigen. Ganz in der Nähe befindet sich die ab 1510 erbaute **Marienstiftskirche**, in der sich neben Grabdenkmälern der Licher Herrscher auch die 1775 geschnitzte Arnsburger Kanzel befindet. Neben anderen Fachwerkgebäuden mit reizvollen Giebeln und Ausschmückungen ist das aus dem 16. Jh. stammende **Textorhaus** einen besonderen Blick wert. Prächtige Holzschnitzereien und Inschriften verzieren das Haus, in dem das **Heimatmuseum** untergebracht ist (März - Okt. Sa 14 - 16 Uhr, So 10.30 - 12 Uhr, Eintritt). Bei unserem Rundgang gelangen wir in den **Schlosspark**, in dem das Schloss der Fürsten zu Solms Hohensolms-Lich eingebunden ist. Ursprünglich eine rechteckige, im 13. Jh. entstandene Wasserburg mit vier Ecktürmen, wurde das Schloss im 17. Jh. im Stil der Renaissance umgebaut und in der zweiten Hälfte des folgenden Jahrhunderts im barocken Stil verändert. Das repräsentative Schloss wird von der fürstlichen Familie bewohnt und ist nicht zu besichtigen (www.lich.de).

Dass Lich „im Herzen der Natur“ liegt, ist unschwer festzustellen und mit diesem Werbeslogan verbinden sicher nicht nur wir die **Licher Privatbrauerei**. Wer den Braumeistern der 1854 gegründeten Brauerei über die Schulter schauen und nach einem Rundgang ein frisch gezapftes Licher Premium Bier genießen möchte, dem sei eine Brauereibesichtigung ans Herz gelegt (Mi/Do 15.30 - 18 Uhr/18.30 - 21 Uhr, Eintritt. Unter www.licher.de prüfen, welche Termine verfügbar sind und online buchen).

Eine ganz andere Art der Erfrischung bietet das **Waldschwimmbad**, das rings von Wald umgeben ist. Hier kann man im wörtlichen Sinn in die Natur eintauchen, denn vom Natur- und Vogelschutzgebiet Albacher Teiche wurden 7.000 qm für den natürlichen Swimmingpool abgezweigt, der von Mai - Okt. geöffnet ist [**082:** N 50°31'48.6" E 8°48'54.5"].

Fachwerkornamente am Textorhaus

Von der B488 Richtung FERNWALD wechseln wir schnell auf die B457 Richtung BÜDINGEN/HUNGEN und zweigen kurz danach Richtung LAUBACH ab. Hinter OBER-BESSINGEN fahren wir auf der Stellplatzsuche links Richtung ETTINGSHAUSEN und werden am dortigen Sportplatz tatsächlich fündig.

(083) WOMO-Stellplatz: Ettingshausen, Sportplatz

GPS: N 50°33'10.1" E 8°54'10.6"
max. WOMOs: 2 - 3
Ausstattung/Lage: Außerorts.
Zufahrt: Ca. 400 m hinter Ober-Bessingen links Richtung Ettingshausen abbiegen. 1 km später, direkt vor dem Ort links ca. 350 m bis zum Sportplatz fahren.

Wer Lust auf ein weiteres Fachwerkstädtchen hat und schon immer einmal in den westlichen Vogelsberg wollte, der folgt uns bitte weiter auf der L3481, lässt MÜNSTER hinter sich und hält sich an der folgenden Kreuzung links nach GRÜNBERG.

(084) WOMO-Stellplatz: Grünberg, Gallusplatz offiziell

GPS: N 50°35'42.8" E 8°57'21.7"; Gallusplatz/Gerichtsstraße
max. WOMOs: 10
Ausstattung/Lage: V/E, Strom gegen Gebühr, ansonsten kostenfrei/im Ort. **Während des Gallusmarktes Mitte Oktober viel Rummel und gegebenenfalls gesperrt!**
Zufahrt: Im Ort bei Erreichen der B49 links abbiegen und dem WOMO-Piktogramm folgen. Über den Gallusplatz fahren und vorbei an der V/E, dann rechts und nochmals rechts.

(085) WOMO-Campingplatztipp: Grünberg, Campingplatz Spitzer Stein

GPS: N 50°35'26.9" E 8°58'25.3"; Alsfelder Straße/B49
Kontakt: Telefon 06401/6553, www.gruenberg.de
Öffnungszeiten/Preis: März - Oktober/€.
Ausstattung/Lage: Familien- und Freizeitbad in der Nähe (Mai - Sept.), Kinderspielplatz, keine Zufahrt 13 - 15/22 - 6 Uhr/Ortsrand.
Zufahrt: Bei Erreichen der B49 Richtung Alsfeld rechts abbiegen und den Hinweisen zum CP folgen.

Grünberg

Das 1186 durch Landgraf Ludwig III. von Thüringen gegründete Grünberg wurde erstmals 1222 als Stadt erwähnt. Die **historische Altstadt** vermittelt nach wie vor einen spätmittelalterlichen Eindruck und man erkennt die ältesten Häuser aus der Zeit um 1500 an den stark hervorragenden Geschossen und den halbkreisförmigen Mustern des Fachwerks. An den Handelsstraßen „Hohe Straße“ und „Durch die kurzen Hessen“ gelegen, brachte es Grünberg zu einigem Reichtum. Das Rathaus von 1586 am zentralen Marktplatz dominiert als prachtvoller Renaissancebau mit reicher Ornamentik und hübschem Erker. Eines der schönsten Barockhäuser ist sicher die alte Poststation aus dem Jahr 1668, deren hohe Halle an die ursprüngliche Funktion erinnert. Am Markt befindet sich auch

die **Tourist-Info** (Mo - Fr 8 - 12 Uhr, Do 8 - 12/15 - 18 Uhr, Rabegasse 1, Telefon 06401/8040, www.gruenberg.de), in der, wie üblich, weiterreichende Informationen zur Stadt und zu den Themen Wandern und Radfahren erhältlich sind. Der von der Stadt zum Wahrzeichen erklärte **Diebesturm** ist der einzig erhaltene Turm der alten Stadtbefestigung. In der Hintergasse wird im **Museum im Spital**, das in einem Gebäude des ehemaligen Augustinerinnenklosters untergebracht ist, die stadtgeschichtliche Entwicklung dargestellt. Besonders berücksichtigt wird der seit Jahrhunderten alljährlich Mitte Oktober stattfindende **Gallusmarkt**, der an die landgräfliche Bestätigung der Stadtrechte im Jahr 1272 erinnert und noch heute begeistert gefeiert wird. Einen weiteren Schwerpunkt bilden die Klöster und Spitäler in Grünberg. Allen voran steht die Geschichte des **Antoniterklosters**, das 1242 gegründet wurde und dem ganz Nord- und Ostdeutschland unterstand. Dem Schaffen des Südamerikaforschers Theodor Koch-Grünberg ist das Obergeschoss vorbehalten. Sehenswert ist die Ausstellung über das Amazonas-Gebiet, die Einblicke in die Lebenswelt der Indianer bietet, die der Forscher besuchte (April - Sept. Mi 18 - 20 Uhr, Fr/Sa/So 14 - 18 Uhr, Okt. - März Fr/Sa/So nur bis 17 Uhr geöffnet, Eintritt.

Am Rand der Altstadt fällt das Gelände 60 m steil ab und bildet mit dem gegenüberliegenden Hang das **Brunnental**. Hier plätschert der Ätschersbach und aus unterirdischen Quellen quillt klares Wasser empor. Es sammelt sich in Teichen und trieb einst die Brunnenkunst im Tal, das Pumpwerk zur Förderung von Trinkwasser in die Stadt und im weiteren Verlauf diverse Mühlen an.

Sowohl von Grünberg als auch von unserem nächsten Ziel, der Stadt Hungen, kann man schnell weiter in den Vogelsberg vordringen. Unser **WOMO-Band 81, Hessen Norden/Osten** hält dafür einige Tipps parat und wir können eine Reise in das größte geschlossene Vulkangebiet Europas nur empfehlen. Wir wollen jedoch vorerst wieder zurück in die Wetterau und rollen Richtung HUNGEN aus Grünberg hinaus. Hinter NONNENROTH können am **Erholungsgebiet Drei Teiche** ausgebaute **Rad- und Wanderwege** um die von den Solmser Grafen angelegten, über 15 ha großen Teiche erkundet werden.

Der nachstehende Parkplatz bietet für solche Touren einen guten Ausgangspunkt.

(086) WOMO-Picknickplatz: Nonnenroth, Drei Teiche

GPS: N 50°30'01.7" E 8°54'13.1"
An der L 3007 **max. WOMOs:** 2
Ausstattung/Lage: Tisch und Bänke, Rad- und Wanderwege, Mülleimer/außerorts.
Zufahrt: Etwa 2 km hinter Nonnenroth rechts zum ausgeschilderten Parkplatz fahren.

Kurz vor HUNGEN kommen dann die Schwimmer auf ihre Kosten. Der Weg zum **Freibad** ist von der Landstraße aus beschildert [N 50°28'48.1" E 8°53'25.9"; Albert-Schweitzer-Straße]. Für einen Rundgang in der Schäferstadt bietet sich der folgende Parkplatz nahe der Stadthalle an [**087:** N 50°28'41.0" E 8°53'59.0"; Am Grassee], während der offizielle Stellplatz der Stadt nicht ortsnah, aber dafür im Grünen liegt.

(088) WOMO-Stellplatz: Hungen, Inheidener See offiziell

GPS: N 50°27'19.2" E 8°53'59.2"
Seestraße **max. WOMOs**: 6
Ausstattung/Lage: V/E, Strom gegen Gebühr, WC, Mülleimer, abgeteilter Bereich eines Großparkplatzes, Rasengittersteine, Rad- und Wanderwege, am See sind auf der Liegewiese und am Strand keine Hunde gestattet/Ortsrand.
Zufahrt: Von Hungen auf der B489 Richtung Friedberg und durch Inheiden fahren. Ca. 1 km hinter dem Ort am Kreisel links Richtung Seegebiet abbiegen und dem WOMO-Piktogramm folgen.

Hungen und Umgebung

1361 erhielt Hungen die Stadtrechte und damit verbunden ein Marktrecht. Einhergehend mit der Lage an der wichtigen Verkehrsstraße „Durch die kurzen Hessen" war der wirtschaftliche Aufschwung fast vorherzusehen, denn laut Verordnung mussten die durchziehenden Händler ihre Waren einen Tag lang auf dem Hungener Markt zum Verkauf anbieten. Um den heutigen Marktplatz gruppieren sich vereinzelt Fachwerkhäuser und, etwas entfernt, die Stadtkirche mit einer Chorkapelle aus dem 12. Jahrhundert. Schloss Hungen wurde Mitte des 15. Jh. an der Stelle einer älteren Burganlage errichtet und in der Folge mehrmals erweitert und verändert. Außer bei Veranstaltungen kann das in Privatbesitz befindliche Schloss nicht besichtigt werden. Macht nichts, denn in der Brauhofstraße gibt es etwas ganz anderes zu sehen. Durch die gläsernen Fronten der **Hungener Käsescheune** können wir beobachten, wie die Käser die handwerkliche Tradition der Frisch- und Weichkäsesorten aus Bio-Kuhmilch und Schafsmilch beherrschen. Beim Blick in den Reifekeller läuft uns das Was-

ser im Mund zusammen und an der Käsetheke im **Laden** können wir unsere Gelüste auf Käse und vieles andere Essbare stillen. Noch ausgiebiger gelingt das im angrenzenden **Restaurant**, in dem nicht nur Käse angeboten wird oder bei **Käse-Seminaren**, in denen man an kleinen Kupferkesseln Käse selbst herstellen kann. Im **Erlebnisraum Schaf & Natur** wird deutlich, warum die Stadt den Beinamen „Schäferstadt“ hat. Die Schäferei auf den beweideten Magergrasflächen, den sog. „Wetterauer Hutungen“, zwischen der Wetterau und den Ausläufern des Vogelsbergs hat eine lange Tradition. Wir erfahren interessant und teils multimedial aufbereitet viel Wissenswertes über die Weideflächen, zur Schäferei und zu Schafen (Di - So 10 - 22 Uhr, Seminar auf Anfrage, www.hungener-kaesescheune.de). Schräg gegenüber der Käserei findet ein regelmäßiger **Bauernmarkt** statt (Do 8 - 13 Uhr). Etwas außerhalb der Stadt begegnen wir wieder den Römern im **Limesinformationszentrum Hof Grass** [N 50°27'51.7" E 8°55'09.6"; von der B457 aus zu erreichen]. Dem Infozentrum angeschlossen ist ein ca. 3 km langer, mit Hinweistafeln und Rätseln ausgestatteter Rundweg durch die Auenlandschaft. Dabei werden auf einem Spielplatz Vorschläge zu römischen Spielen angeboten und der Limes sowie der Kastellplatz in Inheiden werden besucht. Nett gemacht und vor allem etwas für Familien mit Kindern (Mi ab 15 Uhr, Sa ab 14 Uhr, So ab 13 Uhr jeweils bis 17 Uhr, Spende erwünscht. www.liz-hofgrass.de). Die grünen Felder und Wiesen um Hungen bieten eine Menge Abwechslung für **Wanderer und Radfahrer**. Der mit einem stilisierten Turm markierte **Hungener Rundweg** startet z. B. am Parkplatz an der Stadthalle in drei Schleifen auf insgesamt 24 km zzgl. dem Drei-Seen-Weg von 8 km und ist mit dem Rad am besten abzufahren. Es sind nur wenige kleinere Anstiege vorhanden und somit ist die Tour auch für jüngere Familienmitglieder geeignet. Die **Wetterauer Seenplatte** liegt südlich von Hungen und ist am besten vom Stellplatz in Inheiden aus zu erkunden.

Der **Inheidener See**, auch Trais-Horloffer See genannt, ist aus einem ehemaligen Braunkohletagebau entstanden und bietet eine Wasserfläche von ca. 35 ha. Das klare und saubere Wasser bietet Möglichkeiten zum Schwimmen, Angeln, Segeln und Windsurfen und ist besonders im Sommer ein beliebtes Naherholungsgebiet (www.hungen.de).

Wir verlassen Hungen auf der B489 Richtung FRIEDBERG, schwenken schon bald auf die B455 und später auf die B457 nach NIDDA um. Nach ca. 1,5 km Kilometern verlassen wir die Bundesstraße kurzzeitig hinter einer Eisenbahnbrücke rechts und erreichen den charmanten Stadtteil und Kurort BAD SALZHAUSEN. Das klassizistische Kurhaus oder das kleine Barockhäuschen aus der 2. Hälfte des 18. Jh. an der Kurallee scheinen uns freundlich begrüßen zu wollen. Die **Justus-von-Liebig-Therme** wird vom heilsamen Solewasser gespeist und Salz- sowie Solegrotten und eine Saunalandschaft laden zum Entspannen ein (www.bad-salzhausen.de). Alles bestens! Um so derber ist die Enttäuschung, als wir den offiziellen Stellplatz inspizieren ... zwei Pkw-Parkplätze, die zudem auch noch zugeparkt sind. Sehr ärgerlich! Mag sein, dass es am Abend anders ist. Der Vollständigkeit halber benennen wir deshalb den Stellplatz [**089:** N 50°25'03.8" E 8°59'13.4", Kurstraße]. Außerdem lockt der feine **Kurpark** zum Spaziergang.

Am unteren Rand sprudeln sechs heilsame Quellen – Lithium-, Schwefel-, Nibelungen-, Roland-, Krug-, Södergrundquelle – die Stahlquelle ist gar durch einen kleinen kubistischen Pavillon im Jugendstil gefasst. Auch pumpen Reste der alten **Stangen- und Wasserkunst** aus dem Jahr 1776 immer noch behäbig, aber regelmäßig Wasser über die großen Wasserräder. Nun ja, auch wenn der weitläufige Kurpark, der fließend in die Naturlandschaft übergeht, noch so hübsch ist und im oberen Teil ein **Skulpturenpark** anzuschauen ist, sind wir schnell wieder an der B457 und auf dem Weg nach NIDDA.

„Stellplatztechnisch" sieht es auch hier nicht viel besser aus, aber zumindest können wir das WOMO vernünftig parken und eine Übernachtung ist auch noch drin.

(090) WOMO-Stellplatz: Nidda, Zentrum/Stadtbad

GPS: N 50°25'03.8" E 8°59'13.4"; Hinter dem Brauhaus **max. WOMOs:** 2 - 3
Ausstattung/Lage: Großraumparkplatz am Stadtbad, Fußwege zu div. Sehenswürdigkeiten u. Fußgängerzone ca. 300 m/im Ort.
Zufahrt: Am Kreisel links Richtung Schul- u. Sportzentrum/Bürgerhaus abbiegen. Dann über die Nidda und rechts zum Parkplatz fahren.

Nidda

Der Fluss Nidda, der im Vogelsberg entspringt und nach knapp 100 km bei Frankfurt in den Main mündet, ist Namensgeber der im 9. Jh. erstmals erwähnten Stadt. Bemerkenswert ist die **Stadtkirche zum Heiligen Geist**, die wohl älteste Saalkirche ihrer Art in Hessen aus den Jahren 1615 bis 1618. Außen eher schlicht, besticht das Innere durch eine in verschiedene Felder unterteilte Stuckdecke. Besonders wertvoll ist ein aus dem 17. Jh. stammendes Kruzifix, das die Inschrift INRI in Lateinisch, Griechisch und Hebräisch trägt. Wie Pisa hat auch Nidda einen schiefen Turm - der **Johanniterturm** ist das Überbleibsel der ehemaligen Johanniterkirche, die den Wirren der Jahrhunderte nicht standhielt. Die noch vorhandenen Glocken zählen zu den ältesten und schönsten Geläuten Hessens und stammen aus dem 16. und 17. Jahrhundert. Um den **Marktplatz** gruppieren sich auch hier viele Fachwerkhäuser aus dem 16. - 17. Jh., doch der Mittelpunkt ist zweifelsohne der Marktbrunnen. Er wurde 1650 um einen Sandsteinaufsatz erweitert. Dieser zeigt das ehemalige Niddaer Stadtwappen mit dem achtstrahligen Stern der Grafen von Nidda, die damals noch vorhandenen beiden Stadttore und das Schloss. Am Freitag findet hier der **Wochenmarkt** statt (9 - 13 Uhr). Auf den Fundamenten der alten Wasserburg wurde Ende des 16. Jh.

selbiges **Renaissanceschloss** erbaut, in dem sich heute das Amtsgericht befindet. Im ehemaligen Stadtwirtshaus „Zum Stern", einem um 1632 erbauten Fachwerkhaus, befindet sich das **Heimatmuseum**. Eine nachgebaute Gaststube, in der Exponate zum heimischen Brauereiwesen und zur Apfelkelterei zu sehen sind, weist auf die ehemalige Funktion des Hauses hin. Auf lebendige Art und Weise wird die Geschichte des historischen Lebens und des Handwerks in Nidda geschildert, wobei u. a. ein Modell der Wasser- und Stangenkunst zur Energieübertragung und Soleförderung im nahen Bad Salzhausen besichtigt werden kann (Di/Do 15 - 17 Uhr, So 10 - 12 Uhr, kein Eintritt). Das **Jüdische Museum** erinnert an die Geschichte und das Leben, aber auch Sterben, der Juden, die in Nidda ihre Heimat hatten (So 14 - 17 Uhr). Eine ganz andere Welt ist im **Feuerwehrmuseum** zu finden, in dem u. a. alte Uniformen, historische Spritzen und Kippleitern zusammengetragen und arrangiert wurden (März - Sept. jeden 1. So im Monat 10 - 12 Uhr, kein Eintritt). Im musealen Gastraum im Heimatmuseum auf den Geschmack gekommen, können wir nach unserem kleinen Stadtrundgang in der **Gasthofbrauerei Zur Traube** am Markt ein gut gebrautes und gezapftes Bier sowie deftige Hausmannskost zu uns nehmen (ab 11 Uhr geöffnet).
Am nächsten Tag liegt unser Augenmerk auf einer Wanderung, doch auch Radfahrer finden um Nidda herum ein herrliches Terrain. Zum einen lädt die **Niddaroute** oder der **Radfernweg R4** ein. Zum anderen kann man mit dem **Vogelsberger Vulkan-Express**, ein Bus mit Fahrrad-Anhänger, sich und sein Rad in die eine Richtung (z. B. bis nach Schlitz) bringen lassen und zum Ausgangspunkt zurückradeln (Mai - Okt. Sa/So/Feiertage im 1- bis 2-Stunden-Takt, www.vulkanradweg.de). Weitere Auskünfte und Ideen gibts in der **Stadtverwaltung/Bürgerbüro** (Mo/Di 8 - 16 Uhr, Do 8 - 18 Uhr, Mi/Fr 8 - 12 Uhr, Sa 9 - 12 Uhr, Wilhelm-Eckhardt-Platz, Telefon 06043/80060, www.nidda.de).

WOMO-Wandertipp: Schäfer- und Magerrasenroute

Leichte Wanderung von ca. 12 km mit wenigen Steigungen auf überwiegend Feld- und Wiesenwegen.
Bereits in Hungen haben wir von den **Wetterauer Hutungen** erfahren und in Nidda können wir den Schäfern in der freien Natur begegnen. Die Tour wird von 22 Info-Tafeln zur Natur-, Kultur- und Landschaftsgeschichte begleitet. Wir überqueren die Nidda auf der Fußgängerbrücke und gehen geradeaus bis zur Hauptstraße. Dort besteigen wir an der Haltestelle Schillerstraße den Bus der Linie 362 Richtung Eichelsdorf/ Bushaltestelle Bürgerhaus und machen uns von dort auf gut markierter Strecke (Blaues Schaf/Wetterauer Hutungen) auf den Weg. Nachdem wir den Ortskern von Eichelsdorf hinter uns gelassen haben, erwarten uns Schafweiden, Wiesen und Äcker, immer wieder schöne Aussichten und mehrere Rastplätze. Zum Schluss werden wir direkt nach Nidda geführt und gehen zurück zu unserem Parkplatz am Stadtbad.

Die B457 führt uns Richtung BÜDINGEN aus Nidda heraus und durch RANSTADT. Wir folgen der Bundesstraße weiter und verlassen sie vor SELTERS rechts Richtung GLAUBURG. In STOCKHEIM ist die katholische Kirche **St. Judas Thaddäus** ein Kleinod der Klassischen Moderne. Liebhaber des **Art-déco** sollten an der von dem Gelnhäuser Künstler Reinhold Schön im Inneren gestalteten Kirche nicht achtlos vorbeifahren. Sie ist am besten vom Parkplatz am ehemaligen Empfangsgebäude des Stockheimer Bahnhofs zu erreichen [N 50°19'35.0"

E 9°00'37.0"; Bahnhofstraße]. Hier werden dann auch Modelleisenbahner der H0-Strecke ihre Freude haben, denn im **Modellbahnhof** wird die Eisenbahngeschichte der Niddatalbahn lebendig. Auf gut einem halben Kilometer Schienen rattern die Loks und Züge durch Städtchen und Landschaft, originalgetreu im Maßstab 1:87 nachgebaut (Fr/Sa 14.30 - 17 Uhr, So 11 - 17 Uhr, www.modellbahnhof-stockheim.de).
Bald sind wir in GLAUBURG-GLAUBERG und lassen uns von den Hinweisschildern zu einer der archäologisch bedeutsamsten Stätten in Deutschland, vielleicht sogar weltweit, führen.

(091) WOMO-Stellplatz: Glauberg, Keltenwelt

GPS: N 50°18'22.6" E 9°00'20.7"
max. WOMOs: 2 - 3
Ausstattung/Lage: Wanderwege, wunderbare Aussicht/außerorts, teils schräg.
Zufahrt: In Glauberg den Hinweisen zur Keltenwelt folgen und am Kreisverkehr links ca. 1,2 km bis zum Parkplatz fahren.

Keltenwelt Glauberg

Bereits in der Jungsteinzeit war das Plateau des Glaubergs von Menschen besiedelt und vor 2. 500 Jahren entdeckten die Kelten den Berg für sich. Das keltische Kerngebiet befand sich in Frankreich und im heutigen Süddeutschland, wobei die Wetterau am Rand der keltischen Welt lag. Am Übergang vom 6. zum 5. Jh. v. Chr. spielte sich das Leben der Kelten in einer von einer mehr als 2 km langen Mauer umgebenden Siedlung auf dem Glauberg ab. In dieser Zeit verstarben drei keltische Persönlichkeiten, die mit reichen Grabbeilagen in zwei Grabhügeln bestattet wurden.
Die heutige „Keltenwelt" besteht aus einem spektakulären Museumsbau, in dem die Funde aus den Gräbern präsentiert werden, dem Archäologischen Park und einem Forschungszentrum. Multimediale Installationen und eine fiktive Begleitgeschichte lassen uns in die spannende Welt unserer Vorfahren eintauchen und finden ihren Höhepunkt vor der 1,86 m hohen, originalen Statue des Keltenfürsten. Auch wenn es etwas despektierlich klingt, er erinnert uns ein wenig an Micky Maus. Das liegt an den scheinbar großen Ohren, die selbstverständlich keine sind und eher einen Kopfschmuck darstellen oder eine kultische Bedeutung haben könnten. So genau weiß man das nicht und auch die Bedeutung der Prozessionsstraße um den rekonstruierten gewaltigen Grabhügel im Außengelände liegt weiterhin im Dunkeln der Geschichte. Weiterhin werden im Museum die naturräumlichen Erscheinungen und die bis-

herige Erforschung des Glaubergs dargestellt und Funde dokumentieren dessen Besiedlung von der Altsteinzeit bis zum Hochmittelalter. Auch auf dem **archäologisch-naturkundlichen Lehrpfad** wandern wir entlang keltischer Wälle und Überresten der im 12./13. Jh. erwähnten Reichsburg durch die Geschichte. Der Besuch des Glaubergs gehört zu einem der Highlights unserer Reise und wir können ihn nur jedem Interessierten wärmsten ans Herz legen (Di - So 10 - 18 Uhr, Eintritt. Führungen möglich. Das Museum ist barrierefrei zugänglich, während der archäologische Lehrpfad mit festem Schuhwerk betreten werden sollte. Der Außenbereich ist frei zugänglich und Hunde sind erlaubt. www.keltenwelt-glauberg.de).

Für den Museumsbesuch haben wir uns reichlich Zeit genommen und es ist spät geworden. Nachdem die übrigen Besucher den Berg verlassen haben, wird es ruhig und im untergehenden Sonnenlicht scheint eine ganz besondere Aura über das Areal zu ziehen. In der Ferne sehen wir die Skyline von Frankfurt sowie den Feldberg und später beobachten wir die Flugzeuge mit funkelnden Positionsleuchten beim Landeanflug auf Rhein-Main am sternenklaren Himmel. Doch was ist das? Vom dunklen Berg bewegt sich ein Licht auf uns zu und in der Stimmung, in der wir gerade sind, erwarten wir fast das Auftauchen des Keltenfürsten. Es ist jedoch nur der „Wächter“ des Areals, der uns bei seinem abendlichen Rundgang ein freundliches „Hallo“ zuruft und dann wieder in die Dunkelheit abtaucht.

Nach einer ruhigen Nacht bei den Kelten führt unser Weg zurück an den Kreisel, an dem wir uns links Richtung ALTENSTADT halten. Wir erreichen bei LINDHEIM die B521 und folgen ihr links bis BÜCHES. Hier wechseln wir auf die B457, die uns ins sehenswerte BÜDINGEN und damit ins Mittelalter bringt.

(092) WOMO-Stellplatz: Büdingen, Mühlentorbrücke offiziell

GPS: N 50°17'29.0" E 9°06'57.3"
max. WOMOs: 2
Ausstattung/Lage: Ausgewiesener Teil eines Parkplatzes, WC am Marktplatz, direkt an der Altstadt, Mülleimer/im Ort. Sehr eng und manchmal durch Pkw besetzt!
Zufahrt: Im Ort am Kreisel der B457 Richtung Gelnhausen folgen und ca. 500 m später links zur Altstadt/beheiztes Freibad abbiegen. Nach ca. 700 m links auf den ausgeschilderten Parkplatz Altstadt abbiegen. Längs einparken erwünscht.

(093) WOMO-Stellplatz: Büdingen, Freibad offiziell

GPS: N 50°17'29.9" E 9°07'39.2" **max. WOMOs:** 8
Ausstattung/Lage: Ausgewiesener Teil eines Großparkplatzes direkt an der Straße, Wasser, Nutzung der sanitären Einrichtungen im Freibad gegen Gebühr, ca. 900 m bis zur Altstadt, Mülleimer/außerorts.
Zufahrt: Wie vor und ca. 900 m der Straße Richtung Birstein aus dem Ort folgen. Der Parkplatz liegt auf der linken Seite.

Büdingen

Umgeben von Wald liegt am Seemenbach die mittelalterliche Altstadt Büdingens, die zu den besterhaltenen mittelalterlichen Stadtanlagen Europas zählt. Als Erstes fällt die weitgehend erhaltene, gut 2 km lange mächtige Stadtmauer mit ihren 22 Türmen rings um die Stadt auf. Um

sich der Geschichte Büdingens zu nähern, begibt man sich am besten zur **Tourist-Info** (Mo - Fr 10 - 17 Uhr, Marktplatz 9, Telefon 06042/963719, www.buedingen.de). In der familienfreundlichen Stadt gibt es eine Fülle von Angeboten, die sich von verschiedenen Stadt- und Erlebnisführungen, über Kinderführungen mit Schatzsuche und Kutsch- und Planwagenfahrten erstrecken. Ausgestattet mit einem Faltblatt begeben wir uns auf eigene Faust auf den ausgeschilderten **Altbüdinger Stadtrundgang**. Wir umrunden zunächst die Stadtmauer, bestaunen den Befestigungsring von außen und blicken von oben auf die schiefen Dächer und verwinkelten Gassen, um dann durch das doppeltürmige **Jerusalem Tor** in die Altstadt zu gelangen. In dem Wahrzeichen der Stadt befindet sich das **Sandrosen-Museum**. Die sog. Sandrosen sind Kristallgebilde, die sich im Laufe von Millionen Jahren im sandigen Boden der Region durch chemische und physikalische Reaktionen kristallisiert und gebildet haben (Fr/Sa/So/Feiertage 14 - 17 Uhr, Eintritt). Neben Möbeln und Fahrzeugen gibt es im **50er-Jahre-Museum** am Markt außerdem Kleidungsstücke, Schuhe und Frisuren zu besichtigen, die das ganze Lebensgefühl zwischen Wirtschaftswunder und Rock'n Roll geprägt haben (Di - Sa 15 - 17 Uhr, So/Feiertage 12 - 17 Uhr, Eintritt). Das **Heuson Museum** im Rathaus widmet sich der Geschichte Büdingens z. B. mit mittelalterlichen sowie aus der Römerzeit stammenden Fundstücken und Exponaten des historischen Handwerks (Di/Do 10 - 12 Uhr, Di - Fr 14 - 17 Uhr, Sa/So/Feiertage 14 - 18 Uhr, kein Eintritt). Als viertes sei das **Modellbaumuseum** im Oberhof genannt, in dem über 150 Exponate vom nachgebauten Kriegsschiff, über Fahrzeuge aller Art und Modelllandschaften in Form von Dioramen gezeigt werden. Für Kinder dürfte besonders die Eisenbahnanlage mit Hafen und Rummelplatz interessant sein (Fr 18 - 20 Uhr, 1./3. So im Monat 14 - 17 Uhr, Spende erbe-

ten). Herzstück und Keimzelle Büdingens ist das **Büdinger Schloss**, das auf dem 13-seitigen Vieleck einer Wasserburg aus der Stauferzeit errichtet wurde. Nach und nach wurde es von den jeweiligen Regenten umgebaut und weist Stilrichtungen von der Romantik bis zum Barock auf. Obwohl es noch heute von der Fürstenfamilie bewohnt wird, kann es bei Führungen besichtigt werden (Sa/So/Feiertage 14 - 17 Uhr, Eintritt). Neben dem **Schlosspark** spazieren wir zum Abschluss unseres mehr als erfreulichen Stadtrundgangs durch eine kleine Idylle inmitten der mittelalterlichen Kulisse. Der **Garten Kölsch** wird als Bürgergarten ehrenamtlich und generationenübergreifend instand gehalten und ist eine Oase der Pflanzenvielfalt und Ruhe. Wem nach der Erkundung der Stadt nach einer Erfrischung oder einem ausgedehnten Mahl zumute ist, wird in einem der vielen Cafés, einer urigen Kneipe oder einem der zahlreichen Restaurants die köstliche Seite Büdingen kennenlernen können.

Auf der B457 sind wir bald auf dem Rückweg Richtung GIESSEN/ORTENBERG und erreichen über BLEICHENBACH die B275 in SELTERS. Ob es hier auch eine salzhaltige Quelle gibt (vergl. Tour 2 S. 59)? Auf jeden Fall haben wir es hier mit **Salzwiesen** zu tun und vom Parkstreifen am Straßenrand ist ein 3,3 km langer **Rundweg** am Ortsausgang mit Infotafeln für Fußgänger und Radfahrer ausgewiesen [N 50°20'42.6" E 9°02'14.7"; Sprudelstraße]. An der B275 in Selters kurz links und dann rechts Richtung Wippenbach abbiegen.

In der hügeligen Landschaft der Wetterau liegt das kleine Städtchen ORTENBERG an der B275, das vor allen Dingen durch den **Kalten Markt** Ende Oktober seit Ende des 13. Jh. Menschen aus nah und fern anzieht. Um diese Jahreszeit waren Getreide sowie Obst geerntet und das Jungvieh soweit herangewachsen, das es verkauft werden konnte. Da die Wege aus den höher gelegenen Ortschaften noch schnee- und eisfrei waren, konnten gleichzeitig die Vorräte für den Winter angekauft werden. Heute hat sich der Markt als **größtes Volksfest Oberhessens** etabliert und über 400 Krammarkt-Stände und ein gut bestückter Vergnügungspark einschließlich eines bunten Unterhaltungsprogramms erwartet die Besucher (www.kalter-markt.de). Ansonsten reizt eine kleine **Altstadt** samt Schloss und in der im 13. - 14. Jh. entstandenen **Marienkirche** „erblüht" am Deckengewölbe ein üppiger Kräutergarten und Blumenhimmel. Die prachtvollen Malereien lagen Jahrhunderte unter einer Putzschicht und wurden erst 2003 bis 2007 wiederentdeckt und restauriert. Gleich neben der Kirche kann man Baldrian, Arnika und Co. in natura in einem Mini-Themengarten aufspüren. Beachtenswert sind bei einem

Stadtrundgang die Scherenschnitte, die man auf den Laternen anschauen kann und die die Geschichte des Ortes und seiner Bewohner erzählen. Am besten sind die Motive bei einer Führung auf dem **Laternenpfad** zu erforschen (Termine unter www.ortenberg.net oder www.laternen.ortenberg.net). Ein Stadtparkplatz ist schnell gefunden [N 50°21'19.1" E 9°03'14.9"; An der B275] und zwei weitere Parkplätze gibt es zusätzlich.

(094) WOMO-Stellplatz: Ortenberg I

GPS: N 50°20'58.0" E 9°02'25.1" Rotlippstraße **max. WOMOs:** 2 - 3
Ausstattung/Lage: Freibad, WC am Minigolfplatz in der Nähe/ Ortsrand. Möglicherweise beim „Kalten Markt" gesperrt oder nicht anfahrbar.
Zufahrt: Von der B275 links Richtung beheiztem Schwimmbad abbiegen. Nach ca. 700 m liegt der Parkplatz auf der linken Straßenseite zwischen Sport- und Tennisplatz.

(095) WOMO-Stellplatz: Ortenberg II

GPS: N 50°20'58.0" E 9°02'25.1"; Rotlippstraße **max. WOMOs:** 2
Ausstattung/Lage: Tisch und Bank, Salzwiesen-Rundweg auf Zuweg gut zu erreichen,, Restaurant direkt anbei (Mo - Sa ab 17 Uhr, So/Feiertage ab 10 - 15 Uhr) /Ortsrand, Häuser in der Nähe.
Zufahrt: Wie vor, jedoch weitere 700 m bis zum rechts an einer Straßenkreuzung liegenden Parkplatz fahren.

In der Verlängerung der B275 durchfahren wir den Ortsteil LISSBERG und registrieren den Hinweis zum **Musikinstrumentenmuseum**. Im ehemaligen Schulhaus sind über 1000 Exponate originaler oder nachgebauter, bekannter oder unbekannter Instrumente anzuschauen. Darunter befindet sich auch die weltgrößte Drehleier- und Dudelsacksammlung (April - Okt. jeden 2. und 4. So im Monat 15 - 17 Uhr, Eintritt. www.museum-lissberg.de). Im Tal der Nidder, einem knapp 69 km langen Nebenfluss der Nidda, erreichen wir als nächstes HIRZENHAIN.

(096) WOMO-Stellplatz: Hirzenhain, Festplatz offiziell

GPS: N 50°23'33.1" E 9°08'09.7" Robert-Eichenauer-Weg
max. WOMOs: 5
Ausstattung/Lage: Infotafeln, Einstieg Vulkanradweg, Mountainbike-Strecke, Supermarkt/im Ort.
Zufahrt: Im Ort rechts Richtung Kefenrod fahren und dem WOMO-Piktogramm folgen.

Direkt in der Nähe des Stellplatzes präsentiert sich die evangelische **Stadtkirche** von außen eher schlicht und überrascht im Inneren mit einem prächtigen Lettner, der den Chor- vom Kirchenraum bzw. den Klerus vom einfachen Volk trennt. Beachtung sollten auch drei spätgotische Figuren finden, die von einem kostbaren, leider nicht mehr erhaltenen Schnitzaltar aus dem 15. Jh. stammen (Mai - Sept. Sa/So 14 - 16 Uhr). Einen Besuch ist sicher auch das **Eisenkunstgussmuseum** wert, das der Gießerei Buderus Guss angegliedert ist und eines der bedeutendsten seiner Art europaweit ist. Die Eisengewinnung und Verarbeitung hat im Städtchen Tradition und die Hirzenhainer Hütte wurde erstmals 1375 als Waldschmiede urkundlich erwähnt. Aus dem spröden Werkstoff entstanden und entstehen noch heute Tierfiguren und Schmuckteller, darunter einer, der nach einem Entwurf des berühmten Berliner Architekten und Malers Karl Friedrich Schinkel gegossen wurde. Zudem sind Plastiken, Reliefs und Skulpturen zu besichtigen und es können filigraner Schmuck und 280 kulturhistorisch wertvolle Kaminplatten aus fünf Jahrhunderten bestaunt werden (So 10 - 12/13 - 16 Uhr). In MERKENFRITZ bietet die Firma **Müller-Mobil** einen **Movera-Shop, Werkstattservice** und für die Nacht einen ruhigen Stellplatz (www.mueller-mobil.de).

(097) WOMO-Stellplatz: Merkenfritz, Müller-Mobil offiziell

GPS: N 50°24'01.8" E 9°08'52.9"; Junkernwiese **max. WOMOs:** 6
Ausstattung/Lage: V/E, Strom, Movera Shop, Gaststätte in der Nähe (Fr/Sa ab 18 Uhr, So ab 15.30 - 18 Uhr) , Vulkanradweg,/Ortsrand.
Zufahrt: Von der B275 Richtung Gewerbegebiet Junkernwiese abbiegen.

Zur Freude der jüngsten Mitglieder der WOMO-Besatzung werden ein Stückchen weiter im **Märchenland** zahlreiche Szenen der bekanntesten Märchen in einem Waldareal präsentiert [N 50°24'04.0" E 9°09'37.9"; Am Freizeitpark]. Mit dem Westernexpress fährt man in die Welt von Karl May und kommt anschließend in das Tal der Dinosaurier. Ein Puppentheater sowie Spielgeräte runden das Angebot ab (Ostern - Oktober 10 - 19 Uhr; Eintritt. www.maerchenland-menzel.de).

Wer auf einen Gottesdienst nicht verzichten möchte, der verlässt die Bundesstraße wenig später nach STEINBERG und parkt das WOMO am Straßenrand in der Nähe der genannten Koordinaten, um die letzten Meter zu Fuß zu gehen [N 50°24'36.5" E 9°08'56.3"]. Unter dem schützenden Dach geflochtener, gebogener und verwobener Zweige und Äste finden Gläubi-

ge in der **Weidenkirche** eine besondere Andachtsstätte und können den Kirchgang unter Gottes freiem Himmel erleben.

Zurück an der Bundesstraße richten wir uns weiter nach GEDERN. Am idyllisch gelegenen **Gederner See** mit Sandstrand kann dem gebührenpflichtigen Badevergnügen nachgegangen werden oder es warten weitere Freizeitvergnügen wie z. B. ein Abenteuerspielplatz oder ein Beach-Volleyballfeld auf die Besucher. Höhepunkt soll das „Blobbing" sein. Und so funktioniert's: Im Wasser schwimmt ein Blob, ein mit Luft gefüllter großer Gummischlauch. Der „Blobber" sitzt auf dem einen Ende des Schlauchs, der „Jumper" springt von einem Sprungturm auf das andere Ende und katapultiert dadurch den „Blobber" in die Luft.

Rund um den 15 ha großen See gibt es außerdem zahlreiche **Wander- und Radwege**. Bei unserer Recherchetour im April 2015 konnten wir den nigelnagelneuen WOMO-Stellplatz als erste Gäste testen und haben ihn für gut befunden.

Für den Tagesgast oder eine einfache Übernachtung im Ort bietet sich der ausgewiesene Stellplatz am Schloss an, von dem das touristische Angebot Gederns gut zu erreichen ist.

(098) WOMO-Stellplatz: Gedern, Schloss offiziell

GPS: N 50°25'23.8" E 9°12'15.8"; Schlossberg **max. WOMOs**: 5
Ausstattung/Lage: Direkt am Schloss, Restaurant (ab 18 Uhr, Sa/So zusätzlich 12 - 14 Uhr, Café Sa/So 14 - 18 Uhr), Einstieg in den Vulkanradweg, Wanderweg (Eisenpfad), Bushaltestelle, Glascontainer/im Ort.
Zufahrt: Im Ort rechts ca. 500 m den Hinweisen zum Schloss folgen.

(099) WOMO-Stellplatz: Gedern, Reisemobilhafen offiziell

GPS: N 50°25'50.2" E 9°11'02.9"; Am Gederner See
max. WOMOs: 10
Ausstattung/Lage: V/E, Strom gegen Gebühr €€, Badesee und Benutzung der Sanitäranlagen auf dem CP gegen Gebühr, Aussicht auf den See, Mülleimer/außerorts.
Zufahrt: Im Ort links den WOMO- u. CP-Piktogrammen ca. 1,3 km folgen.

(100) WOMO-Campingplatztipp: Gedern, Campingpark

GPS: N 50°25'44.2" E 9°10'49.9"; Am Gederner See 19
Kontakt: Telefon 06045/952643, www.campingpark-gedern.de
Öffnungszeiten/Preis: Ganzjährig/€€.
Ausstattung/Lage: Restaurant, Kiosk, Waschmaschine, Trockner, Badesee/außerorts.
Zufahrt: Wie vor. Der CP liegt ca. 400 m hinter dem WOMO-Stellplatz.

Gedern

Erhaben thront das **Schloss mit angrenzendem Schlosspark** über der Stadt. Dort wohnen zwar keine Grafen mehr, aber verschiedene Schlossbergführungen für Erwachsene und Kinder lassen die ehemalige abwechslungsreiche Historie erleben. Im Torbogenhaus befinden sich die **Tourist-Info** (Mai - Okt. Di - So 11 - 16 Uhr, Nov. - April Di - Fr 11 - 15 Uhr, So 14 - 16 Uhr, Schlossberg 9, Telefon 06045/600825, www.vulkanstadt.de) und das **Kulturhistorische Museum**, das in verschiedenen

Themenräumen die Geschichte der ehemaligen Vogelsbergeisenbahn bis zum Vulkanradweg präsentiert, von Sagen und Märchen aus Gedern erzählt sowie über das Schloss informiert (Öffnungszeiten s. o.). In der evtl. nur noch bis 2017 bestehenden **Gederner Seifensiederei** erfahren wir Wissenswertes über die Reinigungs- und Badekultur verschiedener Epochen und können einem Rausch der Sinne erliegen. Gelbe, grüne, blaue, rote und marmorierte Seifen mit Blüten und Kräutern duften in den Regalen und bieten sich als Mitbringsel für die Daheimgebliebenen oder als schäumende Erinnerung für zu Hause an (Di/Do/Fr 11 - 17 Uhr, Sa 11 - 16 Uhr, Mai - Sept. zusätzlich So 13 - 16 Uhr. www.gedern-seifen.de). Der **Rundwanderweg** „Eisenpfad" verbindet Kulturgeschichte und Geologie der Region sowie das Wandervergnügen auf angenehme Weise. Hinweistafeln informieren am Wegesrand und Wiesenwege, schöne Aussichten sowie idyllische Pfade lassen den 23 km langen Kurs zu einem Erlebnis werden. Durch den Anschluss an den ÖPNV lässt sich die Wanderung ab der Bushaltestelle am Schloss gut in zwei Etappen teilen (www.eisenpfad-gedern.de).

Von der B275 führt unsere Strecke durch die abwechslungsreichen Ausläufer des Vogelsbergs nun Richtung BÜDINGEN und nach OBER-SEEMEN. Über MITTEL- und NIEDER-SEEMEN links abbiegend gelangen wir in einen kleinen Ort, dessen Name scheinbar so ausgefallen ist, dass es gleich zwei Ortsteile davon gibt. Zum einen BÖSS-GESÄSS in zwei Worten mit Bindestrich, das sogenannte Hessisch Böß-Gesäß, das nach der Teilung des Fürstentums Isenburg im Jahr 1816 zum Großherzogtum Hessen-Darmstadt in die Provinz Oberhessen kam. Zum anderen BÖSGESÄSS ohne Bindestrich und nur mit „s“, das den Beinamen „preußisch Bösgesäß“ erhielt, da dessen kurhessisches Gericht 1866 Preußen zugewiesen wurde. Mit dieser kleinen Geschichte im Gepäck wenden wir uns FISCHBORN zu und erreichen dort die B276. Ganz versteckt liegt am Ortsausgang Richtung SCHOTTEN/

ILLNHAUSEN/MAUSWINKEL das Naturschutzgebiet um den **Graf-Dietrich-Weiher**. Für Groß und Klein führt um das Gewässer ein **Naturlehrpfad**, der zum Ausruhen und Spazieren einlädt. Ein winziges verschwiegenes Stellplätzchen für ein kleines WOMO gibt es auch [**101:** N 50°23'16.4" E 9°17'29.0"], doch besser übernachten lässt es sich in der Nähe des Rastplatzes am **Vogelsberger Südbahnradweg**.

(102) WOMO-Stellplatz: Fischborn, Festplatz

GPS: N 50°22'56.6" E 9°17'55.7"; Am Anger **max. WOMOs:** 2-3
Ausstattung/Lage: WC, 100 m zum Rastplatz am Wasser-Lehrpfad, Spielplatz, Radweg/im Ort.
Zufahrt: Im Ort rechts Richtung Bad Orb abbiegen. Ca. 300 m links den Hinweisen Feuerwehr/Einstieg Vogelsberger Südbahnradweg folgen und ca. 250 m zum Parkplatz fahren.

Entlang der ehemaligen Bahntrasse der **Vogelsberger Südbahn** verläuft die **35 km lange Radstrecke** vom Naturpark Hoher Vogelsberg bis nach Wächtersbach durch sanfte Wiesentäler und grüne Wälder entlang plätschernder Bäche. Fischborn liegt ziemlich genau in der Mitte des Radwegs und der hier verkehrende **Radbus** (Mai - Oktober Sa/So/Feiertage) des Vulkan-Express Linie VB95 verbindet Start- und Endpunkt der Strecke, sodass verschiedene Radfahr-Varianten möglich sind und man bequem und ohne Anstrengung wieder in Fischborn landen kann (www.vgo.de).

Die im Vogelsberg entspringenden Quellen versorgen seit 1873 die gut 80 km entfernte Stadt Frankfurt mit frischem Trinkwasser und der **Lehrpfad des Wassers** vermittelt viel über die Geschichte der Wasserversorgung. Dass Trinkwasser ein kostbares Gut ist und nicht einfach aus dem Hahn kommt, wird auf dem schön gestalteten Gelände erlebbar gemacht. Munter sprudelt eine Quelle, ein Bächlein fließt leise glucksend vor sich hin und Wasserwirbler und Archimedische Spirale stehen auf dem Programm. Man kann schmutziges Wasser filtern, an der Handpumpe seine Muskeln spielen lassen und findet heraus, wie viel wir vom kostbaren Nass täglich verbrauchen. Klasse gemacht und nicht nur für Kinder interessant!

Weiter geht's auf der B276 Richtung BAD ORB und nach BIRSTEIN und zu einem weiteren Wassererlebnis – zumindest bei sommerlichen Temperaturen im **Freibad**. Im Reichenbachtal und direkt am **Vogelsberger Südbahnradweg** gelegen, kann der Parkplatz natürlich auch zu anderen Jahreszeiten als Ausgangspunkt für die oben genannte Radtour herhalten.

(103) WOMO-Badeplatz: Birstein, Freizeitbad

GPS: N 50°21'37.2" E 9°18'55.9"; Reichenbacher Straße
max. WOMOs: 2 - 3
Ausstattung/Lage: Radweg, Caféteria (Juni - Aug. 9 - 20 Uhr, Sept. 13 - 19 Uhr, im Winter nur wochentags 17 - 22 Uhr), ca. 1,3 km in den Ort mit div. Gaststätten und Geschäften, Mülleimer/Ortsrand.
Zufahrt: Im Ort Richtung der Vorfahrtsstraße und dann links Richtung Unterreichenbach den Hinweisen zum Freibad ca. 750 m folgen. Der Parkplatz liegt rechts ca. 100 m von der Straße entfernt im Tal.

SPESSARTFÄHRTE

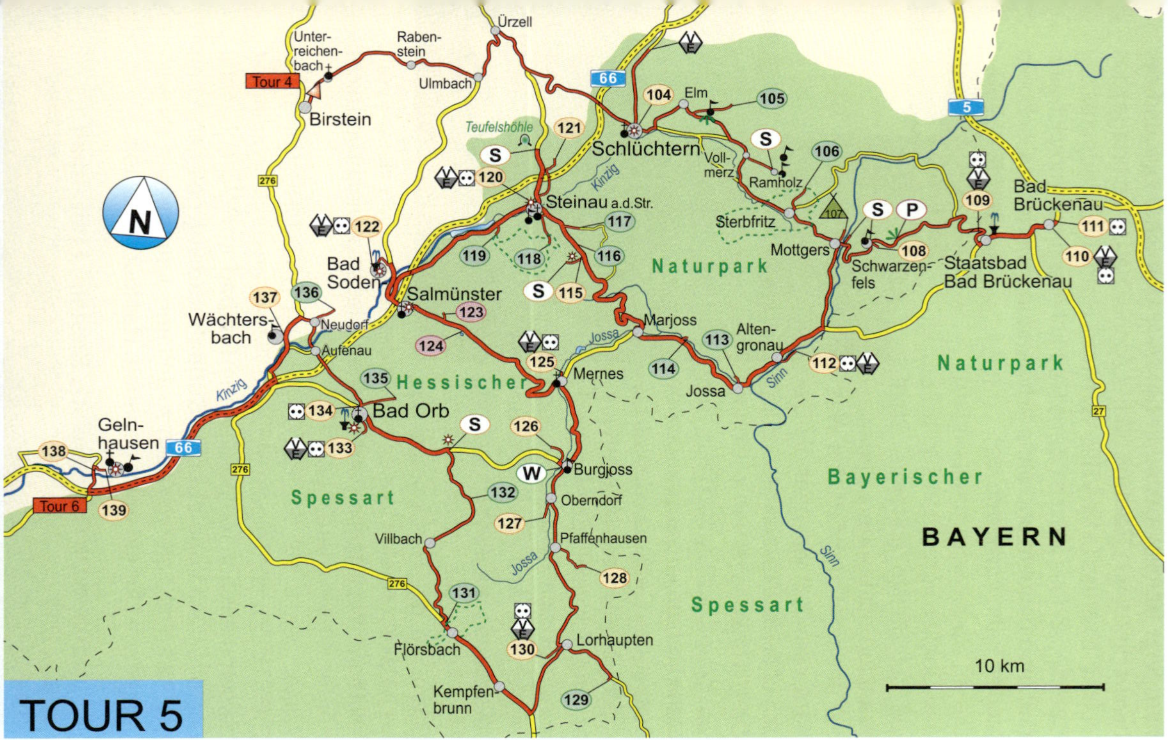
TOUR 5
Tour 4
Tour 6
Unter-
reichen-
bach
Raben-
stein
Ürzell
Ulmbach
Birstein
Teufelshöhle
Schlüchtern
Elm
Voll-
merz
Ramholz
Sterbfritz
Mottgers
Schwarzen-
fels
Staatsbad
Bad Brückenau
Bad
Brückenau
Steinau a.d.Str.
Bad
Soden
Salmünster
Wächters-
bach
Neudorf
Aufenau
Geln-
hausen
Marjoss
Alten-
gronau
Jossa
Mernes
Burgjoss
Oberndorf
Pfaffenhausen
Bad Orb
Villbach
Flörsbach
Kempfen-
brunn
Lorhaupten
Kinzig
Jossa
Sinn
Naturpark
Hessischer
Spessart
Bayerischer
Naturpark
Spessart
BAYERN
10 km
66
5
27
276
104
105
106
107
108
109
110
111
112
113
114
115
116
117
118
119
120
121
122
123
124
125
126
127
128
129
130
131
132
133
134
135
136
137
138
139
S
P
W
N

Tour 5 255 km

Schlüchtern - Schwarzenfels - Bad Brückenau - Steinau - Bad Soden-Salmünster - Lohrhaupten - Bad Orb - Wächtersbach - Gelnhausen

Stellplätze: Schlüchtern, Elm, Sterbfritz, Schwarzenfels, Bad Brückenau, Altengronau, Jossa, Marjoß, Steinau, Bad Soden-Salmünster, Hausen, Mernes, Burgjoß, Oberndorf, Pfaffenhausen, Lohrhaupten, Flörsbach, Jossgrund, Bad Orb, Wächtersbach, Gelnhausen.
Campingplätze: Mottgers Campingplatz Hopfenmühle.
Ver-/Entsorgung: Schlüchtern, Bad Brückenau, Altengronau, Steinau, Bad Soden-Salmünster, Mernes, Bad Orb.
Besichtigen: Schlüchtern Stadtbild, Bergwinkelmuseum, Burg Brandenstein, Schloss Ramholz, Burgruine Steckelberg; Mottgers Werksführung Tabbert; Schwarzenfels Burgruine Schwarzenfels; Staatsbad Bad Brückenau Kuremsemble, Deutsches Fahrradmuseum; Steinau Erlebnispark, Kletterwald, Stadtbild, Schloss, Brüder-Grimm-Haus, Privatmuseum, Marionettentheater, Tropfsteinhöhle; Bad Soden-Salmünster Kurpark, Stadtbild, Heimatmuseum; Bad Orb Kurpark, Stadtbild, Heimatmuseum; Wächtersbach Stadtbild, Heimatmuseum; Gelnhausen Kaiserpfalz, Stadtbild, Stadtmuseum m. Begehbarem Ohr.
Wandern: Sterbfritz, Jossa, Steinau, Mernes, Burgjoß, Oberndorf, Lohrhaupten, Flörsbach, Neudorf.
Radfahren: Jossa, Mernes, Lohrhaupten, Neudorf.
Thermen: Bad Brückenau, Bad Soden-Salmünster, Bad Orb.
Baden: Sterbfritz, Altengronau, Mernes, Bad Orb.
Essen: Schlüchtern Gaststätte Heideküppel; Bad Brückenau Jugendstilcafè, Ristorante Castello Belvedere; Steinau Restaurant Burgmannenhaus, Ausflugslokal Brathähnchen Farm; Mernes Gasthaus Im Jossatal; Bad Orb Gaststätte Olliz, Gaststätte Jagdhaus Haselruhe.

Von Birstein ist es nur einen Katzensprung nach UNTERREICHENBACH. Auf einer erhöhten Kuppe über dem Dorf erhebt sich die ehemals reformatorische Kirche, die wegen ihrer Größe im Volksmund **Vogelsberger Dom** genannt wird. Auf dem

46 m hohen Turm der 1750 geweihten Kirche glänzt ein goldenes Kreuz und das Gotteshaus hat seit seiner Entstehung kaum Veränderungen erlebt. Der hallenartige Innenraum ist holzvertäfelt und weist dem reformatorischen Stil entsprechend fast keine Verzierungen auf. Auf den Holzbänken um den in der Mitte der Kirche postierten Altar und auf den Emporen finden 1000 Kirchgänger Platz, die noch heute streng getrennt nach dem jeweiligen Kirchspiel der umliegenden Gemeinden in „Blöcken" dem Gottesdienst folgen. Über RABENSTEIN erreichen wir ULMBACH und von dort links abbiegend ÜRZELL. Im tief eingeschnittenen Tal des Steinbachs rollen wir hinab nach KRESSENBACH, überwinden einen weiteren Berg und sind wenig später in SCHLÜCHTERN.

(104) WOMO-Stellplatz: Schlüchtern, Ludovica-von-Stumm-Straße offiziell

GPS: N 50°20'58.1" E 9°31'48.7"
max. WOMOs: 5
Ausstattung/Lage: Ausgewiesener Teil eines Parkplatzes, Tisch und Bänke, ca. 500 m ins Zentrum, Getränkehandel mit Brötchenshop in unmittelbarer Nähe, dort gibt es auf Nachfrage auch Wasser, gebührenfrei/im Ort. V/E ca. 4 km entfernt Richtung Autobahnauffahrt Schlüchtern/Nord am Autohof Distelrasen [N 50°23'08.3" E 9°31'51.7"].
Zufahrt: Im Ort den WOMO-Piktogrammen folgen.

Schlüchtern

Wir haben Glück und werden auf dem Stellplatz von einem netten Herrn empfangen, der uns willkommen heißt und uns mit einem kleinen Stadtrundgang-Plan und etlichen Informationen rund um Schlüchtern versorgt. Wer nicht in den Genuss einer persönlichen Begrüßung kommt, tritt am besten den Weg über die Hospitalstraße und immer geradeaus zur etwa 500 m entfernten **Tourist-Info** an (Mo - Fr 9 - 14 Uhr, Krämerstraße 5, Telefon 06661/85361, www.schluechtern.de). Hier, auf dem Stadtplatz vor dem **Rathaus** im Renaissancestil, findet auch regelmäßig der **Wochenmarkt** mit einem reichhaltigen Angebot aus der Region statt (Di 8 - 13 Uhr). Manche Straßen lassen noch die mittelalterlichen Strukturen der 933 erstmals urkundlich erwähnten Stadt erkennen und neben der beschaulichen Atmosphäre in kleinen Gassen schlendern wir u. a. an einem der ältesten Gebäude, dem **Eckebäckerhaus**, von 1144 vorbei. Einst wurde es als Dienstmannenhaus des ehemaligen **Benediktinerklosters** genutzt und alsbald stehen wir vor dem im 8. Jh. gegründeten Kloster. Es gilt als Keimzelle der Stadt und gab wichtige Impulse zur geistigen, kulturellen und wirtschaftlichen Entwicklung der Region. Im Rahmen einer Führung sind die spätromanische Andreaskapelle, weitere Kapellen und der Kreuzgang zu besichtigen. Der Rundgang führt durch die Baustile von der Zeit der Karolinger bis zur Renaissance und kann, genau wie weitere Themenführungen, bei der Tourist-Info gebucht werden. Im ältesten erhaltenen Profanbau der Stadt, dem um 1440 erbauten **Lauter'schen Haus** ist das **Bergwinkelmuseum** untergebracht. Ein

Stadtmuseum der etwas anderen Art, denn hier wird die Stadtgeschichte weitgehend anhand ausgewählter Biografien dargestellt. Die persönliche Geschichte der Menschen verdeutlicht politische Zusammenhänge und die Auswirkungen ihrer Zeit, zeigt soziale Lebensumstände sowie sich ändernde Moralvorstellungen auf und lässt kreative Vor- und Querdenker lebendig werden. Interessant gemacht und besuchenswert (April - Okt. Di - So 14 - 18 Uhr, Nov. - März Fr/Sa/So 14 - 18 Uhr, Eintritt). Ganz „haupt-

städtisch" findet unser kleiner Stadtrundgang „Unter den Linden" in einem Eiscafé seinen Abschluss, bevor wir auf dem Rückweg zum Stellplatz von einem blauen, alten Fachwerkhaus angezogen werden. Hier ist die **Gaststätte Heideküppel** (Kirchstraße, So Ruhetag) ansässig, von der die Einheimischen sagen, dass es sich gut einkehren lässt.

Schlüchtern nennt sich gerne die Bergwinkelstadt und verweist damit auf seine Lage im hessischen Spessart. In der **Bergwinkel-Region** stoßen die drei Mittelgebirge Vogelsberg, Rhön und Spessart zusammen. Der Hessische und der Bayerische Spessart bilden zusammen den **Spessart**, wobei der hessische Teil deutlich kleiner ist. Dummerweise werden wir erst im weiteren Verlauf unserer Runde durch den Spessart am **Informations-Zentrum** vorbeikommen, nehmen aber an dieser Stelle schon einmal das für uns Wissenswerte vorweg (April - 15. Okt. Mo - Do 9 - 12/13 - 16.30 Uhr, Fr 9 - 12 Uhr, Sa 13 - 16 Uhr, So/Feiertage 10 - 16 Uhr, www.naturpark-hessischer-spessart.de, vgl. S. 158).

Naturpark Hessischer Spessart

Der Spessart hat von Süd-West nach Nord-Ost etwa eine Ausdehnung von 65 km und von Nord-West nach Süd-Ost etwa 25 km. Etwa 61% des Terrains sind vorwiegend mit Eichen sowie Buchen bewaldet, die von weichen Wiesen und Weiden bereichert werden. Die höchste hessische Erhebung ist die Hermannskoppe mit 567 m ü. NN. Das zu den größten zusammenhängenden Waldgebieten Deutschlands zählende Gebiet diente in früheren Jahrhunderten Kaisern und Fürstbischöfen als ergiebiges Jagdrevier und trug im Mittelalter den Namen „Spechts-

Aussicht von Burg Brandenstein

hardt" oder „Spechtwald". Noch heute sind neben zahlreichen anderen Tierarten viele Spechtarten hier zu Hause. Besonders erwähnenswert ist der Biber, der in den 1980er wieder ausgewildert wurde und sich in den wasserreichen Lebensräumen der Flüsse wohlfühlt. Entlang der bayerischen Grenze befinden sich das Sinntal, das Jossatal und das größere Kinzigtal, welches sich bis nach Hanau zieht. Dem Wassersystem verdankt z. B. auch die Schachblume ihre Verbreitung und der Orchideenreichtum und andere seltene Pflanzen können auf Muschelkalk-Magerrasen und in bunten Wäldern bewundert werden. Letztere verdanken ihre Entstehung durch Wiederaufforstung, die nötig war, nachdem die vorhandenen Wälder durch Rodungen z. B. für die Glasherstellung oder für das Sieden des Salzes im Kurort Bad Orb stark dezimiert wurden. Kulturhungrige können Burgruinen, Schlösser und die Kaiserpfalz von „Kaiser Rotbart" entdecken und die Brüder Grimm in Steinau besuchen. Langeweile kommt sicher nicht auf, denn auch **Radfahrer bzw. Mountainbiker** kommen voll auf ihre Kosten (www.bikewald.com). Das Wegenetz ist sehr vielseitig und gut markiert und besonders auf dem insgesamt knapp 90 km langen **Premiumwanderweg Spessartbogen** ergeben sich herrliche Landschaftsblicke und spannende Entdeckungen. Für Tagestouren empfehlen wir die **Spessartfährten**, die auf Rundwanderwegen unterschiedlicher Länge die Vielseitigkeit des Spessarts zeigen (www.spessartbogen.de). Der Hessische Spessart ist besonders für einen ruhigen Urlaub geeignet, bei dem keine Langeweile aufkommen sollte, da Natur und Kultur eine reiche Abwechslung versprechen (www.mkk-tourismus-spessart.de und www.spessart-mainland.de).

Vom Stellplatz in Schlüchtern kommend fahren wir Richtung Innenstadt und zweigen an der zweiten Straße links ab. Über die Graben- und Brückenauer Straße erreichen wir eine größere Kreuzung, an der wir uns links halten und uns kurz danach unter einer Fußgängerbrücke auf der L3329 nach ELM bewegen. Im Ort zweigen wir rechts Richtung GUNDHELM/VOLLMERZ ab und folgen der Beschilderung zur BURG BRANDENSTEIN.

(105) WOMO-Wanderparkplatz: Elm, Burg Brandenstein
GPS: N 50°21'24.5" E 9°34'25.1" **max. WOMOs:** 2
Ausstattung/Lage: Wanderwege, Mülleimer/außerorts. Im hinteren Bereich eben, ansonsten schräg! **Zufahrt:** Im Ort von der Hauptstraße links ca. 1,5 km den Hinweisen zur Burg auf schmaler Straße folgen.

Die **Burg Brandenstein** ist eine fast 750-jährige Wohn-, Wirtschafts- und Verteidigungsanlage von deren Zugangsweg sich ein schöner Blick auf die typische Spessartlandschaft eröffnet. Ein kleiner Rundgang über den Burgberg führt zu versteckten Gartenanlagen, Blumen- und Streuobstwiesen sowie Hutebuchen, die die Landschafts- und Gartengeschichte widerspiegeln. Beim **Apfelblütenfest** mit Markttreiben (Muttertags-Wochenende Anfang Mai) oder beim **Tag des offenen Denkmals** (2. So im Sept.) kann der Geschichte der Burg nachgegangen werden und ansonsten laden das **Holzgerätemuseum** und das Sieboldmuseum, die nach Absprache geöffnet sind, zu einem Ausflug in die Vergangenheit ein (www.burg-brandenstein.de, Telefon 06661/3888).

Von der Burg kommend halten wir uns an der ersten Möglichkeit links, verlassen Schlüchtern und Elm, und erreichen die Kreisstraße, die uns links nach VOLLMERZ bringt. Zu beiden Seiten der Straße erstrecken sich kleine, von Wäldern durchzogene Wiesentäler, Bächlein begleiten unseren Weg und immer wieder ergeben sich neue Blickwinkel in die hügelige Landschaft. Bevor wir uns STERBFRITZ zuwenden, lassen wir uns in Vollmerz kurz zu einem Abstecher nach RAMHOLZ verleiten [N 50°19'55.9" E 9° 36'39.2"]. In dem kleinen Ort liegt ziemlich verwunschen, aber auch gleichzeitig morbide und bei den derzeitigen Wetterverhältnissen fast bedrückend **Schloss Ramholz**.

Blick auf Burg Brandenstein

Schloss Ramholz

Momentan ist hier gar nichts los, ein neuer Investor scheint das Gelände erworben zu haben und keiner weiß so richtig, was weiter geschehen wird. Uns hindert das jedoch nicht, einen Blick auf die Hauptfassade des 1501 errichteten und Ende des 19. Jh. erweiterten Schlosses zu werfen. Da ragen unterschiedlich verzierte Schornsteine aus der verworrenen Dachlandschaft, der große Schlossturm wirkt wie ein Wehrturm, die Giebel aus Stein oder Fachwerk kommen barock oder im Tudor-Stil daher und das Eingangsportal weist eindeutig Formen der Neorenaissance auf. Zu der Gesamtanlage gehören weitere Gebäude und ein öffentlich zugänglicher **Schlosspark** mit Bach, Weiher und Wasserfall, die

von Wiesenflächen und Baum- und Gehölzgruppen eingefasst werden. Immer wieder ergeben sich neue Blickachsen auf die Bauwerke sowie zur **Burgruine Steckelberg** und wir fühlen uns ein wenig an den weitaus größeren Fürst-Pückler-Park im sächsischen Muskau erinnert. Kein Wunder, denn die Ideen des landschaftsgärtnerisch begabten Fürsten waren maßgebend für die Gartenskizzen des Schweden Lindahl, der hier tätig werden sollte. Seine Pläne mussten allerdings der damalige Schlossherr von Stumm und sein Obergärtner ausführen, da Lindahl Selbstmord beging. Trotz der traurigen Geschichte, gefallen uns die geschwungenen Wege durch den Park, die uns zum Rosengarten sowie einem Pavillon führen und durch den Wald bis hinauf zur etwa 2 km entfernten Steckelburg bringen.

Länger als gedacht sind wir in Ramholz geblieben und wenden uns nun endgültig STERBFRITZ in der Gemeinde Sinntal zu.

(106) WOMO-Wanderparkplatz: Sterbfritz, Freibad

GPS: N 50°19'16.0" E 9°37'47.5"; Seemeweg **max. WOMOs**: 2 - 3
Ausstattung/Lage: Wanderweg, Freibad, Aussicht, ca. 1 km in den Ort/Ortsrand. Schräg, Keile verwenden! **Zufahrt:** Im Ort Richtung Oberzell und dann links ca. 700 m den Hinweisen zum Schwimmbad am Waldrand folgen.

Sterbfritz liegt im Quellgebiet der Kinzig, die nach 86 km in Hanau in den Main mündet und was liegt näher, als einer der bereits erwähnten **Spessartfährten** zu folgen.

WOMO-Wandertipp: Quellwinkel Kinzig

Leichte Wanderung von ca. 14 km Länge mit einigen Anstiegen, schönen Aussichten und Rastplätzen.
Etwa 200 m unterhalb des Schwimmbades (**Stellplatz 106**) kreuzt die Spessartrunde mit der untrüglichen Markierung die Straße und wir folgen ihr im Uhrzeigersinn. Der Bergwinkel ist für seine ruhigen Wald- und offenen Feldwege bekannt und von weichen Graswegen schweift der Blick in die Ferne. Südlich von Sterbfritz liegt der Quellort der Kinzig, die von hier aus erst sprudelnd und dann in weiten Bögen durch das fruchtbare Land mäandert. Muschelkalkkuppen mit Magerrasen und bewaldete Oberhänge prägen die Landschaft rund um das Naturschutzgebiet Weiperzberg, in dem seltene Tier- und Pflanzenarten zu Hause sind. Hier finden wir die typische Vegetation der Rhön mitten im Spessart. Von der Witterung gekennzeichnete Grenzsteine sind auf der aussichtsreichen Kammpassage südöstlich von Weiperz zu entdecken und der Blick reicht weit über das einladende Sinntal. Die unbewaldeten Erhebungen „Roter Baum" und „Sterbfritzer Höhe" begleiten unseren Weg und eine bemerkenswerte, bunte Blumenvielfalt zeichnet den orchideenreichen Trocken- und Halbtrockenrasen am Naturschutzgebiet Stephanskuppe aus.

Neben einem Blick ins idyllische Ramholztal bietet diese Spessartfährte auch eine Aussicht auf die Wasserkuppe in der Rhön.

Nach der erfreulichen Wanderung bietet sich im Sommer der Sprung ins kühle Nass des Freibades an, bevor das WOMO zurück in den Ort rollt und von dort seinen Weg nach MOTTGERS sucht. Umgeben von viel Natur liegt hier im ruhigen Sinntal der einfache Campingplatz Hopfenmühle [**107:** N 50°18'21.2 " E 9°39'41.3"; Telefon 06664/500; www.camping-sinntal.de; ganzjährig geöffnet, €].
Mit dem Ortsnamen Mottgers verbinden eingefleischte Gespannfahrer vermutlich etwas ganz anderes als reine Naturidylle. Die vielen Wohnwagen jenseits des Baches an der Zufahrt zum Campingplatz weisen zusätzlich darauf hin: Im Sinntal ist der traditionsreiche **Wohnwagen-Hersteller**

Tabbert zu Hause [N 50°18'03.4" E 9°39'31.4"; Sandweg]. Der mittlerweile zur Knaus-Tabbert-Gruppe gehörende Betrieb fertigt in seinem 2013 modernisierten Werk am hiesigen Standort hochwertige Wohnwagen. Diese laufen nach 1½ Tagen Fertigung von einer 230 m langen Förderkette, um ihren neuen Besitzern Reisen in alle Winkel der Welt zu ermöglichen. Zu bestimmten Terminen können Besucher hinter die Kulissen schauen. Die **Werksbesichtigung** kann nur nach vorheriger Anmeldung erfolgen und ist sicher auch für Wohnmobilisten interessant (www.tabbert.de).

Hoch über dem Sinntal erhebt sich die **Burg- und Schlossruine Schwarzenfels**, die vermutlich um 1280 durch die Herren von Hanau erbaut wurde. 1290 erstmals genannt, wurde sie im 16. Jh. durch Philipp III. von Hanau-Münzenberg und dann durch seinen Nachfolger Philipp-Ludwig I. als Witwensitz umfassend schlossartig um- und ausgebaut. Aus dieser Zeit sind die eindrucksvolle Ruine der Kernburg sowie der Marstall und der Torturm in der Vorburg erhalten. In Serpentinen schrauben wir uns nach SCHWARZENFELS hoch und lassen uns von den Hinweisen durch den Ort und über eine enge Straße zu einem

Parkplatz neben der Burg leiten [N 50°18'02.1" E 9°40'18.7"; Schlossgasse]. Wo einst die Ritter von Schwarzenfels hausten, ist heute eine Jugendherberge eingezogen. Da gerade umfassende Sanierungsmaßnahmen in Gang sind, bleibt uns der Aufstieg auf den Hauptturm leider verwehrt. Schade, denn ein Rundumblick wäre sicher schön gewesen! Eine tolle Aussicht, die zudem mit einem Stellplatz gekrönt wird, finden wir aber dennoch!

(108) WOMO-Stellplatz: Schwarzenfels, Sportplatz

GPS: N 50°17'52.2" E 9°40'50.2"
max. WOMOs: 2 - 3
Ausstattung/Lage: Tolle Aussicht, Wanderwege, Gasthaus Richtung Burg ca. 1 km entfernt/außerorts.
Zufahrt: Im Ort rechts ca. 400 m Richtung Sportgelände und dann links leicht steil zum Parkplatz fahren.

Nachdem uns der Ausguck der Schwarzenfelser Ritter verwehrt wurde, versuchen wir, auf königlichen Spuren zu wandeln. Von Schwarzenfels ist es nicht weit ins Staatsbad BAD BRÜCKENAU und die Straße nach Bayern ist nicht zu verfehlen. Auf dem Weg notieren wir einen **Picknickplatz** mit herrlicher Aussicht in den Bergwinkel [N 50°18'02.9" E 9°41'28.3";

An der L 3180] und erhaschen nach einigen Berg- und Talfahrten immer wieder einen Blick auf den bayerischen Teil der Rhön. Wahrhaft königlich ist der Stellplatz oberhalb des historischen Staatsbad-Ensembles zu nennen, denn er bietet eine fantastische Aussicht und alle Gesundheits-, Wellness- und Freizeiteinrichtungen des Staatsbades sind fußläufig zu erreichen.

(109) WOMO-Stellplatz: Staatsbad Bad Brückenau, offiziell

GPS: N 50°18'20.0" E 9°44'59.0"; Schlüchterner Straße
max. WOMOs: 10
Ausstattung/Lage: V/E, Strom gegen Gebühr, Kurtaxe, kostenfreie Parkdauer 2 Std., danach €€ am Kassenautomat zu zahlen, Rad- und Wanderwege, ÖPNV-Anbindung nach Bad Brückenau, Therme und Gaststätten in der Nähe/Ortsrand. **Zufahrt:** Direkt hinter dem Ortseingang rechts.

Staatsbad Bad Brückenau und Bad Brückenau

Die Geschichte des Staatsbades begann mit der Entdeckung der König-Ludwig-I.-Quelle, die 1747 den Fuldaer Fürstabt Amand von Buseck veranlasste, die umliegenden Grundstücke zu erwerben und einen Kurgarten in barocker Gartenarchitektur durch Fuldaer Baumeister und Gärtner anlegen zu lassen. Durch den Siebenjährigen Krieg wurde der Ausbau des Staatsbades unterbrochen. Fürstbischof Heinrich von Bibra setzte ihn anschließend jedoch fort und der Kurort entwickelte sich zu einem Modebad, das u. a. Kaiserin Elisabeth von Österreich, die russische Zarin und Bayernkönig Ludwig I. anzog. Als Kronprinz weilte dieser bereits in Bad Brückenau, veranlasste flux nach seiner Krönung, dass das damalige Königreich Baiern zukünftig mit „y" geschrieben wird und fand so großen Gefallen an dem idyllisch gelegenen Kurort, dass er sich 26 Mal dort aufhielt. Das königliche Umfeld wurde durch mondäne Villen, Pavillons, prunkvolle Großbauten sowie viele Hotels erweitert und der Regent legte sich standesgemäß einen Kurschatten zu. Dort, wo der König mit seiner Geliebten, der Tänzerin Lola Montez, durch den herrschaftlichen **Schlosspark** turtelte, schlendern wir sittsam zwischen den historischen

Gebäuden entlang und erfreuen uns an der harmonischen Gesamtanlage. Das **Kursaalgebäude** von 1833 ist die Visitenkarte der Kurstadt und das **Hotel Bellevue** war 1819 das erste Bauwerk, dass Ludwig I. errichten ließ. Das **Parkhotel** entstand im Jugendstil und im **Elisabethenhof** stieg Kaiserin Sissi ab. Bereits 1775 ließ Fürstbischof von Bibra das **Schlosshotel Fürstenhof** errichten, von dem später Ludwig während seiner Brückenauer Aufenthalte Bayern regierte. Neben weiteren Gebäuden ist die katholische **Marienkirche** altbayerischen Barockkirchen nachempfunden und die evangelische **Christuskirche** ist eine Nachbildung der Jerusalemer Grabeskirche, die im schönsten Jugendstil einmalig in Unterfranken ist. Stilvoll residiert die **Staatliche Kurverwaltung** im Elisabethenhof und versorgt Wissbegierige mit allen Infos, die einen Aufenthalt im Staatsbad angenehm und abwechslungsreich gestalten möchten (Mo - Fr 9 - 17 Uhr, Sa/So/Feiertage 9 - 12 Uhr, Heinrich-von-Bibra-Str. 25, Telefon 09741/8020, www.bad.brueckenau.com). In einem repräsentativen Jugendstilgebäude befindet sich das **Deutsche Fahrradmuseum**. Von der Laufmaschine des Freiherrn von Drais bis zum Rennrad dreht sich alles um eines der beliebtesten Freizeit- und Sportgeräte. Eine Sammlung zum Thema Fahrradhilfsmotor, Mopeds und Kleinmotoren sowie ein historischer Fahrradladen und eine Werkstatt aus den 1930er Jahren runden die Ausstellung ab. Im **Museumsladen** finden sich Ersatzteile, Zubehör- und Anbauteile aller Epochen und im **Jugendstilcafé** (Mo - Sa ab 14 Uhr, So/Feiertage ab 10 Uhr, Do Ruhetag) ist die Einkehr nicht nur bei einem Museumsbesuch möglich (Di - Fr 9 - 12/14 - 17 Uhr, Sa/So/Feiertage 10 - 17 Uhr, Eintritt. www.deutsches-fahrradmuseum.de). Das **Ristorante Castello Belvedere** bietet nicht nur hervorragende Speisen in allen Preislagen, sondern ermöglicht uns zusätzlich eine schöne Aussicht über den Schlosspark (11.30 - 14.30/17.30 - 23 Uhr). Bad Brückenau ist wegen seiner Heilquellen bekannt und die Kraft des Wassers wirkt nicht nur bei Trinkkuren, sondern auch beim Baden in der **Therme Vital Spa** nahe dem Stellplatz (www.hotel-bad-brueckenau.dorint.com). Dem familiären Badespaß kann im **Freizeitbad Sinnflut** mit großem Schwimmbereich und Riesenrutsche nachgegangen werden. Um diese Therme zu erreichen, folgt man der Landstraße weiter nach Bad Brückenau und parkt am besten auf einem der **zwei weiteren offiziellen, gebührenpflichtigen Stellplätze** [**110:** N 50°18'25.4" E 9°47'12.7"; Ancenis Straße, €]. Für den Bummel durch die Straßen und Gassen mit fränkischen Fachwerkhäusern und Einkehr in einem der zahlreichen Gastronomiebetriebe bei typisch fränkischer Küche sollte der zentrumsnahe Stellplatz angefahren werden [**111:** N 50°18'43.6" E 9°47'50.4"; Buchwaldstraße, €]. Beide Plätze bieten eine **Stromversorgung**, während eine **V/E-Möglichkeit** nur in der Ancenis Straße möglich ist. Ansprechpartner für alle Fragen rund um den Aufenthalt und die Freizeitgestaltung in Bad Brückenau ist die **Tourist Info** (Mo/Di/Do/Fr 10 - 18 Uhr, Mi 10 - 13 Uhr, Sa 10 - 14 Uhr, Alter Rathausplatz 1, Telefon 09741/80411, www.bad-brueckenau.de).

Der Kurz-Trip nach Bayern hat eigentlich „Lust auf mehr Unterfranken“ gemacht, doch wir sind ja mit dem WOMO in Hessen unterwegs und treten vorerst den geordneten Rückzug aus dem Nachbarbundesland an. Schnell sind wir wieder zurück in SCHWARZENFELS und dann in MOTTGERS, um uns wieder dem Hessischen Spessart zu widmen.
Von hier geht's in sachten Kurven durch das Tal der Sinn nach ALTENGRONAU. Am Ortseingang des 780 erstmals urkundlich erwähnten Ortes sehen wir die ehemalige Wasserburg.

(112) WOMO-Stellplatz: Altengronau, Natur-Freibad offiziell

GPS: N 50°15'16.9" E 9°37'59.8"
Aspenstraße **max. WOMOs**: 5
Ausstattung/Lage: V/E, Strom gegen Gebühr, ansonsten kostenfrei, ausgewiesener Teil eines Parkplatzes, Tisch und Bänke, Wander- und Radwege, Barfußpfad, Kneippanlage, Gaststätte ca. 800 m entfernt, Bäcker und Supermarkt im Ort, Mülleimer/Ortsrand.
Zufahrt: Hinter der Kirche links den Hinweisen ca. 1,2 km zum Naturbad und dem WOMO-Piktogramm folgen.

In landschaftlich reizvoller Lage laden gut markierte Wege zu **Wanderungen** oder zum **Mountainbiking** ein. Auf dem **Fernradweg** R2 sind Touren entlang der Sinn Richtung Gemünden/Main oder über Zeitlofs nach Bad Brückenau möglich. Bis an den Bereich des Freibades reichen die geschützten Sinnwiesen, auf denen im April/Mai die seltenen Schachblumen wachsen.
Weiter der Sinn folgend erreichen wir JOSSA. Um 1730 gegründet, ist Jossa der jüngste Ort im Tal der gleichnamigen Jossa und an deren Mündung in die Sinn gelegen. Den entscheidenden Entwicklungssprung machte Jossa durch den Bau der Eisenbahn Gemünden-Fulda 1874. Mit der Eisenbahn kamen Ende der 1950er Jahre die ersten Feriengäste und seit 1978 ist Jossa staatlich anerkannter Erholungsort.

(113) WOMO-Wanderparkplatz: Jossa, Sportplatz

GPS: N 50°14'24.3" E 9°35'32.8"
Im Spessartgrund **max. WOMOs**: 2-3
Ausstattung/Lage: Wander- und Radwege, Glascontainer, vor dem Sportplatz, Gaststätte in unmittelbarer Nähe (Di Ruhetag)/Ortsrand.
Zufahrt: Von der Durchgangsstraße direkt hinter der Brücke über die Sinn rechts ca. 200 m zum ausgewiesenen Festplatz abbiegen und über ein zweites Brückchen fahren.

Jossa ist der Start- oder Zielpunkt eines **Kultur - Rad- und Wanderweges**. Die 25 km lange Strecke ist Bestandteil der hessischen **Apfelwein- und Obstwiesenroute** und mit dem Symbol des roten Apfels auf weißem Grund markiert. Hier reihen sich die Dörfer des Jossgrundes wie Perlen an einer Kette aneinander. Deshalb und wegen der früher in großen Mengen vorkommenden Flussperlmuschel trägt der Kulturweg den Namen **Perlen der Jossa**. Auch vom kommenden Wanderparkplatz ist der Einstieg in den Wander- und Radweg möglich. Wir erreichen ihn, nachdem wir in Jossa nach MARJOSS abgebogen sind. Neben uns schlängelt sich die Jossa durch das schöne Wiesental, wird immer wieder von kleinen Brückchen überspannt und wir können an ihrem Ufer den Rad- und Wanderweg erkennen.

(114) WOMO-Wanderparkplatz: Marjoß, Müsbrücke

GPS: N 50°15'26.5" E 9°33"32.5"; An der L3196 **max. WOMOs**: 2
Ausstattung/Lage: Infotafel, Rad- und Wanderwege, Rundwanderweg (8 km), Tisch und Bank, direkt an der Jossa gelegen/außerorts.
Zufahrt: Etwa 4 km hinter Jossa rechts dem Hinweis zum Wanderparkplatz/Barackenhöfe ca. 200 m folgen.

Nach wenigen Minuten verlassen wir kurzfristig das beschauliche Jossatal und peilen STEINAU an. Durch die Wälder des nordöstlichen Spessarts geht es in Kurven bergauf und wir registrieren zwei weitere Wanderparkplätze, an denen Infotafeln auf Rundwanderwege hinweisen. Am Bellinger Kreuz haben wir den Scheitelpunkt des Bergrückens erreicht und rollen hinab zu zwei familienfreundlichen Attraktionen, die viele Besucher anziehen. Nebenbei bietet sich auch noch ein Stellplatz an.

(115) WOMO-Stellplatz: Steinau, Erlebnispark

GPS: N 50°17'48.9" E 9°29'20.6"
Talhof 1 **max. WOMOs**: 2 - 3
Ausstattung/Lage: Strom/Wasser, Tagesparken frei, Übernachtung gegen Gebühr €€, 50 € Kaution für Schlüssel, Parkrestaurant, Kiosk, Grillen im Park/außerorts.
Zufahrt: An der L3196 gelegen und ausgeschildert.

Der **Erlebnispark Steinau** ist ein Freizeit- und Vergnügungspark, in dem über 50 Fahrgeschäfte, Spielgeräte sowie Karussells und eine 850 m lange Sommerrodelbahn die Besucher erwartet. Im Streichelzoo kann man sich mit Schafen, Ziegen und Eseln auf „Tuchfühlung" begeben und im Räuberwald wilde Abenteuer erleben. Das Landwirtschaftsmuseum kann mit dem Smartphone oder althergebracht erkundet werden und Pflanzenliebhaber werden sich an der Vielfalt der Flora erfreuen können (Ende März - Anfang Okt. 9 - 18 Uhr, Eintritt. www.erlebnispark-steinau.de). Im angrenzenden, aber nicht zum Erlebnispark gehörenden **Europa-Kletterwald** warten zwischen den Baumwipfeln spannende Herausforderungen auf die Gäste, die ihre eigenen Grenzen auf 30.000 m² austesten wollen [N 50°17'38.2" E 9°29'05.0"]. Das absolute Highlight ist dabei

eine der längsten Seilrutschen Europas, die einen etwa 800 m langen Flug über eine Wiese ermöglicht (Ende März - Okt., in den Schulferien im Allgemeinen tägl. geöffnet, ansonsten an Wochenenden/Feiertagen, Eintritt. www.europa-kletterwald.de). Eingerahmt von Wiesen und Wäldern können wir im Tal der Kinzig bereits die Brüder-Grimm-Stadt STEINAU AN DER STRASSE erkennen. Den Zusatz „an der Straße" erhielt Steinau, um sich von anderen namensgleichen Orten zu unterscheiden. Dieser Zusatz bezieht sich auf die alte Handelsstraße von Frankfurt am Main nach Leipzig, an der die Stadt liegt. Man kann sich gut vorstellen, dass Steinau eine besondere Bedeutung am alten Handelsweg zukam und es deshalb im Mittelalter eine Befestigungsanlage gegeben hat. Dazu gehörten vier Beobachtungsposten, die Warten, von denen Sichtkontakt zum Schlossturm mitten in der Stadt bestand. Bei Gefahr konnten die Einwohner mittels Flaggen, Horn- oder Rauchsignalen gewarnt werden. Vier verschieden lange **Wartenwanderwege** bzw. der zusammengefasste 24 km lange **Wartenrundweg** führen zu den historischen Warttürmen. Alle Wege starten in der Stadt an der Tourist-Info oder man kann den Einstieg vom folgenden Wanderparkplatz finden. Ganz unter uns: Von hier ist die Bellinger Warte bereits nach 300 m erreicht und bei unserer nächsten beschriebenen Wanderung ist eine weitere Warte im Programm. Auch von drei anderen Wanderparkplätzen kann man prima in die Natur gehen, wobei wir den Parkplatz an der Schwarzen Rolle als Übernachtungsquartier favorisieren würden. Einen offiziellen Stellplatz gibt es ebenfalls zu nennen. Er eignet sich zusätzlich als Ausgangspunkt für einen Stadtbesuch, da alle anderen Parkplätze dort für Pkw ausgewiesen bzw. arg eng sind.

(116) WOMO-Wanderparkplatz: Steinau, Bellinger Warte

GPS: N 50°18'01.2" E 9°29'05.3"
An der L 3196 **max. WOMOs**: 2
Ausstattung/Lage: Infotafel, Rundwanderwege (1,5 und 6,5 km), Tisch und Bänke/außerorts, leicht schräg.
Zufahrt: Etwa 500 m hinter dem Erlebnispark rechts an der Straße gelegen.

(117) WOMO-Wanderparkplatz: Steinau, Bellinger Berg

GPS: N 50°18'20.9" E 9°29'23.8" **max. WOMOs**: 1-2
Ausstattung/Lage: Wanderwege, Tisch und Bänke/außerorts.
Zufahrt: Etwa 850 m hinter **(116)** rechts Richtung Bellings fahren. Nach weiteren 850 m liegt der Parkplatz links am Waldrand.

(118) WOMO-Wanderparkplatz: Steinau, Schwarze Rolle

GPS: N 50°17'52.2" E 9°28'09.3" **max. WOMOs**: 2
Ausstattung/Lage: Infotafel, Wanderwege (Spessartfährte), Tisch und Bänke/außerorts. Im Wald, einsam.
Zufahrt: Etwa 300 m hinter dem Ortseingang links in die Ringstraße abbiegen. Nach ca. 350 m links der Bergstraße ca. 1 km folgen, erst halb links und dann rechts bis zum Parkplatz fahren.

(119) WOMO-Wanderparkplatz: Steinau, Hermes

GPS: N 50°18'16.8" E 9°26'13.6" **max. WOMOs**: 2
Ausstattung/Lage: Infotafel, Wanderwege (Spessartfährte u. Wartenweg)/außerorts. Im Wald, einsam.
Zufahrt: Im Ort erst den WOMO-Piktogrammen bis zur Leipziger Straße folgen, dort rechts Richtung Bad Soden-Salmünster abbiegen. Nach etwa 2 km links Richtung Schäferhundeverein abbiegen und gleich wieder rechts über eine kleine Brücke ca. 600 m auf einem Schotterweg bis zum Parkplatz fahren.

(120) WOMO-Stellplatz: Steinau, Am Steines offiziell

GPS: N 50°18'55.5" E 9°27'37.5"
max. WOMOs: 5
Ausstattung/Lage: V/E, Strom gegen Gebühr, ansonsten kostenfrei, ca. 350 m ins Zentrum/Ortsrand. Ggf. Geräuschbelästigung durch die nahe Straße!
Zufahrt: Im Ort den WOMO-Piktogrammen folgen, an der Ampelkreuzung links versetzt die Leipziger Straße queren und dann wieder dem Piktogramm folgen.

Schloss Steinau

Steinau an der Straße

Vom offiziellen Stellplatz gelangen wir parallel zur Straße und dann durch eine Unterführung rasch in den Ort, der zentral an den Handelswegen des Mittelalters lag und dadurch eine wirtschaftliche Blüte erlebte. Im 8. Jh. beginnt die Stadtgeschichte, 1273 wird die **Katharinenkirche**, ältestes Gebäude der Stadt, erstmals erwähnt und 1290 verleiht König Rudolf von Habsburg dem Örtchen die Stadt- und Marktrechte. Seit dieser Zeit wird alljährlich um den dritten Sonntag im Oktober der traditionelle **Katharinenmarkt** mit Mittelalter- und Krammarkt, Verpflegungsständen und Kinderprogramm gefeiert. Die Kirche wird seit einigen Jahren hauptsächlich für kulturelle Zwecke genutzt. Seit 1278 existierte eine Burg, auf deren Grundmauern **Schloss Steinau** im 16./17. Jh. neu errichtet wurde. Die eindrucksvolle Anlage, ehemaliger Landsitz der Grafen von Hanau, ist eine Mischung aus mittelalterlicher Burg, Renaissance-Wohnschloss und Festung, die einen fünfeckigen Grundriss aufweist. Sie zählt zu den wenigen nahezu vollständig erhaltenen frühneuzeitlichen Schlossanlagen. Die Räume weisen zwar kaum mehr historisches Mobiliar auf, es sind jedoch Wandfassungen aus der Renaissance-Zeit erhalten. Bei Schlossführungen stehen zusätzlich die Brüder-Grimm-Gedenkstätte mit Familien- und Erinnerungsstücken sowie die Theatersammlung des Marionettentheaters auf dem Besuchsprogramm (März - Okt. 10 - 17 Uhr, Nov. - Mitte Dez. 10 - 16 Uhr, Mo Ruhetag, Eintritt). Die ganze Altstadt Steinaus ist von historischen Fachwerkhäusern durchzogen, die sich um den zentralen Marktplatz, den sog. Kumpen gruppieren. Hier befindet sich die **Tourist Info** (Mo - Do 8.30 - 12/13.30 - 16 Uhr, Fr 8.30 - 13 Uhr, April - Okt. Zusätzlich Sa/So 13.10 - 15.30 Uhr, Brüder-Grimm-Straße 70, Telefon 06663/96310, www.steinau.de). Für alle, die sich den Zauber der Märchenwelt bewahrt haben, wird die **öffentliche Märchen-Stadtführung** genau richtig sein (April - Okt. 1. So im Monat 14 Uhr, Treffpunkt Marktplatz, Gebühr). Daneben werden weitere Themenführungen angeboten. Im ehemaligen Amtshaus, einem Renaissance-Steinbau von 1562, arbeitete seit 1791 der Amtmann Philipp Wilhelm Grimm. Als er verstarb, musste die Familie die Dienstwohnung verlassen. Seine Frau blieb mit den jüngeren Kindern in Steinau, während die ältesten Söhne Jacob und Wilhelm nach Kassel gingen und später mit ihren Kinder- und Hausmärchen zu Weltruhm gelangten. Im **Brüder Grimm-Haus** wird auf das Leben, das Wirken und natürlich die Märchen der berühmten Brüder eingegangen. Zahlreiche Erstausgaben verweisen auf das wissenschaftliche Werk, wie z. B. das Hildebrandslied, die Deutsche Grammatik und das Deutsche Wörterbuch. Außerdem sind grafische Arbeiten des jüngeren Bruders Ludwig Emil zu besichtigen.

Von den einstigen Wohnräumen ist lediglich die Wohnküche rekonstruiert, die mit bäuerlichem Mobiliar ausgestattet ist (10 - 17 Uhr, Eintritt. www.brueder-grimm-haus.de). Gegenüber dem Amtshaus befindet sich die Amtshofscheune, in der das **Museum Steinau** untergebracht ist. Die Ausstellung widmet sich besonders der Frankfurt/Leipziger-Handelsstraße und den beschwerlichen Reisen in früheren Zeiten. Daneben zeigt eine Abteilung Produkte des regionalen Töpferhandwerks vom Mittelalter bis zum 20. Jahrhundert (10 - 17 Uhr, Eintritt. www.museum-steinau.de). Im kleinen **Privatmuseum** der Familie Zimmer ist weiterhin eine Sammlung von historischen Haushaltswaren und landwirtschaftlichen Geräten aus der Region zu sehen (Mo - Fr 10 - 18 Uhr, Sa/So 10 - 17 Uhr). Wer etwas Zeit hat, sollte sich das **Marionettentheater** „Die Holzköppe" nicht entgehen lassen. Kleine Zuschauer sind von den Märchenspielen verzaubert, die Größeren erleben den Faust oder das in Schwarzlicht getauchte „Magische Theater", während den ganz Großen „Das gestiefelte Rumpelkäppchen" vorbehalten ist (www.die-holzkoeppe.de). Gastronomisch gesehen gibt es in Steinau einige Einkehrmöglichkeiten. Wir sind im historischen **Burgmannenhaus** am Markt gut bedient worden (Mi Ruhetag) und haben ein weiteres Angebot im Köcher, das wir am Abend aufsuchen werden.

Zunächst wenden wir uns der **Tropfsteinhöhle** zu, die etwa 3 km außerhalb Steinaus liegt und Richtung Freiensteinau gut ausgeschildert ist [N 50°20'12.0" E 9°27'39.5"; An der L 3179] Die Teufelshöhle ist ca. 2,5 Mio. Jahre alt, stellt ein geologisches Naturdenkmal dar und die ganzjährigen Temperaturen bewegen sich in einem Rahmen von 7 - 11 Grad. Stalaktiten, Stalagmiten sowie seltsam geformte Stalagnate sind typische Gebilde einer Tropfsteinhöhle. Der Dom sowie die Kapelle und zwei große Hohlräume sind die besonderen Sehenswürdigkeiten in der Höhle. Wer die Teufelshöhle besuchen möchte, muss zunächst vom Parkplatz ca. 10 Min. bergauf zum Eingang gehen. Besuchern mit Handicap und entsprechendem Ausweis ist ein Parkplatz vor dem Höhlenbereich vorbehalten (Ende April - Sept. Mo - Fr 13 - 17 Uhr, Sa 10 - 18 Uhr, So/Feiertage 10 - 18 Uhr, Eintritt. Die Führungen dauern ca. ½ Stunde, Hunde sind nicht gestattet. www.tropfsteinhoehle-steinau.de).

Brüder Grimm-Haus

Uns gefällt die Lage des offiziellen Stellplatzes nicht besonders und so kommt es uns sehr gelegen, dass wir an der Brathähnchen Farm nach unserem Abendessen einen Übernachtungsplatz angeboten bekommen (Mo Ruhetag außer an Feiertagen, www.brathaehnchenfarm.net).

(121) WOMO-Stellplatz: Steinau, Brathähnchen Farm

GPS: N 50°20'05.0" E 9°28'40.0"; Im Ohl **max. WOMOs**: 3-5
Ausstattung/Lage: Beliebte Ausflugsgaststätte im Grünen, Wanderwege/außerorts. Hier kann es richtig voll werden, deshalb sollte nachgefragt werden, wo man das WOMO am besten abstellen und übernachten kann!
Zufahrt: Im Ort den WOMO-Piktogrammen folgen, die Ampelkreuzung an der Leipziger Straße links versetzt geradeaus überqueren. Erste Straße rechts (Ohlstraße) und den Hinweisen zur Brathähnchen Farm ca. 2,5 km folgen.

Wer nun denkt, dass es hier nur Brathähnchen gibt, liegt völlig daneben. Lammgerichte, Gambas und Gemüsespieße stehen genauso auf der Karte und allen ist eins gemeinsam: Sie werden auf dem Holzkohlegrill zubereitet, und wenn man im „richtigen" Gastraum sitzt, kann man dabei zuschauen. Bisher waren alle Gerichte lecker, aber das Brathähnchen war tatsächlich das Beste, was uns jemals serviert wurde! Kein Vergleich zum Broiler an der Imbissbude, was sich allerdings auch im Preis bemerkbar macht. Dazu eine freundliche Bedienung und ein Bier mehr, da wir anschließend ja nur einen kurzen Weg ins WOMO haben. Super Sache, die einen gelungenen Abschluss unseres angenehmen Aufenthalts in Steinau darstellt.
Stopp! So ganz sind wir noch nicht in Steinau fertig, denn am nächsten Morgen heißt es, die Wanderschuhe schnüren und die herrlichen Aussichten auf einer der **Spessartfährten** genießen. Wir sind auf der Straße Richtung Bad Soden-Salmünster und starten unsere Wanderung vom Wanderparkplatz **(119)** Steinau-Hermes.

WOMO-Wandertipp: Steinauer Hochgefühl

Leichte Wanderung von ca. 12 km mit leichten An- und Abstiegen auf Forst- und Waldwegen.
Wir orientieren uns an der durchgängig guten Markierung der Spessartfährte und folgen ihr im Uhrzeigersinn. Das erweist sich als richtig, denn das Ende der Wanderung erfolgt über einen ziemlich eintönigen

Waldweg bergab zum WOMO. Den können wir allerdings gut verschmerzen, da es vorher sehr abwechslungsreich von Feldern gesäumt, hier und da von Bäumen und Bächlein begleitet, allein auf freier Flur durch ein erfrischend schönes Wandergebiet geht. Immer wieder genießen wir die Aussichten und stellen uns vor, im Sommer auf einer der Wiesen bei einem Picknick zu rasten. Wir streifen Steinau und den Wanderparkplatz Schwarze Rolle. Etwa 1 km später lugt rechts über das Feld die **Seidenröther Warte**, zu der wir einen Abstecher machen. Hier gibt es endlich den ersehnten Rastplatz mit schönem Blick gratis. Zurück auf dem Hauptweg nehmen wir den „höchsten“ Anstieg in Angriff und marschieren über Wiesen und Felder bis ins kleine Örtchen Seidenroth. Nun noch über eine Wiese und anschließend am Waldrand hinab zu dem anfangs erwähnten Waldweg, der uns zum Ausgangspunkt unserer Wanderung führt.

Wir befinden uns nun auf direktem Weg nach BAD SODEN-SALMÜNSTER. Rechter Hand erspähen wir den Kinzig-Stausee und es dauert nicht lange, bis wir die Kurstadt erreicht haben.

(122) WOMO-Stellplatz: Bad Soden-Salmünster, Spessart-Therme offiziell

GPS: N 50°17'06.1" E 9°21'33.8"; Parkstraße 12 **max. WOMOs**: 34
Kontakt: www.wohnmobilstellplatz-badsoden-salmuenster.de, mit Live-Kamera
Ausstattung/Lage: V/E, Strom (Wertmünzen) gegen Gebühr, Kurtaxe, die Stellplatzgebühr €€ ist in der Spessart-Therme zu zahlen (ca. 700 m, Mo - Sa 8.30 - 21 Uhr, So/Feiertage 8.30 - 21 Uhr), WC in der Therme, ca. 800 m in den Ort, Mobiler Markt (Mo - Sa 8.15 - 8.45 Uhr), Mülleimer/Ortsrand.
Zufahrt: Im Ort den WOMO-Piktogrammen Richtung Kurgebiet folgen.

Bad Soden-Salmünster

Vermutlich wird der erste Weg zur **Spessart-Therme** durch den schön gestalteten **Kurpark** führen. Der Generationenpark sorgt für Spiel und Fitness in jedem Alter und wer durch den Wasser-Barfuß-Pfad schreitet, erlebt „Kneippen“ mal ganz anders, während der Fontänengarten und blühende Themengärten zum Verweilen einladen. In der Therme heißt es „Wellness trifft Gesundheit“ – in der großen Sauna- und Badelandschaft kann man es Stunden aushalten und in der Totes-Meer-Salzgrotte wunderbar entspannen (www.spessart-therme.de). Im Eingangsbereich befindet sich die **Tourist Info** (Mo - Fr 9 - 17 Uhr, Sa 10 - 13 Uhr, So 10 - 12 Uhr, Telefon 06056/744144, www.badsoden-salmuenster.de). Hier können öffentliche Rundgänge und Themenführungen und natürlich etliche Tipps um Bad Soden und Salmünster erfragt sowie vermittelt werden. Die Geschichte von **Bad Soden** begann als kleine Landstadt und es war wohl eine Kuh, die zur Veränderung zum bekannten Heilbad beitrug. Der Paarhufer soll am Flüsschen Salz an einer bestimmten Wiesenstelle immer wieder geleckt haben, bis schließlich die Einwohner dort gruben und auf einen alten Brunnenschacht stießen. Die erste kohlensäurehaltige Sole war entdeckt worden und seitdem beeinflussen starke Solequellen das Geschehen. Der **Heilquellenweg**, der auch für Rollstuhlfahrer geeignet ist, bietet einen Überblick über die in den letzten 170 Jahren genutzten Sprudel, ihre Bedeutung und Besonderheiten. Der Weg beginnt direkt neben der Saline am König-Heinrich-Sprudel, der einen hohen Sole- und Eisengehalt hat. In **Salmünster** ist es nach unserem Geschmack gemütlicher. Dort ziehen uns die verwinkelten Gassen mit alten Adelshöfen und Fachwerkbauten aus dem 16. und 17. Jh. an. Weithin sichtbar ist die barocke **Pfarr- und Klosterkirche St. Peter und Paul**

und die ehemalige Anlage des Franziskanerklosters. Lebendige Eindrücke in die Geschichte der Region vermittelt das **Heimatmuseum**, das sich mit einem Teil der Ausstellung dem Leben der Franziskanermönche widmet (April - Dez. 1./3. So im Monat 14 - 17 Uhr).

Auf dem Rückweg zur Kreuzung, an der wir aus Steinau gekommen sind, notieren wir eine **WOMO-Waschanlage** (Mo - Sa 8 - 18 Uhr, Ahler Straße 4, www.wasch-service-gebauer.de). Nach Aussagen anderer Wohnmobileigner sollen die Waschergebnisse gut sein, allerdings empfiehlt sich eine vorherige Terminabsprache. Auf dem Weg nach HAUSEN und MERNES bieten sich zwei Parkplätze für einen Zwischenaufenthalt an. Der erste liegt an einer idyllischen Waldlichtung, während der zweite, nur durch Gebüsch von der Straße getrennt, an einem kleinen Weiher zu finden ist.

(123)
WOMO-Picknickplatz: Hausen, Waldspielplatz Mühlwiese

GPS: N 50°16'08.8" E 9°24'14.8"
max. WOMOs: 2 - 3
Ausstattung/Lage: Tisch und Bänke, Grillhütte, Schutzhütte, Spielplatz, Liegewiese, Wanderwege, Infotafel/außerorts, einsam. Evtl. bei Veranstaltungen belegt.
Zufahrt: Etwa 1,5 km hinter Hausen links Richtung Alsberg und gleich wieder links auf einem Schotterweg ca. 500 m bis zum Parkplatz fahren.

(124) WOMO-Picknickplatz: Hausen, Klinggrund

GPS: N 50°15"45.7" E 9°24"46.1"; An der L3178 **max. WOMOs:** 2
Ausstattung/Lage: Tisch und Bank, Infotafel, Wanderwege, Wassertretstelle/außerorts. **Zufahrt:** Etwa 1 km hinter dem Abzweig nach Alsberg liegt der Parkplatz an der rechten Straßenseite.

Wir kurven, begleitet von Heide- und Ginsterbüschen durch den Wald wieder ins JOSSATAL und erreichen MERNES. Der Erholungsort ist ein Stadtteil von Bad Soden-Salmünster und die kulturell bedeutenden Merkmale sind der spätgotische Riemenschneider-Hochaltar in der **St. Peter Kirche** sowie das historische **Wasserwerk** aus dem Jahr 1914. Hier kann heute noch die Ingenieurkunst an alten Motoren und Pumpen des letzten Jahrhunderts betrachtet werden. Neben einem ruhigen und in ländlicher Idylle gelegenen WOMO-Stellplatz verfügt der Ort über ein **Quellschwimmbad**, eine **Kneippanlage** und einen **Barfußpfad**. Wander- sowie Radfreunde und Naturliebhaber kommen voll auf ihre Kosten. Neben dem bereits beschriebenen Kulturweg **Perlen der Jossa**, kann man von hier auf dem **Eselsweg** wandern. Wo einst Esel beladen mit schweren Salzsäcken entlang zogen, genießen heute Wanderwillige die Spessartnatur auf dem insgesamt 111 km langen Fernwanderweg (www.naturpark-spessart.de). Auf ausgewiesenen **Mountainbike-Touren** unterschiedlicher Schwierigkeitsgrade kann auch dieser Sportart nachgegangen werden (www.spessartbiken.de).

(125) WOMO-Stellplatz: Mernes, Im Jossatal offiziell

GPS: N 50°14'29.1" E 9°28'38.5" Jossastraße **max. WOMOs:** 6
Ausstattung/Lage: V/E, Strom, Gebühr €€ zu zahlen u. a. im **Gasthaus Im Jossatal** (Di Ruhetag. Das Essen soll sehr gut sein!), Ortszentrum 300 m, Infotafel, Rad- und Wanderwege, Tisch und Bank, Glascontainer, Mülleimer/Ortsrand.
Zufahrt: Im Ort in einer Rechtskurve links den WOMO-Piktogrammen ca. 300 m folgen.

Durch das breite und sanfte Wiesental der Jossa treffen wir nach kurzer Zeit in BURGJOSS ein. Das älteste Dorf im Jossgrund setzt sehr modern voll auf Bioenergie. Seit einigen Jahren werden über 80% des Brennstoff- und Wärmebedarfs mit Holzhackschnitzeln aus Waldrestholz statt mit Öl gedeckt. Bereits im Jahr 850 spielte Holz eine wichtige Rolle, als ein burgähnlicher Holzbau auf Pfählen ruhend und mit einem Wassergraben umzogen errichtet wurde. Im 13. Jh. wurde die Holzkonstruktion durch eine auf heimischen Sandstein errichtete **Burganlage** ersetzt. Heute bildet der **Burgwiesenpark** am Fuß der Burg

den Ortsmittelpunkt und beinhaltet einen Minigolfplatz, Kneipp-Becken und einen Spielplatz. Ringsherum findet man diverse gastronomische Angebote, wobei uns rein optisch von außen das **Schafhof Café** am besten gefällt (Do - Mo ab 9 Uhr, So ab 10 Uhr). Im Schatten der ehemaligen Wasserburg kann vom Parkplatz [N 50°12'16.7" E 9°28'45.6"; Georg-Hartmann-Straße] auf einer weiteren **Spessartfährte** der Jossgrund erwandert werden. Die knapp 12 km lange, leicht zu gehende **Jossgrund-Runde** ist bestens markiert und hat neben aussichtsreichen Passagen von offen liegenden Hängen, Einblicken in schmale Wiesentäler und stillen Waldwegen einiges zu bieten, was das Wanderherz erfreut. Die Wanderung verlängert sich etwas, wenn man vom folgenden Parkplatz erst in den Ort marschiert und dann richtig loslegt.

(126) WOMO-Stellplatz: Burgjoß, Sport-/Festplatz

GPS: N 50°12'29.7" E 9°28'26.7"
max. WOMOs: 2 - 3
Ausstattung/Lage: Wanderwege ab Ortsmitte, nette Aussicht/ Ortsrand.
Zufahrt: Ca. 400 m hinter dem Ortseingang an der Wasserburg rechts abbiegen und der nächsten Straße links bergauf ca. 500 m folgen.

Von Burgjoß richten wir uns nach dem Hinweis LOHR/MAIN und gelangen fast übergangslos nach OBERNDORF. Auch von hier lässt`s sich prima in die typische Spessartlandschaft wandern, denn das Dorf hat anlässlich seines 600-jährigen Bestehens einen **Jubiläumswanderweg** kreiert, der sich auf rund 9 km rund um den Ort zieht und mit „J600“ markiert ist. Starten sollte man am Festplatz in der Orber Gasse gegen den Uhrzeigersinn oder man findet den Einstieg etwa 300 m unterhalb des Sportplatzes am Ortsrand.

(127) WOMO-Stellplatz: Oberndorf, Sportplatz

GPS: N 50°11'02.1" E 9°28'01.8"
Rabenbergstraße
max. WOMOs: 2 - 3
Ausstattung/Lage: Wander- und Radweg, Bank, Aussicht/ außerorts. **Zufahrt:** Etwa 1 km hinter dem Ortseingang rechts Richtung Sportanlage/Sportplatz ca. 800 m fahren.

Wohltuend für Seele und Auge mäandert die Jossa weiter neben uns, bis wir in PFAFFENHAUSEN eintrudeln. Das Dorf wurde um das Jahr 800 von Mönchen/Pfaffen gegründet und verfügt über die **größte Kneipp-Anlage Deutschlands**. Am Waldrand liegt die 3 ha große Anlage mit Fuß- und Armbadebecken und einem Kiosk am Kneippbadsee. Hier kommen nicht nur Kneippianer auf ihre Kosten, sondern alle, die auf ausgedehnten Liegewiesen die saubere, klare Luft genießen möchten. Nur dumm, dass ausgerechnet zu den Öffnungszeiten des Kiosks und am Wochenende die Durchfahrt dorthin verboten ist. Macht nichts, denn auch an den Wochentagen ist es im Hatchesgrund recht schön.

(128) WOMO-Stellplatz: Pfaffenhausen, Kneippanlage

GPS: N 50°09'45.3" E 9°29'36.3" **max. WOMOs**: 2
Ausstattung/Lage: Kneippanlage/außerorts. Sa/So/Feiertage Durchfahrt verboten!
Zufahrt: Im Ort in einer Rechtskurve an der Dorfscheune links abbiegen und zur ausgeschilderten Kneippanlage ca. 2 km fahren.

Hinter Pfaffenhausen verlassen wir das Jossatal. Es knackt ordentlich in den Ohren als wir den höchsten Punkt des sich anschließenden, bewaldeten Bergrückens überwinden, und entlang des Pfaffenhäuser-Tals gelangen wir auch schon in das Tal des Lohrbachs. Unsere nächste Anlaufstelle ist LOHRHAUPTEN, das kurz vor der bayerischen Landesgrenze liegt. Neben **Wanderwegen** rund um die Hermannskoppe werden im Winter Loipen für **Skilangläufern** präpariert.

(129) WOMO-Wanderparkplatz: Lohrhaupten, Herrmannskuppe

GPS: 50°06'41.7" 9°31'02.5"
An der K920 **max. WOMOs**: 2
Ausstattung/Lage: Infotafel, Rundwanderwege (1,3/2,5 km), Loipeneinstieg (8/15 km)/außerorts, einsam, schräg. Ggf. für die Nacht weiter durchfahren. **Zufahrt:** Im Ort links Richtung Bayerische Schanz ca. 3,5 km bis zum rechter Hand gelegenen Parkplatz fahren.

Wer die Natur liebt, wird an dem mitten im Lohrbachtal liegenden Stellplatz seine Freude haben. Neben beschilderten **Fahrradrouten** für Familien und Mountainbiker sowie **Wanderwegen** gibt es an Sonntagen die Möglichkeit zum **Angeln** an nahegelegenen Teichen und im **Freibad** führt die Riesenrutsche mit Karacho ins Wasser. Wie nicht anders zu erwarten, wartet auch hier eine **Spessartfährte** auf Wanderer. Im alten Ortskern an der Sparkasse startet der Weg mit dem schönen Namen **Sonnenhänge Lohrhaupten**. Die 16 km lange Strecke ist ein Schönwetterweg, der durch Feld- und Wiesenflure führt, von Kuppen und Höhen herrliche Ausblicke gewährt und fast schon ein Gebirgsgefühl vermittelt.

(130) WOMO-Stellplatz: Lohrhaupten, Wildrosencamp offiziell

GPS: N 50°07'19.2" E 9°28'19.1"; Mühlweg **max. WOMOs**: 30
Ausstattung/Lage: V/E, Strom, Gebühr €€, Toiletten u. Dusche im Freibad zu nutzen (Mai - Sept.), Gaststätte in der Nähe/Ortsrand.
Zufahrt: Im Ort den WOMO-Piktogrammen folgen.

Auf der Durchgangsstraße verlassen wir den Ort und schauen noch einmal auf die mit Streuobstbäumen gesprenkelten Wiesen entlang des Lohrbachs, bevor wir die B276 erreichen. Rechtsfahrend gelangen wir Richtung FLÖRSBACH/GELNHAUSEN in das nächste Tal und folgen dem Flörsbach bergauf ins Dorf mit der alte Linde. Wer genau hinschaut, wird bemerken, dass um KEMPFENBRUNN auch ein anderer Baum besonders häufig wächst, nämlich die Fichte. Nach dem Ende des Zweiten Weltkriegs

entstand die Idee, die reichlich vorhandenen Spessartfichten zu vermarkten. Dies war die Geburtsstunde dessen, was seither ab Mitte November als „Grünes Fieber" beschrieben wird. 1954 machten sich die ersten Kempfenbrunner nämlich auf, um ihre Tannen und Fichten am Eisernen Steg in Frankfurt als Christbäume zu verkaufen.
Im Nu nähern wir uns FLÖRSBACH, dem Kreuzungspunkt wichtiger Handelswege im Mittelalter.

(131)
WOMO-Wanderparkplatz: Flörsbach, Hosewieschen

GPS: N 50°08'09.6" E 9°24'18.6"
An der B276/L2905
max. WOMOs: 2
Ausstattung/Lage: Infotafel, Rund-Wanderwege (ab 2,5 km), Tisch und Bank, Aussicht, Liegewiese/außerorts.
Zufahrt: Etwa 400 m hinter dem Ortsausgang rechts.

WOMO-Wandertipp: Grenzdorf an der Spessartkreuzung

Leichte Wanderung von ca. 12 km mit einigen An- und Abstiegen und schönen Aussichten.
Seit Jahrtausenden hinterließen die Menschen hier Spuren, die vom Wald bedeckt, uns heute wieder vor Augen geführt werden können. Gegen den Uhrzeigersinn wandernd, gehen wir zur Kreuzung und überqueren die Straße Richtung Aschaffenburg. Der erste Weg links führt uns mit der Markierung „Gelbes Schiff auf blauer EU-Fahne" ins Feld und im weiteren Verlauf zu fünf Stationen. Auf Infotafeln wird erläutert, wie z. B. Ei-

chenrinde bearbeitet wurde, um daraus Gerbstoff für Ledererzeugnisse herzustellen oder was es mit dem verschwundenen Dreimärker-Stein auf sich hat. Der „Verkehrsknotenpunkt" Wiesbütt, die älteste Kreuzung im Spessart, gerät genau wie das „Judenbörnchen" in den Fokus. Die Markierungen sind teilweise sparsam angebracht, aber gut zu finden. Lediglich an der Wiesbütt sind wir kurzzeitig ein wenig irritiert, da hier ein weiterer Kulturweg ausgeschildert ist. Nach der Straßenüberquerung halten wir uns vor dem See links und stoßen schon bald wieder auf unseren Weg, der uns nach Flörsbach bringt. Mitten im Ort legen wir eine Rast ein, bevor es durch ein schönes Tal aufwärts in den Wald geht. Für den längeren Marsch unter Bäumen werden wir mit schönen Aussichten auf der Strecke zurück zum WOMO belohnt. Eine interessante Wanderung, die die Geschichte der Kulturlandschaft Flörsbach an der ehemaligen Grenze zwischen Mainz und Hanau erlebbar macht.

Wir streben JOSSGRUND/BAD ORB entgegen, kurven eine ganze Weile durch Mischwald, der durch Wiesen unterbrochen wird und durchfahren VILLBACH. Mitten im nächsten Waldstück verzeichnen wir einen Wanderparkplatz.

(132) WOMO-Wanderparkplatz: Jossgrund, Sieben-Wege-Kreuz

GPS: N 50°11'29.0" E 9°25'05.2"
An der L2905
max. WOMOs: 2 - 3
Ausstattung/Lage: Infotafel, Rund-Wanderwege (ab 3 km), MTB-Strecke, Tisch und Bänke/außerorts, einsam. Nahe der Straße, aber man kann auf verschiedenen Wegen parken bzw. weiter in den Wald hineinfahren.
Zufahrt: Etwa 3 km hinter Villbach rechts der Straße gelegen.

Nachdem wir bereits einiges im Spessart erlebt und über ihn berichtet haben, steuern wir an der nächsten Kreuzung nun direkt auf das **Informationszentrum Naturpark Hessischer Spessart** (vgl. S. 135) zu [N 50°12'34.4" E 9°24'16.0"; An der L2905/3199].

Im zentralen Informationsstandort kann man sich über den Naturpark und dessen Ziele ins Bild setzen lassen sowie aus einem umfangreichen Jahresprogramm interessante Veranstaltungen herausfiltern. Dazu zählen u. a. auch ganzjährige Erlebnisführungen durch Naturparkführer (www.naturpark-hessischer-spessart.de).

Die Strecke nach BAD ORB ist gar nicht mehr zu verfehlen und schon ziehen wir in das zweite Heilbad im Spessart ein. Zwei offizielle Stellplätze gibt es zu vermelden, wobei wir den ersten, kostspieligeren favorisieren, da er im Grünen liegt und mehr Platz bietet. Für bekennende Freisteher ist der letztgenannte Parkplatz etwas – absolut nicht zentral, aber mit einem Wandergebiet vor der WOMO-Tür.

(133) WOMO-Stellplatz: Bad Orb, Am Kurpark offiziell

GPS: N 50°12'58.4" E 9°21'20.0"
Spessartstraße **max. WOMOs**: 9
Ausstattung/Lage: V/E, Strom gegen Gebühr, in der €€€-Gebühr ist die Kurtaxe enthalten, Gaststätten in der Nähe (Olliz empfehlenswert, Mo/Di Ruhetag), Wanderwege, Barfußpfad, ca. 800 m ins Zentrum, ca. 500 m zur Therme, Freibad, Minigolfplatz in der Nähe/Ortsrand. **Zufahrt:** Im Ort den WOMO-Piktogrammen folgen.

(134) WOMO-Stellplatz: Bad Orb, Am Bahnhof offiziell

GPS: N 50°13'48.3" E 9°20'48.7"; Austraße **max. WOMOs**: 4
Ausstattung/Lage: Strom/Wasser/Kurtaxe in der €€-Gebühr enthalten, WC, ca. 400 m ins Zentrum/im Ort.
Zufahrt: Im Ort den WOMO-Piktogrammen folgen.

(135) WOMO-Wanderparkplatz: Bad Orb, Haselruhe

GPS: N 50°13'28.3" E 9°24'25.0" **max. WOMOs**: 2-3
Ausstattung/Lage: Infotafeln, Rundwanderwege, MTB-Runden, Tisch und Bank, Gaststätte Jagdhaus Haselruhe (April - Okt. Mo Ruhetag), Mülleimer/außerorts, leicht schräg.
Zufahrt: Erst im Ort den WOMO-Piktogrammen folgen und dann Richtung Wächtersbach/Haseltal rechts abbiegen. Die erste Straße rechts fahren und den Hinweisen Haselruhe/Haselweiher ca. 4,5 km bis zum Parkplatz folgen.

Bad Orb

Seit dem Beginn der Besiedlung wurde neben dem Erwerb aus Land- und Waldwirtschaft an dieser Stelle Salz gewonnen. Die Erwähnung von Salzquellen reicht bis zum Jahr 1064 zurück, brachte dem Ort Reichtum, sodass er erstmals urkundlich als Stadt erwähnt wurde. Erst im 18./19. Jh. begann die Verarmung der Bürger, als die Steinsalzproduktion die Siedesalzgewinnung unrentabel machte. Da die heilende Wirkung der Sole bekannt war, wurde bereits 1837 das erste Solebadehaus eröffnet und nach dem endgültigen Aus der Salzgewinnung, wurde 1899 mit dem Ausbau zum modernen Heilbad begonnen. Die staatliche Anerkennung erfolgte 1909 und dank der vorzüglichen Heilerfolge und durch die Schaffung neuzeitlicher Kultur- und Erholungseinrichtungen entwickelte sich Bad Orb zu einem der bedeutendsten Heilbäder Hessens.

Gradierwerk im Kurpark

Heute lockt die **Toskana Therme** zahlreiche Besucher an, die sich von der warmen und wohltuenden Sole bei ruhiger Musik und Farbenspielen der Unterwasserscheinwerfer tragen lassen. Neben der großen Thermenlandschaft mit Innen- und Außenbecken gibt es eine große Auswahl an Saunen, die für ordentliches Schwitzen und Entspannen sorgen. In einer separaten Schwimmhalle kommen auch Sportschwimmer auf ihre Kosten, sodass jede Bewegung im Wasser möglich ist. Ein Wellnesspark und das Gesundheitszentrum runden das Programm ab (So - Do 10 - 22 Uhr, Fr/Sa 10 - 24 Uhr, bei Vollmond 10 - 1 Uhr; Eintritt, Ermäßigung für Kurkarteninhaber. www.toskanaworld.net).
Geht man vom Stellplatz hinab in den Ort, wird der **Kurpark** durchquert. Er wurde 1900 im Stil eines englischen Landschaftsgartens angelegt und bietet vielfältige Möglichkeiten zum Entspannen und Natur genießen. Im oberen Teil des Parks beginnt Deutschlands längster **Barfußpfad**, der über 4,5 km Länge nicht nur die Füße, sondern alle Sinne fordert. Am unteren Rand wartet ein weiterer Superlativ. Hier befindet sich das größte noch bestehende **Gradierwerk** in Hessen. Es ist 155 m lang, 12 m breit und 18 m hoch und ist das letzte von ehemals zehn Technikdenkmälern aus der Zeit der Salzgewinnung. 1806 wurde die Saline selbsttragend, mit zwei Rieselwänden und breit überdacht errichtet (So nach Frühlingsanfang - Anfang Nov. in Betrieb). An den Kurpark schließt sich die historische Altstadt an und spätestens jetzt sollte ein Besuch in der **Tourist Info** stattfinden (Mo - Fr 9 - 17 Uhr, Sa 10 - 12 Uhr, Mai - Sept. zusätzlich So 14 - 16 Uhr, Kurparkstraße 2, Telefon 06052/830, www.bad-orb.info). Neben Themenführungen werden eine **öffentliche Stadtführung** (Sa 10 Uhr, Treffpunkt Gradierwerk, Gebühr/mit Kurkarte frei) und eine **Nachtwächterführung** (alle zwei Wochen Freitag- o. Samstagabend, Sommer 21 Uhr/Winter 19.30 Uhr, Treffpunkt Marktplatz, Gebühr/mit Kurkarte ermäßigt) angeboten. Für einen **historischen Stadtrundgang** auf eigene Faust schnappt man sich einen Flyer und ist so bestens für die über 30 Stationen in die Vergangenheit Bad Orbs gerüstet. Während sich das Städtchen von seiner charmanten Seite zeigt, sorgen Cafés, Restaurants und kleine Geschäfte für eine zusätzliche Bereicherung. Oberhalb der Altstadt ragt neben der **St.-Martin-Kirche** eindrucksvoll die

alte Burg auf, in der sich das **Heimatmuseum** befindet. Die vier Abteilungen berichten über das Leben im Spessart, die Geschichte des Heilbads, die Kirchengeschichte und Volksfrömmigkeit und über die Saline, die als Modell angeschaut werden kann. Wessen Füße nun genug strapaziert sind, der sollte auf die **Dampfkleinbahn** umsteigen. Der restaurierte Zug der Schmalspurbahn „Emma" rollt auf der ehemaligen Kleinbahnstrecke Bad Orb – Wächtersbach auf sieben Kilometern durch das idyllische Autal (Anfang April - Mitte/Ende Oktober So/Feiertage, Gebühr. Info bei der T-Info). Wie man merkt, hat Bad Orb eine Menge zu bieten und uns verschlägt es immer mal wieder in den Ort.

In Bad Orb orientieren wir uns zunächst an der Hauptkreuzung im Ort Richtung HASELTAL, um gleichzeitig WÄCHTERSBACH anzusteuern. Wir erreichen AUFENAU und biegen an einer T-Kreuzung kurz links Richtung WÄCHTERSBACH ab und fahren gleich wieder rechts nach NEUDORF.

(136) WOMO-Wanderparkplatz: Neudorf, Panoramaweg

GPS: N 50°16'09.4" E 9°19'56.0"
max. WOMOs: 2 - 3
Ausstattung/Lage: Rad- und Wanderwege, Aussicht/außerorts. Schräg, im oberen Bereich gerade.
Zufahrt: Im Ort an der abknickenden Vorfahrtsstraße geradeaus bis zur Kirche fahren. Dort rechts ca. 1 km Richtung Wasserverband Kinzig und an den Gebäuden vorbeifahren. Ca. 100 m dahinter befindet sich halb links der Schotterplatz.

Hier führt der 20 km lange Wächtersbacher **Panoramaweg** vorbei, der mit einem roten P markiert ist. Egal, in welche Richtung man den Wanderweg angeht, nach etwa der Hälfte der aussichtsreichen Strecke wird Wächtersbach erreicht. Radfahrer können sich in den Ort hinabrollen lassen und finden am Ortsausgang Richtung Wächtersbach den Einstieg in den **Vogelsberger Südbahnradweg**, der durch die Felder ebenfalls nach Wächtersbach führt. Wir benutzen das WOMO, rollen ebenfalls nach Neudorf zurück und wenden uns WÄCHTERSBACH zu. An der B276 halten wir uns am **Freibad** links und biegen wenig später rechts Richtung Stadtmitte ab. Nachdem wir recht erfolglos eine gute Parkmöglichkeit für alle Wohnmobil-Größen gesucht haben, finden wir uns am gebührenpflichtigen Parkplatz etwa 200 m links von der Abfahrt der B276 wieder. Nicht schön, für den Tagesbesuch reicht's und wer „schmerzfrei" ist, kann auch über Nacht bleiben [**137:** N 50°15'22.1" E 9°17'53.4"; An der L3194/Brückenstraße/Bahnhofstraße]. Wir haben keine Lust mehr, auf gut Glück eine Parkmöglichkeit am Straßenrand zu suchen und bewegen uns zu Fuß in die etwa 1 km entfernte Altstadt.

Wächtersbach

Die Brückenstraße führt zum Parkplatz der **Historischen Altstadt**, der jedoch sehr eng und zudem oft belegt ist. Hier befindet sich die **Tourist Info** (Mo - Fr 8 - 10 Uhr, Do 14 - 18 Uhr, www.waechtersbach-online.de). Es ist nett, durch die alten Gassen der 1236 erstmals erwähnten Stadt zu gehen. Am Marktplatz befindet sich das **Heimatmuseum** im **Alten Rathaus**, einem 1495 errichteten Fachwerkbau. Eine Dauerausstellung zeigt z. B. landwirtschaftliches Gerät, eine Schmiede und eine Schusterwerkstatt sowie Sammlungen zur örtlichen Industriegeschichte. Gegenüber dem Rathaus ist die Abteilung „Wächtersbacher Keramik" untergebracht, die Keramikerzeugnisse der seit 1832 produzierenden **Wächtersbacher Steingutfabrik** in Brachttal-Schlierberg präsentiert (April - Okt. 1. So im Monat 15 - 17 Uhr, Eintritt). **Schloss Wächtersbach**, liegt am Rand der kleinen Altstadt und hat seinen Ursprung in einer Jagd- und Sicherungsburg von Kaiser Friedrich I. Barbarossa. Im 14. Jh. zur Wasserburg geworden, erfolgte nach mehreren Umbauten im 17. Jh. die Fertigstellung zur vierflügeligen Schlossanlage. Das Schloss ist nicht zu besichtigen, aber ein **Baumlehrpfad** führt durch den im 19. Jh. angelegten, öffentlich zugänglichen **Schlosspark**.

Wieder auf der B276 machen wir Tempo. Erst Richtung BAD ORB/AUTOBAHN, dann flott auf der A66 Richtung FRANKFURT und schon verlassen wir diese auch schon wieder an der Ausfahrt GELNHAUSEN WEST. Nachdem wir die Kinzig überquert haben, notieren wir den wenig schönen, vom Verkehr umflossenen offiziellen Stellplatz am Hallenbad für zehn WOMOs [**138:** N 50°12'02.4" E 9°10'41.1"; Am Hallenbad]. Das sollte doch besser gehen, denken wir uns, knicken rechts ab … und richtig, am Ufer der Kinzig findet sich etwas.

(139) WOMO-Stellplatz: Gelnhausen, Parkplatz Uferstraße

GPS: N 50°11'58.0" E9°11'17.7"; Uferstraße **max. WOMOs**: 2 - 3
Ausstattung/Lage: Gebühr 8 - 18 Uhr, Fußweg in die Stadt ca. 200 m/ Kaiserpfalz ca. 500 m/Ortsrand.
Achtung: Hochwassergefahr und dann ggf. gesperrt!
Zufahrt: An der Ampelkreuzung am offiziellen Stellplatz rechts in die Straße „Am Hallenbad" abbiegen und dieser bis zur Kinzig folgen, dort links. Der Parkplatz ist nach insgesamt 850 m erreicht.

Gelnhausen

Bei unserem ersten Besuch in Gelnhausen sind wir zuerst hinauf zum Obermarkt gegangen und haben die **Tourist Info** aufgesucht (Mo - Fr 8 - 12 Uhr/14 - 16.30 Uhr, Sa 9 - 12/14 - 16.30 Uhr, So 14 - 16.30 Uhr, Obermarkt 7, Telefon 06051/830300, www.gelnhausen.de). Neben umfangreichen Themen-, Objekt- sowie Erlebnisführungen durch zum Leben erwachte historische Figuren und speziellen Führungen für Kinder werden **öffentliche Stadtführungen** angeboten (Mai - Okt. So 14 Uhr oder 1. Fr im Monat 20.15 Uhr/Treffpunkt Rathaus am Obermarkt, Gebühr). Wir erkunden die ehemalige Barbarossastadt auf eigene Faust, die in der überschaubaren Altstadt viele restaurierte Fachwerkgebäude und mittelalterliche Baukunst aufweist. Mit einer kostenlosen Broschüre und einem Stadtplan ausgestattet, begeben wir uns diesmal flussaufwärts zur Keimzelle der Stadt.

Gelnhausen wurde als Freie Reichsstadt 1170 von Kaiser Friedrich I., wegen seines roten Bartes Barbarossa genannt, gegründet. Etwa zwölf Jahre später ließ der Kaiser auf einer Kinziginsel vor der Stadt die **Kaiserpfalz** errichten. Die ehemalige Residenz und Wasserburg ruht wegen des sumpfigen Bodens auf einem Gitter von 12.000 Eichenpfählen. In der von einer starken Ringmauer umfassten Anlage fallen besonders das mächtige Portal und die gut erhaltenen Fensterarkaden auf. Die reiche Bauornamentik der Kapitelle und Friese zeichnet sich durch ihre hohe Qualität aus und trägt dazu bei, dass die Gelnhäuser Pfalz als die am besten erhaltene und künstlerisch bedeutsamste aller staufischen Pfalzen gilt. Mit dem Ende der Stauferherrschaft begann der Niedergang der Pfalz und ihr Baumaterial wurde im 14. Jh. zum Bau der Burgmannenhäuser verwendet. Danach verfiel die Kernburg und diente bis Anfang des 19. Jh. als Steinbruch, bevor man sich eines Besseren besann und die Ruine erhielt. In einem der ehemaligen Burgmannenhäuser ist eine Ausstellung untergebracht, die über die historische, kulturelle und architekturgeschichtliche Bedeutung der Anlage informiert. Weiterhin ist ein Modell der Stadt und der Kaiserpfalz zu sehen (März - Okt. 10 - 17 Uhr, Nov. - 23. Dez. 10 - 16 Uhr, Mo geschlossen, Eintritt). Touristenfreundlich sind in der Stadt Tafeln angebracht, die auf die nächstgelegenen

Untermarkt mit Marienkirche

Sehenswürdigkeiten hinweisen. Wir steuern den **Hexenturm** an, der ursprünglich als Munitionslager der spätmittelalterlichen Befestigungsanlage genutzt wurde. Während der Zeit der Hexenprozesse diente er als Gefängnis und heute ist darin eine Sammlung nachgebauter Folterinstrumente sowie eine Dokumentation über die Hexenverfolgung zu sehen. In der Schmidtgasse steht das **Grimmelshausen-Geburtshaus**, in dem der Dichter Hans Jakob Christoffel von Grimmelshausen um 1621 das Licht der Welt erblickte. In seinem Roman „Der abenteuerliche Simplicissimus" schildert er die Dramatik und das Leben während des Dreißigjährigen Krieges. Am Untermarkt gilt das um 1180 erbaute **Romanische Haus** als eines der ältesten erhaltenen Amtshäuser Deutschlands und das **Philipp-Reis-Denkmal** erinnert an den Erfinder des Telefons, der 1834 in der Stadt geboren wurde. Oberhalb des Marktes überragt die zwischen 1170 und 1250 entstandene **Marienkirche** die Häuser und gilt als Wahrzeichen der Stadt. Prägnant ist der beim Bau verwendete Gelnhäuser Sandstein, der harmonisch die romanischen Westteile und die starken gotischen Einflüsse an den Ostteilen und dem Querhaus verbindet. Als internationales Kunstwerk versteht sich der Lettner im Inneren, an dem das „Jüngste Gericht" dargestellt wird. Die spätmittelalterlichen Altäre sowie zwei mittelalterliche Bildteppiche zählen zu den wichtigsten Kunstschätzen. Die Petersiliengasse führt uns zur **Pfarrgasse**. Kaum zu glauben, dass hier einst die alte Handelsstraße von Frankfurt nach Leipzig, die Via Regia, entlang führte. Durch die dichte mittelalterliche Bebauung wurde die ursprünglich breit angelegte Fahrgasse schon damals zum Nadelöhr der Verkehrsachse. Die Straßenbreite wurde kurzerhand zum offiziellen Lademaß für alle Fuhrwerke auf der wichtigen Ost-West-Verbindung erklärt und so fluppte der Transport wieder. Am Obermarkt befindet sich das ehemalige, im 13. Jh. errichtete Franziskanerkloster. Heute haben hier u. a. die Tourist-Info und das **Stadtmuseum** ihren Sitz. Die Ausstellungen im Museum spannen einen Bogen vom Stadtgründer Barbarossa über die Grimmelshausenwelt bis hin zu Philipp Reis, dessen weiterentwickelte Erfindung heute an fast jeder-

manns Ohr und/oder in dessen Händen zu finden ist. Ein besonderes Erlebnis für Kinder vermittelt das **Begehbare Ohr**. Bei einer Expedition ins Innere unseres Körpers können sie durch eine riesige Ohrmuschel und durch den Gehörgang ins Mittelohr krabbeln und ihrem Forscherdrang nachgehen (Öffnungszeiten s. Tourist-Info, öffentliche Ohrführungen So ab 14 Uhr, Eintritt). Der Obermarkt wird von hübschen Fachwerkzeilen umsäumt, die von der **Pfarrkirche St. Peter** und dem **Rathaus** unterbrochen werden. Neben dem Rathaus führt die Kuhgasse, vorbei an einem modernen **Architektenhaus**, das auf der aluminiumüberzogenen Fassade ein Gedicht zeigt, hinab zum **Gotischen Haus**. Das aus dem 14. Jh. stammende Haus gilt als eines der ältesten Fachwerkhäuser Hessens. Links erreichen wir die **Ehemalige Synagoge**, die 1601 errichtet, im Dreißigjährigen Krieg zerstört und in der zweiten Hälfte des 17. Jh. wieder aufgebaut wurde. Zum Warenlager umfunktioniert, überstand sie den Nationalsozialismus und ist heute kulturelle Begegnungsstätte. Obwohl der Stadtrundgang weiterführen und mit einem umfangreichen gastronomischen Angebot sowie kleinen Shoppingerlebnissen abgerundet werden könnte, beenden wir hier unseren Bummel durch die verwinkelten Gassen der Vergangenheit. Kurz vor dem Parkplatz ist noch das **Schifftor** zu erwähnen, das zur zweiten Stadtmauer gehörte und durch das die Waren von der damals schiffbaren Kinzig in die Stadt und umgekehrt gebracht wurden. Daran schließt sich der Jüdische Friedhof an, dessen älteste Grabsteine bis ins 15. Jh. zurückreichen.

Am Obermarkt

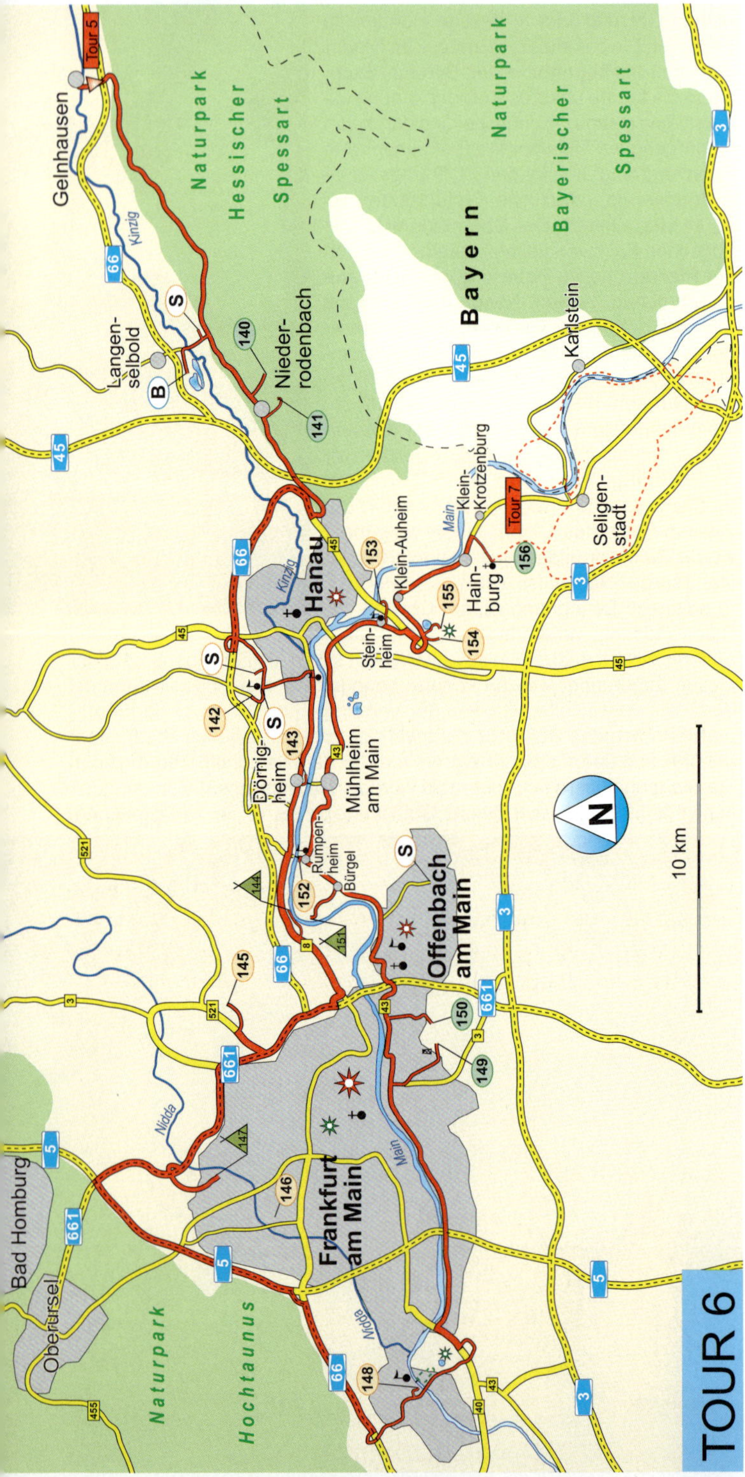
TOUR 6
Tour 5
Tour 7
Gelnhausen
Naturpark
Hessischer
Spessart
Naturpark
Bayerischer
Spessart
Bayern
Langen-
selbold
Nieder-
rodenbach
Karlstein
Klein-
Krotzenburg
Seligen-
stadt
Hain-
burg
Klein-Auheim
Hanau
Stein-
heim
Dörnig-
heim
Mühlheim
am Main
Rumpen-
heim
Bürgel
Offenbach
am Main
Frankfurt
am Main
Bad Homburg
Oberursel
Naturpark
Hochtaunus
Kinzig
Main
Nidda
10 km
N

Tour 6 180 km

Rodenbach - Hanau - Frankfurt - Offenbach - Hanau - Klein-Krotzenburg

Stellplätze: Niederrodenbach, Hanau, Dörnigheim, Frankfurt, Sachsenhausen, Oberrad, Rumpenheim, Steinheim, Klein-Auheim, Klein-Krotzenburg.
Campingplätze: Maintal Camping Mainkur, Frankfurt City Camp, Offenbach Bürgel Campingplatz,
Besichtigen: Hanau Deutsches Goldschmiedehaus, Schloss Philippsruhe mit Historisches Museum u. Papiertheatermuseum, Kuranlagen Wilhelmsbad mit Hessischem Puppenmuseum; Frankfurt Innenstadt mit Römer, Paulskirche, Dom u.v.m., Museumsufer, GrünGürtel; Frankfurt-Höchst Stadtbild, Porzellanmanufaktur; Offenbach Innenstadt mit Museen, Grünanlagen, Isenburger Schloss u.v.m., Wetterpark; Rumpenheim mit Schlossgarten; Hanau Museum Schloss Steinheim, Wildpark, Hessisches Forstmuseum Alte Fasanerie.
Wandern: Frankfurt Goethe Wanderweg, Höchst Schwanheimer Düne, Dietesheim Naturschutzgebiet.
Radfahren: GrünGürtel-Radweg, Mainradweg, Klein-Krotzenburg.
Baden: Kinzigsee.
Essen: Frankfurt-Seckenheim Lohrberg-Schänke, Frankfurt-Sachsenhausen versch. Apfelwein-Gaststätten, Frankfurt-Höchst Zum Bären; Offenbach Stadtcafé; Hanau-Steinheim Restaurant Druckhaus.

Als Freunde hörten, dass wir mit dem Wohnmobil ins Ballungsgebiet der Region Rhein-Main fahren würden, waren sie ein wenig irritiert. Was wollt Ihr denn dort? Die Antwort lautet: Südhessen ohne das „Konglomerat“ Frankfurt/Offenbach/Hanau ist ähnlich wie Handkäs‘ ohne Musik! Entweder man mag die Käsespezialität oder nicht, aber ohne Zwiebeln, Öl und Essig fehlt ihr auf alle Fälle etwas ganz Entscheidendes!
Wer nur an Hochhäuser, Banken, Bahnhofsviertel, hektisches Großstadttreiben und Fluglärm denkt, liegt nicht ganz falsch – es gibt jedoch einige schöne, grüne Ecken rund um sowie in den Städten und auch Kulturfreunde dürfen sich freuen.

Tasten wir uns also langsam vor und erleben städtisches Leben, Dynamik, Historisches und Modernes sowie Internationalität. Zunächst verlassen wir Gelnhausen Richtung BAB66/ALZENAU/FREIGERICHT und fahren hinter der Autobahn nach HANAU-WOLFGANG. Die Landschaft verändert sich rapide und wir fahren in die weite Rhein-Main-Ebene, die von den Erhebungen im Taunus, Spessart und Odenwald begrenzt wird und bis zum Rhein reicht. Linker Hand begleitet die Kinzig unseren Weg, die bei LANGENSELBOLD zum Teil den künstlich angelegten 23 ha großen **Kinzigsee** speist. Das **Strandbad** verfügt über Sandstrand und Liegewiesen, einen abgetrennten Surfbereich und separaten FKK-Bereich. Zum aktiven Freizeitvergnügen gehören zusätzlich Paddeln und Angeln. In der Saison tummeln sich hier Tausende Badegäste ... alles könnte so schön sein, doch der Campingplatz bietet keinen Platz für Durchgangsgäste und setzt auf Dauercamper und Mobilheime. Wer sich das Badevergnügen dennoch nicht entgehen lassen möchte, der findet einen Parkplatz an der Zufahrt zum See [N 50°10'13.7" E 9°02'14.3"; Kinzigseestraße]. Auf dem Rückweg zu unserer eigentlichen Strecke notieren wir die Firma **Heck Caravan & Reisemobil mit Werkstattservice und Camping-Shop** [N 50°09'48.9" E 9°03'12.7"; Birkenweiherstraße 2a] und schon geht's weiter nach RODENBACH.

(140) WOMO-Wanderparkplatz: Niederrodenbach, Wingerte

GPS: N 50°08'22.7" E 9°02'24.6"
max. WOMOs: 2 - 3
Ausstattung/Lage: Infotafel, Wander- und Radwege, Mülleimer/außerorts. Hinter dem ersten ist ein zweiter Parkplatz.
Zufahrt: Am Kreisel in Niederrodenbach links Richtung Oberrodenbach ca. 1,3 km und dann rechts Richtung Wingerte ca. 200 m bis zum Parkplatz am Waldrand fahren.

(141) WOMO-Wanderparkplatz: Niederrodenbach, Bulausporthalle

GPS: N 50°07'58.6" E 9°01'12.3"
max. WOMOs: 5
Ausstattung/Lage: Infotafel, Tisch und Bank, Wander- und Radwege/außerorts. Es gibt verschiedene Parkmöglichkeiten.
Zufahrt: Am Ortsausgang an einer Ampelkreuzung links den Hinweisen Sportanlagen/Waldstadion/Bulausporthalle ca. 1,5 km folgen.

Das waren vorerst unsere letzten freien Stellplätze. Eines haben wir nämlich bei unseren Recherchen durch Frankfurt,

Offenbach und Hanau gelernt: Im Hinblick auf Verkehrsdichte, Parkraum und Übernachtungsmöglichkeiten sind wir als Ortsfremde mit dem WOMO am besten auf einem Camping- oder offiziellen Stellplatz aufgehoben. Von dort heißt es auf den ÖPNV umsteigen oder das Fahrrad zu benutzen! Für uns ist das viel entspannender, als uns unter Umständen in einer Blechlawine von A nach B zu stauen.
Hanau und Schloss Philippsruhe erreichen wir vom Stellplatz in Dörnigheim. Ebenso die historischen **Kuranlagen Wilhelmsbad**.

Dort können wir jedoch auch einen übernachtungstauglichen Parkstreifen nennen, der aber nur in der größten Not angefahren werden sollte, da der Dörnigheimer Stellplatz einfach netter ist. Selbstverständlich sind auch Parkplätze nahe der touristischen Anlaufadressen vorhanden, die jedoch fast ausnahmslos für Pkw und Busse vorgesehen sind – Wohnmobile scheinen keine Rolle zu spielen. Für den Fall, dass doch jemand sein WOMO dort parken möchte, nennen wir sie natürlich. Zunächst fahren wir also von Niederrodenbach weiter Richtung HANAU, folgen wenig später den Hinweisen zur B43a/DIEBURG und setzen uns auf die A66 Richtung FRANKFURT/HANAU. An der Anschlussstelle HANAU-NORD verlassen wir die Autobahn Richtung B45/HANAU-NORD und lassen uns nach WILHELMSBAD/KESSELSTADT führen. Nach ca. 2 km ist eine Kreuzung an der Hochstädter Straße erreicht, an der es rechts zu den Kuranlagen Wilhelmsbad geht. Der erste Parkplatz ist Richtung Golfplatz bzw. Comoedienhaus ausgewiesen [N 50°08'55.7" E 8°53'14.0"; Wilhelmsbader Allee] und der zweite gleich an der nächsten Kreuzung [N 50°08'41.5" E 8°53'00.3"; Hochstädter Landstraße/Burgallee]. Fährt man am kommenden Abzweig rechts Richtung SCHÖNECK/MITTELBUCHEN findet sich an der linken Straßenseite ein Parkstreifen, an dem unter Umständen genächtigt werden kann [**142:** N 50°09'00.0" E 8°52'51.9"]. **Schloss Philippsruhe** wird von der Kreuzung an der Hochstädter Straße nach KESSELSTADT angefahren. Wir fahren direkt auf den Seitenflügel des Schlosses zu und suchen unser Parkglück am Straßenrand. Am Ende der Straße biegen wir nach MAINTAL ab und steuern den bereits erwähnten offiziellen Stellplatz an. Bei schönem Wetter sind die Mainwiesen ein beliebter Treffpunkt für Jung und Alt, doch nach Einbruch der Dunkelheit haben wir hier eine ruhige Nacht verbracht.

(143) WOMO-Stellplatz: Maintal-Dörnigheim offiziell

GPS: N 50°07'50.3" E 8°50'22.5"; Uferstraße **max. WOMOs**: 4
Ausstattung/Lage: Spielplatz, Gaststätten, Radweg/Ortsrand, direkt am Main. Mainradweg zum Schloss Philippsruhe ca. 4 km. Bus Linie 560 im 30 Min. Takt zum Schloss Philippsruhe und nach Hanau/Freiheitsplatz ab Haltestelle Alter Friedhof (an der Durchgangsstraße Dörnigheim, Nähe Fähranleger). Von Hanau/ Freiheitsplatz z. B. mit dem Bus Linie 9 nach Wilhelmsbad.

Zufahrt: Vom Schloss Phillipsruhe kommend bis zur nächsten großen Kreuzung und dort links durch Dörnigheim fahren. Nach ca. 900 m links den Hinweisen zum Fähranleger und dann links der Uferstraße ca. 200 m bis zum Stellplatz folgen.

Hanau

Altstädter Rathaus

Die Geburtsstadt der Brüder Grimm ist das kulturelle Zentrum im Osten des Rhein-Main-Gebiets, deren Geschichte bis in die Zeit der Römer reicht. Mit dem Bus am Freiheitsplatz angekommen, bahnen wir uns zunächst den Weg zum Marktplatz, an dem die **Tourist-Info** zu finden ist (Mo - Do 9 - 13 Uhr/13.30 - 16.30 Uhr, Fr 9 - 13 Uhr, Sa 9 - 12 Uhr, Am Markt 14 - 18, Telefon 06181/295950, www.hanau.de). Um Hanau besser kennenzulernen, bieten sich Themen- und Kostümführungen zu Fuß oder per Rad an, die in großem Umfang angeboten werden. Auf diese Weise kann man z. B. bedeutenden Kultur- und Baudenkmälern, einem der umschlagsstärksten Häfen am Main-Donau-Kanal oder den seltenen Urwildpferden auf die Spur kommen.
Nach einem Bombenangriff im März 1945 ist nicht mehr viel der alten Bausubstanz vorhanden, in der sich Jacob

Schloss Philippsruhe

und Wilhelm Grimm, Freiherr Adolph von Knigge, Paul Hindemith und andere berühmte Persönlichkeiten in den vielen Jahren davor bewegten. Bei unserem Spaziergang durch die Altstadt nördlich des Freiheitsplatzes kommen wir an der 1234 gegründeten und 1316 erstmals erwähnten **Marienkirche** vorbei und besuchen das **Deutsche Goldschmiedehaus** im **Altstädter Rathaus**, mit dessen Bau 1537/38 begonnen wurde. Als 1597 die Hanauer Neustadt gegründet wurde, siedelten sich dort Niederländer und Wallonen an, zu denen zahlreiche Goldschmiede gehörten. Sie schlossen sich zur Zunft der Gold- und Silberschmiede zusammen und begründeten damit die Blütezeit der Goldschmiedekunst in der zweiten Hälfte des 18. Jh. in Hanau. Heute gehört das Haus zu den bedeutendsten Ausstellungszentren der Gold- und Silberschmiedekunst weltweit (Di - So 11 - 17 Uhr, Eintritt). In der Neustadt am Marktplatz fällt sofort das stattliche, barocke **Neustädter Rathaus** auf, das 1723 - 33 erbaut, 1945 zerstört und 1964 wieder hergestellt wurde. Davor befindet sich das **Brüder Grimm-Nationaldenkmal**, das 1896 enthüllt wurde und Hanau als Geburtsstadt der Märchensammler und Sprachwissenschaftler kennzeichnet. Zu Füßen von Jacob und Wilhelm wird regelmäßig einer der schönsten **Wochenmärkte** Hessens abgehalten (Mi/Sa 6 - 14 Uhr). Ein attraktives Einzelhandelsangebot, verkaufsoffene Sonntage und das **Einkaufs- und Kulturzentrum Forum Hanau** am Freiheitsplatz machen die Stadt zum Zentrum der Region.

Zu den schönsten Ausflugszielen zählt **Schloss Philippsruhe**. Am Rande des ehemaligen Fischerdorfs Kesselstadt entstand ab

1701 am Main ein Landschloss für den Grafen Philipp Reinhard von Hanau-Lichtenberg nach französischem Vorbild, das im späten 19. Jh. verändert wurde. Die Schlossanlage und der angrenzende Landschaftsgarten mit **Orangerie** und **Skulpturenpark** sind ganzjährig zu besichtigen. Im überdachten **Amphitheater** werden im Sommer die **Brüder Grimm Festspiele** und zahlreiche Konzerte aufgeführt. In den prunkvollen Räumen des Hauptgebäudes befindet sich heute das **Historische Museum Hanau** mit Ausstellungen zur Stadtgeschichte sowie mit künstlerischen und kunsthandwerklichen Erzeugnissen des 17. - 20. Jahrhunderts. Den Brüdern Grimm sowie dem Komponisten Paul Hindemith sind eigene Räume gewidmet. Im Obergeschoss befindet sich das **Papiertheater-Museum**, das auch Theatervorstellungen anbietet. Ursprünglich waren die selbst anzufertigenden Papiertheater für Erwachsene gedacht. Seit Ende des 19. Jh. wurden sie jedoch vor allem von Kindern für Märchenaufführungen benutzt (Di - So 11 - 18 Uhr, Eintritt).

Unbedingt einen Besuch wert sind die im 18. Jh. erbauten **Kuranlagen von Wilhelmsbad** mit **Englischem Garten**. Nachdem 1709 im Wald eine Heilquelle entdeckt wurde, entstand auf Betreiben des in Hanau residierenden Erbprinz Wilhelm von Hessen-Kassel von 1777 - 1782 eine Kurbadeanlage und ein Landschaftspark. Finanziert wurde die Anlage übrigens durch Gelder, die Wilhelm durch den Verleih hessischer Soldaten an den englischen König zum Einsatz im amerikanischen Unabhängigkeitskrieg erhielt. Hier traf sich die höfische Gesellschaft und das aufstrebende Bürgertum bis 1820 die Heilquelle versiegte und der Badebetrieb eingestellt wurde. Bis heute sind die ehemaligen Kur- und Badeanlagen mit ihren an einer zentralen Allee aufgereihten **Pavillonbauten** vollständig erhalten. Im Fürstenbau informiert eine Ausstellung über die Geschichte des Bades. Neben **Eremitage, Teufelsbrücke, Brunnentempel und Pyramide** diente ein Karussell auf einem künstlich angelegten Hügel zur Unterhaltung der betuchten Badegäste. Anfangs wurde der Drehmechanismus im Inneren durch Menschenkraft angetrieben, später durch Pferde und Maultiere. Das **historische Karussell** mit Holzpferden aus dem Jahr 1779 wird gerade aufwendig restauriert, gilt als einziges seiner Art weltweit und soll im Juli 2016 wiederhergestellt sein. Der **nach englischem Vorbild angelegte Park** gehört zu einem der ältesten deutschen Landschaftsgärten seiner Art. Auf einer Insel in einem angelegten Teich steht eine turmartige **Burgruine**, die der Erbprinz von 1779 - 81 erbauen ließ, um sich dort mit seinen Gespielinnen verlustieren zu können. Sie gehört zu den frühesten europäischen Beispielen einer pseudo-mittelalterlichen Parkburg mit Ruinencharakter (Info-Zentrum April - Okt. Sa 10 - 17 Uhr, So 13 - 18 Uhr. Burg-Führungen April - Okt. Sa 14/15/16 Uhr, So zusätzlich 17 Uhr, Eintritt).

Im ehemaligen Kurhaus der Kuranlagen befindet sich heute das **Hessische Puppenmuseum**. Nicht nur Kinder fasziniert die Puppengeschich-

te von der Antike bis zur Gegenwart. Antike Puppen aus Ton wirken erstaunlich modern und griechische, römische sowie altorientalische Figuren waren nicht immer zum Spielen gedacht, sondern hatten oft kultischen Charakter. Seltene Puppendamen des 18. Jh. geben Einblicke ins höfische Leben und andere ins stolze Bürgertum des 19. Jahrhunderts. Weitere Themenschwerpunkte bilden u. a. eine japanische Sammlung, Käthe-Kruse-Puppen, waschbare Schildkröt-Puppen, sowie mechanische und detailreiche Puppenhausminiaturen. Wechselnde Sonderausstellungen, Mitmach-Angebote und Veranstaltungen wie Puppen- und Bärenmärkte runden das Programm ab (Di - Fr 10 - 12/14 - 17 Uhr, Sa/So 10 - 17 Uhr, Eintritt. www.hessisches-puppenmuseum.de).

Zwei Tage haben wir uns auf der nördlichen Mainseite Hanaus „herumgetrieben“ und werden zu einem späteren Zeitpunkt den südlich des Mains gelegenen Stadtteilen einen Besuch abstatten. Jetzt starten wir von Dörnigheim aus erstmal nach FRANKFURT. Die Landstraße geht in die B8 über und wir notieren kurz vor Erreichen der Rhein-Main-Metropole einen Campingplatz.

(144) WOMO-Campingplatztipp: Maintal, Campingplatz Mainkur

GPS: N 50°08'15.1" E 8°46'36.0"; Frankfurter Landstraße 107
Kontakt: 069/412193; www.campingplatz-mainkur.de
Öffnungszeiten/Preis: April - Sept./€. **Ausstattung/Lage:** Spielplatz, Kiosk mit Lebensmittelverkauf, ÖPNV in der Nähe (Tram 11 bis Hauptwache)/ außerorts, direkt am Main gelegen. **Ohne Feinstaubplakette zu erreichen!**
Zufahrt: Etwa ca. 500 m hinter dem Ortseingang von Frankfurt links Richtung B8/Hanau einordnen und um das Restaurant Mainkur-Stuben herumfahren. Die Bundesstraße führt zurück Richtung Maintal und den Hinweisen zum CP folgend, wird eine Brücke unterfahren. Vor einer Ampel rechts ca. 400 m bis zum Campingplatz fahren. Die Koords liegen an der B8!

Im Verlauf der B8 nach Frankfurt hinein registrieren wir einen **Fritz-Berger-Shop** (Hanauer Landstraße 435) und fahren wenig später auf der A661 Richtung KASSEL/BAD HOMBURG. Dass eine Großstadt wie Frankfurt, auch eine grüne Seite mit einigen Erholungsmöglichkeiten aufweist, war uns bisher nicht sofort präsent. Wir werden jedoch eines Besseren belehrt und möchten unsere Erfahrungen gerne teilen.
Wir verlassen die A661 an der Ausfahrt 9 Richtung B 521/ BERGEN-ENKHEIM/SECKBACH.

(145) WOMO-Stellplatz: Frankfurt-Seckbach, Lohrberg

GPS: N 50°09'11.8" E 8°43'39.0"
Berger Weg **max. WOMOs**: 5
Ausstattung/Lage: Rad- und Wanderwege, Grillplatz, Gaststätte ca. 5 Min. Fußweg/außerorts. Parken bereits am Straßenrand der Zufahrt möglich. **Zufahrt:** Der B521 Richtung Bad Vilbel/ Seckbach ca. 1,3 km folgen und dem Hinweis Lohrberg rechts folgen. Nach ca. 800 m ist der Parkplatz erreicht.

Lohrberg und Lohrpark

Was für ein Menschenauftrieb! Es ist Wochenende, das Wetter prächtig und scheinbar treibt es halb Frankfurt auf den etwa 180 m hohen **Lohrberg**, der als Hausberg der Stadt gilt. Von seinen Rändern hat man einen grandiosen Ausblick auf Frankfurt und die angrenzende Region. Doch das scheint die mit Grills, Liegedecken und Spielgeräten bepackten Besucher nur zweitrangig zu interessieren. Hauptanziehungspunkt ist eine von altem Baumbestand gerahmte Wiese des um 1920 als Volkspark angelegten, 18 ha großen und denkmalgeschützten **Lohrparks**. Dort lagern, grillen, spielen, trinken und lachen unzählige Familien- und Freundesgruppen aller Nationalitäten. Erfreulicherweise wird sich an die Vorgaben des Grünflächenamtes gehalten und als wir am Abend durch den Park spazieren, sind der Müll an zentralen Stellen und die Glut- und Aschereste in gesonderten Behältern gesammelt. Das liegt sicher auch an den regelmäßigen Polizeikontrollen, die damit gleichzeitig unsere ungestörte Übernachtung begünstigen dürften.

Wer es nicht so mit dem Grillen hat, findet auf einem Spielplatz mit Planschbecken und einer weitläufigen Spielwiese seinen Spaß oder besucht die beliebte Ausflugsgaststätte **Lohrberg-Schänke** (11 - 23 Uhr). Zu später Stunde probieren wir uns inklusive schöner Aussicht auf das beleuchtete Frankfurt durch das Angebot der Apfelweinsorten. Erst am folgenden Morgen werden wir auf den letzten Weinberg Frankfurts aufmerksam. Der Weinbau hat an diesem sonnenverwöhnten Hang eine lange Tradition und kann in der Frankfurter Weinstube im Römer verkostet werden. Das nahe liegende **MainÄppelHaus** ist hingegen Frankfurts

Zentrum der Obstblüte. Hier kann man alles über den Obstanbau erfahren oder einfach nur die Obstblüte genießen (Äppel-Bistro: Mitte April - Okt. bei schönem Wetter Do - So 14.30 - 18 Uhr, Hofladen: April - Okt. Di - So 11 - 18 Uhr, Nov. - März Di/Mi/Fr 11 - 15 Uhr, Do 11 - 18 Uhr, Sa/So 11 - 16 Uhr, www.mainaeppelhauslohrberg.de).

Nach diesem erfreulichen Ausflug ins Frankfurter Grün und dem Genuss des Apfelweins wollen wir einige Worte über das Frankfurter Nationalgetränk verlieren, das jedoch auch in vielen anderen Teilen Hessens gerne getrunken wird.

Appelwein, Äppelwoi, Äppler, Ebbelwei, Ebbelwoi, Schoppe oder das Stöffche ...

... unter vielen Namen ist der hiesige Apfelwein bekannt, dessen Herkunft in der hessischen Kulturlandschaft der Streuobstwiesen zu finden ist. Seine Geschichte beginnt jedoch weitaus früher, als sich die alten Römer und Griechen am säuerlichen Geschmack erfreuten. Auch Karl der Große soll sich im 8. Jh. damit in Stimmung gebracht haben und im 11. Jh. waren es nordspanische Basken, die eine erste Apfelweinkelter nach dem Vorbild von Ölpressen entwickelten. In der Bretagne und der Normandie trinkt man seitdem „Cidre" und in England wird der „Cider" genossen. Als ab dem 15. Jh. im Zuge klimatischer Veränderungen beinahe alle Weinreben rund um Frankfurt eingingen, wurden sie durch robuste Apfelbäume ersetzt und die Apfelweinkultur in Deutschland begann zu erblühen. Mitte des 18. Jh. erkannte man die wirtschaftliche Einnahmequelle und der Ausschank des Stöffche bedarf seitdem einer Schankerlaubnis und ist steuerpflichtig.

Die Vielfalt und die gute Qualität der auf den Streuobstwiesen geernteten Äpfel sind es, die einen guten Apfelwein ausmachen, der ohne Zugabe anderer Obstsorten oder Zusatzstoffe als reines Naturprodukt ins Glas kommt. Allerdings werden verschiedene Apfelsorten gemischt, um den Geschmack zu optimieren. Einzig die Speierlinge gehören nicht zu den Äpfeln, sondern zu den Rosengewächsen. Sie binden durch starke Gerbsäure Hefe und Trub, sodass der Apfelwein klarer und stabiler oder herber gekeltert wird. Nach der Apfelernte im Herbst werden die Kelteräpfel in Pressen gefüllt und der herausrinnende gelb-trübe Most wird „Süßer" genannt. Der Großteil des Apfelmostes landet in Edelstahltanks und gärt unter Umwandlung des Fruchtzuckers in Alkohol und Kohlensäure schonend vor sich hin. Nach ein bis zwei Wochen ist der sogenannte „Rauscher" entstanden, der dem Federweißer beim Wein ähnlich ist, und wegen seiner durchschlagenden Wirkung nicht unterschätzt werden darf. Einige Wochen später wird der Äppelwoi nach weiteren Veränderungen und vollständig durchgegoren „naturtrüb" direkt oder von Heferesten und Trübstoffen befreit abgefüllt. Je nach Gärungszeit enthält er dann etwa 5 bis 6 Vol. %

Alkohol. Der echte Apfelwein-Kenner genießt seinen säuerlich-fruchtigen Äppler pur. Das ist natürlich Geschmacksache und wir als Nordhessen und Einsteiger in der „Apfelwein-Materie" bevorzugen die „gespritzte" Version. Dabei wird der Ebbelwei mit Mineralwasser verdünnt und zum „Sauer-Gespritzten". Alternativ kann der Appelwein mit Limonade „süß gespritzt" werden – aber Achtung! Der zugeführte Zucker kann in Verbindung mit dem Alkoholgehalt des Apfelweins rasch in den Kopf steigen. Im Herbst oder Winter wird Apfelwein unter Zugabe von Zucker, Zimtstangen und Gewürznelken auch gerne heiß getrunken. Serviert wird der Äppelwoi im Bembel, einem blaugrauen Keramikkrug, und aus dem „Gerippten", einem traditionellen Glasbecher mit Rautenprägung, getrunken.

Eine typische Spezialität zum Schoppe ist z. B. **Handkäs' mit Musik**. Ein reifer Sauermilchkäse, wie etwa der Harzer Roller, wird mit einer Mischung aus Essig, Öl, Zwiebeln und Kümmel, der sogenannten „Musik", mariniert. Verzehrt wird der Handkäs' nur mit Hilfe eines Messers (die Gabel ist ein absolutes Tabu!), mit dem man jeweils eine Scheibe Käse abschneidet, etwas „Musik" darauf gibt, auf ein Stück Butterbrot legt und davon abbeißt. Neben dem hessischen Nationalgericht mundet auch das **Schneegestöber** bestens zum Apfelwein. Hierbei wird reifer Camembert mit Frischkäse, Butter, Zwiebeln, Pfeffer, Salz, Paprikapulver, Petersilie und Schnittlauch vermengt. Dazu gibt es Laugengebäck oder ein kräftiges Brot. Wohl bekomm's!

Mittlerweile befinden wir uns wieder auf der A661 Richtung KASSEL/BAD HOMBURG und verlassen die Autobahn an der Ausfahrt 6 FRANKFURT-HEDDERNHEIM, um uns diesmal auf dem zweckmäßigen Campingplatz zwischen Nidda und Urselbach einzunisten. Wir verweisen im Hinblick auf eine Frankfurt-Visite nochmals auf den offiziellen Stellplatz in Oberursel bzw. auf den Campingplatz in Maintal, die beide ohne Umweltplakette anzufahren sind. Uns hat die Variante „Parken/U-Bahn nach Frankfurt und zurück/Übernachten" in Oberursel am besten gefallen (vgl. S.85/S. 173)!

Der **Wohnmobilstellplatz am Rebstockbad** ist zum gegenwärtigen Zeitpunkt **nur während der Messezeiten** in Frankfurt geöffnet. Er ist dann auch für WOMO-Besatzungen zugänglich, die nicht die Messe besuchen [**146:** N 50°06'36.0" E 8°37'18.0"; Zum Rebstockbad, www.messefrankfurt.com].

(147) WOMO-Campingplatztipp: City Camp Frankfurt

GPS: N 50°09'30.0" E 8°39'01.2"; An der Sandelmühle 35b
Kontakt: 069/570332; www.city-camp-frankfurt.de; Online-Platzreservierung wird empfohlen. **Öffnungszeiten/Preis:** Ganzjährig/€.
Ausstattung/Lage: V/E, Strom gegen Gebühr, Biergarten (Mi ab 19 Uhr),

Freibad in der Nähe, kurzer Fußweg zum U-Bahn Anschluss nach Frankfurt-Hauptwache/im Ort.
Zufahrt: Von der A661/Ausfahrt 6 Richtung Mertonviertel fahren und hinter einem Aldi-Markt den Hinweisen zum CP links über den Bahnübergang in die Sandelmühle folgen. **Erreichbar nur mit grüner Umweltplakette!**

Frankfurt am Main

Über das im Jahr 794 in einem Schriftstück Karl des Großen erstmals erwähnte Frankfurt etwas Neues zu schreiben, würde bedeuten, das Rad neu erfinden zu wollen. Die Stadt gehört seit dem Mittelalter zu den wichtigsten Umschlags- und Handelsplätzen Deutschlands und war im Hochmittelalter Freie Reichsstadt. Ab 1356 wurden hier die römisch-deutschen Kaiser gewählt, ab 1562 gekrönt und die Paulskirche gilt als Wiege der deutschen Demokratie. Zahlreiche Sehenswürdigkeiten zeugen von der herausragenden Bedeutung Frankfurts im Laufe der Jahrhunderte und die imposante Skyline spiegelt Entwicklung und Innovation der dynamischen und internationalen Finanz- und Messestadt wieder. Allen Facetten und Kontrasten der Mainmetropole gerecht zu werden, ist ein schier unmögliches Unterfangen.

Paulskirche

Um den eigenen Bedürfnissen und Interessen zu folgen, bietet sich der Besuch in einer der **Tourist-Infos** an (Römerberg 27: Mo - Fr 9.30 - 17.30 Uhr, Sa/So/Feiertage 9.30 - 16 Uhr, Hauptbahnhof: Mo - Fr 8 - 21 Uhr, Sa/So/Feiertage 9 - 18 Uhr, Telefon 069/21238800, www.frankfurt-tourismus.de). Für den „Schnelldurchgang" eignet sich z. B. eine zweistündige **öffentliche Stadtführung**, die auf der Aussichtsplattform des Maintowers in 200 m Höhe endet (Treffpunkt tägl. 14.30 Tourist-Info Römerberg, Gebühr). Bei den **Hop-On-Hop-Off-Stadtrundfahrten** erweitert sich der Radius und man kann sich zu den Sehenswürdigkeiten chauffieren lassen, um diese zu besichtigen und anschließend zum nächsten Haltepunkt weiterzufahren. Zusätzlich werden **Themenrundgänge und Schiffsfahrten** angeboten. Die Fahr- und Sparkarte **Frankfurt Card** ermöglicht bei ein- oder zweitägigen Aufenthalten Fahrten kreuz und quer durch die Stadt und ein Kennenlernen der vielfältigen kulturellen Angebote zum vergünstigten Preis.
Mit der U-Bahn sind wir vom Campingplatz in Heddernheim an der Hauptwache angekommen und starten zu unserem ganz persönlichen Besichtigungsprogramm. Wir schlendern durch die **Fressgass'**, die eigentlich Große Bockenheimer Landstraße heißt, und in der die kulina-

Auf dem Römerberg

rischen Versuchungen Frankfurts besonders groß sind. Am Opernplatz schauen wir uns die 1873 - 80 erbaute, im Zweiten Weltkrieg zerstörte und 1976 - 81 wieder aufgebaute **Alte Oper** an und erhaschen einen Blick ins "Alte Foyer", mit dem einst die Pracht der Pariser und Dresdner Opern übertroffen werden sollte. An der Nahtstelle zwischen Innenstadt und Bankenviertel befindet sich der 200 m hohe **Main Tower**, der von drei anderen Hochhäusern und dem Fernsehturm überragt wird. Er ist jedoch das einzige Hochhaus, welches eine öffentlich zugängliche **Aussichtsplattform** mit Restaurant hat (Sommer So - Do 10 - 21 Uhr, Fr/ Sa 10 - 23 Uhr, Winter bis 19/21 Uhr, Eintritt). Zudem sitzt im 53./54. Stock Europas höchstes Fernsehstudio. Die Lift-Fahrt auf die Plattform können wir uns natürlich nicht entgehen lassen, denn der Blick in alle Richtungen ist grandios! Noble Boutiquen, exklusive Geschäfte und viele kunterbunte Läden, Cafés und Restaurants begleiten unseren Weg anschließend zum **Goethe-Haus**, in dem der kleine Johann Wolfgang am 28. August 1749 „mit dem Glockenschlage zwölf" geboren wurde. Einem Rundgang durch Goethes Elternhaus kann sich der Besuch im **Goethe Museum** anschließen (Mo - Sa 10 - 18 Uhr, So/Feiertage 10 - 17.30 Uhr, Eintritt). Am **Liebfrauenberg**, einem der wichtigen und beliebten Frankfurter Treffpunkte, spielte sich bereits im Mittelalter städtisches Leben ab. Zwischen **Liebfrauenkirche** und dem barocken „Haus zum Paradies" genehmigen wir uns einen Kaffee, bevor wir zur **Kleinmarkthalle** gehen. In den Gängen duftet es nach exotischen Gewürzen, süßen Früchten, Handkäs', Ahler Wurscht, Grüner Soße und Backwaren. Schon im vorletzten Jahrhundert wurden hier regionale Produkte angeboten, während inzwischen über 60 Händler Köstlichkeiten aus aller Welt feilbieten. Unter dem 13 m hohen Glasdach treffen sich besonders am Samstag

Anlage Nizza

Alt-Frankfurter, Zugereiste und Touristen zum Einkaufen und Schlemmen. Am Wurstimbissstand Schreiber steht man Schlange, um die begehrte Gelb-, Rind- und Fleischwurst zu erstehen und spätestens bei einem Schwätzchen in der „Gemießkerch" wird klar, was der Spruch über dem altmodischen Eingang bedeutet: Ein Stück „Frankfurt mit Herz" (Mo - Fr 8 - 18 Uhr, Sa bis 16 Uhr). Später sehen wir den Rundbau der 1789 - 1833 erbauten **Paulskirche**, in der 1848/49 die Nationalversammlung tagte und die **Alte Nikolaikirche**, deren Glockenspiel täglich um 9 und um 12 Uhr zu hören ist. Wir sind auf dem **Römerberg** angekommen, das Herzstück Frankfurts, auf dem bereits die Römer ein Kastell „auf dem Berg" errichten ließen. Die hier stehenden Häuser fielen, zusammen mit der gesamten Altstadt, der Bombennacht im März 1944 zum Opfer und wurden originalgetreu wieder aufgebaut. Der eigentliche **Römer**, Wahrzeichen der Stadt, ist nur das mit einem charakteristischen Staffelgiebel versehene Haus, das eingerahmt von zwei weiteren Häusern, den Rathauskomplex bildet. Bereits seit 1405 dient dieser als Rathaus, als der Frankfurter Rat eine Gruppe aus ursprünglich elf, meist aus dem 14. Jh. stammenden Bürgerhäusern, erwarb und umbauen ließ. Im ersten Stock liegt der Kaisersaal, in dem alle 52 Kaiser, die das Reich von 768 bis 1806 regiert haben, in Öl verewigt sind. Rund um den Platz unterstreichen weitere Fachwerkhäuser mit so klangvollen Namen wie „Goldener Greif", „Großer Engel" oder „Schwarzer Stern" seine Schönheit und leiten uns hinüber zum **Kaiserdom**. Die Anfänge der kreuzförmigen Hallenkirche liegen im Jahr 852 und zehn Kaiser bekamen zwischen 1562 und 1792 hier die Krone aufgesetzt. Was macht es da schon, wenn der St. Bartholomäus-Dom nie Bischofskirche war und die Bezeichnung „Dom" eigentlich gar nicht verdient hat. 300 Stufen führen durch ein enges Treppenhaus zur 66 m hohen Plattform des insgesamt 95 m hohen Turms, von der man einen Blick über die Stadt und die Skyline werfen kann (April - Okt. 10 - 18 Uhr, Nov. - März 10 - 17 Uhr, Eintritt). Im **Dommuseum** wird die wechselvolle Geschichte des Doms dokumentiert und es beherbergt Schätze wie ein gotisches Messgewand von 1350 oder eine vergoldete Strahlenmonstranz aus dem Jahr 1720 (Di - Fr 10 - 17 Uhr, Sa/So/Feiertage 11 - 17 Uhr, Eintritt. www.dommuseum-frankfurt.de). Vor dem Dom wartet noch der **Archäologische Garten** mit Fundstücken aus der karolingischen und römischen Zeit auf uns und dann schlendern wir zum **Mainufer**. Dort, wo Karl der Große einst eine Synode einberief, führt die **Alte Brücke** über den Main. Außer ihr überspannen weitere 20 Brücken und Stege den Fluss bzw. das Hafenbecken im Stadtgebiet.

Sie zeugen von verschiedenen Entwicklungsphasen und bieten immer wieder neue Betrachtungswinkel auf die Stadt. Einer der bekanntesten Mainübergänge ist sicher der **Eiserne Steg**, der 1869 mit seinen konkav geschwungenen Metallbögen den Fortschrittsglauben an das damalige Industriezeitalter verkörpern sollte.

An beiden Ufern des Mains erstrecken sich Promenaden, die einen der großen Anziehungspunkte der Stadt darstellen. Da wird gejoggt, geradelt, spaziert oder einfach von einer Bank faul in die Sonne geschaut. Grünanlagen säumen den Fluss und am nördlichen Ufer zwischen **Friedens- und Untermainbrücke** hat es uns besonders die 4,42 ha große **Anlage Nizza** angetan. Im Windschatten der Kaimauern und dank der Südlage herrscht ein mediterranes Mikroklima, in dem Zitronen- und Feigenbäume, Palmen und südländische Pflanzen gedeihen können. Wenn wir dann bei Sonnenschein auf der Terrasse des **Restaurant Main Nizza** sitzen, könnten wir glatt vergessen, dass wir uns in hessischen Gefilden befinden.

Das Mainufer ist aber auch einer der bedeutendsten Standorte für Museen in Deutschland und Europa. Am **Museumsufer** reihen sich an der südlichen Uferseite neun Ausstellungshäuser wie auf einer Perlenschnur aneinander: Museum Giersch, Liebieghaus, Skulpturensammlung, Städelsches Kunstinstitut/Städtische Galerie (Städel), Museum für Kommunikation, Deutsches Architekturmuseum, Deutsches Filmmuseum, Museum der Weltkulturen/Galerie 37, Museum für Angewandte Kunst, Ikonen-Museum, Stiftung Dr. Schmidt-Voigt. Am gegenüberliegenden Mainufer schließen sich das Jüdische Museum und das Historische Mu-

seum mit Kindermuseum an. Auf beiden Uferseiten befinden sich weitere Museen in unmittelbarer Nähe. Ein guter Überblick über die musealen Angebote findet sich unter www.museumsufer-frankfurt.de.
Obwohl nicht am Museumsufer und im Frankfurter Westend gelegen, darf in dieser Aufzählung eines der großen Naturkundemuseen Deutschlands nicht fehlen. Das **Senckenberg Naturmuseum Frankfurt** zeigt die heutige Vielfalt des Lebens und die Entwicklung der Lebewesen sowie die Verwandlung unserer Erde über Jahrmillionen hinweg (Mo/Di/Do/Fr 9 - 17 Uhr, Mi bis 20 Uhr, Sa/So/Feiertage 9 - 18 Uhr, Eintritt. www.senckenberg.de).
Ebenfalls im Westend gelegen, befindet sich das grüne Wohnzimmer Frankfurts, der **Palmengarten**. Ohne auf weite Reise gehen zu müssen, können nacheinander Pflanzen und Gewächse aus allen Erdteilen bestaunt werden. Wechselnde Ausstellungen und Führungen machen den Besuch, für den man sich viel Zeit nehmen sollte, erst richtig spannend und interessant. Spazierwege, Grünflächen mit Liegestühlen, Spielplätze, ein Weiher mit Ruderbooten u. v. m. gehören außerdem zum Angebot und lassen schnell die Zeit vergessen (Feb. - Okt. 9 - 18 Uhr, Nov. Jan. 9 - 16 Uhr, Eintritt. www.palmengarten.de).
Einen ebenfalls längeren Aufenthalt könnte der Besuch im **Zoo Frankfurt** bedeuten, der im Ostend der Stadt liegt. Der zoologische Garten gehört zu den ältesten der Welt und präsentiert insgesamt 500 verschiedene Arten und über 4.500 Tiere (Sommerzeit 9 - 19 Uhr, Winterzeit 9 - 17 Uhr, Eintritt. Hunde außer Begleithunde nicht gestattet. www.zoo-frankfurt.de).
Die Frankfurter lieben es übrigens zu feiern. Mit dem **Museumsufer-**

Senckenberg Naturmuseum

fest im August und der **Nacht der Museen** im April wird die Museumslandschaft gefeiert. Die **Dippemess** im Frühjahr und im Herbst ist mit Fahrgeschäften und Festzelt ein Rummelklassiker und beim **Mainfest** wird der Lebensader der Stadt im August bei einem Volksfest gehuldigt. Der **Wäldchestag**, Frankfurts „Nationalfeiertag", wird mit Äppelwoi und Musik am Dienstag nach Pfingsten im Stadtwald gefeiert und neben unzähligen weiteren Festivitäten klingt das Jahr mit dem wunderschönen **Weihnachtsmarkt** auf dem Römerberg aus.

Wir waren bei unserem Stadtrundgang aber am Eisernen Steg stehen geblieben und gelangen nun über den Main und links gehend nach **Alt-Sachsenhausen**. Hier erwartet uns rund um den Affentorplatz das Gegenteil zum modernen und hektischen Bankenviertel. Die schmalen Gässchen mit Fachwerkhäusern und die kleinen Plätze, an denen Brunnen sprudeln, sind vor allem am Abend ein Anziehungspunkt. Dann treffen sich Einheimische und Touristen traditionell auf langen Bänken an Holztischen und trinken ihr Stöffche aus dem Gerippten. Dazu gibt es Frankfurter Spezialitäten wie Rindersolber (gepökeltes Rindfleisch) mit Grüner Soße, Haspel (Eisbein) mit Kraut und Brot oder Handkäs mit Musik. Eine „Eppelwoi-Wertschaft" reiht sich besonders um die Klapper- und Paradiesgasse sowie die Große und Kleine Rittergasse an die andere und das feucht-fröhliche Treiben endet meist erst spät in der Nacht. Aber auch etwas abseits gelegen findet man versteckte Apfelweinlokale mit lauschigen Höfen am Rande des Viertels oder in der nahen Schweizer Straße, die tagsüber eine beliebte Shoppingmeile ist. Damit die Auswahl etwas leichter fällt, nachstehend eine kleine, private Auswahl der Lokalitäten: **Kanonesteppel, Zur Germania, Zum Feuerrädchen (Textorstraße), Zum Atschel und Fichtekränzi (Wallstraße), Zum Gemalten Haus und Apfelwein Wagner (Schweizer Straße)**. Komme jetzt aber keiner auf die Idee, sämtliche Wirtschaften ausprobieren zu wollen! Der Apfelwein hat es in sich und ist in seiner Wirkung nicht zu unterschätzen!

Wer nun denkt, dass wir Frankfurt an einem Tag „abgehandelt" haben, liegt völlig daneben! In Frankfurt kann man als Tourist Tage, wenn nicht gar Wochen verbringen. Unsere Erfahrungen haben wir bei etlichen Aufenthalten gesammelt, nur einen Bruchteil zum Besten gegeben und vieles noch gar nicht genauer unter die Lupe nehmen können. Unser Bericht soll lediglich als Anreiz für einen Aufenthalt dienen und ganz ehrlich: Ein oder mehrere Besuche in Frankfurt lohnen sich!

Irgendwann ist es dann soweit und wir verlassen den Campingplatz, um wieder zur A661 zurückzukehren. Richtung KASSEL fahren wir bis zum BAD HOMBURGER KREUZ, wechseln auf die A5 Richtung BASEL und dann auf die A66 Richtung FRANKFURT-HÖCHST. Wir verlassen die Autobahn an der Ausfahrt 15/ KELKHEIM und richten uns zunächst nach den Hinweisen Richtung UNTERLIEDERBACH/JAHRHUNDERTHALLE. An einer

T-Kreuzung folgen wir links der Silostraße nach HÖCHST, um uns an der nächsten Kreuzung, einer Stoppstraße, rechts zu halten und eine Bahnstrecke zu unterqueren.

(148) WOMO-Stellplatz: Frankfurt-Höchst, Altstadt/Mainufer

GPS: N 50°05'45.9" E 8°32'42.7" **max. WOMOs**: 2
Ausstattung/Lage: Mainradweg, ca. 500 m zur Altstadt mit Geschäften und Gaststätten, Fähranleger ca. 200 m, Skateranlage/Ortsrand. Direkt am Main gelegen. **Zufahrt:** Hinter der Bahnunterführung den Hinweisen Höchster Altstadt/Stadtmitte folgen und nach ca. 600 m vor der Mainbrücke links zur Höchster Altstadt abbiegen. Etwa 100 m später rechts den Hinweisen zum Parkplatz Altstadt/Mainufer folgen.

Höchst und die Schwanheimer Düne

Mit dem Namen Höchst verbinden wir zunächst den ehemals hier ansässigen Konzern Hoechst AG, Industrie und nochmals Industrie. Auch heute sind viele Unternehmen im Industriepark ansässig, doch bisher war uns unbekannt, dass der Stadtteil im Westen Frankfurts eine historisch interessante Altstadt hat. Seit 1355 selbstständig, gehört Höchst erst seit 1928 zur Mainmetropole und ist damit der älteste Stadtteil. Idyllisch am Ufer des Mains gelegen, entwickelte sich der Ort mit einer geschlossenen Fachwerkbebauung rund um die im Jahr 830 entstandene **Justinuskirche**, eine der ältesten Kirchen Deutschlands. Ihr sehenswerter Garten erstreckt sich bis zur Stadtmauer am Main. Der Turm des alten Renaissance-Schlosses, die Kirche, die alte Mainmühle und der 1774 erbaute **Bolongaro-Palast**, bilden ein Ensemble, das wir an einem Industriestandort nicht erwartet hätten. Im **Höchster Schloss** sind Ausstellungen über die Firmengeschichte der Farbwerke Höchst, die Ortsgeschichte und zur Höchster Porzellanmanufaktur zu sehen. Sie ist nach Meißen die zweitälteste Porzellan-Manufaktur Deutschlands und noch heute werden nach 270 Jahre alter Tradition Porzellane gefertigt. In der **Höchster Porzellanmanufaktur** können sich Besucher durch die Produktionsräume führen lassen und haben die Möglichkeit, das Porzellan zu erwerben (Di 15 Uhr, Eintritt. www.hoechster-porzellan.de). Die einzige Frankfurter Fähre setzt regelmäßig über den Main und eine **Wander- oder Radtour** in das Naturschutzgebiet **Schwanheimer Düne** führt zu einer der wenigen Binnendünen Deutschlands. Auch wenn man keine hohe Dünenlandschaft wie an der See erwarten darf, begeistert uns die Landschaft. Ein ganz klein wenig fühlen wir uns in Frankfurts Westen

tatsächlich wie an die Nordsee versetzt. Die Schwanheimer Düne besteht aus Sand-, Magerrasen- und Waldflächen sowie einigen kleinen Seen und beherbergt eine Vielzahl an seltenen und vom Aussterben bedrohten Tier- und Pflanzenarten. Die Düne entstand nach der letzten Eiszeit aus Sanden, die aus dem Main geweht wurden und war bewaldet. Nach Trockenperioden und Sturmschäden kam es zu Rodungen und durch Windeinflüsse begann der Sandberg zu Beginn des 19. Jh. zu wandern. Ihren heutigen Standort erreichte sie zwischen 1882 und 1890.

Viele Wege führen um die Schwanheimer Düne und wir gehen nach der Fährüberfahrt links auf dem Fahrradweg am Mainufer entlang. Nach etwa 500 m zweigt rechts der GrünGürtel-Wanderweg ab, dem wir geradeaus, vorbei am Anglerverein, bis zum Ende folgen. Jetzt ein kurzer Links- und sofort wieder Rechtsschwenk und schon ist ein Bohlenweg erreicht. Er führt durch das Dünengebiet und darf wegen der sensiblen Vegetation nicht verlassen werden.

Nach einer guten Stunde sind wir wieder am Fähranleger und lassen den Tag auf dem Höchster Schlossplatz ausklingen. Dort laden gemütliche Gasthäuser zur Einkehr ein. Uns gefiel die **Traditionsgaststätte Zum Bären** sehr gut, in der hessische Hausmannskost und Apfelwein aus Bembeln serviert werden (ab 11 Uhr geöffnet).

Über die Mainbrücke fahren wir anschließend Richtung STADTMITTE/SCHWANHEIM, gelangen kurzzeitig auf die B40/B40a und verlassen die Bundesstraße nach NIEDERRAD. Parallel zum Main führt die Straße nach SACHSENHAUSEN und wir können über den Fluss einen Blick auf die Frankfurter Hafenanlagen und die Skyline werfen. In Sachsenhausen richten wir uns nach den Hinweisen zur B43 HANAU/OFFENBACH und erreichen das Museumsufer. Auch in den Frankfurter Ortsteilen Sachsenhausen und Oberrad können wir tatsächlich im Grünen parken und in einem von Anwohnern stark frequentierten Erholungsgebiet die Natur genießen. Zu diesem Zweck lassen wir den Eisernen Steg links liegen, verlassen die B43 und folgen der Wegführung Richtung DARMSTADT.

(149) WOMO-Wanderparkplatz: Frankfurt-Sachsenhausen, Goetheturm

GPS: N 50°05'18.7" E 8°42'39.1"; Sachsenhäuser Landwehrweg
max. WOMOs: 2 - 3
Ausstattung/Lage: Gaststätte (12 - 18 Uhr), Aussichtsturm, Waldspielpark, Wander- und Radwege/außerorts, Kleingärten in der Nähe.
Zufahrt: Von der B43 Richtung Darmstadt und durch Sachsenhausen fahren. Nach der Unterquerung einer Bahnlinie wird die B3 erreicht. Hier links Richtung Offenbach abbiegen und gleich wieder rechts Richtung Agentur für Arbeit auf dem Hainer Weg ca. 1,5 km bergauf fahren. An einer Kirche links ca. 1,2 km den Hinweisen zum Goetheturm und zum Parkplatz durch ein Wohngebiet folgen.

Der Frankfurter GrünGürtel

Kaum zu glauben, dass etwa ein Drittel des Frankfurter Stadtgebiets ziemlich grün ist und sich wie ein rund 70 km langes Band aus Wiesen, Feldern, Parks, Sportplätzen, Gärten, Auen und Wäldern rund um die Kernstadt zieht. Mit 8000 ha ist es das wichtigste und stark besuchte Naherholungsgebiet für die in Frankfurt lebenden Menschen und wirkt als „grüne Lunge". Die Stadtverordneten stellten den GrünGürtel 1991 unter Schutz, damit er nicht bebaut werden darf und seit 1994 ist er Landschaftsschutzgebiet, welches das Niddatal im Norden, im Nordosten den Berger Rücken und im Süden den Stadtwald umfasst. Der Stadtwald, in dem wir uns gerade befinden, ist mit 5000 ha der größte innerstädtische Forst und vom 43 m hohen **Goetheturm** lassen sich die Stadt und Teile des grünen Gürtels überblicken. Vom Parkplatz bietet sich eine etwa **11 km lange Stadtwanderung** an, auf der man mehr über den großen deutschen Dichter erfahren und seine Lieblingsplätze erkunden kann. Der schöne und abwechslungsreiche Weg ist durchgängig mit dem Zeichen **Goethe Wanderweg** markiert, führt u. a. zum Goethe-Haus und Goethe-Museum in die Innenstadt und ist als leicht einzustufen. Wer es länger mag, der kann sich den 64,5 km langen **GrünGürtel-Rundwanderweg** oder den 62,5 km langen **GrünGürtel-Radrundweg** vornehmen. Alles bestens markiert und der Start- bzw. Zielpunkt kann an jeder beliebigen Stelle der Rundwege gewählt werden (Karten z. B. bei T-Info in Frankfurt erhältlich).

Der Goethe Wanderweg führt auch an unserem nächsten Parkplatzvorschlag vorbei, der nur 900 m Luftlinie entfernt liegt. Wir empfehlen jedoch, den engen Verbindungsweg nicht mit dem WOMO zu befahren, sondern zurück nach Sachsenhausen zu fahren und uns auf der B43 Richtung OFFENBACH zu folgen.

(150) WOMO-Wanderparkplatz: Frankfurt-Oberrad, Scheerwald

GPS: N 50°05'28.1" E 8°43'22.3"
max. WOMOs: 2 - 3
Ausstattung/Lage: Wander- und Radwege, Waldspielpark, Mülleimer/außerorts. **Zufahrt:** Von der B43 nach OBERRAD abzweigen und der Durchgangsstraße in den Ort folgen. Bei Erreichen einer großen Kreuzung schräg versetzt geradeaus fahren und den Hinweisen P Spielpark/Waldfriedhof/Scheerwald ca. 1,3 km folgen.

Vom Scheerwald stürzen wir uns ein weiteres Mal ins Großstadtgetümmel, erreichen Richtung A661 wieder die B43 und starten zu unserer Erkundung nach OFFENBACH. Am großen Kreisverkehr Kaiserlei halten wir uns Richtung ZENTRUM, durchfahren zwei kleinere Kreisel und biegen links Richtung Frankfurt/Fechenheim ab. Kurz vor der Mainbrücke folgen wir rechts den Hinweisen nach BÜRGEL/RUMPENHEIM. Schräg gegenüber befindet sich ein großer, gebührenpflichtiger Parkplatz am Flussufer. Bauzäune deuteten während Buchrecherchen darauf hin, dass sich die Parksituation eventuell verändern könnten [N 50°06'36.5" E 8°45'33.7", Mainstraße].
Auch in Offenbach eignet sich der folgende Campingplatz am besten als Ausgangspunkt für die Stadterkundung. Des Weiteren verweisen wir für die Übernachtung auf den o. g. Campingplatz Mainkur, der sich auf der gegenüberliegenden Mainseite befindet und mit der Rumpenheimer Fähre zu erreichen ist (vgl. S. 173/CP-Nr. 144). Neben dem Fähranleger notieren wir zusätzlich einen Parkplatz am Mainufer und Mainradweg.

(151) WOMO-Campingplatztipp: Campingplatz Offenbach-Bürgel

GPS: N 50°07'33.3" E 8°46'20.3"; Gerhard-Becker-Straße 400
Kontakt: 069/862949; www.campingplatz-offenbach.com
Öffnungszeiten/Preis: Ganzjährig/€.
Ausstattung/Lage: V/E, Strom gegen Gebühr, Gaststätte mit Biergarten, Kiosk, Geschäfte und Gaststätten in Fechenheim ca. 500 m entfernt/außerorts. Im Grünen direkt am Main. **Bei Hochwassergefahr gesperrt!** Besuch Frankfurt: über die Rad-/Fußgängerbrücke nach Fechenheim und von dort im 7-Min. Takt mit der Straßenbahn in die Stadt. Besuch Offenbach: Bus Linie 101, ca. 1 km Fußweg entfernt oder Mainradweg R3 ca. 3,5 km in die Stadt.
Zufahrt: In Bürgel Richtung Rumpenheim fahren und von der Durchgangsstraße über die Arendsstraße den Hinweisen ca. 1,5 km zum Campingplatz folgen.

(152) WOMO-Stellplatz: Offenbach-Rumpenheim, Fähre
GPS: N 50°08'00.7" E 8°48'02.7" **max. WOMOs:** 1-2
Ausstattung/Lage: Radweg, Gaststätte (Mo Ruhetag)/Ortsrand. Leicht schräg. **Nur für WOMOs bis 6,50 m Länge! Bei Hochwassergefahr gesperrt!** **Zufahrt:** In Bürgel Richtung Rumpenheim fahren und den Hinweisen zum Fähranleger folgen. Der Parkplatz liegt links am Mainufer.

Offenbach am Main

Aus dem fast dörflich geprägten Bürgel sind wir mit dem Bus schnell an der Haltestelle am Marktplatz im Herzen der auf den ersten Blick hektisch wirkenden Stadt angekommen. Wir empfehlen, zuerst die **Offenbacher Stadtinformation** anzusteuern (Mo - Fr 9 - 18.30 Uhr, Sa 10 - 14 Uhr; Salzgässchen 1, Telefon 069/80652052, www.offenbach.de). Denn die 977 erstmals erwähnte und ab 1698 von hugenottischen Flüchtlingen geprägte Stadt bietet ein breites touristisches Angebot. Von Stadt-

Büsingpalais

rundgängen und geleiteten Ausflügen z. B. durch das Hafenviertel oder in Hinterhöfe reicht das umfangreiche Programm, um der Stadt näher zu kommen. Wer noch tiefer in Milieus eintauchen und Menschen kennenlernen möchte, dem sei das Team von **OFlovesU** ans Herz gelegt – die Touren führen Neuankömmlinge und Insider abseits von Postkartenmotiven und Vorzeigebauten durch Offenbach (www.oflovesu.com). 152 Nationen leben und arbeiten in der facettenreichen Stadt, in der Tabak und Zigaretten, Stahlwaren und Farben hergestellt wurden. Zu Beginn des 20. Jh. wurde an keinem anderen Ort Deutschlands so viel Leder wie in Offenbach produziert und verarbeitet. Verständlich, dass der Werkstoff Leder damals in kultureller und wirtschaftlicher Sicht prägend war und noch heute werden auf der Internationalen Lederwarenmesse Trends gesetzt. Das **Deutsche Ledermuseum** widmet sich ausführlich dieser Thematik und vereint gleich drei Museen unter einem Dach. Das europaweit größte **Schuhmuseum** mit Fußbekleidung aus vier Jahrtausenden gibt einen Überblick über die Schuhmode und deren kulturgeschichtliche Bedeutung in aller Welt. Zum anderen bietet das **Museum für angewandte Kunst** einen Einblick in das Kunsthandwerk und Design einer Vielzahl aus Leder gefertigter Stücke des Mittelalters bis zur Gegenwart. Als drittes ist das **Ethnologische Museum** zu nennen, das eine große Sammlung orientalischer und asiatischer Schattenspielfigurinen präsentiert (Di - So 10 - 17 Uhr, Eintritt. www.ledermuseum.de). Im 1775 erbauten und um 1900 im neobarocken Stil restaurierten **Büsingpalais** präsentiert das **Klingspor-Museum** in wechselnden Ausstellungen die

Isenburger Schloss

moderne Buch- und Schriftkunst des 20. und 21. Jahrhunderts. In den ehemaligen Verwaltungs- und Fabriketagen eines 1896 fertiggestellten Gebäudekomplexes der einstigen Tabakfabrik der Familie Bernard ist das **Haus der Stadtgeschichte** untergebracht (Di/Do/Fr 10 -17 Uhr, Mi 14 - 19 Uhr Sa/So 11 - 16 Uhr, Eintritt).

Mitte des 18. Jh. bezeichnete Goethe Offenbach als „gärtenreiche Häufung großzügiger Landsitze“ und noch heute finden sich viele Parks in der Stadt. Bei unserem Rundgang gelangen wir in den innerstädtischen **Büsingpark**, der mit üppigem Grün und Blumenbeeten eine Ruhe-Oase mitten im Herzen der Stadt ist. Im **Stadtcafé**, von Menschen mit Handicap betrieben, legen wir ein willkommenes Päuschen ein, bevor wir in den kleinen **Lilipark** weitergehen. Der Name entstand 1932 zum 100. Geburtstag Johann Wolfgang von Goethe, und erinnert an dessen „Offenbacher Sommer“ 1775 mit Lili Schönemann, mit der er kurzzeitig verlobt war. Mainaufwärts steht das **Isenburger Schloss**, heute Bestandteil des Campus der Hochschule für Gestaltung. Die der Mainseite zugewandte Front besitzt eine streng-sachliche Fassade, während die Südseite des 1578 fertiggestellten bemerkenswerten Renaissanceschlosses mit Arkaden, Pfeilern, Figuren, Wappenschmuck und Bogengängen verziert ist. Die Bomben des Zweiten Weltkriegs rissen klaffende Lücken in die einstmals schöne Bebauung Offenbachs, die in den folgenden Jahren dem Zeitgeist folgend eher gesichtslos wiedererrichtet wurde. Überdauert hat die **Französisch-Reformierte Kirche**, die 1718 von den Hugenotten errichtet wurde und 1874/75 eine neobarocke Fassade erhielt.

Wetterpark

Wenn es sich einrichten lässt, sollte der Besuch des **Wochenmarktes** auf dem Wilhelmsplatz zum „Pflichtprogramm gehören. Seit 1903 gibt es den Erzeugermarkt, der einer der größten und schönsten des Rhein-Main-Gebiets ist. Neben dem Einkauf ist es die Kombi-

nation mit dem umliegenden gastronomischen Angebot, die einen fast mediterran anmutenden Treffpunkt für unterschiedlichste Menschen und Kulturen bietet (Di/Fr/Sa 8 - 14 Uhr).
Offenbach ist Hauptsitz des **Deutschen Wetterdienstes** und so sollte der Besuch im etwas außerhalb gelegenen Wetterpark nicht fehlen [N 50°05'32.7" E 8°47'12.7"; Goerdeler Straße]. Vom Parkplatz folgen wir der Beschilderung und erreichen zu Fuß das **Besucherzentrum Wetterpark Offenbach**, das gleichzeitig als Portal zum **Regionalpark RheinMain** genutzt wird. Hier kann man Wetterphänomenen wie Regionalklima oder optischen Erscheinungen nachspüren und sogar selbst Tornados erzeugen. Das 20.000 m² große Areal bietet sowohl Naherholung als auch wissenschaftliche Informationen zum Wettergeschehen an verschiedenen Mitmachstationen. Von einem 13 m hohen Turm ist der Blick über Offenbach und Taunus gewährleistet, man kann ausgebreitet auf seiner Picknickdecke Wolkengebilden nachschauen oder an den regelmäßig angebotenen Führungen und Veranstaltungen teilnehmen. Nicht nur für Themeninteressierte, sondern auch für Familien mit Kindern eine spannende Angelegenheit (März/April/Okt. 9.30 - 16.30 Uhr, Mai - Sept. 9.30 - 18.30 Uhr, Parkgelände 8 - 22 Uhr. www.regionalpark-rheinmain.de).
Von den genannten Campingplätzen bzw. vom vorgenannten Parkplatz in Rumpenheim ist das **Rumpenheimer Schloss** zu erreichen. Ursprünglich

1680 als Herrenhaus errichtet, wurde es ein knappes Jahrhundert später zur dreiflügeligen Schlossanlage umgebaut und im Zweiten Weltkrieg stark beschädigt. Der völlige Abriss der Ruine wurde durch Bürgerproteste verhindert, das Schloss nach historischem Vorbild wiederhergestellt und heute befinden sich in der Anlage Wohnungen. Geblieben ist der **Schlosspark Rumpenheim**, der Ende des 18. Jh. vom französischen Barock- zum englischen Landschaftsgarten umgewandelt wurde, in dem einst Könige wandelten und der ein Stück Gartenkulturgeschichte darstellt.

Entlang der Schlossparkmauer verlassen wir Rumpenheim nach MÜHLHEIM. Kurzzeitig haben wir das Gefühl, uns weit ab vom Großstadtgetümmel und mitten auf dem Land zu befinden. In Mühlheim treffen wir auf die B43 und biegen Richtung HANAU ab. Im Hanauer Ortsteil STEINHEIM orientieren wir uns an den Hinweisen zum Parkplatz Altstadt [**153:** N 50°06'19.7" E 8°55'07.6"; Steinheimer Vorstadt]. Zum Übernachten sind die beiden Parkplätze gerade noch so geeignet, während sie für die Stadtbesichtigung ideal sind.

Hanau-Steinheim

Das **Schloss Steinheim** geht auf eine Burg zurück, die seit dem frühen 13. Jh. den Herren von Eppstein gehörte, nach 1425 durch die Mainzer Erzbischöfe erweitert und später von Vertretern des Großherzogtums Hessen-Darmstadt zur Mainseite hin schlossartig umgebaut wurde. Das heute im Schloss untergebrachte **Museum** widmet sich der regionalen Vor- und Frühgeschichte und die Ausstellung reicht von den ersten menschlichen Spuren, über die revolutionäre Entdeckung der Bronze, die Hinterlassenschaften der Römer bis hin zu den Relikten des frühen Mittelalters im Raum Hanau (Sa/So 11 - 17 Uhr, Eintritt). Der hübsche **Schlossgarten**, der sich in Hanglage zum Main erstreckt, lädt zum Verweilen ein und einen Gang durch die **historische Altstadt** sollte man auf gar keinen Fall versäumen. Pittoreske Fachwerkhäuser säumen die engen Gassen mit gemütlichen Gasthäusern und Apfelweinwirtschaften. Am Mainufer findet sich das **Restaurant Druckhaus am Main**, das mit einem Biergarten aufwarten kann und gutbürgerliche Speisen mit hessischem Akzent anbietet (ab 17 Uhr, So/Feiertage ab 11 Uhr).

Nach diesem erfreulichen Ausflug kehren wir Steinheim auf der B43a Richtung DIEBURG den Rücken zu. Bereits an der nächsten Ausfahrt verlassen wir die Bundesstraße Richtung KLEIN-AUHEIM und zum WILDPARK, an dem uns besonders weitläufige Parkmöglichkeiten am zweiten Eingang erwarten [**154:** N 50°05'23.6" E 8°54'00.9"; Eingang 2 und **155:** N 50°05'10.6" E 8°54'41.5"; Eingang 1].

Wildpark Alte Fasanerie

Das Areal wurde 1710 als kurfürstliche Fasanerie angelegt und es gibt rund 400 in Europa heimische und ehemals heimische Tiere in naturnah gestalteten Gehegen zu entdecken. Attraktionen sind Tierfütterungen, Kutschfahrten, Ponyreiten, ein Streichelzoo und eine Greifvogel-Flugschau (15. März - Okt. 9 - 18 Uhr, Nov. - 14. März 9 - 16 Uhr, Sa/So/Feiertage 9 - 17 Uhr, Eintritt. www.erlebnis-wildpark.de). Zusätzlich locken Hessens größter Hochseilgarten und ein Waldseilpark, die unter separater Leitung stehen.

Das **Hessische Forstmuseum** bietet einen Einblick in die Forstgeschichte und die moderne Waldbewirtschaftung Hessens sowie in fast vergessene Gewerbe wie Köhlerei, Gerbrinden- und Harzgewinnung. Die spielerischen und interaktiven Ausstellungselemente sprechen besonders Kinder an (April - Sept. 9 - 18 Uhr, Okt. - März 9 - 16 Uhr, Sa/So/Feiertage 1 Stunde länger, Eintritt).

In Klein-Auheim folgen wir den Hinweisen Richtung SELIGENSTADT, sind wenig später in HAINBURG und dann auch schon im Ortsteil KLEIN-KROTZENBURG.

(156) WOMO-Radwanderparkplatz: Klein-Krotzenburg, Liebfrauenheide

GPS: N 50°03'59.2" E 8°56'45.3"; Triebweg **max. WOMOs**: 2
Ausstattung/Lage: Radweg, Gaststätte/außerorts.
Zufahrt: Im Ort rechts den Hinweisen Liebfrauenheide ca. 1,5 km bis zum Parkplatz folgen.

WOMO-Radwandertipp: Kurmainzer Herz

Leichte Tagestour von ca. 35 km, durchgängige Markierung gelbes EU-Schiffchen auf blauem Grund. Infotafel nahe der Kapelle.
Der Einstieg in den Kulturradweg ist am besten am Rastplatz an der ca. 200 m vom Parkplatz entfernten Wallfahrtskapelle Liebfrauenheide zu finden, an der von Mai bis Oktober jedes Jahr zehn große Wallfahrten stattfinden.
Am Untermain erstreckt sich ein Landstrich beiderseits des Mains über die zwei Bundesländer Hessen und Bayern. Das war nicht immer so. Bis 1803 gehörten Seligenstadt und die Gemeinden mainaufwärts zum Erzstift Mainz, das damals ein eigenständiger Staat war. Sie verbindet eine gemeinsame Geschichte, die der Kulturradweg „Kurmainzer Herz“ aufgreift. 16 Stationen präsentieren die Geschichte der Landschaft am Main, die von der Natur über Jahrmillionen geformt wurde. Braunkohleflöze entstanden, Kiesbetten wurden abgelagert, Mainarme bildeten sich und verschwanden. Der Mensch hat in der vergleichsweise kurzen Epoche von mehreren Jahrtausenden diese Naturlandschaft in eine Kultur- und Industrielandschaft von den prähistorischen Hügelgräbern am Schachenbrunnen bis zur Braunkohlehalde umgestaltet.

Bayern
Tour 6
Hainburg
Seligen-
stadt
Klein-
welzheim
Zellhausen
158
159
157
S
Baben-
hausen
158
Dieburg
Groß-
Umstadt
164
166
Heubach
165
Tour 8
Grube Messel
Messel
161
162
163
WC
Darmstadt
Geo - Naturpark
Bergstraße - Odenwald
5 km
TOUR 7

Tour 7 95 km

Seligenstadt - Babenhausen - Dieburg - Darmstadt - Groß-Umstadt

Stellplätze: Seligenstadt, Kleinwelzheim, Mainhausen, Babenhausen, Dieburg, Kranichstein, Darmstadt, Groß-Umstadt, Heubach.
Entsorgung: Groß-Umstadt.
Besichtigen: Seligenstadt Stadtbild, Einhard-Basilika, Benediktinerabtei, Landschaftsmuseum; Babenhausen Stadtbild, Territorialmuseum; Dieburg Museum Schloss Fechenbach; Messel Besucherzentrum Grube Messel, Fossilien- und Heimatmuseum; Darmstadt Stadtbild, Jagdschloss Kranichstein mit Museum und Bioversum, Hess. Landesmuseum, Großherzoglich-Hessische Porzellansammlung, Schlossmuseum, Mathildenhöhe, versch. Parks, Zoo Vivarium; Groß-Umstadt Stadtbild, Weinlehrpfad.
Wandern: Groß-Umstadt.
Radfahren: Seligenstadt, Kleinwelzheim Main-Radweg.
Baden: Seligenstadt, Zellhausen, Babenhausen, Groß-Umstadt.
Essen: Seligenstadt Alte Schmiede, Eiscafé Maintor; Darmstadt Restaurant Bockshaut; Groß-Umstadt Farmerhaus.

Auf direktem Weg erreichen wir SELIGENSTADT und parken das WOMO am Sportplatz in der Nähe des Altstadt-Parkhauses auf dem Parkstreifen [N 50°02'51.5" E 8°58'14.4"; Jahnstraße]. Von hier ist es nur ein Katzensprung in die bezaubernde Altstadt, während der übernachtungstaugliche Parkplatz am Schwimmbad weiter entfernt liegt.

(157) WOMO-Badeplatz: Seligenstadt, Schwimmbad

GPS: N 50°02'11.2" E 8°59'02.9"; Am Schwimmbad/Zellhäuserstraße
max. WOMOs: 3
Ausstattung/Lage: Lt. Auskunft der Tourist-Info ist das Parken max. 2 Tage erlaubt, ca. 1 km Fußweg zur Altstadt/im Ort, Häuser in der Nähe.
Zufahrt: Im Ort erst Richtung Aschaffenburg/Mainhausen und später Richtung Klein-Welzheim fahren. Nach mehreren Kreisverkehren die Richtung Babenhausen/Zellhausen/Sportanlagen einschlagen und von der Zellhäuser Straße den Hinweisen zum Schwimmbad folgen.

Seligenstadt

Selig sei die Stadt genannt,
da ich meine Tochter wiederfand!

Dieser Ausruf wird Karl dem Großen zugeschrieben. Des Kaisers Tochter wurde vom Hof verbannt, nachdem sie eine nicht standesgemäße Liebschaft mit Karls Biografen eingegangen war. Nach vielen Jahren verirrte sich der Kaiser bei einer Jagd und fand sich in einem Gasthaus wieder, in dem ihm die Wirtin seine Leibspeise, einen Pfannkuchen, servierte. Daran erkannte der Vater seine Tochter, soll vor lauter Freude besagten Spruch von sich und der Stadt den Namen gegeben haben.
Soweit die Legende in Kurzform – viel wahrscheinlicher ist jedoch die folgende Überlieferung:
Die Historie Seligenstadts beginnt mit den Römern, die hier um 100 n. Chr. ein Kastell errichteten. Da-

nach kamen die Alemannen und das ehemalige „Obermühlheim“ wurde erstmals 815 urkundlich erwähnt. Nachdem Karl der Große den Ort seinem Biografen Einhard geschenkt hatte, begann dieser um das Jahr 830 mit dem Bau einer dreischiffigen Pfeilerbasilika, die bis heute das Wahrzeichen der Stadt ist. Nachdem Einhard wertvolle Reliquien aus Rom überführen ließ, wurde die **Einhard-Basilika** bald zum begehrten Pilgerziel und die einstige fränkische Siedlung erhielt von den Wallfahrern den Namen Saligunstat – die heil- und segenbringende Stätte, also Seligenstadt. Aus der Gründung Einhards entwickelte sich eine blühende **Benediktinerabtei**, die im Laufe der Jahrhunderte zur „Klosterstadt“ mit Gärten, Wirtschaftshöfen, Vorratskellern, Mönchszellen und Prunkräumen wurde. Das im 17. und 18. Jh. im barocken Stil umgebaute Kloster mit dem Konventgarten ist noch heute von einer 1720 erbauten Mauer umgeben und zählt zu den wenigen nahezu erhaltenen Klosteranlagen in Hessen (März - Okt. Di - So 10 - 17 Uhr, März - Sept. Mi 10 - 18 Uhr, Nov. - Feb. Di - So 10 - 16 Uhr, Führungen, Eintritt. Der Klostergarten ist ganzjährig bis zum Einbruch der Dunkelheit, im Sommer bis 20 Uhr geöffnet. www.schloesser-hessen.de). Im ehemaligen Konventbau der einstigen Benediktinerabtei befindet sich das **Landschaftsmuseum Seligenstadt**. Im Erdgeschoss werden Wechselausstellungen und regionaltypische traditionelle Perlenhäkeleien auf Taschen und Kleidern präsentiert, während im Obergeschoss die Geschichte der Abtei, der Stadt und der Region vom 9. - 19. Jh. zu sehen ist (März - Okt. Di - So 10 - 18 Uhr, Nov. - Febr. Di - So 10 - 17 Uhr, Eintritt). Neben der Abtei entwickelten sich Handel sowie Handwerk und ließen Seligenstadt im Mittelalter erblühen. Es entstand die heute so schön anzusehende **historische Altstadt** mit zahlreichen, mittlerweile restaurierten Fachwerkhäusern, die den Ort so unverwechselbar prägen. Das bekannteste ist das **Einhardhaus** von 1596 mit seinem reich verzierten Erker, den der eingangs erwähnte Kaiser-Spruch ziert. Das imposante Haus am Marktplatz ist Sitz der **Tourist-Info** (Mai - Sept. Mo - Fr 10 - 18 Uhr, Sa 10 - 16 Uhr, So 12 - 16 Uhr, Okt. - April 10 - 17 Uhr, Sa 10 - 13 Uhr, So 14 - 16 Uhr, Aschaffenburger Straße 1, Telefon 06182/87177, www.seligenstadt.de). Neben einer **öffentlichen Stadtführung**, die wir wärmstens empfehlen (Mai - Sept. Sa 12.30 Uhr, Treffpunkt T-Info, Gebühr), werden unzählige Themenführungen angeboten. Der gesamte Altstadtbereich ist unter Denkmalschutz gestellt und es macht Freude, zwischen der einstigen Befestigungsanlage, von der noch wertvolle Bestandteile wie z. B. der Steinheimer Torturm von 1603 erhalten sind, herumzuspazieren. Wir sehen das **Romanische Haus** aus dem Jahr 1187 sowie das **Alte Haus** von 1327, das zweitälteste Fachwerkhaus Südhessens, und die **Wendelinuskapelle**, einst weit vor den Toren der Stadt und heute an einer verkehrsreichen innerstädtischen Kreuzung gelegen. Am Mainufer ist an der Stadtmauer das **Palatium**, Reste einer staufischen Kaiserpfalz, die Kaiser Friedrich Barbarossa Ende des 12. Jh. errichten ließ, zu erkennen. Im Viertel **Klaa-Frankreich** im Innenstadtbereich zeugen die gemütlichen Gässchen von der Ansiedlung der Wallonen, die nach dem Dreißigjährigen Krieg nach Seligenstadt kamen.

Seligenstadt ist auch ein Ort für kulinarische Genießer. Donnerstags ist **Backtag** in der ehemaligen Benediktinerabtei und das heiß begehrte, im fränkischen Steinbackofen nach altem klösterlichem Rezept gebackene Brot bereichert die WOMO-Küche. Mittwochs und samstags findet sich dafür sicher etwas auf dem **Wochenmarkt** (8 - 14 Uhr). Eines der zahlreichen Gasthäuser oder Cafés hervorzuheben, fällt uns schwer, denn wir haben nirgends einen Reinfall erlebt. Wer allerdings viel Wert auf eine Tischkultur mit Stoffservietten neben frischen Blumen legt und edlen Wein zum zarten Steak bevorzugt, der ist sicher in der **Alten Schmiede** am Marktplatz gut aufgehoben. Eine besondere Herausforderung sind die **Eisdielen und -cafés**! Jeder Seligenstädter hat seine besondere Vorliebe und hält das Eis „seiner" Eisdiele für das beste. Beim eiskalten Selbstversuch heben wir das **Eiscafé Maintor**, knapp gefolgt vom **Süßen Löwen** auf das Siegerpodest.

Die angefutterten Pfunde können anschließend auf dem **Main-Radweg** und **Main-Wanderweg** oder dem bereits in der vorherigen Tour erwähnten **Kulturweg** „Kurmainzer Herz" abtrainiert werden.

Nach zwei wunderschönen Tagen in Seligenstadt soll ein Parkplatz nicht unerwähnt bleiben, den wir bei einem Spaziergang mainaufwärts im Ortsteil KLEIN-WELZHEIM entdeckt haben.

(158) WOMO-Stellplatz: Klein-Welzheim, Festplatz

GPS: N 50°02'36.6" E 9°00'19.6"
Großwelzheimer Straße
max. WOMOs: 3
Ausstattung/Lage: Wander- und Radweg, Kulturradweg, Glascontainer/Ortsrand.
Zufahrt: In Seligenstadt Richtung Klein-Welzheim fahren. Im Klein-Welzheim am Kreisel halb links in die Hauptstraße Richtung Bürgerhaus fahren. Nach ca. 500 m links und weitere 100 m bis zum Parkplatz fahren.

Von Seligenstadt erreichen wir Richtung BABENHAUSEN in ZELLHAUSEN den Ausläufer des **Erholungsgebietes Mainhäuser Seen**. Das von Bayern und Hessen stark frequentierte Gebiet entstand durch jahrelangen Kiesabbau in der Mainlandschaft. Der **Königsee** lockt mit klarem Wasser, weichem, fast weißem Sandstrand, Liegewiese zum Baden sowie Relaxen und auch an Nichtschwimmer und FKK-Freunde wurde gedacht.

(159) WOMO-Badeplatz: Zellhausen, Königsee

GPS: N 50°01'14.9" E 8°59'46.8"; Am Mühlbach **max. WOMOs:** 2-3
Ausstattung/Lage: Strandbad, Gaststätte in der Nähe/außerorts.
Zufahrt: Etwa 600 m hinter dem Ortseingang links den Hinweisen zum Strandbad/Königsee ca. 450 m folgen.

Hinter MAINHAUSEN fahren wir auf der Deutschen Fachwerkstraße schnurgerade auf BABENHAUSEN zu. Zur Stadtbesichtigung kann das WOMO am ehesten auf einem Parkplatz nahe der Platanenallee geparkt werden [N49°57'34.4" E 8°57'15.3"]. Bei unserer Recherche nahmen wir allerdings Baumaßnahmen wahr und können nicht eindeutig sagen, ob die Parkmöglichkeit noch vorhanden ist. Alternativ bleibt die Parkplatzsuche am Straßenrand oder der Fußmarsch vom folgenden Parkplatz, um in den Ort zu gelangen.

(160) WOMO-Badeplatz: Babenhausen, Freibad

GPS: N 49°57'19.4" E 8°57'36.3"; Ostheimer Weg **max. WOMOs:** 3-5
Ausstattung/Lage: Ca. 1 km Fußweg ins Zentrum, Radwege in der Nähe/ Ortsrand. **Zufahrt:** Bei Erreichen des Ortes kurzfristig Richtung Stadtmitte fahren, dann auf die B26 Richtung Darmstadt/Groß-Umstadt wechseln und links den Hinweisen zum Schwimmbad folgen.

Babenhausen

In der ehemaligen Residenzstadt der Grafen von Hanau-Lichtenberg, die 1295 die Stadtrechte erhielt, ist der Marktplatz mit seinem wunderschönen **Rathaus**, **Patrizierhäusern** und der evangelischen **Stadtkirche St. Nikolaus** sehenswert. Hier befindet sich die **Tourist-Info** (Mo - Fr 10 - 12 Uhr, Di 14 - 16 Uhr Mi 15 - 18 Uhr, Do 14 - 19 Uhr, Fr 14 - 18 Uhr, Sa 14 - 16 Uhr, So 13.30 - 16.30 Uhr, Marktplatz 2, Telefon 06073/60274, www.babenhausen.de). Die Stadt war durch eine starke Ringmauer mit Türmen befestigt, von denen der **Breschturm** und der **Hexenturm**, das Wahrzeichen der Stadt, noch erhalten sind. Gleich neben dem Hexenturm befindet sich das älteste Fachwerkhaus, das 1462, auch wenn über der Haustür eine andere Jahreszahl steht, erbaut wurde. Das **Schloss** wurde ursprünglich als Wasserburg 1188/1189 angelegt und ist heute in Privatbesitz.

Entlang der Gersprenz reihen sich **Burgmannen- und Herrenhäuser** aneinander und im Gayling'schen Amtshaus in der Blaugasse befindet sich das **Territorialmuseum**, in dem über die Stadtgeschichte erzählt wird (Mi 14 - 16 Uhr, Do/So 14 - 17 Uhr, Sa 15 -17 Uhr, Eintritt). Beachtung findet u. a. die Zeit als Garnisonstadt, von der auch eine Gedenktafel in der Altstadt zeugt. Immerhin war Babenhausen von 1945 - 2007 militärischer Standort der US-Streitkräfte.
Für Naturliebhaber und besonders für Pferdefreunde dürfte eine **Führung durch das Flora-Fauna-Habitat-Gelände** hinter den ehemaligen Kasernen interessant sein. Nach der militärischen Nutzung entstand ein Naturschutzgebiet, dass das größte Vorkommen von Dünen mit offenen Grasflächen in der Untermainebene zu bieten hat. Die Beweidung der Birken-, Weiden- und Kieferbestände übernehmen wilde **Przewalski-Pferde**. Im Gegensatz zu Schafen lockern Pferde bei diesem Beweidungskonzept den Boden mit ihren Hufen auf und hinterlassen nach ausgiebigen Sandbädern flache Kuhlen im Boden, in denen sich später kleine Tümpel bilden. Eine einstündige Führung, die am besten mit dem Fahrrad über das knapp 70 ha große Gelände bewältigt werden sollte, vermittelt die Tourist-Info (Juni - Aug. jeden 1. So im Monat ab 10 Uhr, in den übrigen Monaten startet die Führung um 11 Uhr, Gebühr).

Auf der B26 scheinen wir die flache, weite Ebene zu durchfliegen und verlassen die Bundesstraße an der Abfahrt DIEBURG NORD/INDUSTRIEGEBIET. Um eine für die Stadtbesichtigung günstig gelegene Parkplatzmöglichkeit zu erreichen, steuern wir links Dieburg an, halten uns Richtung DARMSTADT und fahren von der Darmstädter Straße den ausgeschilderten, tagsüber gebührenpflichtigen Parkplatz P1 „Auf der Leer“ an [N 49°53'53.4" E 8°50'07.6"; An der Brückenmühle].

Dieburg

Das an der Gersprenz liegende mittelalterliche „Dipurg“ wurde im 12. Jh. erstmals erwähnt und erhielt im Jahr 1277 die Stadtrechte. Noch heute heben sich der mittelalterliche Stadtgrundriss und die vorgelagerte Wasserburg im Stadtbild ab. Zuvor waren es die Römer, die ihre Spuren hinterließen und deren bauliche Fähigkeiten z. B. an der um 1220

erbauten Stadtmauer im **Fechenbachpark** übernommen wurden und erhalten sind. Am Bachsprung über die Gersprenz ist das charakteristische Opus Spicatum, ein Mauerwerk aus Steinen, das ein fischgrätenartiges Muster bildet, gut zu erkennen. Am Rand des Parks befindet sich das **Museum Schloss Fechenbach**. In dem im 19. Jh. unter Einbeziehung älterer Bauteile im spätklassizistischen Stil errichteten Bau liegt der Ausstellungsschwerpunkt in der Römerzeit, doch das gesamte Museumsspektrum reicht von der Steinzeit bis in die Neuzeit. Verschiedene beeindruckende Inszenierungen wie das Mithräum oder das Triclinium machen Geschichte erlebbar und wechselnde Ausstellungen sowie ein Café runden das Programm ab (Di - Sa 14 - 17 Uhr, So 11 - 17 Uhr, Eintritt). Neben den archäologischen Hinterlassenschaften aus römischer und mittelalterlicher Zeit sind es die historischen Parkanlagen, die restaurierten Fachwerkhäuser mit aufwendigen Fensterkonstruktionen und dekorativem Schmuckfachwerk oder die alten Türme, die eine angenehme Atmosphäre ausstrahlen. Das an den Fechenbachpark angrenzende Zentrum der Stadt gruppiert sich um den Marktplatz. Hier ist die **Tourist-Info** im Rathaus zu finden, die zur Vorbereitung für eine Stadterkundung auch online historische Stadtrundgänge zur Verfügung stellt (Mo - Mi 8 - 12 Uhr, Do 8 - 12/14 - 17.30 Uhr, Fr 8 - 11.30 Uhr, Markt 4, Telefon 06071/20020, www.dieburg.de). Erwähnenswert ist die **Wallfahrtskirche**, die auf römischen Fundamenten im 12. Jh. zu einer dreischiffigen romanischen Basilika ausgebaut und um 1350 spätgotisch umgestaltet wurde. Noch heute ist die Pièta von 1420 im Zentrum des barocken Hochaltars alljährlich Ziel der Wallfahrer. Etwas abseits der kleinen Gassen liegt der **barocke Schlossgarten** der Herrn von Groschlag, in dem man von Parkbänken dem Wasserspiel der Fontäne im Weiher zuschauen oder auf geschwungenen Pfaden spazieren kann. An **Fastnacht** geht in Dieburg richtig was ab. Dann findet in der Stadt für ein paar Tage ein riesiges Kostümfest statt und die Narren sind los. Doch auch beim sommerlichen **Schlossgartenfest** oder dem mittelalterlichen **Martinsmarkt** im November treibt es die Menschen auf die Gass' und der **Wochenmarkt** findet regelmäßig Anklang bei den Besuchern (Sa 8 - 13 Uhr).

Wir verlassen Dieburg auf der Darmstädter Straße/L3094 Richtung DARMSTADT und verzeichnen wenig später einen bei schönem Wetter stark frequentierten Parkplatz an einem Freizeitzentrum.

(161) WOMO-Stellplatz: Dieburg, Freizeitzentrum Spießfeld

GPS: N 49°54'12.8" E 8°48'25.8"
max. WOMOs: 2
Ausstattung/Lage: Tisch und Bänke, Trimm-Dich-Pfad, Grillmöglichkeit, Liegewiese, Spielplatz/außerorts.
Zufahrt: Etwa 1,4 km hinter dem Ortsausgang von Dieburg gegenüber eines Aussiedlerhofes links dem Hinweis zum Erholungsgebiet ca. 1 km folgen. Die Koordinaten liegen bewusst an der Landstraße, da man sonst vom Navi falsch geführt wird!

Mittlerweile befinden wir uns auf dem Weg zu einem ganz besonderen und spannenden Ort. Der Beschilderung GRUBE MESSEL folgend, erreichen wir eine der reichhaltigsten Fossilien-Fundstätten der Welt [N 49°54'45.9" E 8°45'15.0"; Roßdörfer Straße. Ausweichparkplatz N 49°54'28.1" E 8°45'05.3"; L3094/3317].

Unesco Welterbe Grube Messel

Als vor über 50 Millionen Jahren die Entstehung des Oberrheingrabens, besser als Rheintal bekannt, begann, bildeten sich trichter- oder schüsselförmige Vulkane, aus deren Tiefen heißes Magma an die Erdoberfläche geschleudert wurde. Beim Kontakt mit Oberflächenwasser gab es gewaltige Explosionen, die einen tiefen Krater entstehen ließen, der sich im Laufe der Zeit mit Wasser füllte. Diese besonderen Arten der Vulkane werden als Maarvulkane bezeichnet.

In Messel hatten die Maarexplosionen vor etwa 48 Millionen Jahren eine Auswirkung bis in eine Tiefe von fast 2000 m. Von den Kraterhängen stürzten Schutt und Geröll hinunter und lagerten sich ab. Da das Wasser in der großen Tiefe des Kratergrundes sauerstoffarm war, verwesten hinabgestürzte Tierkörper nicht, sodass heute viele Skelette im Ölschiefer erhalten sind. Von 1875 bis 1924 wurde Ölschiefer in Messel industriell zur Gewinnung von Rohöl abgebaut und 1962 kam das endgültige Aus für den Tagebau. Vor etwa 130 Jahren wurden in der Grube Messel, die eine Ausdehnung von rund 800 m Durchmesser und eine Tiefe von etwa 65 m hat, die ersten fossilen Relikte von Krokodilen gefunden. Später entdeckte man immer mehr und weitere fossile Zeugnisse von Lebewesen und Pflanzen im Ölschiefer. In keiner anderen Fundstelle wurde eine so große Artenvielfalt und Qualität an Fossilien gefunden wie hier. Der außergewöhnlich gute Erhaltungszustand ermöglicht weitreichende Einblicke in die Flora und Fauna sowie die Lebensbedingungen während des Eozäns (vor 57 bis 36 Mill. Jahre). Durch die Messeler Fossilien hat die Evolutionsforschung auf dem Gebiet der Säugetiere zusätzliche Beispiele für die Entwicklung von Arten erhalten. Die Pflanzenreste lassen Rückschlüsse auf klimatische Verhältnisse und Standortverhältnisse zu. Dieses weitreichende „Fenster in die Vergangenheit“ veranlasste die Unesco 1995, die Grube Messel als erstes deutsches Naturdenkmal in die Liste des Welterbes aufzunehmen.Das moderne **Besucherzentrum** ermöglicht uns bei einem Gang durch verschiedene Themenräume eine spannende Reise durch Zeiten und vergangene Welten. Wir sehen die

Verbindung zwischen Kultur- und Industriegeschichte am Beispiel der Grube. Wir lernen Veränderungen von Landschaften und Vulkanismus kennen, und den hessischen Regenwald. Eine virtuelle Expedition führt uns in ein Bohrloch von 433 m Tiefe. Wir erleben im Zeitraffer gepaart mit unbekannten Geräuschen, wie verschieden die Zeiträume sind, in denen Gesteine entstehen. An nachempfundenen Labortischen können wir erkennen, warum Fossilien für die Wissenschaft von so großer Bedeutung sind und welche Rückschlüsse aus der Veränderung der Arten in der Erdgeschichte gezogen werden können. Zu den spektakulärsten Fossilienfunden gehören die Überreste von mehr als siebzig Urpferden,

davon über dreißig vollständige Skelette. Fast ehrfürchtig stehen wir vor der Vitrine mit dem kleinen **Urpferdchen** mit den kurzen Beinen und dem gekrümmten Rücken. Aus diesen Arten entwickelte sich durch Anpassung an veränderte Lebensräume das heutige langbeinige und elegante Reitpferd. Im Außenbereich nimmt der **Zeitengarten** Bezug auf die industrielle Nutzung der Schlackenhalden und der **Themengarten** widmet sich Gesteinen der Umgebung. Von der **Aussichtsplattform** blicken wir auf die 60 m unter uns liegende Sohle der Grube Messel und nehmen uns vor, beim nächsten Besuch zeitiger anzukommen. Dann können wir an einer der vielen Führungen oder an einer Wanderung durch die Grube teilnehmen. Für Kinder ab 6 Jahren wird eine spezielle Führung angeboten, bei der sie selbst Fossilien im Ölschiefer ansehen können (10 - 17 Uhr, letzter Einlass in die Ausstellung 16 Uhr, geschlossen 24. - 26./31.12/1.1., Eintritt. Die Ausstellungsräume sind barrierefrei, Hunde an der Leine auf dem Außengelände gestattet. www.grube-messel.de). Ein weiteres kleines, aber feines Highlight ist das **Fossilien- und Heimatmuseum** im Ort Messel. Hier wird die Orts- und Industriegeschichte beleuchtet und eine Vielzahl der Funde charakteristischer Fossilien der Grube Messel ist zu sehen (April - Okt. 11 - 17 Uhr, Nov. - März Sa/So/ Feiertage 11 - 17 Uhr, kein Eintritt).

Nach der interessanten Reise in die Vergangenheit gelangen wir nach MESSEL und von dort Richtung DARMSTADT und zum JAGDSCHLOSS KRANICHSTEIN.

(162) WOMO-Wanderparkplatz: Darmstadt, Jagdschloss Kranichstein

GPS: N 49°53'54.1" E 8°41'41.2"; An der L3097
max. WOMOs: 2 - 3
Ausstattung/Lage: Infotafel, Wanderwege, Museum und Restaurant im Jagdschloss, weiteres Restaurant in der Nähe/Ortsrand. Ggf. Geräuschbelästigung durch die nahe Straße.
Zufahrt: Ca. 200 m hinter der Zufahrt zum Jagdschloss ist der Parkplatz links ausgeschildert.

Jagdschloss Kranichstein, Museum und Bioversum

Das ehemalige landgräfliche Jagdschloss wurde um 1580 unter Landgraf Georg I. von Hessen-Darmstadt errichtet und war mit einem großen Hirschgarten und einer Fasanerie verbunden. Es liegt im Norden von Darmstadt und beherbergt heute ein Hotel mit dem **Restaurant Kavaliersbau**, dessen gehobene Küche mit entsprechenden Preisen uns überzeugt hat (Mo - Fr 12 - 14/18 - 22 Uhr, Sa 18 - 22 Uhr, So 12 - 15 Uhr). Im **Museum Jagdschloss Kranichstein** erzählen eine Reihe fürstlicher Salons mit zahlreichen Jagdgemälden Darmstädter Maler, wertvolle Tapisserien sowie Möbel im Stil des Barock und Rokoko von der Glanzzeit als Landgrafensitz. Weitere Abteilungen zeigen jagdliche Gegenstände und vermitteln einen Eindruck über kulturhistorische Aspekte der Jagd von der Vor- und Frühgeschichte bis zur Gegenwart (Mi - Fr 13 - 17 Uhr, Sa/So/Feiertage 10 - 17 Uhr, Eintritt). Bei einem Spaziergang durch den idyllischen **Schlosspark** werden wir zu angelegten Schneisen, Jagdhäusern sowie zu Flur- und Naturdenkmälern geführt und können uns das fürstliche Jagdvergnügen und Repräsentationsbedürfnis der Landgrafen durchaus vorstellen. Im nahegelegenen Zeughaus der Schlossanlage befindet sich das **Bioversum Kranichstein**, in dem sich alles um das Verhältnis zwischen Mensch und Natur dreht (Di - Fr 11 - 17 Uhr, Sa/So/Feiertage 10 - 18 Uhr, Eintritt. www.museum.jagdschloss-kranichstein.de)

Das war der Einstieg in die viertgrößte Stadt Hessens, die im 11. Jh. erstmals als Darmundestat erwähnt wurde. Heute bezeichnet sich DARMSTADT als Ort der Wissenschaft, des Lebens und der Kultur. In Ermangelung eines offiziellen Stellplatzes peilen wir einen großen Parkplatz an, auf dem WOMOs aller Größen geparkt werden können. Er ist zwar nur für Pkw ausgewiesen, aber die Tourist-Info verwies uns auf Nachfrage hier hin. Keinerlei Einschränkungen gibt es am gegenüberliegenden Messplatz, sodass man dort, wenn nicht gerade eine Festivität ansteht, sicher unbehelligt parken kann.

(163) WOMO-Stellplatz: Darmstadt, Messplatz

GPS: N 49°53'12.1" E 8°39'35.6"; Arheilger Straße/Alsfelder Straße
max. WOMOs: 5 **Ausstattung/Lage:** Tram Linie 5 in die Innenstadt, Schwimmbad in der Nähe, WC-Haus am Messplatz/im Ort.
Zufahrt: Von Kranichstein aus kommend den Hinweisen Stadtmitte und Parkplatz Bürgerpark/Messplatz folgen.

Zwei weitere Parkmöglichkeiten haben wir am Mercksplatz [N 49°52'20.2" E 8°39'43.2"; Kreuzung B26/B449] und am Rand der Wolfskehlstraße [N 49°52'32.0" E 8°40'24.9"] ausmachen können. Unbedingt warnen müssen vor dem Parkplatz am Marienplatz, der im Volksmund nicht umsonst „Huppelplatz" heißt und auf dem das WOMO schon mal unsanft aufsetzen kann.

Darmstadt

Wie immer ist es schwer, einer Stadt gerecht zu werden, die ein reichhaltiges Angebot an Sehenswürdigkeiten, Lebendigkeit und Charme aufzuweisen hat. Nachdem wir mit der Straßenbahn am Mittelpunkt Darmstadts, dem Luisenplatz, angekommen sind, führt unser erster Weg in die **Tourist-Info** im Luisencenter (Mo - Fr 10 - 18 Uhr, Sa 10 - 16 Uhr, April - Sept. So 10 - 14 Uhr, Luisenplatz 4, 06151/134513, www.darmstadt-tourismus.de). Die Fülle von öffentlichen 1- und 2-stündigen Stadtführungen ist so umfangreich, dass man das Angebot gründlich selbst durchforsten muss. Die **Darmstadt Card** ermöglicht bei ein- oder zweitägigen Aufenthalten Fahrten kreuz und quer durch die Stadt und ein Kennenlernen der vielfältigen kulturellen Angebote zum vergünstigten Preis.

Residenzschloss

Wir schnappen uns einen Faltplan, in dem die wichtigsten und fußläufig zu erreichenden Sehenswürdigkeiten verzeichnet sind und starten zu unserer ganz persönlichen Stadtbesichtigung. Erwähnen müssen wir, dass viele Bauwerke in der Innenstadt während des Zweiten Weltkrieges annähernd vollständig zerstört wurden. Nach dem Krieg wurden sie vereinfacht oder in modernisierter Form rekonstruiert und ergeben mit der neueren urbanen Bebauung einen interessanten, abwechslungsreichen Spannungsbogen. Zunächst stehen wir vor der 39 m hohen **Ludwigssäule** auf dem **Luisenplatz** und sehen in der Verlängerung der Wilhelminenstraße die **St. Ludwig Kirche**. Sie wurde 1827 nach dem Vorbild des römischen Pantheons errichtet und wird im Volksmund schlicht die „Käsglock" genannt. Auf der anderen Seite des Luisenplatzes gehen wir dann zum **Hessischen Landesmuseum Darmstadt**, das sich in einem von 1897 - 1906 erbauten Gebäude des Berliner Architekten Alfred Messel befindet. Das Museum präsentiert kunst- und kulturhistorische sowie naturwissenschaftliche Objekte, die auf eine Sammlung der Landgafen von Hessen-Darmstadt zurückgehen und im 19. und 20. Jh. erheblich erweitert wurden (Di/Do/Fr 10 - 18 Uhr, Mi 10 - 20 Uhr, Sa/So/Feiertage 10 - 17 Uhr, Karfreitag/Heiligabend/Silvester geschlossen, Eintritt. www.hlmd.de). Hinter dem Museum befindet sich der Ende des 16. Jh. angelegte **Herrngarten**, der 1766 von der Großen Landgräfin Karoline in einen englischen Landschaftsgarten umgestaltet wurde. Im Nordosten schließt sich der **Prinz-Georg-Garten** an, der 1764 in den geometrischen Grundformen des Rokoko angelegt wurde und uns mit seiner Intimität und den immer wieder neuen Sichtachsen besonders gut gefällt. Sich anschließend fällt das Prinz-Georg-Palais auf, in dem die **Großherzoglich-Hessische Porzellansammlung** zu finden ist (Fr - So 10 - 17 Uhr, Nov. - März geschlossen, Eintritt. www.porzellanmuseum-darmstadt.de). Am **Marktplatz**, der seit dem 14. Jh. als Handelsplatz dient, findet regelmäßig der **Wochenmarkt** statt (Mi/Sa). Für eine imposante Kulisse sorgt das **Residenzschloss**, dessen Altschloss anstelle einer Wasserburg im Renaissancestil erbaut wurde. Daran schließen sich die barocken Flügel des Neuschlosses an. Im Glocken- und Kirchenbau befindet sich das **Schlossmuseum** mit einer Sammlung von Ausstellungsstücken zur Geschichte der ehemaligen Landgrafschaft und des späteren Großherzogtums Hessen-Darmstadt (Fr - So 10 - 17 Uhr, Führungen im 90-Minuten-Takt, Eintritt. www.schlossmuseum-darmstadt.de). Nicht weit entfernt ist der **Weiße Turm** zu sehen, der früher zur Stadtmauer gehörte und heute für Ausstellungen genutzt wird. Vorbei am modernen Kongressgebäude **Darmstadium**, an dem Fragmente der alten Stadtmauer zu sehen sind, steigen wir zum unbestrittenen Highlight der Sehenswürdigkeiten Darmstadts hinauf. Die **Mathildenhöhe** ist die höchste Erhebung der Innenstadt und präsentiert sich als ein **einzigartiges Gesamtkunstwerk** aus Hochzeitsturm, Ausstellungsgebäude, Museum Künstlerkolonie, Künstlerhäusern, Platanenhain und Freigelände.

Darmstadium

Als Grundstock der Mathildenhöhe waren bereits 1830 der **Platanenhain** und 1887 - 99 die **Russische Kapelle** im Auftrag des russischen Zaren Nikolaus II., Schwager Großherzogs Ernst Ludwig, angelegt worden. Die besondere Geschichte des **Jugendstil-Ensembles** begann, als der, der Kunst sehr zugewandte Großherzog1899 sieben Künstler nach Darmstadt berief und eine Künstlerkolonie gründete. 1901 fand die erste von vier großen Kunstausstellungen statt, bei denen die Künstler ihre Vorstellungen einer damals neuen Wohn- und Arbeitswelt zeigten. Einer der ersten Bauten war das **Ernst-Ludwig-Haus**, dessen Südfassade von der als „Paradiespforte“ gestalteten Treppenanlage mit den monumentalen Skulpturen „Mann“ und „Weib“ geprägt wird. Hier befindet sich das **Museum Künstlerkolonie**, in dem die Geschichte der Künstlergemeinschaft dokumentiert wird. Zu sehen sind u. a. Möbel, Glas- und Keramikkunst, Goldschmiedearbeiten, Grafiken und Architekturmodelle. In den ehemaligen Bildhauerateliers werden regelmäßig Wechselausstellungen gezeigt (Di - So 11 - 18 Uhr, Eintritt). Umfangreichere Sonderausstellungen zur freien und angewandten Kunst ab 1900 finden im 1908 fertiggestellten Ausstellungsgebäude neben dem Hochzeitsturm statt (Sanierung bis Herbst 2016, Öffnungszeiten und Eintritt lagen zur Zeit der Recherche nicht vor, www.mathildenhoehe.eu). Der 48,5 m hohe **Hochzeitsturm** ist das Wahrzeichen Darmstadts und wurde als Geschenk der Stadt Darmstadt zur Hochzeit des Großherzogs 1908 erbaut. Von der **Aussichtsplattform** hat man einen grandiosen Panoramablick und, nomen est omen, bietet der Turm ein besonderes Ambiente für Trauungen (März - Okt. 10 - 18 Uhr, Nov. - Feb. Fr - So 11 - 17 Uhr, 24./31.12. und während Trauungen geschlossen, Eintritt). Seit 1914 symbolisieren Skulpturen und Reliefs im **Platanenhain** den Kreislauf des Lebens und das **Lilienbecken**, die Brunnenanlage vor der Russischen Kapelle, stammt ebenfalls aus diesem Jahr.

Als **Beispiel bürgerlicher Wohnkultur** vervollständigen neun Häuser und Villen das Künstlerprojekt. Wir verlassen die Mathildenhöhe nach Osten, überqueren die Bahnschienen und gelangen an das **Löwentor**, Eingangsportal zum **Park Rosenhöhe**. Der Park wurde zu Beginn des 19. Jh. als englischer Landschaftsgarten angelegt und 100 Jahre später entstand unter Federführung von Großherzog Ernst Ludwig das **Rosarium** und der **Rosendom**. Gepflegte Parkwege führen zu hübsch anzusehenden Gebäuden und zu den Mausoleen und Gräbern der großherzöglichen Familie. Ziemlich geschafft bahnen wir uns den Weg zurück in die Innenstadt und passieren den **Großen Woog**, der ursprünglich als Fisch- und Feuerlöschteich diente und heute in den Sommermonaten als naturnahes Innenstadtbad genutzt wird. Neben dem Mercksplatz kann man dem bedachten Badevergnügen im 1909 erbauten **Jugendstilbad** nachgehen (10 - 22 Uhr, 24./25.12. geschlossen, Eintritt. www.jugendstilbad.de). In der Nähe des Marktplatzes stoßen wir auf die erstmals 1396 erwähnte **Stadtkirche**, die Landgraf Georg I. zur Grablege seines Hauses wählte. Sehenswert ist das 9 m hohe Alabasterepitaph in Erinnerung an Georgs erste Gemahlin. Im ehemaligen Pfarrhaus neben der Kirche lassen wir den schönen und interessanten Darmstadt-Besuch ausklingen. In dem 1580 erbauten Haus befand sich im 18. Jh. eine Gerberei mit dem Zunftzeichen einer Bockshaut. Aus der nebenher betriebenen Weinwirtschaft mit Weinhandel entwickelte sich das heute noch betriebene **älteste Restaurant** Darmstadts, das mit dem Namen **Bockshaut** auf die alte Tradition des Gerbens hinweist und in dem es sich zünftig-hessisch speisen lässt (Mo - Mi 18 - 22 Uhr, Do/Sa 12 - 14.30/18 - 22.30 Uhr, So/ Feiertage 12 - 14.30 Uhr). Erwähneswert ist außerdem das in der Nähe vom Messplatz liegende von Friedensreich Hundertwasser entworfene ungewöhnliche Wohnhaus **Waldspirale**, dessen Außenanlage frei zugänglich ist (Friedberger Straße).

Jetzt heißt es, sich aus Darmstadt zu verabschieden und auf der B26 den Weg Richtung ASCHAFFENBURG/DIEBURG einzuschlagen. Wir notieren den **Zoo Vivarium**, in dem neben einer Vielzahl von Amphibien, Reptilien und Fischen auch verschiedene Affenarten zu sehen sind. Weitere Besonderheiten sind der Australische Lungenfisch, Seychellen-Riesenschildkröten und Binturong, eine südostasiatische Schleichkatze (März/Okt. 9 - 18 Uhr, April - Sept. 9 - 19 Uhr, Nov. 9 - 17 Uhr, geschlossen 24./31.12., Eintritt. www.zoo-vivarium.de). Nach einigen Kilometern wechseln wir auf die B45 und steuern GROSS-UMSTADT an. In der Ferne sehen wir sehr markant auf einem Hügel die Veste Otzberg liegen, die uns schon einmal einen kleinen Vorgeschmack auf unsere weitere Reise durch den Odenwald gibt. Doch zunächst fahren wir in Groß-Umstadt Richtung Stadtmitte und stellen das WOMO auf dem Parkplatz Altstadt ab [N 49°52'13.7" E 8°55'45.1"; Fitzweg]. Die Stadt bietet zwei offizielle WOMO-Stellplätze an. Am Schwimmbad steht man nahe der Bahnlinie und im Ortsteil Heubach sehr abgeschieden am Waldrand. Für die Erkundung des Weinlehrpfades haben wir den Ausgangspunkt vom folgenden Wanderparkplatz gewählt.

(164)
WOMO-Wanderparkplatz: Groß-Umstadt, Am Hainrichsberg

GPS: N 49°51'52.3" E 8°56'58.1"
max. WOMOs: 2 - 3
Ausstattung/Lage: Wander- und Radwege, Weinlehrpfad (2 km), Naturerlebnispfad besonders nett für Kinder, Gaststätte, Mülleimer/außerorts.
Zufahrt: Im Ort den Hinweisen Kreiskrankenhaus/Farmerhaus folgen. Der Parkplatz liegt ca. 500 m hinter der Gaststätte am Waldrand.

(165) WOMO-Stellplatz: Groß-Umstadt, Schwimmbad offiziell

GPS: N49° 51'28.2" E8° 55'41.6" **max. WOMOs**: 5
Ausstattung/Lage: Leerung von Chemietoiletten: Kläranlage [N49°53'18"

E 8°54'58"; Gewerbestraße 3, Mo - Fr 8 - 11.30 Uhr, ausgenommen Feiertage], ca. 1 km zur Altstadt , Radweg, Bushaltestelle/außerorts. Direkt an der Bahnlinie. **Zufahrt:** Im Ort Richtung Michelstadt/L3065 fahren. Etwa 300 m hinter dem Ortsausgang links zum Schwimmbad fahren.

(166) WOMO-Wanderparkplatz: Heubach, Kellergrund offiziell

GPS: N 49°50'19.3" E 8°59'40.3" **max. WOMOs:** 2 - 3
Ausstattung/Lage: Infotafeln, Rundwanderwege (3,8 - 4,8 km), Tisch und Bänke/außerorts, Häuser in der Nähe. **Zufahrt:** Etwa 1,5 km hinter dem Abzweig zum Schwimmbad links nach Heubach abbiegen. Im Ort immer der Wilhelm-Leuschner-Straße folgen und an den Aussiedlerhöfen vorbeifahren. Der Parkplatz liegt ca. 3,5 km hinter dem Ortsbeginn am Ende des Weges.

Groß-Umstadt

Die erstmals urkundlich nachgewiesene Geschichte der Stadt beginnt im Jahr 743, als die Basilika St. Peter durch eine Schenkung an das Bistum Würzburg fiel. Knapp 20 Jahre später vermachte König Pippin das „Königsgut autmundisstat" dem Kloster Fulda. In den späteren Jahrhunderten wechselten die Besitzer häufig, der Ort behielt jedoch seine zentrale Bedeutung mit einer weitreichenden Gerichtsbarkeit und wurde deshalb früh mit Markt- und Stadtrechten ausgestattet. Der Dreißigjährige Krieg, die Pestzeit und die französischen Kriege hinterließen ihre Spuren, von denen Groß-Umstadt sich nicht mehr erholen konnte. Aus der glanzvollen Zeit als Verwaltungssitz zeugen heute die **zahlreichen Herrschaftshäuser und Adelshöfe**, die „Schlösschen" genannt werden. Ein besonderer Blickfang ist das **Renaissance-Rathaus** am Markt, das von 1604/05 erbaut wurde. Hier befindet sich die **Tourist-Info** (Mo - Fr 8 - 12 Uhr, Do 14 - 15.30 Uhr, Markt 1, www.gross-umstadt.de). Bei einer **öffentlichen Stadtführung** (1. So im Monat 11 Uhr) sowie weiteren Themenrundgängen erfährt der Besucher viel Wissenswertes über die Stadt- und Weingeschichte des Ortes. Ein Erlebnis für die Jüngeren dürfte ein kindgerechter Altstadtrundgang oder der sagenhafte Umstädter Wanderweg sein. Wir begeben uns auf eigene Faust auf den beschilderten, **etwa 2 km langen Stadtrundgang**, der mit Fotos, Karten und kleinen Erzählungen die Altstadt nahe bringt. Von den vier „Schlössern" sind das **Pfälzer und Darmstädter Schloss** am schönsten und durch kleine Gassen mit vielen sehenswerten Fachwerkhäusern gelangen wir zurück zur **Stadtkirche**. Sie ist aus der ehemaligen Basilika hervorgegangen und hat ihr Aussehen durch Umbauten in der Zeit von 1460 - 90 erhalten. Zahlreiche Cafés, regionaltypische Restaurants, urige Wirtshäuser und historische Weinlokale laden zwischendurch zur Einkehr ein und auf dem **Wochenmarkt** sorgen die Marktbeschicker für allerlei Frisches aus der Region (Mi/Sa bis 12.30 Uhr).

Blick vom Hainrichsberg zur Veste Otzberg

In Groß-Umstadt ist der Weinanbau seit dem Jahr 775 belegt und gehört als **Odenwälder Weininsel** zum Weinanbaugebiet Hessische Bergstraße. Vom o. g. Wanderparkplatz am Hainrichsberg führt der 2 km lange **Weinlehrpfad**, auf dem wir eine Menge Wissenswertes rund um den Weinbau und seine regionalen Besonderheiten erfahren. Unterwegs haben wir eine wunderbare Aussicht auf den Odenwald und die Frankfurter Skyline vor den Bergen des Taunus.
Der Lehrpfad hat Lust auf eine weitere Erkundung gemacht und wir entschließen uns, die Wanderung auszudehnen.

WOMO-Wandertipp: Odenwälder Weininsel Wanderweg

Mittelschwere Wanderung von ca. 11 km mit leichten An- und Abstiegen durch offene Landschaft und mit schönen Aussichten. Durchgängige Markierung U2.
Vom Wanderparkplatz Hainrichsberg gehen wir zunächst bergab zwischen Waldrand und Weinreben. An der ersten Wegekreuzung treffen wir auf den beschriebenen Weinlehrpfad und die Markierung U2, die uns rechts durch die Weinlage Herrnberg führen. Durch die Steinbornshohl, einen als Naturdenkmal ausgewiesenen Hohlweg, gelangen wir zum Stadtfriedhof und passieren ihn in Richtung eines Parkplatzes an der Stadthalle. Von hier kann man, falls noch nicht geschehen, den Einstieg in den o. g. Stadtrundgang finden. Wir marschieren jedoch weiter durch eine Siedlung und an einer Gärtnerei rechts hoch. Vorbei an Streuobstwiesen und altsteinzeitlichen Grabungen am unteren Rand des Waldfriedhofs gelangen wir in den Ziegelwald. Anschließend geht es hinunter ins Tal und in die Weinlage Stachelberg. An einem Rastplatz ist uns ein Päuschen vergönnt und schon wandern wir durch den Wingert hindurch zur Wendelinuskapelle. Die Stachelberg-Weinlage begleitet uns durch das Tal und dann müssen wir wieder hinauf zum Ziegelwald, den wir ein weiteres Mal durchqueren, um dann durch die Weinberge, diesmal durch die Lage Steingerück zu gehen. Durch das Raibacher Tal und ein Streuobstgelände gelangen wir aufwärts zur Hohen Straße, der wir kurz folgen und dann links abbiegen. Entlang des Waldrandes genießen wir eine tolle Aussicht in das Wächtersbachtal und haben schon bald den Ausgangspunkt unserer Wanderung erreicht.

Jetzt fehlt noch eine ansprechende Mahlzeit, die wir im nahegelegenen **Farmerhaus** einnehmen (Di - Sa ab 18 Uhr, www.farmerhaus.de). Hoch über Groß-Umstadt greifen wir etwas tiefer ins Portemonnaie und lassen uns von der südafrikanischen Küche verwöhnen. Auch wenn der Sonnenuntergang sicher nicht so faszinierend wie in der afrikanischen Savanne ist, genießen wir das Erlebnis am Rande des Odenwalds (Foto S.327).

Tour 7
Heubach
Breuberg
Mümling
Main
Höchst
im Odenwald
Hering
Hassenroth
Breitenbrunn
Bad König
Bayern
Geo-
Vielbrunn
Weiten-
Gesäß
Fränkisch-
Crumbach
Hutz-
wiese
Michelstadt
Reichels-
heim
Klein-
Gumpen
Würzberg
Erbach
Naturpark
Linden-
fels
Krumbach
Fürth
Hüttenthal
Marbach
Gras-
ellenbach
Hetzbach
Hesselbach
Schöllen-
bach
Itterbach
Beerfelden
Bergstraße-
Wald-
michelbach
Mörlenbach
Gammels-
bach
Odenwald
Eberbach
Tour 9
Hirschhorn
Neckar
Gersprenz
10 km
Baden -
Württemberg
Heidelberg
TOUR 8

Tour 8 255 km

Otzberg - Bad König - Höchst i. O. - Breuberg - Erbach - Michelstadt - Reichelsheim - Lindenfels - Grasellenbach - Mossautal - Hesseneck - Beerfelden - Eberbach

Stellplätze: Otzberg, Hering, Hassenroth, Haselburg, Bad König, Breuberg, Eulbach, Würzberg, Erbach-Dorf, Erbach, Michelstadt, Weiten-Gesäß, Vierstöck, Reichelsheim, Fränkisch-Crumbach, Gumpen, Lindenfels, Krumbach, Gras-Ellenbach, Mossautal, Beerfelden, Hetzbach, Reußenkreuz, Schöllenbach, Eberbach.
Ver-/Entsorgung: Breuberg, Erbach, Michelstadt, Reichelsheim, Lindenfels, Beerfelden, Eberbach.
Besichtigen: Otzberg Veste Otzberg mit Museum; Hassenroth Röm. Villa Haselburg; Bad König Heimatmuseum; Höchst Obrunnschlucht; Breuberg Burg Breuberg mit Museum; Vielbrunn Wachturm 10/15; Eulbach Englischer Garten; Würzberg Abenteuerwald, Römerbad und -kastell; Erbach Stadtbild, Schloss mit Museum, Dt. Elfenbeinmuseum, Koziol-Museum; Michelstadt Stadtbild, Lichtigfeld-Museum, Odenwald- u. Spielzeugmuseum, Einhardbasilika; Fränkisch-Crumbach Burg Rodenstein; Reichelsheim Regionalmuseum; Lindenfels Dt. Drachenmuseum, Lindenfelser Museum; Hüttenthal Hüttenthaler Molkerei; Hesseneck Schöllenbacher Kirche, Kastell, Wachturm 10/30; Beerfelden Galgen; Eberbach Stadtbild, Zinnfigurenkabinett, Heimatmuseum, Küfereimuseum.
Wandern: Höchst, Würzberg, Erbach, Michelstadt, Reichelsheim, Grasellenbach, Hüttenthal, Hesseneck, Gammelsbach, Eberbach.
Radfahren: Otzberg, Erbach, Michelstadt, Reichelsheim, Beerfelden, Eberbach.
Thermen: Bad König.
Baden: Erbach, Marbach-Stausee, Schöllenbach, Beerfelden, Eberbach.
Essen: Fränkisch-Crumbach Hofgut Rodenstein; Reichelsheim Waldgaststätte Vier-Stöck, Gasthaus Zur Freiheit, Restaurant O de Vie, Treuschs Johanns-Stube und Schwanen; Hesselbach Gaststätte Zum Grünen Baum; Gammelsbach Landgasthof Grüner Baum.

Mit der Grube Messel und dem Bioversum in Kranichstein haben wir bereits die nördlichste Ausdehnung des **Geo-Naturpark Bergstraße-Odenwald** erreicht und dringen auf der B45 Richtung MICHELSTADT/HÖCHST IM ODENWALD weiter in diese herrliche Naturlandschaft vor.

Geo-Naturpark Bergstraße-Odenwald

Der Naturpark wird von der Unesco unterstützt und erstreckt sich auf 3.500 km² über die drei Bundesländer Hessen, Baden-Württemberg und Bayern. Zwischen Rhein, Main und Neckar erhebt sich eine reizvolle Landschaft, die durch das Zusammenspiel von Geografie, Klima und Geologie sehr viel Abwechslung zu bieten hat. In unserem Tourenverlauf werden wir zuerst durch den Buntsandstein-Odenwald mit Höhen von 150 m bis 550 m ü. NN fahren, der sich im Osten bis nach Bayern ausdehnt und ins sogenannte Bauland übergeht, und einen waldreichen Mittelgebirgscharakter aufweist. Der in Nord-Süd-Richtung verlaufende Bergrücken fällt zum Neckar hin steil ab und geht südlich des Flusses in den baden-württembergischen sogenannten „Kleinen Odenwald“ über. Nach Westen hin werden wir den Vorderen Odenwald erreichen, der in Höhenbereichen von 200 bis 600 m ü. NN ein reich verzweigtes Gewässernetz mit Quellbächen und Fließgewässern hat und eine Landschaft mit Feldgehölzen, zahlreichen Streuobstwiesen, Hohlwegen und Magerrasen vorweist. Eine Besonderheit stellen die Blockschuttüberlagerungen an steilen Hängen, die Felsenmeere dar. Am Westrand des Geoparks erwartet uns anschließend die Bergstraße, die die untere warme Hangzone des Odenwalds kennzeichnet und von zahlreichen tiefen Seitentälern eingeschnitten wird. Zur flachen Rheinebene hin werden wir zum Abschluss die größten Auenwaldrelikte am Oberrhein in Hessens größtem Naturschutzgebiet besuchen. Eine geschichtsträchtige und malerische Landschaft, in der sich verwunschene Wälder und Heckenlandschaften mit grünen Talauen abwechseln. Im Frühjahr blühen die Mandel- und Pfirsichbäume früher als im übrigen Land, Burgen wachen auf Bergspornen und auf einem kleinen Anbaugebiet gedeihen Reben für einen klassischen Riesling.

Erste Besiedlungsspuren sind bereits vor 3000 Jahren v. Chr. im Odenwaldraum nachzuweisen, später siedelten die Kelten in diesem Gebiet und dann kamen natürlich auch die Römer, von denen der Odenwald-Limes kündet und die 260 n. Chr. von den Alemannen überrannt wurden. Diese hielten wiederum den Franken nicht stand, die aufgrund der landwirtschaftlich ungünstigen Bodenverhältnisse im Odenwald nicht recht Fuß fassen konnten. Erst die umliegenden Klöster trieben die Besiedelung voran und ab dem 12. Jh. teilte sich der Territorialbesitz. In der Folge bekämpften sich die Kurpfalz, Kurmainz, die Grafschaft Katzenelnbogen, die Landgrafschaften Hessen-Darmstadt und Erbach, die Herrschaft Breuberg und noch viele andere untereinander. Von dieser kriegerischen Zeit zeugen noch heute viele Schlösser, Burgen und Ruinen. Der Dreißigjährige Krieg, die anschließende Hungersnot sowie die Pest schlugen auch im Odenwald erbarmungslos zu. Dreiviertel der Bevölkerung wurde ausgelöscht und der Zuzug von Einwanderern aus Frankreich sowie der Schweiz schloss diese Lücke. Im Jahr 1803 wurde das Gebiet politisch neu gegliedert und die Besitzregelung mit einem hessischen Kernstück ist seit dem Wiener Kongress bis heute gültig.
So vielfältig wie die Landschaften sind auch die Angebote an Wander- und Radwegen. Wanderern und Radfahrern eröffnen sich immer wieder faszinierende Ausblicke von gut markierten Wegen auf den Höhenkämmen

oder von Burgen und ermöglichen Einblicke in lebendige Dörfer. Knackige Trails fordern Mountainbiker heraus und für alle, die eine genussreiche Unterbrechung suchen, bieten Gasthäuser regionale Spezialitäten an. Um sich über die umfangreichen Angebote im Odenwald zu informieren, können Infozentren oder sogenannte Eingangstore des Geoparks besucht werden. Die Tore in Hessen befinden sich in Messel, Neckarsteinach und Stockstadt. Die Infozentren in Erbach, Lautertal, Darmstadt-Kranichstein, Lorsch, Reichelsheim und Zwingenberg. Wer sich bereits vor seiner Reise online Lust auf eine Erlebnis-Tour holen möchte, wird hier gut versorgt: www.tourismus-odenwald.de oder www.geo-naturpark.net

Bevor wir den ersten grandiosen Ausblick auf den Odenwald von der **Veste Otzberg** haben werden, sehen wir die unübersehbare Landmarke erst einmal von unten (Foto S.207). Richtung REINHEIM/OTZBERG biegen wir auf die B426 und dann Richtung HUMMETROTH zur Veste Otzberg ab und nähern uns einem 367 m hohen erloschenen Vulkan, auf dem die Veste thront.

(167) WOMO-Wanderparkplatz: Otzberg-Hering, Veste Otzberg

GPS: N 49°49'10.0" E 8°55'11.9"; Odenwaldstraße **max. WOMOs**: 2 - 3
Ausstattung/Lage: Infotafel, Wanderweg, 2-Burgen-Radweg (ca. 16 km), 1000 m Fußweg zur Veste, Gaststätte ca. 500 m entfernt, Glascontainer/Ortsrand, Häuser in der Nähe.
Zufahrt: Von der Landstraße nach Hummetroth rechts nach Hering abbiegen und ca. 500 m zum links gelegenen Parkplatz fahren.

Veste Otzberg

Im Jahr 1231 wurde die Veste erstmals erwähnt, war ab 1390 kurpfälzische Amtsburg, danach Invalidenkaserne und Gefängnis. Anstatt Rittersleuten und Soldaten beherbergt die Burganlage heute das **Museum Veste Otzberg** mit der Dauerausstellung „Zeitstraße Veste Otzberg" zur Burg und Region. Außerdem gibt es wechselnde Sonderausstellungen. (Sa/So/Mo 11 - 18 Uhr, Eintritt. www.veste-otzberg.de). Der Bergfried, im Volksmund **Weiße Rübe** genannt, das Korporalhaus, das Kommandantenhaus sowie das Brunnenhaus mit Wasserhebewerk zählen zu den weiteren Sehenswürdigkeiten. Auf dem historischen Grund befindet sich außerdem eine urige **Burgschänke** (Mo Ruhetag).

WOMO-Radwandertipp: 2-Burgen-Radweg

Nachdem man den weiten Blick ins Umland geworfen hat und radsportlich auf der Höhe ist, bietet sich eine **aussichtsreiche und anspruchsvolle**

Radtour an. Vom o. g. Parkplatz startet der gut markierte **16,3 km** lange Radweg und nach einigem Auf und Ab sowie einem recht kernigen Anstieg wird die nur 8 km Luftlinie entfernte **Burg Breuberg** erreicht. Wem die Puste zum Zurückradeln fehlt, der lässt sich in den Breuberger Stadtteil Neustadt hinabrollen. Dort kann man auf den **BurgenBus** umsteigen und sich am Wochenende sowie an hessischen Feiertagen im Zweistundentakt bequem nach Hering chauffieren lassen (www.rmv.de).

Wir machen uns mit einem kleinen Umweg ebenfalls nach Breuberg auf, fahren auf der Landstraße ganz kurz weiter Richtung HÖCHST und zweigen auch schon wieder nach HASSENROTH/HUMMETROTH ab.

(168) WOMO-Wanderparkplatz: Hering, Otzberg

GPS: N 49°48'59.8" E 8°55'41.0"
An der L3318 **max. WOMOs:** 2 - 3
Ausstattung/Lage: Infotafel, Rundwanderwege (3 - 12,5 km), Tisch und Bank/außerorts.
Zufahrt: Ca. 200 m nach dem Abzweig liegt der Parkplatz auf der linken Seite.

Mit schönem Blick in die Ebene und auf die bewaldeten Hügel kurven wir ein wenig rauf und runter und erreichen die Straße nach HASSENROTH.

(169) WOMO-Wanderparkplatz: Hassenroth, Waldlehrpfad

GPS: N 49°47'23.1" E 8°55'45.3" **max. WOMOs:** 2
Ausstattung/Lage: Infotafel, Wanderwege, Tisch und Bänke Glascontainer, Mülleimer/außerorts. **Zufahrt:** Von der Landstraße nach Hassenroth abbiegen und durch den Ort ca. 1,5 km hinab ins Tal fahren.

Auf dem Weg nach BAD KÖNIG/HÖCHST genießen wir weiterhin die Aussicht auf den Odenwald. Damit sind wir nicht allein, denn bereits die Römer positionierten in der ersten Hälfte des 2. Jh. ihre Immobilien nicht nur an strategisch günstigen, sondern auch an landschaftlich reizvollen Orten [**170:** N 49°46'28.4" E 8°56'40.5"; An der L3106].
Friedlich ruht auf einer Hochfläche der ehemalige Gutshof **Villa Haselburg**, der zu den größten Anlagen seiner Art in Hessen zählt. Neben dem Haupthaus bestand die Villa Rustica aus mehreren Wirtschafts- und Nebengebäuden und einem Badehaus. Hier ließen sich die Römer eine fast moderne Fußbo-

denheizung, die sogenannte Hypokaustanlage, einbauen, und gaben sich vermutlich ausgedehnten Badewonnen hin (Infozentrum April - Okt. Sa 14 - 17 Uhr, So/Feiertage 11 - 17 Uhr, Führungen möglich, Gebühr. Die Anlage mit Schautafeln ist jederzeit kostenfrei zu besichtigen).
In der Ferne sehen wir bei der Weiterfahrt die Burg Breuberg liegen, erreichen im Tal der Mümling die B45 und machen von dort einen Abstecher ins nahegelegene BAD KÖNIG. Die einzige Odenwälder Kurstadt bietet auf einem ausgewiesenen Teil eines Parkplatzes fünf zweckmäßige und gebührenpflichtige WOMO-Stellplätze mit Stromanschluss an **[171:** N 49°44'35.6" E 9°00'11.2"; Am Bahndamm]. Die nahe gelegene **Odenwald-Therme** bietet ein kleines, aber sehr feines Bade- und Saunaparadies mit Salzgrotte und Wellnessangeboten (So - Do 9 - 22 Uhr, Fr/Sa 9 - 23 Uhr, Eintritt. www.odenwaldtherme.de). Neben einem kleinen Kurpark sind die **Schlossanlage** in der Mitte der Stadt, bestehend aus Altem und Neuem Schloss, der

Rentmeisterei sowie die evangelische Stadtkirche sehenswert. Im Alten Schloss befindet sich das **Heimatmuseum**, in dem die historische Entwicklung des Handwerks einen Schwerpunkt bildet und eine Mausefallensammlung für Überraschung sorgt (1./3. So 10.30 - 12 Uhr, www.badkoenig.de).

Von hier fahren wir auf der Bundesstraße zurück nach HÖCHST und wechseln auf die B426 nach BREUBERG. Unterwegs ist die **Obrunnschlucht** ausgeschildert [N 49°46'58.4" E 9°01'14.6"; An der 3106]. In der etwa 3 km langen und verwinkelten Schlucht zwischen Höchst und Rimhorn führt ein Wanderweg über zahlreiche kleine Holzbrücken. An besonders markanten Stellen des Talgrundes hat eine Privatinitiative kleine Bauwerke, speziell Schlösser und Burgen, als Modelle sowie Märchen- und Sagenfiguren aufgestellt.

Von der B426 ist die **Burg Breuberg**, eine der am **besten erhaltenen staufischen Burgen Deutschlands**, gar nicht zu verfehlen. Auf direktem Weg bergauf notieren wir einen Wanderparkplatz mit Übernachtungspotenzial, während der finale Parkplatz für Busse und Pkw ausgeschildert ist und uns deshalb an so exponierter Stelle nur als Ausgangspunkt für eine Burgbesichtigung geeignet erscheint [N 49°49'14.6" E 9°02'16.1"]. Im schnuckeligen Breuberger Stadtteil Neustadt mit historischem Marktplatz steht man hingegen ganz offiziell und ortsnah.

(172) WOMO-Wanderparkplatz: Breuberg, Gustavsruhe

GPS: N 49°49'21.1" E 9°02'06.8" Burgstraße **max. WOMOs**: 2

Ausstattung/Lage: Infotafeln, Rundwanderwege (2 - 3,8 km) und Radwege (2-Burgen-Radweg, MTB-Rundstrecke ca. 30 km), Tisch und Bänke/außerorts, schräg.

Zufahrt: Von der B426 den Hinweisen zur Burg folgen. Etwa 700 m nachdem man in den Wald gefahren ist liegt der Parkplatz links.

(173) WOMO-Stellplatz: Breuberg, Breuberghalle offiziell

GPS: N 49°48'57.4" E 9°02'26.3"; Bahnhofstraße **max. WOMOs:** 4

Ausstattung/Lage: V/E, Strom gegen Gebühr, Skater-Platz, Tisch und Bänke, Ortszentrum mit Gaststätten ca. 300 m, im Ort führt an der Kirche ein Fußweg bergauf zur Burg, Wander- und Radwege (2-Burgen-Radweg, MTB-Rundstrecke ca. 30 km), BurgenBus, Skater-Platz/Ortsrand.

Zufahrt: Von der B426 ca. 1,5 km hinter dem Abzweig zur Burg den WOMO-Piktogrammen folgen.

Burg Breuberg

In der im 12. Jh. entstandenen Burg ließ Graf Johann-Casimir von Erbach innerhalb der mittelalterlichen Burganlage ein Gebäude im Renaissance-

Stil errichten. Hier befindet sich das **Breuberg-Museum**, dessen Besuch mit einer Burgführung verbunden ist. Neben alter Handwerkskunst und Beiträgen zur Volkskunde sind u. a. der Rittersaal mit einer wertvollen Stuckdecke, Ritterrüstungen und historischen Fundstücken, der Marstall, das Zeughaus und die Brunnenhalle zu besichtigen. Den buchstäblichen Höhepunkt bietet das eindrucksvolle Bild, das sich nach der Besteigung des Bergfrieds über die Burganlage bis zum Taunus und zum Spessart eröffnet (Mitte März - Mitte/Ende Okt. Sa 13.30/14.45 Uhr, So/Feiertage 13.30/14.45/16 Uhr, Hess. Ferien auch werktags 13.30/14.45 Uhr, Eintritt. www.burg-breuberg.de). Ein Großteil der Anlage ist das ganze Jahr hindurch geöffnet, und nachdem wir bis zu den Gebäuden der heutigen Jugendherberge vorgedrungen sind, schlagen wir außerhalb der Befestigungsmauern einen unbefestigten Weg um die Burg ein. Hier werden uns die Ausmaße der Anlage vor Augen geführt, die zur Sicherung der Besitztümer der Reichsabtei Fulda gegründet wurde.

Von der B426 biegen wir anschließend Richtung LÜTZELBACH ab und folgen dann der Straße nach BREITENBRUNN. Im Gegensatz zum Spessart sehen wir hier schmaler eingeschnittene Täler und die steilen Wiesenhänge erinnern fast an das Allgäu. Nachdem wir Breitenbrunn durchfahren haben, steigt die Straße an und schon tauchen wir wieder in den Wald ein. Auf den nächsten Kilometern beschäftigt uns einmal mehr das Unesco-Weltkulturerbe Limes.

Der Odenwaldlimes

Neben dem Taunus- und Wetteraulimes mit denen wir bereits Bekanntschaft geschlossen haben, waren bereits auch Limesabschnitte an Main

Turm Wp 10/15 bei Vielbrunn

und Neckar durch die Römer errichtet worden. Um 100 n. Chr. wurde mit dem Odenwaldlimes von Wörth am Main entlang des Neckars bis zur Schwäbischen Alb eine damals noch bestehende Lücke im Grenzsystem zwischen den beiden Flüssen geschlossen. Neben den zunächst in Holzbauweise errichteten Kastellen gab es an der Strecke Holzwachtürme mit massiven, nicht begehbaren Erdgeschossen (z. B. Vielbrunn). Die Überwachung der neuen Grenze wurde durch kleine, sogenannte Numeruskastelle sichergestellt, die von 120 - 160 Soldaten besetzt waren (z. B. Hainhaus). Daneben gab es Kleinkastelle mit 20 - 40 Mann Besatzung, die an Übergängen oder an strategisch wichtigen Punkten der Grenze errichtet wurden (z. B. Windlücke). Unter Kaiser Hadrian (117 - 138 n. Chr.) erfolgte die Anlage von Palisaden vor den hölzernen Wachtürmen. Eine Besonderheit ist dagegen die stattdessen errichtete Mauer, die auf 112 m Länge am Kleinkastell Zwing verläuft und zu der wir im späteren Verlauf unserer Reise kommen werden. In den Jahren 145/146 n. Chr. wurden die hölzernen Türme durch steinerne Wachtürme ersetzt und die meisten Kastelle wurden mit Stein ausgebaut. In den nächsten zwanzig Jahren hatte der **Hintere Odenwaldlimes** ausgedient und wurde auf eine 20 - 30 km weiter östlich gelegene Linie vorverlegt. Die neuen Garnisonen am **Vorderen Odenwaldlimes**, der von Miltenberg bis Lorch verlief, wurden meist von denselben Truppen bezogen, die vorher an der hinteren Linie Dienst schoben.

Der Bergsattel, auf dem die Landstraße verläuft, dürfte auch in römischer Zeit einen nicht unbedeutenden Gebirgsübergang dargestellt haben. Vom naheliegenden, ehemaligen **Kleinkastell Auf der Windlücke** ist nicht mehr viel von der quadratischen Form zu erkennen, doch durch die aufgestellten Infotafeln kann man sich recht gut vorstellen, wie es in der antiken Zeit ausgesehen haben mag.

(174) WOMO-Wanderparkplatz: Lützelbach, Kleinkastell Windlücke

GPS: N 49°45'42.8" E 9°05'05.6"
An der L3349 **max. WOMOs:** 2-3
Ausstattung/Lage: Infotafel, Wanderwege/außerorts.
Zufahrt: Hinter Breitenbrunn von der L3106 links Richtung Wörth/M./Haingrund abbiegen, dann gleich wieder links zum Parkplatz am Sportplatz fahren.

Richtung MICHELSTADT erreichen wir leicht ansteigend einen Parkplatz, von dem das ehemalige **Römerkastell Hain-**

haus gut zu erreichen ist [N 49°44'02.0" E 9°05'04.7"; An der L3349]. Auch hier sind nur noch Geländespuren vorhanden. In den vorzufindenden Sandsteinsesseln mit volutengeschmückten Arm- und Rückenlehnen ruhten nicht etwa römische Legionäre, sondern die Teilnehmer einer fürstlichen Jagdgesellschaft im 18. Jahrhundert. Wenig später ist der rekonstruierte römische **Limes-Wachturm** nicht zu übersehen. Ordentlich durchnummeriert als Turm Wp10/15 steht er an seinem Standplatz wie zur Römerzeit und zu seinen Füßen veranschaulichen Infotafeln die Funktion und Bedeutung des Limes [N 49°43'11.5" E 9°05'11.8"; An der L3349].

Auf dem Weg nach ERBACH/MICHELSTADT verschlägt es uns an der B47 in eine ganz andere Epoche.

(175) WOMO-Stellplatz: Eulbach, Englischer Garten

GPS: N 49°40'46.4" E 9°04'37.4"
An der B47 **max. WOMOs**: 2 - 3
Ausstattung/Lage: Gaststätte (11 - 20 Uhr, Mo Ruhetag)/außerorts.
Zufahrt: Von der Bundesstraße links den Hinweisen zum Parkplatz folgen.

Englischer Garten zu Eulbach

Der Gartenkünstler Ludwig von Skell, der auch den Englischen Garten in München entworfen hat, plante 1802 für den Regenten Graf Franz I. zu Erbach-Erbach den Garten zu Eulbach. Der abwechslungsreiche Gang durch diesen im Stil der Romantik gestalteten Garten führt uns an einer künstlichen Burgruine und einem See mit einer neugotischen Inselkapelle vorbei. Die Anlage gilt als ältester archäologischer Park Deutschlands, denn der vom Altertum begeisterte Graf ließ römische Bauteile in den Park integrieren, die er bei Ausgrabungen gefunden hatte und rekonstruieren ließ. Familien mit Kindern dürften auf dem großen Abenteuerspielplatz ihre Freude haben, und nachdem sie vielleicht an den zahlreichen Rastplätzen beim Picknick verweilt haben, lockt das Wildgehege. Neben Muffel-, Rot-, Dam- und Schwarzwild beeindrucken die mächtigen Wisente besonders. Das Beobachten und Füttern der Tiere lockt ganzjährig zahlreiche Besucher an (10 - 17 Uhr, Eintritt).

Wir sind noch nicht ganz fertig mit den Römern und so biegen wir von der Bundesstraße nach WÜRZBERG und zum RÖMERBAD ab. Doch auch der **Abenteuerwald** zieht Jung und Alt im Michelstädter Ortsteil an. Die Parkanlage besteht aus mehreren in den Wald integrierten Kletterstationen zwischen zwei und elf Metern Höhe, die Bäume durch verschiedene Brücken, Netze und Seile miteinander verbinden und mit einer Seilbahn abschließen (Ende März - Anfang November Sa/So, in den hessischen Ferien auch werktags 10 - 19 Uhr, Eintritt. www.wuerzberg.abenteuer-wald.com). Der Abenteuerwald ist von den beiden folgenden Parkplätzen zu erreichen.

(176) WOMO-Stellplatz: Würzberg, Sportplatz

GPS: N 49°39'10.8" E 9°03'55.4" Hesselbacher Straße
max. WOMOs: 3 - 5
Ausstattung/Lage: Infotafel, Rundwanderwege, Bank/außerorts.
Zufahrt: Am Ortseingang den Hinweisen zum Abenteuerwald/Sportplatz folgen und nach ca. 450 m ist der große Parkplatz erreicht.

(177) WOMO-Wanderparkplatz: Würzberg, Adlerschlag

GPS: N 49°38'56.7" E 9°03'49.8"; Hesselbacher Straße **max. WOMOs**: 2
Ausstattung/Lage: Infotafel, Rundwanderwege, Tisch und Bänke, Liegewiese, für Abenteuerwald bzw. 200 m vorher direkt am Eingang P,
Zufahrt: Wie vor, der Parkplatz liegt ca. 450 m weiter auf der rechten Seite.

Von beiden Parkplätzen lassen sich das etwa 2 km entfernte **Römerkastell und Römerbad** leicht erwandern. Wir durchfahren jedoch den lang gestreckten Ort, um an einen weiteren Wanderparkplatz zu gelangen und von dort Natur und Kultur bei einer Wanderung miteinander zu verbinden.

(178) WOMO-Wanderparkplatz: Würzberg, Römerbad

GPS: N 49°38'12.8" E 9°04'52.5"
max. WOMOs: 2
Ausstattung/Lage: Infotafel, Wanderwege, Tisch und Bänke, Mülleimer/außerorts. **Zufahrt:** Der Durchgangsstraße durch den Ort und den Hinweisen Römerbad ca. 3,5 km bis zum Parkplatz folgen.

WOMO-Wandertipp: Hubenweg mit Römerrunde

Mittelschwere Wanderung von ca. 16 km Länge mit dezenten Steigungen. Die Wanderung kann auch von den beiden vorgenannten Parkplätzen begonnen werden.

Die Markierung Wü4 ist nicht zu verfehlen und wir gehen zunächst in den Wald bis zum Limesweg und halten uns rechts, um das **Kastell Würzberg** nicht zu verpassen. Das Gelände ist parkähnlich angelegt und Schautafeln erklären das römische Denkmal. Durch seine Geschlossenheit gilt es als eines der bedeutendsten am Odenwaldlimes und die gut erhaltene **Badeanlage**, die in kleinem Maßstab über alle Funktionen der typisch römischen Thermen verfügte, tut ihr Übriges dazu.
Abwechslungsreich umwandern wir Würzberg über Felder, an Waldrändern entlang und durch Waldstücke. Dabei punktet der Weg mit schönen Aussichten und führt an einer weiteren Turmstelle vorbei. Am „Vogelherdschlag" sind zwar nur noch die rekonstruierten Steinfundamente zu sehen, die jedoch unsere „römische Spurensuche" einmal mehr bereichern.

Zurück an der B47 geht es kurvig bergab nach ERBACH. Bevor wir der historischen Residenzstadt der Grafen von Erbach-Erbach einen Besuch abstatten, notieren wir einen Parkplatz am **Naherholungsgebiet Dreiseetal**. Hier kann man einen gemütlichen Spaziergang um einen See machen oder den Erdbach von beiden Seiten erkunden.

(179) WOMO-Wanderparkplatz: Dorf-Erbach, Dreiseetal

GPS: N 49°39'26.5" E 9°01'11.1"; An der K43 **max. WOMOs**: 2
Ausstattung/Lage: Infotafel, Tisch und Bank, Rundwanderwege (1 - 3,7 km)/außerorts. Ggf. Geräusche durch die oberhalb verlaufende Bundesstraße.
Zufahrt: Von der B47 an einer Ampelkreuzung links Richtung Dorf-Erbach/Erbuch abbiegen und ca. 1,5 km den Hinweisen zum Parkplatz folgen.

Der Bundesstraße folgend landen wir in MICHELSTADT und biegen bei Erreichen der B45 jedoch erst einmal nach ERBACH ab.

(180) WOMO-Stellplatz: Erbach, Alexanderbad offiziell

GPS: N 49°39'47.2" E 8°59'20.5"
Am Alexanderbad **max. WOMOs**: 11
Ausstattung/Lage: V/E, Strom gegen Gebühr, Mindestaufenthalt 72 Stunden m. Parkscheibe, ca. 800 m Fußweg in die Altstadt mit Gaststätten und Geschäften, Freibad (in der Saison 9 - 20 Uhr), Wander- und Radwege/Ortsrand.
Zufahrt: Von der B45 rechts Richtung Stadtmitte fahren und den WOMO-Piktogrammen folgen.

Erbach

Die erstmals im Jahr 1095 erwähnte Stadt soll keltischen Ursprungs sein, anschließend lag sie im römischen Einflussgebiet und wurde dann von Alemannen und später von Franken besiedelt. Im Mittelalter entstand im Tal der Mümling eine Wasserburg, von der ein mächtiger Bergfried erhalten ist. Die darum erbauten Burgmannenhäuser gelten als Keimzelle des „Städels", in dessen Nähe 1736 **Schloss Erbach** inmitten der Altstadt erbaut wurde. Wir könnten jetzt viel über den alten Stadtkern mit dem imposanten Barockschloss, dem **Alten Rathaus**, der **Orangerie**, dem anmutigen **Lustgarten**, der **Stadtkirche** und dem **Tempelhaus** schreiben. Das würde aber vielleicht nicht der **Schönheit der Altstadt** gerecht werden und so lassen wir es einfach sein! Man muss schon selbst durch die Gassen mit den liebevoll restaurierten Fachwerkhäusern, den netten

Cafés, gemütlichen Gasthäusern und vielen kleinen Geschäften schlendern, um den Charme des Ortes erfassen zu können. Um den Eindruck zu vertiefen, bietet sich eine **öffentliche Stadtführung** an (Mai - Okt. So 13.30 Uhr, Gebühr). Treffpunkt ist am Alten Rathaus, in dem sich die **Tourist-Info** befindet (Nov. - März 11 - 16 Uhr, April - Okt. 10 - 17 Uhr, Adventswochenenden, Fr - So 11 - 20 Uhr, 24./31.12. 10 - 12 Uhr, 25./26.12/01.01. geschlossen, Marktplatz 1, Telefon 06062/6480, www.erbach.de). Auf gar keinen Fall darf der Besuch der **Gräflichen Sammlungen Schloss Erbach** im Besichtigungsprogramm fehlen. Hinter der neobarocken Fassade des Erbacher Schlosses scheint die Zeit im 19. Jh. stehen geblieben zu sein. Dass Graf Franz I. zu Erbach-Erbach einen ausgeprägten Hang zu allem Antiken hatte, haben wir bereits im Englischen Garten zu Eulbach erfahren. Seiner ganz im Sinne der Aufklärung vorhandenen Sammelleidenschaft und dem Willen, die Objekte in seine Lebenswelt zu integrieren, ist es zu verdanken, dass wir eine außergewöhnliche Ausstellung betrachten dürfen. Die Schlossräume befinden sich zudem in dem Zustand, wie sie der letzte regierende Graf hinterließ. Wir erleben u. a. den Rittersaal mit zahlreichen Rüstungen, Schilden und mittelalterlichen Waffen, die Waffenkammer mit kunstvoll gearbeiteten Handfeuerwaffen und die Hirschgalerie mit kapitalen Geweihen sowie höfischem Jagdgerät und Möbeln des 17. - 19. Jahrhunderts. Neben den römischen, griechischen und chinesischen Zimmern mit antiken Beständen und ostasiatischer Keramik sind weitere Repräsentations- und Privaträume der gräflichen Familie zu besichtigen (März - Okt. Mo - Fr 11/14/16 Uhr, Sa/So/Feiertage 11/14/15/16 Uhr,

Adventswochenenden Fr - So 14/15/16/17 Uhr, Silvester/Neujahr 14 Uhr, Besichtigung nur mit Führung, Eintritt. www.schloss-erbach.de). Nach seinen Reisen durch Europa richtete der Graf eine Musterwerkstatt für Elfenbeinschnitzerei in seinem Schloss ein. Dieses Kunsthandwerk sollte neue Erwerbsmöglichkeiten im Odenwald schaffen und mit der Gründung der Drechslerzunft begann der Aufstieg Erbachs zu einem bedeutenden Zentrum der deutschen Elfenbeinverarbeitung. Besonders schöne und kostbare Exponate dieser kunsthandwerklichen Tradition werden im **Deutschen Elfenbeinmuseum** präsentiert, das auch mit dem WOMO angefahren werden kann [N 49°39'44.7" E 9°00'00.1"; Otto-Glenz-Straße]. Das Museum wird voraussichtlich ab Frühjahr 2016 in die Räumlichkeiten des Erbacher Schlosses verlagert werden. Präsentiert wird die Geschichte der Elfenbeinkunst vom Mittelalter bis zur Gegenwart. In kleinen Bühnenwelten mit raffinierter Ausstattung und Beleuchtung erwachen die Figuren zu eigenem Leben. Eine Abteilung befasst sich mit der Elfenbeinschnitzerei im Odenwald und in täglichen Vorführungen werden Werkzeuge und Verarbeitungstechniken fachkundig vorgeführt (März - Okt. Di - So/Feiertage 10 - 17 Uhr, Nov. - Dez. Di - Fr 13 - 17 Uhr, Sa/So 11.30 - 17 Uhr, 24./25./31.12/Rosenmontag/Fastnachtsdienstag sowie während des Wiesenmarktes (letzte Juli Woche)

Triumphwagen des Maximilian - Dresden 19. Jahrhundert

geschlossen, Eintritt. www.elfenbeinmuseum.de). Eine der in Erbach ansässigen Elfenbeinschnitzereien entwickelte sich ab den 1930er Jahren in eine ganz andere Richtung: Anstatt Elfenbein verarbeitet die Firma Koziol jetzt Kunststoff und macht mit Schmuck, Traumkugeln, Dekoelementen und hitzebeständigen Haushaltsartikeln auf sich aufmerksam. Der Firmen- und Familiengeschichte kann im **Koziol-Museum** nachgegangen werden und im Design-Outlet steht das gesamte Koziol-Sortiment zum Verkauf (Museum Fr - So 14 - 18 Uhr, Eintritt. Outlet Di - Sa 11 - 18.30 Uhr, So 14 - 18.30 Uhr, www.koziol-gluecksfabrik.de).
Feste feiern? In Erbach gibt es dazu genug Möglichkeiten! Es fängt im April mit dem **Frühlingsmarkt** auf dem Marktplatz an, dann folgen die **Pferderenntage** am Sportpark und an den letzten Sonntagen im Juni und Juli verwandelt sich der Odenwaldort ein wenig in ein mondänes Ascot. Daran schließt sich in der letzten Juliwoche der **Wiesenmarkt** mit Volksfestcharakter an und am zweiten Oktoberwochenende steht der

Odenwälder Bauernmarkt hoch im Kurs. Den romantischen Abschluss bildet die **Erbacher Schlossweihnacht** an den Adventswochenenden in der Altstadt.
Die Tourist-Info bietet weitere Themenführungen an und hält diverse Vorschläge für Wander- und Radtouren in der abwechslungsreichen Umgebung parat. Am Marktplatz ist z. B. der Start der mit S5 markierten, ca. 10 km langen **Rundwanderung** zum **Wildpark Brudergrund**. Nach einem ordentlichen Anstieg zur Mossauer Höhe mit schöner Aussicht führt der Weg anschließend nach Erbach zurück. Für ein besonderes Radfahrerlebnis sorgt der **3-Länder-Radweg**. Auf einer Länge von 212 km führt er durch Hessen, Bayern und Baden-Württemberg und ist natürlich auch in Etappen befahrbar. Zunutze macht man sich dabei den **NaTourBus**, der Radler samt ihrem rollenden Untersatz zum Start und Ziel bringt oder abholt (April - Okt. Sa/So/Feiertage, www.odenwaldmobil.de).

Ein Aufenthalt in Erbach wird bestimmt nicht langweilig! Uns zieht es jedoch auf der B45 nach MICHELSTADT, denn auch dort lässt sich einiges erleben. Manchmal ist der offizielle Stellplatz wegen einer Veranstaltung gesperrt oder zu unruhig. Alternativ kann dann natürlich der Erbacher Stellplatz angefahren und von dort z. B. der Bus nach Michelstadt genommen werden. Wir haben schon sehr ruhig, allerdings auch weit ab vom Zentrum an der Weiten-Gesäßer-Höhe übernachtet.

(181) WOMO-Stellplatz: Michelstadt, Parkplatz Altstadt offiziell

GPS: N 49°40'47.9" E 9°00'04.8"; Wiesenweg **max. WOMOs**: 10
Ausstattung/Lage: V/E, Strom gegen Gebühr, WC, abgeteilter Bereich eines Großparkplatzes, drei Wochen um Pfingsten wegen des Bienenmarktes gesperrt, ca. 200 m Fußweg in die Altstadt mit Gaststätten und Geschäften, Wander- und Radwege/Ortsrand. Ggf. Geräuschbelästigung durch die Bundesstraße. **Zufahrt:** Von der B45 Richtung Parkplatz Stadtmitte abfahren und dem WOMO-Piktogramm folgen.

(182) WOMO-Wanderparkplatz: Weiten-Gesäß, Weiten-Gesäßer-Höhe

GPS: N 49°41'28.4" E 9°02'27.0"
An der K92 **max. WOMOs**: 1 - 2
Ausstattung/Lage: Infotafel, Wanderwege, Aussicht, Mülleimer/außerorts. **Nur für WOMOs bis 6,50 m Länge, da die Parkbuchten durch Holzbalken begrenzt sind! Zufahrt:** In Michelstadt auf der B45 Richtung Dieburg/Bad König fahren und rechts Richtung Weiten-Gesäß abbiegen. Erst durch das Wohngebiet, dann durch den Wald in Kurven ca. 3,5 km bergauf fahren. Wenn die Höhe erreicht ist und der Wald endet, rechts zum beschilderten Parkplatz abbiegen.

Michelstadt

Die erstmals im Jahr 741 urkundlich erwähnte Stadt lässt sich am besten bei einem Rundgang durch die Altstadt kennenlernen. Wir beginnen am **Marktplatz**, an dem in der einstigen **Thurn-und-Taxis-Posthalterei** die **Tourist-Info** zu finden ist (Mo 10 - 12 Uhr, Di - Fr 10 - 17 Uhr, Sa/

So/Feiertage 11 - 15 Uhr, Marktplatz 1, Telefon 06061/9794110, www.michelstadt.de). Neben etlichen Gästeführungen wird auch eine **öffentliche Stadtführung** angeboten (April - Ende Dez. So 14 Uhr, Gebühr), die wir aber verpassen und uns auf eigene Faust auf den Weg machen. Unübersehbar ist das eindrucksvolle **Historische Rathaus**, das 1484 erbaut wurde und zu den schönsten Fachwerkbauten Deutschlands gehört. Imposant ist das offene Erdgeschoss mit einer mächtigen Tragwerkkonstruktion, auf der das Obergeschoss und zwei Dachgeschosse ruhen. Das steil gewalmte, mit einem Dachreiter versehene Dach mit Türmen und Erkern trägt zu dem charakteristischen Bild des bedeutenden Fachwerkbaus bei. Den **Marktbrunnen** von 1585 schmückt der Erzengel Gabriel, der uns hinterherschaut, als wir in die Große Gasse gehen. Vorbei an der mit vielen Andreaskreuzen geschmückten **Alten Hof-Apotheke** von 1557 schlendern wir zum ältesten Wasserspender der Stadt, der aus dem Jahr 1541 stammt und im Volksmund „Schwiegermütterbrunnen" genannt wird. In der Mauerstraße befindet sich die 1791 erbaute Synagoge, in der das **Dr. I. E. Lichtigfeld-Museum** beheimatet ist und das jüdische Leben in Michelstadt dokumentiert (2 Wochen vor Ostern - Okt. So - Do 14.30 - 17.30 Uhr, an jüdischen Feiertagen geschlossen, Eintritt). Die **Kellerei** gilt als Keimzelle Michelstadts und wird auf das Jahr 815 datiert. Sie beherbergt das **Odenwald- und Spielzeugmuseum** sowie eine historische Getreidemühle. Neben der Stadtgeschichte werden original eingerichtete Wohnräume präsentiert und Puppen aller Größen ziehen Blicke auf sich. Daneben können Krämerläden, Apotheken, Hutläden, Bäckereien und Metzgereien en miniature besichtigt werden (März - Sept. Fr 12 - 17 Uhr, Sa/So 10 - 17 Uhr). Umrahmt wird die Kellerei vom **Burggraben** und der um 1400 errichteten **Stadtmauer**. Im **Diebesturm**, Eckturm der Kellerei, schmorten einst die Verbrecher bis zu ihrer Urteilsverkündung. Auf dem Weg zurück zum Marktplatz fällt die zwischen 1461 und 1537 erbaute spätgotische **Stadtkirche** ins Auge. Bei unserem Spaziergang durch die mittelalterlichen Gässchen sehen wir wunderschöne Fachwerkhäuser, etliche Cafés und Restaurants und die kleinen Geschäfte laden zum Stöbern ein.
Wir erweitern unseren Spaziergang und folgen der Wegbeschilderung in den etwa 15 Minuten entfernten Ortsteil Steinbach. Dort begegnen wir Einhard, dem Biografen Karl des Großen wieder, von dem wir bereits

in Seligenstadt gehört haben. Die **Einhardsbasilika** gilt als eines der wenigen gut erhaltenen Beispiele karolingischer Baukunst in Deutschland. Die ursprünglich als Alterssitz vorgesehene Basilika ließ Einhard zwischen 815 und 827 erbauen. Nach seinem Tod im Jahr 844 fiel sie an das Kloster Lorsch und geriet nach der Reformation in der damaligen Grafschaft Erbach in Vergessenheit. Erhalten geblieben sind das Mittelschiff mit Resten der Kirchenbemalung, der nördliche Nebenchor und die Gang- und Stollenkrypta (Mitte Feb. - März Di - So 12 - 16 Uhr, April - Okt. Di - So 10 - 17 Uhr, Eintritt). Wir gehen ein Stück weiter und gelangen an der Mümling zum **Schloss Fürstenau**. Das Schloss ist bewohnt, aber bis 16 Uhr sollte man auf jeden Fall den Innenhof besichtigen. Das Wasserschloss wurde im 14. Jh. von Kurmainz zum Schutz des benachbarten Klosters und der umliegenden Güter gegen Kurpfalz gebaut. Mitte des 16. Jh. ließ Graf Georg III. von Erbach-Fürstenau die Anlage erweitern und heute staunen wir über die verschiedenen Baustile. Besonders beeindruckend ist der markante Schmuckbogen, der anstelle der einstigen Toranlage errichtet wurde. Wer mit dem WOMO anreisen möchte, erreicht Steinbach über die B45/B47 und folgt den Beschilderungen zum Parkplatz [N 49°41'15.5" E 8°59'51.4"; Einhardstraße] Vom Parkplatz startet der mit S4 markierte und ca. 8 km lange **Kulturhistorische Wanderweg**, der leicht ansteigend über Wiesen und Felder zu einem See, der Einhardsquelle und zurück zum Ausgangspunkt führt. Wer es länger mag, der startet vom Stellplatz in Michelstadt zu einem ca. 16,5 km langen und mit EM1 markierten Rundkurs auf dem **Panoramaweg** um Michelstadt und Erbach. Die abwechslungsreiche Wanderung hat kaum Steigungen und bietet herrliche Ausblicke. Auch Radfahrer kommen auf ihre Kosten, denn der **Hessische Radfernweg 4** kann in beliebiger Länge nach Nord und Süd abgeradelt werden. Der **Radweg Hohe Straße** führt auf einem 46,4 km langen, mittelschweren Rundkurs durch das Mümlingtal und über die Höhen des Odenwalds.

Das Besuchsprogramm in Michelstadt kann durch viele Veranstaltungen und Feste wie z. B. das **Kirchweihfest** und die **Michelstädter Musiknacht** ergänzt werden. Daneben sorgen das **Altstadt- und Weinbrunnenfest** für Abwechslung und beim sogenannten **Nightgroove** treten viele Bands auf. Die Lage Michelstadts mitten im Grünen verheißt aber auch frische Produkte auf dem **Wochenmarkt** (Fr 8 - 13 Uhr, Parkplatz Altstadt). Besondere Tradition hat das 10-tägige **Volksfest Bienenmarkt** um Pfingsten herum und als weiterer Höhepunkt der Festivitäten gilt der **Weihnachtsmarkt**, der in der Altstadt für eine weihnachtliche Atmosphäre sorgt (Adventszeit Mi - Fr 14 - 20 Uhr, Sa/So 11 - 20 Uhr).

Wir verlassen Michelstadt und wenden uns der B47 Richtung WORMS/LINDENFELS zu. Durch die hügelige, abwechselnd von Wäldern, Wiesen und Aussichten unterbrochene Landschaft nähern wir uns REICHELSHEIM. Hier sollen schon Siegfried und die Nibelungen durch den Odenwald gezogen sein, aber auch Bergleute auf dem Weg zu ihrer Arbeitsstätte an der Südseite des Morsberges waren hier unterwegs. Ende es 19. Jh. waren sie mit dem Abbau von Manganerz beschäftigt und suchten nach getaner Arbeit eine Einkehrmöglichkeit. An einer Wegekreuzung, die mit vier Stöcken markiert war, gab es schon damals eine Gaststätte, die heute als **Waldgaststätte Vier-Stöck** immer noch Gäste willkommen heißt. Eigentlich wollten wir die von einem Einheimischen empfohlenen Wildspezialitäten kosten, doch wir erscheinen leider nicht zu den Öffnungszeiten (Fr/Sa/So 11 - 20 Uhr). Aber da wir schon einmal hier sind, vertreten wir uns die Beine auf einem Teilstück des beschilderten **Bergbaulehrpfades** vom Wanderparkplatz Vier-Stöck aus [**183:** N 49°42'48.4" E 8°53'40.4"; Am Morsberg/B47]. Der hiesige Eisenerzbergbau wurde bereits im 8. Jh. erwähnt und in den Gruben um Vierstöck wurden in den Jahren 1884 bis 1924 insgesamt rund 400.000 t Manganerz gefördert. Eine längere Wanderung beginnen wir am nächsten Tag in HUTZWIESE. Den Ort erreichen wir im weiteren Verlauf der Bundesstraße.

(184) WOMO-Wanderparkplatz: Reichelsheim-Hutzwiese, Totenkirche

GPS: N49°43'27.7" E8°53'17.8"
max. WOMOs: 2 - 3
Ausstattung/Lage: Infotafel in der Nähe der Kirche, Rundwanderwege (2,1 - 5,6 km), Aussicht/außerorts.
Zufahrt: Im Ort rechts in einem wirklich spitzen Winkel (evtl. erst schräg gegenüber wenden!) der Beschilderung ca. 800 m auf engem Sträßchen bis zum Wanderparkplatz folgen.

WOMO-Wandertipp: Geopark-Pfad „Baustein, Erz und schwerer Spat“ Runde 1

Mittelschwere Wanderung von ca. 12,5 km mit einigen An- und Abstiegen. Neben schönen Ausblicken auf die Höhenzüge bietet die Strecke auf Informationstafeln viel Wissenswertes über den Bergbau. Wir erfahren, wo Glimmer abgebaut wurde, und können an einem ehemaligen Steinbruch erkennen, wie Baumaterial aus den Buntsandsteinvorkommen gewonnen wurde. Erfahren, dass im Odenwald auch der seltene weiße Sandstein abgebaut wurde und wie er entstand. Die Funktion eines Kalkbrennofens wird erklärt und an einem Geopunkt können wir nachvollziehen, wie Gesteinsstrukturen entstehen.
Vom Wanderparkplatz starten zwei mit einem gelben L markierte We-

ge, die durch rote bzw. orangefarbene Pfeile ergänzt werden. Zunächst folgen wir links dem rot-orange gekennzeichneten Weg, um an der nächsten Kreuzung vom asphaltierten Sträßchen nochmals links abzuknicken. Bald darauf gabelt sich der Weg und wir folgen dem orangefarbenen Pfeil rechts auf einem weiteren asphaltierten Weg geradeaus nach Ober-Kainsbach. Nachdem wir den Ort durchquert haben, geht es bergauf zum Waldrand. Ab hier orientieren wir uns an der Markierung Gelbes L und gehen links. Der Lehrpfad führt hinauf zum Bergsattel Spreng und anschließend durch eine abwechslungsreiche Landschaft zur Waldgaststätte Vier-Stöck (s.o.). Einige Male führen uns Wegweiser zu weiteren geologischen Besonderheiten und nach den letzten 2 km sind die scheunenartige Totenkirche aus dem Jahr 1787 und der Ausgangspunkt der Wanderung erreicht.

Von der einen Bundesstraße gelangen wir bei der Weiterfahrt auf die nächste und fahren kurzfristig auf der B38 Richtung REICHELSHEIM. Wir sind wieder im Tal der Gersprenz gelandet, deren Quellgebiet westlich von Reichelsheim liegt. Sie fließt u. a. durch Dieburg sowie Babenhausen und mündet nach etwa 60 km im bayerischen Stockstadt in den Main. Dort, wo in frühen Siedlungszeiten Schweineherden in die Buchen- und Eichenwälder am Morsberg durch eine Furt in der Gersprenz getrieben wurden, ist BEERFURTH entstanden. Zwischen grünen Wiesen, klaren Bächen und bunten Streuobstwiesen gibt es im Reichelsheimer Ortsteil einige **traditionelle Handwerksbetriebe**, die ihre Waren aus heimischen Rohstoffen erzeugen. Diese reichen von der ältesten Odenwälder Lebkuchenbäckerei über eine Edelbrennerei bis zu einer Kelterei und einer Schokoladenmanufaktur. Direkt an der Bundesstraße werden neben anderen Holzspielwaren „Schoggelgäule“ hergestellt und verkauft [N 49°43'18.8" E 8°52'06.6"; Siegfriedstraße 60].

Odenwälder Gäulschesmacher

In der Beerfurther Werkstatt entstehen in der vierten Generation die für die Region typischen Schaukelpferde, die Odenwälder Gäulschen. Von den einst 23 Gäulschesmacher im Odenwald ist der Handwerksbetrieb

von Annette Krämer und Harald Boos der letzte, der die **Original Odenwälder Schaukelpferde** noch herstellt. Vom kleinen Pferdchen zum Hinstellen bis zum großen Pferd mit 55 cm Sitzhöhe zum Schaukeln oder Rollen werden die Unikate aus heimischen Hölzern angefertigt. Der handgedrechselte Rumpf ist aus Pappelholz, für den Kopf und das Standbrett wird Kiefer verwendet und die ausgesägten Beine sowie dampfgebogenen Kufen bestehen aus Buchenholz. Nach dem Zusammensetzen werden die stämmigen Gäulsches mit traditionellen Farben zum Apfelschimmel dekoriert und mit einem roten Sattel und einer blauen Satteldecke bemalt. Die kleinen Rösser erhalten einen roten Bauchring. Fehlen nur noch Zaumzeug und Hanfschweif und schon können kleine Reiter aufsteigen, und wie seit Mitte des 18. Jh. durch den Odenwald schaukeln. Die Muster der Schoggelgäule, wie der Odenwälder sagt, stammen aus dem Jahre 1899 und wurden von Generation zu Generation überliefert. Nur das CE-Zeichen ist ein Zugeständnis an die geforderten Normen. Ein hübsches Mitbringsel aus dem Odenwald, das im Ladengeschäft erworben werden kann. Da die Gäulschesmacher oft in der Werkstatt ihrem Handwerk nachgehen, ist die Ladentür manchmal verschlossen. Trotzdem kann man ruhigen Gewissens klingeln (Mo/Mi/Do/Fr 9 - 18 Uhr, Sa 9 - 14 Uhr, So 11 - 14 Uhr, Di Ruhetag. www.gaeulschesmacher.de).

Viele Wege führen nach Reichelsheim. Wir wählen die Strecke über die B38 Richtung DARMSTADT, verlassen die Bundesstraße nach FRÄNKISCH-CRUMBACH und halten uns dort kurz Richtung REICHELSHEIM. Aber nur, um an der abknickenden Vorfahrtsstraße geradeaus einen Vorstoß ins Rodensteiner Land zu unternehmen und den Hinweisen zur RUINE RODENSTEIN zu folgen.

(185) WOMO-Wanderparkplatz: Fränkisch-Crumbach, Rodenstein

GPS: N 49°44'03.6" E 8°49'21.3" **max. WOMOs**: 2

Ausstattung/Lage: Infotafel, Rundwanderwege (3,1 - 5,8 km), Rodensteiner Radweg (ca. 15 km), Bank, Burg Rodenstein ca. 1 km, Gaststätte Hofgut Rodenstein 500 m, Mülleimer/außerorts.

Zufahrt: Aus dem Ort ca. 3 km den Hinweisen Wanderparkplatz/Hofgut Rodenstein auf einer engen Straße mit Ausweichstellen folgen. Der Wanderparkplatz liegt ca. 50 m rechts der Straße am Waldrand.

Auf einem enger werdenden Sträßchen ohne Ausweichstellen erreichen wir das direkt unterhalb der Burgruine liegende beliebte Ausflugsziel **Hofgut Rodenstein** mit einer ausgezeichneten Küche (Mai - Okt. Do 15 - 23 Uhr, Fr/Sa 11 - 19 Uhr, So 11 - 19.30 Uhr, www.hofgut-rodenstein). Hier ist fast immer etwas los, aber mit etwas Glück können wir das WOMO auf dem hauseigenen Parkplatz abstellen und den kurzen Weg zur 1240 als Trutzburg erbauten Wehranlage hinaufsteigen [N 49°43' 52.4" E 8°48'53.9"].

Burgruine Rodenstein

Der Stammsitz der Herren von Crumbach und Rodenstein befand sich in Fränkisch-Crumbach. Die Kernanlage der typischen Hangburg stellt einen rechteckigen Bau mit abgerundeten Ecken dar, wobei die Südwestseite schildmauerartig verstärkt worden ist. Der ehemalige Palas befindet sich in der Nordecke der Kernburg und ein zweiter wurde im 14. Jh. hinzugefügt. Einen Bergfried suchen wir vergebens, aber dafür ranken sich Sagen und Legenden um das alte Gemäuer, die auf Schautafeln erläutert werden. Danach zieht der letzte Rodensteiner Ritter verwegen und mit lautem Getöse samt seines Kriegsvolkes bei Ausbruch eines großen Krieges durch die Lüfte und warnt die Bevölkerung. Gottlob haben wir außer Vogelgezwitscher nichts vernehmen können!

Auf dem Hauptsträßchen rollen wir durch ein weiteres mit Streuobstbäumen betupftes Wiesental REICHELSHEIM entgegen. Diese wunderschöne Gegend mit lichten Mischwäldern und grünen Hügeln erscheint uns als eine der schönsten Wanderregionen im Odenwald. Nachdem wir in Reichelsheim „eingecheckt" haben, führt unser erster Weg zur **Tourist-Info** (Mo - Fr 8 - 12 Uhr, Mo/Di 13.30 - 17 Uhr, Do 13.30 - 18 Uhr, Bismarckstraße 43, Telefon 06164/5080, www.reichelsheim.de). Dort erhalten wir eine umfangreiche Wanderbroschüre und den Hinweis auf den 15 km langen **Radrundkurs Rodensteiner Land**, der am Stellplatz startet und die Burgruine Rodenstein tangiert. Wir entscheiden uns für einige Kilometer von insgesamt 180 km markierter Wanderwege in Reichelsheim und seinen Ortsteilen und nehmen vorweg, dass wir tatsächlich in einem wunderbaren Wanderrevier gelandet sind.

(186) WOMO-Stellplatz: Reichelsheim, Reichenberg-Schule offiziell

GPS: N 49°42'52.4" E 8°50'30.7"; Beerfurther Straße **max. WOMOs:** >20
Ausstattung/Lage: V/E, Strom gegen Gebühr, WC in der Nähe, Infotafel, Wander- und Radwege, Freibad, Gaststätten und Geschäfte ca. 200 m entfernt/im Ort. Morgens Unruhe durch Schulverkehr.
Zufahrt: Im Ort den WOMO-Piktogrammen folgen.

WOMO-Wandertipp: Sagenweg Wildweibchenstein

Mittelschwere Wanderung von ca. 13 km Länge mit einigen An- und Abstiegen und schönen Aussichten. Durchgängige Markierung R1
Vom Stellplatz starten wir in westliche Richtung und gelangen an den Rathausplatz. Dort ist das **Regionalmuseum** im ehemaligen und gleichzeitig ältesten Fachwerkrathaus Deutschlands untergebracht. Hier befindet sich auch eines der **Informationszentren des Geoparks** (So 15 - 17 Uhr, nicht geöffnet 4. So im Aug., Volkstrauertag, Totensonntag und vom 2. Advent bis 31. Jan., www.museum-reichelsheim.de). Die Laudenauer Straße führt uns aus Reichelsheim hinaus und über Felder und Wiesen erreichen wir bald den Richtplatz. Weiter bergan geht es durch den Wald

und Infotafeln am Wegrand geben Einblicke in das Ökosystem Wald. Am Waldrand biegen wir scharf rechts ab und folgen dem **Nibelungenweg** (R1) nach Norden. Hinter einer zweiten Schutzhütte erwartet uns eine herrliche **Panoramaaussicht** und dann marschieren wir westlich auf etwa 400 Höhenmetern der „Freiheit“ entgegen. In diesem ehemaligen Grenzgebiet waren einst Verfolgte unantastbar. Rechts des Wanderweges besteht die Möglichkeit zur Einkehr im **Gasthaus Zur Freiheit** mit Essig-Manufaktur (Mi - So ab 11 Uhr, Feb./März Fr - So, www.zurfreiheit.de). Den höchsten Punkt der Wanderung haben wir bereits hinter uns gelassen, als linker Hand der **Wildweibchenstein** liegt. Der Legende nach wohnten zwei wilde Weiber in einer Höhle, die nur Gutes taten. Um sie vor dem Zorn des wilden Rodensteiner Heeres zu schützen, meißelte der Pfarrer ein Kreuz in den Stein. Auf ebenem Weg kommen wir an den **Fallenden Bach**, der auch Fallendes Wasser genannt wird und der, wenn man es wohlwollend betrachten möchte, der einzige „Wasserfall“ im Odenwald ist. Während Trockenperioden ist er allerdings nur als Rinnsal wahrzunehmen. Nun ist es nicht mehr weit bis zur **Burgruine Rodenstein**, in deren Mauern sich ein Picknick anbietet. Wer es umfangreicher mag, der geht ein paar Meter hinab zum **Hofgut Rodenstein** (s. o.). Wir gehen nun auf dem **Alemannenweg** bis zum o. g. Wanderparkplatz Rodenstein und am Waldrand entlang bergab bis zur K76, der wir ein kurzes Stück folgen. Auch hier besteht die Möglichkeit der Einkehr im **Restaurant O de vie** (Di - Fr ab 17 Uhr, Sa 12 - 23 Uhr, So 12 - 17 Uhr, www.landhotel.nu). Der Weg schwenkt in nördliche Richtung über Feld und Flur und dann über den Klingenberg zurück nach Reichelsheim. Das von Weitem sichtbare **Schloss Reichenberg** ist nicht zu besichtigen. Es entstand als Burg im 13. Jh., deren Herrenhaus wegen seines gekrümmten Grundrisses der Krumme Bau genannt wird. Das Schlosscafé ist öffentlich zugänglich.

Schloss Reichenberg

Bei unserer Wanderung reichte uns ein Picknick, doch nun haben wir Hunger und wollen einmal mehr die gute Odenwälder Küche genießen. In Reichelsheim ist man als Liebhaber frischer, bodenständig-herzhafter Küche zu humanen Preisen bestens in **Treuschs Johanns-Stube** aufgehoben (ab 11.30 Uhr/18 Uhr). Exquisiter und einen Tacken teurer kann man im **Treuschs Schwanen** speisen (Do/Fr ab 18 Uhr, Sa/So ab 11.30/18.30 Uhr, Rathausplatz, www.treusch-schwanen.de). In beiden Häusern werden vorwiegend regionale Odenwälder Erzeugnisse verarbeitet und die sortenrein ausgebauten Apfelweine sind ein Genuss.

Bei der Weiterfahrt auf der B38 nach LINDENFELS können wir in der sanften Landschaft einen kleinen Wanderparkplatz im Reichelsheimer Ortsteil KLEIN-GUMPEN vermelden.

(187) WOMO-Wanderparkplatz: Klein-Gumpen, Am Pechofen

GPS: N 49°42'16.4" E 8°48'49.3"
An der K77 **max. WOMOs**: 1 - 2
Ausstattung/Lage: Infotafel, Wanderwege, Tisch und Bank, hübsche Aussicht auf Schloss Reichenberg und die Wiesen/außerorts.
Zufahrt: Von der B38 nach Klein-Gumpen abbiegen und der Durchgangsstraße folgen. Ca. 550 m hinter dem Ortsausgang liegt der Parkplatz auf der rechten Straßenseite.

Am Gumpener Kreuz folgen wir der B47 nach LINDENFELS und fahren den Berg in Kurven in die selbst ernannte Drachenstadt hinauf.

(188) WOMO-Stellplatz: Lindenfels, Kappwiese offiziell

GPS: N 49°40'49.2" E 8°47'00.1"
Kappstraße **max. WOMOs**: >10
Ausstattung/Lage: V/E, Strom gegen Gebühr, ansonsten €, max. Aufenthalt 3 Tage, Zentrum fußläufig zu erreichen, Blick auf Schloss Mülleimer/im Ort.
Zufahrt: Im Ort den WOMO-Piktogrammen folgen.

Lindenfels

Der einzige staatlich anerkannte heilklimatische Kurort im Odenwald wurde 1123 als Besitz des Klosters Lorsch erstmals urkundlich erwähnt. Er gehört zum Landkreis Bergstraße und touristisch zum **Nibelungenland**. Ob man sich im Hinblick auf die Nibelungensage entschloss, einen Drachen als Werbefigur für die Stadt zu erfinden ist ungewiss. Auf jeden Fall begegnen wir den Fabelwesen in verschiedenen bunten Ausführungen überall in der Stadt. Geballt finden sich die geflügelten Wesen der Mythologie im **Deutschen Drachenmuseum**. Hier wird über die Ent-

stehung des weltweiten Drachen-Mythos berichtet, zahlreiche Exponate und Bilder zeigen Drachen des Ostens und des Westens. Handschriften dokumentieren die Drachenwelt in der Literatur und in einer Drachenhöhle können sich Kinder spielerisch mit dem Thema beschäftigen (April - Okt. Sa/So/Feiertage 14 - 18 Uhr, Nov. - März 14 - 17 Uhr, Eintritt. www.drachenmuseum-lindenfels.de). Zum benachbarten **Bürgerturm**, in dem Drachendarstellungen zu sehen sind, führt ein Kunstpfad mit Drachenskulpturen. Vom Turm haben wir einen guten Überblick auf den Ort, den Odenwald und, oh Wunder, es befindet sich kein Drache im Anflug. Der kleine Ortskern mit dem **Kurpfälzischen Amtshaus** von 1723 und dem **Rathaus** aus der Mitte des 18. Jh. schmiegt sich um die **Burg Lindenfels**. Sie wurde 1080 durch einen Abt vom Kloster Lorsch gegründet und diente später dem Bruder Kaiser Barbarossas als Domizil. Nachdem der Wittelsbacher Pfalzgraf Ludwig III. 1277 die Burg kaufte, war die fast 600-jährige Zugehörigkeit von Lindenfels zur Kurpfalz begründet. Heute dient die Burgruine u. a. als Kulisse für das traditionelle **Burg- und Trachtenfest** (Ende Juli/Anfang August) und verschiedene Open-Air-Veranstaltungen. Im Rathaushof beherbergt die Zehntscheune das **Lindenfelser Museum**. Fahrzeuge, besonders eine Postkutsche, und Feuerwehrgerätschaften, Urkunden, Burg- und Stadtmodell, Odenwälder Trachten und Waffen, eine Bauernstube und das erste Fremdenzimmer mit Gästebuch aus dem Jahr 1887 dokumentieren anschaulich den Weg von der pfälzischen Oberamtsstadt zum Kurort (April - Okt. So/Feiertage 14.30 - 17 Uhr, Eintritt). Natürlich gibt es um Lindenfels genügend Freiraum, um sich in der Natur per pedes oder per pedalo zu bewegen. Von kurzen Spaziergängen, über ausgedehnte **Wanderungen und Radtouren sowie MTB-Strecken** reicht das Angebot, das in der **Tourist-Info** abgerufen werden kann (Mo - Do 8.30 - 12 Uhr/13 - 16 Uhr, Fr 8.30 - 12 Uhr, Burgstraße 37, Telefon 06255/30644, www.lindenfels.de).

Auf dem Weg zurück zum Gumpener Kreuz werfen wir einen letzten Blick über die hügeligen Wiesen und roten Dächer der Dörfer hinüber zum Schloss Reichelsheim und wenden uns wieder der B38 zu. Wir fahren Richtung FÜRTH, um bei Erreichen der B450 links Richtung ERBACH/BEERFELDEN abzuknicken und in KRUMBACH einzulaufen.

(189) WOMO-Wanderparkplatz: Krumbach, Kohlwald

GPS: N 49°40'04.7" E 8°48'32.3"
max. WOMOs: 2 - 3
Ausstattung/Lage: Infotafel, Rundwanderwege (5,6 - 7,1 km), Aussicht auf Schloss Lindenfels/ Ortsrand, leicht schräg.
Zufahrt: Ca. 500 m hinter der Kreuzung B38/B460 und vor der Feuerwehr links abbiegen und den Hinweisen zum Wanderparkplatz/ Friedhof weitere 500 m folgen.

Ein herrliches Fleckchen Erde! Bei einem kurzen Marsch um das „Große Köpfchen" genießen wir Zweibeiner die Aussicht und unser Vierbeiner den Auslauf und schon sind wir wieder auf der Strecke. Entlang der Weschnitz fahren wir in weiten Bögen auf der B460 hinauf bis zur Passhöhe Wegscheide, an der seit 1200 Jahren die Grenze zwischen der Mark Heppenheim und der Mark Michelstadt verläuft.

(190) WOMO-Wanderparkplatz: Wegscheide

GPS: N 49°39'22.3" E 8°51'58.1"
An der B460/Siegfriedstraße
max. WOMOs: 2 - 3
Ausstattung/Lage: Infotafel, Rundwanderwege, Bank/außerorts, teils schräg. Gegenüber ist ein weiterer Wanderparkplatz – mit Tageslicht, aber direkt an der B460!
Zufahrt: An der Kreuzung links Richtung Erzbach/Reichelsheim und gleich wieder rechts auf den Parkplatz fahren.

An der Wegscheide folgen wir der Straße durch die harmonische Mittelgebirgslandschaft nach GRASELLENBACH im **Überwald**. Die Bezeichnung wurde vermutlich von den Bewohnern des Weschnitztals geprägt, deren Blickrichtung aus dem Tal über den Höhenzug Tromm „über den Wald" in Richtung der höheren Ortschaften Wald-Michelbach, Abtsteinach und Grasellenbach reicht. Das Kneipp-Heilbad Grasellenbach, dessen Wahrzeichen der **Ireneturm** auf der Tromm ist, bietet einen kleinen idyllischen Kurpark mit Wassertretstellen und Kneippbecken. Die **Tourist-Info** befindet sich im Eingangsbereich der Nibelungenhalle (Mo - Sa 10 - 12 Uhr, Mo/Mi/Fr 15 - 17 Uhr, Sa 13 - 18 Uhr, So 10 - 18 Uhr, Am Kurpark 1, Telefon 06207/2552, www.gemeinde-grasellenbach.de). Neben der Bezeichnung Nibelungenhalle fallen Namen wie Hagen, Burgunderstube oder Siegfriedbrunnen an Landgasthöfen und Hotels auf – kein Wunder, denn wir befinden uns im Nibelungenland. Das hervorragende Wandergebiet lässt sich von den folgenden Parkplätzen vortrefflich erkunden.

(191) WOMO-Wanderparkplatz: Grasellenbach, Striet

GPS: N 49°37'40.2" E 8°52'14.2" Güttersbacher Straße
max. WOMOs: 2 - 3
Ausstattung/Lage: Infotafel, Rundwanderwege (4,7 - 25,4 km), Radweg, Aussicht auf Wiesen und Wälder/Ortsrand, leicht schräg.
Zufahrt: Ca. 300 m hinter dem Ortseingang links Richtung Sportplatz weitere 300 m fahren, dann rechts Richtung Grillhütte und dem Hinweis zum Parkplatz ca. 600 m folgen.

(192) WOMO-Wanderparkplatz: Grasellenbach, Nibelungenhalle

GPS: N 49°37'38.5" E 8°51'33.4"; Siegfriedstraße **max. WOMOs**: 3-5
Ausstattung/Lage: Infotafeln, Wander- und Radwege, Gaststätten in der Nähe, Bank, kleiner Kurpark, Loipeneinstieg/im Ort.
Zufahrt: Der Durchgangstraße im Ort weitere 300 m folgen. Der große Parkplatz liegt an der linken Straßenseite.

Im Nibelungenland

Das Nibelungenland liegt im Herzen der Regionen Rhein-Main und Rhein-Neckar. Den Kern bilden der Kreis Bergstraße mit den Teilregionen Bergstraße, Odenwald, Ried und Neckartal. Aber woher kommt die Bezeichnung, die sich so gut touristisch vermarkten lässt und die zugegebenermaßen eine wundervolle Landschaft mit vielen Freizeitmöglichkeiten aufweisen kann?
Hilfreich bei der Antwort ist das **Nibelungenlied**, dessen weltweiter Bekanntheitsgrad für die Touristikstraßen **Nibelungen- und Siegfriedstraße** herhalten muss. In unserer Kurzfassung reist Siegfried, Königssohn aus Xanten, Drachentöter und Besitzer eines riesigen Schatzes, dem Nibelungenhort, in die Burgunderstadt Worms. Er freit um die Königstochter Kriemhild, deren Vater Gunther die Gunst der Stunde nutzt und seine Tochter nur hergeben will, wenn ihm Siegfried zur Hochzeit mit der Königin von Island, der schönen Brünhild verhilft. Gesagt und mit der Tarnkappe getan, gibt's anschließend eine Doppelhochzeit. Selbst in der Hochzeitsnacht muss Siegfried bei Brünhild noch einmal unerkannt ran. Gattin Kriemhild petzt natürlich bei der Schwiegermama und legt als Beweis den von Siegfried entwendeten Ring sowie den Gürtel

Nibelungengarten in Neckarsteinach (Tour 9)

Brünhilds vor. Die Gute ist ob des Betruges richtig sauer und stachelt Hagen an, den Missetäter Siegfried zu töten. Der böse H. erfährt von Plappermäulchen Kriemhild, dass Siegfried eine einzige verwundbare Stelle hat. Nämlich die, die ein Lindenblatt verdeckte, als Siegfried einst genüsslich im Blut des besiegten Drachen badete, um unbesiegbar zu werden. Hagen schreitet an einer Quelle im Odenwald zur mörderischen Tat und versenkt den gigantischen Schatz blöderweise anschließend im Rhein. Szenenwechsel: Jahre später, Kriemhild, mittlerweile Gattin des Hunnenkönigs Etzel, lädt die Burgunder, die sich jetzt Nibelungen nennen, zum Familientreffen nach Ungarn ein. Bei einem großen Gemetzel werden alle Nibelungen bis auf Gunther und Hagen getötet. Rachedurstig und geldgeil lässt Kriemhild ihren Vater enthaupten, weil ihr Hagen nicht verrät, wo er den Nibelungenschatz versteckt hat und schlägt diesem dann selbst den Kopf ab. Zur Strafe taucht jetzt Hildebrand auf, über den es auch ein Lied gibt ... das ist aber eine andere Geschichte ... auf alle Fälle tötet er am Ende des Nibelungenliedes Kriemhild mit Siegfrieds Schwert und damit ist Story aus.

Liebe, Rache und Verrat machen sich eben immer gut – auch in der Touristikbranche. Da wir jetzt wissen, wie Siegfried dahingemeuchelt wurde, wollen wir auch den Ort des Geschehens sehen und schreiten zum Tatort.

WOMO-Wandertipp: Erlebniswanderweg zwischen Überwald und Weschnitztal

Mittelschwere Wanderung von ca. 16 km Länge, die auf ca. 9 km verkürzt werden kann. Durchgängig mit G8 markiert.

Wir verlassen den Ort in südöstliche Richtung auf der Siegfriedstraße. Durch offene Landschaft gehen wir zum Wald hinauf und schauen noch einmal ins Tal, bevor es ordentlich bergauf geht. Auf der Höhe erreichen wir einen Forstweg, der bis zum eigentlichen Ziel unserer Wanderung führt. Hier geschah es also: Aus einem mit einer Wappenlilie verzierten flachen Stein fließt Wasser und die in einen Steinblock gehauene Inschrift weist die Quelle als **Siegfriedbrunnen** aus. Ganz unter uns, dieser Brunnen ist einer von vielen ... Der Anspruch als einzig wahrer Siegfriedbrunnen zu gelten, leitet sich von Forschungen eines Geheimen Staatsrats im Jahr 1844 ab, der aufgrund des originalen Nibelungenlieds auf diese Quelle stieß, die schon seit Menschengedenken den Namen Siegfriedbrunnen trug. Nichtsdestotrotz begleitet uns die sagenhafte Stimmung bei der Umrundung des **Waldmoores** Kleine Striet und wir erreichen den o. g. ersten Wanderparkplatz. Später tauchen wir wieder in den Wald ein und blicken an seinem Rand auf das **Naturschutzgebiet Gras-Ellenbacher Wiesen** hinunter. Am Sägewerk geht es wieder in den Wald. Von hier

Siegfriedbrunnen

kann man, die Landstraße überquerend, durch den Wald ins Grassbachtal wandern. Dort trifft man wieder auf die Markierung G8 und bringt die Wanderung zu Ende. Wir marschieren auf dem Hauptweg weiter, treffen auf die **Hirschquelle** und einen Kilometer weiter auf den 795 erstmals erwähnten **Hildegeresbrunnen** am Schmerbach. Vorbei am Moorsee geht es bergauf zur Passhöhe Wegscheide an der Kreuzung B460/L3105. Wir lassen den Parkplatz hinter uns, wandern um den Kahlberg und auf einem steilen Serpentinenpfad hinauf zur **Walburgiskapelle**. An der höchstgelegenen Kapelle im Odenwald hat schon Walburga, die Nichte des Heiligen Bonifatius, missioniert und wahrscheinlich wie wir, die herrliche Aussicht genossen. Auf dem Nibelungensteig geht es durch den Wald noch ein wenig aufwärts und nach etwa 1 km ist der Waldrand erreicht. Hier biegen wir links ab und marschieren die restlichen 3 km durch das idyllische **Gassbachtal** dem Ausgangspunkt entgegen.

Wie gesagt, der Siegfriedbrunnen hat keinen Anspruch auf Einzigartigkeit und gleich an unserem nächsten Haltepunkt gibt's den nächsten. Anderer Name, gleiche Geschichte!
Zurück an der Wegscheide rollen wir auf der B460 weiter Richtung ERBACH und hinab nach MOSSAUTAL.

(193) WOMO-Wanderparkplatz: Mossautal, Lindelbrunnen

GPS: N 49°37'43.0" E 8°55'09.7"
An der B460 **max. WOMOs**: 2
Ausstattung/Lage: Infotafel, Rundwanderwege (1,3 - 3,3 km)/ außerorts.
Zufahrt: Ca. 5,5 km hinter der Wegscheide liegt der beschilderte Wanderparkplatz links der Straße.

Auch am **Lindelbrunnen** soll es Siegfried erwischt haben. Die Quelle wird bereits in der Heppenheimer Markbeschreibung 773 erwähnt und als zusätzlicher Beleg sollen wohl die Kunstwerke dienen, die die Mordtat nachempfinden. Drachen dürfen natürlich auch nicht fehlen. Zumindest im Namen einer der **Drachenwege** im Mossautal. Auf der hier vorbeiführenden Strecke von 20,6 km Länge und mit MD2 markiert, wird der Wanderer durch Wälder, über sanfte Berge und grüne Täler geführt. Die Tour erreicht entgegen

dem Uhrzeigersinn nach ca. 2,5 km HÜTTENTHAL, das wir nun durch das lang gezogene Tal mit dem WOMO ansteuern. Hier lohnt sich der Besuch in Hessens kleinster Privatmolkerei. Die nach alten Rezepten und in handwerklicher Weise hergestellten Käsespezialitäten sind weit über die Grenzen des Odenwaldes bekannt [N 49°37'14.9" E 8°56'41.1"]. Der Milchgarten der **Hüttenthaler Molkerei** lädt zum Probieren sowie Genießen ein und Einzelbesucher können sich einer **Molkereibesichtigung** anschließen (Mi 15.30 Uhr, Fr 14 Uhr, Gebühr). Im **Molkereilädchen** decken wir uns mit verschiedenen Produkten ein (Mo - Fr 8 - 17/18 Uhr, Sa 8 - 13/14 Uhr, www.molkerei-huettenthal.de) und dann begeben wir uns auf die Suche nach einem hübschen Picknickplatz. Im Verlauf der Bundesstraße erhoffen wir uns ein passendes Fleckchen am 22 ha großen **Marbach-Stausee** [N 49°36'30.5" E 8°58'31.4"]. Zu den Freizeitaktivitäten im beliebten **Erholungsgebiet** gehören Baden, Bootfahren, Surfen, Segeln, Angeln und Wandern. Auch wenn gerade keine Badetemperaturen herrschen, kommen die Besucher in Scharen und das Anfang August stattfindende **Open-Air-Festival Sound of the Forest** sorgt mit zahlreichenden Bands zusätzlich für ausgelassene Stimmung (www.sound-of-the-forest.de). Wir suchen einen ruhigeren Platz, setzen unsere Fahrt fort und erreichen die B45. Hier schwenken wir rechts Richtung EBERBACH/BEERFELDEN. Wieder im Tal der Mümling angekommen, finden wir den ersehnten Picknickplatz. Schatten spendet das **Historische Wahrzeichen der Ingenieurbaukunst in Deutschland** – jedenfalls können wir diesen Satz neben dem **Himbächl-Viadukt** lesen.

(194) WOMO-Picknickplatz: Beerfelden, Himbächl-Viadukt

GPS: N 49°36'11.0" E 8°59'33.6"; An der B45 **max. WOMOs**: 2
Ausstattung/Lage: Tisch und Bank, Infotafel, Mülleimer/außerorts.
Zufahrt: Ca. 400 m hinter dem Abzweig von der B460 auf die B45 ist links der Parkplatz ausgeschildert.

Gebaut in den Jahren 1880/81, überspannt das Bauwerk in zehn Monumentalbögen das 250 m weite Tal. Mit 43 m Höhe ist das Viadukt die höchste Eisenbahnbrücke Hessens. Nach der Fertigstellung ermöglichte es die Bahnstrecke, die zeit-

liche Distanz zwischen Main und Neckar erheblich zu verkürzen und läutete das Ende der Postkutschenzeit ein.
Von den Nibelungen haben wir vorerst genug gehört und gesehen und auch die römische Vergangenheit wurde oft gewürdigt. Wer aber vom Limes immer noch nicht genug hat, der sollte uns in einen der hintersten Winkel des Hessenlandes folgen. In HETZBACH biegen wir links (auf die scheinbar unvermeidliche Siegfriedstraße) nach HESSENECK ab. Ziemlich bald notieren unterbrechen wir die Bergfahrt an einem Wanderparkplatz mit richtig schöner Fernsicht.

(195)
WOMO-Wanderparkplatz: Hetzbach, Hasenhöhe

GPS: N 49°35'13.6" E 9°00'06.0" An der L3108 **max. WOMOs:** 1-2
Ausstattung/Lage: Infotafel, Wanderwege, Bank, Aussicht/ außerorts.
Zufahrt: Ca. 2 km hinter dem Abzweig von der B45 links abbiegen und 200 m bis zum Parkplatz fahren.

Nach weiteren knappen drei Kilometern notieren wir an der Passhöhe Reußenkreuz einen weiteren Wanderparkplatz [**196:** N 49°34'39.8" E 9°01'13.8"; An der L3108]. Wenn wir den einschlägigen Stellplatz-Listen Glauben schenken dürfen, befindet sich an der gegenüberliegenden Waldgaststätte eine Übernachtungsmöglichkeit.
Die Straße führt nun wieder bergab in die kleinste eigenständige Gemeinde Hessens. Die knapp 700 Einwohner verteilen sich immerhin auf drei Orte im Dreiländereck mit Bayern und Baden-Württemberg. Die Grenzlage war der Anlass, der

Gesamtgemeinde den Namen HESSENECK zu geben. Sie hat aber auch zur Folge, dass SCHÖLLENBACH durch den Euterbach geteilt ist. Der größte Teil des Ortes gehört zu Hessen, während der kleinere Teil mit 30 Einwohnern dem Badischen zugeordnet wird. Beliebtes Ziel für Spaziergänge ist der **Eutersee**, welcher mit 9000 m² Wasserfläche die Gelegenheit zum Schwimmen und Paddelbootfahren bietet. Die **Schöllenbacher Kirche** wurde 1465 geweiht und entwickelte sich als Quellkirche zu einer Marien-Wallfahrtsstätte. Die Quelle tritt unter der Kirchhofsmauer hervor, speist den ehemaligen Waschplatz und ergießt sich in den Euterbach. Das Quellwasser wurde früher gegen Augen- und Frauenleiden benutzt und es kann nichts schaden, sich einmal die Augen damit zu benetzen. Vor dem Rathaus Hesseneck biegen wir links nach HESSELBACH/EUTERSEE ab.

(197) WOMO-Picknickplatz: Schöllenbach, Eutertal

GPS: N 49°34'04.4" E 9°04'23.7"
max. WOMOs: 1 - 2
Ausstattung/Lage: Tisch und Bank, Rundwanderwege (3,5 - 14,1 km)/ Ortsrand.
Zufahrt: Ca. 900 m hinter dem Ortseingang am Rathaus Hesseneck links Richtung Eutersee und gleich wieder links ca. 250 m zum Parkplatz fahren.

Durch einen Wald fahren wir auf den nächsten Bergrücken. Mittlerweile wissen wir, dass die Römer die strategisch günstige Lage ausnutzten, um hier den **Odenwaldlimes** zu errichten. In HESSELBACH teilt sich die Straße vor der **Gaststätte Zum Grünen Baum** (Di Ruhetag). Rechts gelangt man über die Straße Richtung EBERBACH nach ca. 2 km zu den Überresten des **Kleinkastells Zwing** [N 49°33'39.7" E 9°06'05.2"]. In einem Mauerstück ist ein Mitte des 19. Jh. gefundenes Relief eingelassen worden und über den Limeswanderweg kann u. a. eine Turmstelle erwandert werden. Interessanter ist jedoch die Turmstelle 10/30, die wir von der

Mauerstück Kleinkatell Zwing

Kreuzung in HESSELBACH links Richtung RÖMERBAD WÜRZBERG erreichen. Würzberg? Genau, dort ist jenes Römerbad, welches wir schon besichtigt haben und das wir von hier über eine Verbindungsstraße nach etwa 6 km erreichen könnten. Heute fahren wir jedoch nur aus dem Ort hinaus, passieren das als Erdwall im Wiesengelände auszumachende **Numeruskastell Hesselbach** und gelangen nach etwa 2 km an eine Parkbucht im Wald [N 49°35'36.8" E 9°05'09.2"]. Etwa 180 m entfernt liegt die repräsentativste **Turmstelle 10/30** am Oden-

waldlimes. Die restaurierten Sockel eines Steinturms und eines Holzturmes veranschaulichen die Entwicklung am Limes. Die hier erstmals vorgefundene Palisade lässt das funktionale Gefüge der Grenzlinie erkennen.

Da wir schon einmal hier sind, erkunden wir die Gegend auf dem ebenen Hochplateau um Hesselbach.

WOMO-Wandertipp: Zum Dreiländerstein

Leichte Wanderung von ca. 6 km auf ebenen Wegen. Von der Turmstelle gehen wir auf dem Sträßchen etwa 300 m zurück und treffen auf den Wanderweg 3. Durch die Gemarkung Hesselbach gelangen wir, vorbei am Hesselbacher Tor, zum Dreiländerstein. Der 1,3 m hohe Grenzstein markiert seit 1837 den Punkt, an dem die Grenzen der drei Bundesländer zusammenstoßen. Auf dem Stein befinden sich die Buchstaben GH (Großherzogtum Hessen), GB (Großherzogtum Baden) und KB (Königreich Bayern). Von hier geht es in den Ort und dann zum Ausgangspunkt am ehemaligen Wachturm zurück.

Nachdem wir uns aus diesem abgelegenen, aber freundlichen Eckchen verabschiedet haben und auf gleicher Strecke zurückgefahren sind, erreichen wir wieder die B45 und sind auf dem Weg nach BEERFELDEN.

(198) WOMO-Wanderparkplatz: Beerfelden, Galgen

GPS: N 49°34'19.9" E 8°57'49.4"
An der L3120 **max. WOMOs**: 2 - 3
Ausstattung/Lage: Infotafel, Wanderwege, Tisch und Bank, Aussicht/außerorts. Ggf. Geräuschbelästigung durch die Straße.
Zufahrt: Von der B45 kommend Richtung Beerfelden/Hirschhorn abbiegen und im Ort den Hinweisen zum Galgen folgen. Der Parkplatz liegt ca. 400 m hinter dem Ortsende auf der rechten Straßenseite.

(199) WOMO-Stellplatz: Beerfelden, Sportanlagen offiziell

GPS: N 49°33'38.8" E 8°58'29.2"
Seewiese **max. WOMOs**: 4
Ausstattung/Lage: V/E, Strom gegen Gebühr, ausgewiesener Teil eines Großparkplatz, Ortszentrum (Wochenmarkt Fr 14 - 18 Uhr) ca. 800 m, Waldseebad 700 m/Ortsrand. **Zufahrt:** Von der B45 nach Beerfelden/Sensbachtal abbiegen. An der nächsten Kreuzung geradeaus, dann rechts und gleich wieder links den WOMO-Piktogrammen folgen.

(200) WOMO-Stellplatz: Beerfelden, Buchhelle

GPS: N 49°33'50.0" E 8°59'18.2"
max. WOMOs: 2 - 3
Ausstattung/Lage: Nordic Walking, Bike-Park, Skilift, Loipeneinstieg/außerorts. Ggf. unruhig durch die Besucher des Bike-Parks.
Zufahrt: Von der B45 Richtung Sensbachtal abbiegen, die Bundesstraße überqueren und links den versch. Wintersport-Piktogrammen ca. 700 m bis zum Parkplatz folgen.

(201) WOMO-Wanderparkplatz: Beerfelden, Sensbacher Höhe

GPS: N49°33'02.3" E 8°59'30.5"
max. WOMOs: 2 - 3
Ausstattung/Lage: Infotafeln, Wanderwege, Nordic Walking, Loipeneinstieg, Aussichtspunkt, Mülleimer/außerorts.
Zufahrt: Wie vor, jedoch nach Überquerung der Bundesstraße weiter Richtung Sensbachtal ca. 1,5 km in Kurven bergauf durch den Wald fahren. Gegenüber vom Friedhof mit Kapelle liegt der Parkplatz auf der linken Seite im Wald.

Beerfelden

Der 1032 erstmals urkundlich erwähnte Ort liegt in einer der waldreichsten Regionen des Odenwaldes. Im Mittelpunkt der Stadt ist der **Zwölfröhrenbrunnen** sehenswert. Er entstand 1810 und soll kunsthistorisch die bedeutendste Laufbrunnenanlage Deutschlands sein. Der Brunnen besteht aus sechs Sandsteinwannen und säulenartigen Brunnenstöcken, die mit Urnen gekrönt sind. Aus zwölf Röhren mit Löwenköpfen sprudelt das Wasser der Mümlingquelle. Hauptsehenswürdigkeit ist sicher der außerhalb des Ortes gelegene **Beerfelder Galgen**. Der einzige vollständig erhaltene Galgen Deutschlands stammt aus dem Jahr 1597 und vermittelt die „finsteren“ Zeiten des Mittelalters. Wie viele Menschen tatsächlich am Strick endeten, kann nicht mehr geklärt werden. Drei schlanke Sandsteinsäulen von etwa 5 m Höhe, in einem Dreieck aufgestellt, bildeten die Hinrichtungsstätte. Der Platz des Galgens war bewusst ausgesucht, denn der letzte Blick der Delinquenten sollte diesen noch einmal die Schönheit der Welt zeigen, die sie wegen ihrer Vergehen verlassen mussten. Da uns keine Missetaten bewusst sind und die letzte Hinrichtung glücklicherweise im Jahr 1804 vollstreckt wurde, können wir den grandiosen Rundblick genießen, ohne ins Jenseits befördert zu werden. Sportbegeisterte finden um Beerfelden zahlreiche Betätigungsmöglichkeiten. An der Buchhelle können im **Bikepark** mit eigenem oder geliehenem Zweirad abwechslungsreiche, schattige Strecken bewältigt werden (April - Okt. Fr 11 - 19 Uhr, Sa/So/Feiertage 10 - 18 Uhr, Eintritt. www.bikepark-beerfelden.de). Im Winter sorgt eine Abfahrtsstrecke mit Lift und ein Rodelhang für Vergnügen im Schnee. Auskunft über die Schneeverhältnisse erteilt die **Tourist-Info Beerfelder Land** (Mo/Di/Do 9.30 - 16 Uhr, Mi/Fr 9.20 - 13 Uhr, Metzkeil 1, Telefon 06068/7590520, www.beerfelden.de). Zwei **Nordic Walking-Strecken** (schwarze Markierung 7,7

km/rote Markierung 6,8 km) führen an der Buchhelle sowie an der Sensbacher Höhe vorbei und sind etwas für ambitionierte Walker. **Radfahrer** finden in der Nähe der Tourist-Info im Ort den Einstieg in den 45,6 km langen **Beerfelder Rundkurs** (Markierung Fahrrad auf blauem Balken).

Für unser Wanderglück fehlt jetzt nur noch ein ausgedehnter Marsch durch die Wälder. Im Verlauf der B45 fahren wir durch das schöne Tal des Gammelsbachs hinab in den Beerfelder Ortsteil GAMMELSBACH. Im Ort ist das Dorfgemeinschaftshaus nach rechts ausgeschildert und vom naheliegenden Wanderparkplatz starten wir zu einer Rundwanderung [N 49°31'33.3" E 8°57'47.6"; Schulstraße].

WOMO-Wandertipp: Burg Freienstein-Weg

Mittelschwere Wanderung von ca. 12 km auf stillen Waldwegen. Durchgängig mit S6 markiert.
Wir starten mit einem ziemlich heftigen Anstieg zur **Burgruine Freienstein**. Einst wurde von der 1297 erstmals erwähnten Burg die Route vom Neckargebiet nach Norden und ins Maintal kontrolliert. Gleichzeitig war sie am südlichsten Punkt des Erbacher Besitzes positioniert und noch heute hat man von allen Ecken der Burg eine schöne Aussicht ins Gammelsbachtal. Wir folgen der Wegmarkierung über die Hirschhorner Höhe und biegen an einer Eiche links ab. Der Weg führt aus dem Wald heraus und zur Ruine der **St. Leonhards-Kapelle**. Die Kapelle wurde über einer Quelle erbaut, der heilende Wirkung zugesprochen wurde. Um den heiligen Ort rankten sich schon bald Sagen über verborgene Schätze und einen Geheimgang zur Burg. Heute sprudelt das Wasser aus dem

in Buntsandstein gefassten Leonhardsbrunnen und der **Panoramablick** über das Finkenbachtal krönt diesen Ort. Durch den Wald führt die Tour weiter Richtung Beerfelden und kurz vor dem Parkplatz „Lehrpfad" biegen wir scharf rechts ab. Wir passieren eine Schutzhütte, wandern in südöstliche Richtung und umrunden den Jakobsgrund, bis wir bald talwärts wieder nach Gammelsbach gelangen. Die „After-Walk"-Einkehr im **Landgasthof Grüner Baum** rundet das positive Wandererlebnis ab.

Als letztes Ziel dieser Odenwald-Tour machen wir einen Abstecher nach Baden-Württemberg. Dem Gammelsbach sowie der B45 folgend erreichen wir die B37 und biegen Richtung HEILBRONN ab. In der Sonne glitzernd, scheint uns der Neckar zu begrüßen und nach EBERBACH zu locken.
Direkt am Fluss und zur Stadtbesichtigung geeignet sind die vier offiziell ausgewiesenen Stellplätze auf einem Großparkplatz [**202:** N 49°27'36.2" E 8°59'12.0"; Uferstraße/B37]. Eine weitere Möglichkeit bietet sich auf der gegenüberliegenden Neckarseite.

(203) WOMO-Stellplatz: Eberbach, In der Au offiziell

GPS: N 49°27'42.1" E 8°58'40.5"; In der Au **max. WOMOs**: 6
Ausstattung/Lage: Strom gegen Gebühr, V/E bei [N 49°27'44.2" E 8°58'22.9"] oder beim Campingplatz direkt am Neckarufer, Neckartal-Radweg ca. 1,2 km ins Ortszentrum, max. Aufenthalt 2 Nächte, Ende August/Anfang September 2 Wochen gesperrt, nahe dem Sportzentrum und Frei- u. Hallenbad/Ortsrand. **Zufahrt:** Von der B37 Richtung Campingplatz/Aglasterhausen über die Neckarbrücke fahren. Dann den Hinweisen ca. 1,1 km zum Sportgebiet Au folgen.

Eberbach

Die in einem weiten Neckarbogen gelegene Stadt besticht durch ein idyllisches Stadtbild. Bereits von der Flussseite zeigt sich eine mittelalterliche Häuserzeile, die von zwei der vier erhaltenen Stadttürme eingerahmt wird. Vermutlich 1227 gegründet, wurde Eberbach zunächst Reichsstadt und hatte später verschiedene Pfandherren. Wir spazieren vom Parkplatz durch die Unterführung in den Ort und sehen den **Blauen Hut** mit der blau-schwarzen schiefergedeckten Dachhaube, einen der Stadttürme, in dem Bösewichte eingesperrt wurden. Stehen vor dem runden **Rosenturm**, dem ältesten in der Stadtmauer integrierten Turm und schauen auf eine in Sandstein gehauene Gestalt, die vermutlich zur Abwehr böser Geister dienen sollte. Der schlanke **Pulverturm** stammt aus dem 13. - 15. Jh. und im Sommer kann man im obersten Geschoss die Uhrenkammer besichtigen. Das angrenzende **Thalheim'sche Haus** ist das älteste Steingebäude der Stadt, in dem heute das **Infozentrum des Naturparks Neckartal-Odenwald** untergebracht ist (Di - Do 14 - 16 Uhr). Im **Haspelturm** aus dem 14. Jh. wurden die Gefangenen mit einer Haspel in das lichtlose Untergeschoss hinabgelassen, während sich die heutigen Besucher ungestraft in den Räumen des **Zinnfigurenkabinetts** umschauen können (Mi/Sa 15 - 17 Uhr, So/Feiertage 14 - 17 Uhr, Eintritt). Inmitten der ehemaligen Stadtbefestigung runden vornehme Bürgerhäuser und reizvolle Fachwerkhäuser den Stadtrundgang

ab. Dabei fallen besonders Häuser auf, die auf mehrfarbigen Putzunterlagen Bilder in einer speziellen Kratztechnik zeigen. Die schönsten dieser **Sgraffito-Malereien** befinden sich an der Front des Hotels „Karpfen" am Alten Markt und zeigen die Geschichte Eberbachs in 14 Bildern. Schräg gegenüber lädt im historischen Rathaus das **Heimatmuseum** zu einem Besuch ein und informiert über die geschichtliche Entwicklung der Stadt sowie über die Geologie, Waldbewirtschaftung und die Neckarschifffahrt (Di/Fr 15 - 17 Uhr, Sa/So 14 - 17 Uhr). In einer komplett eingerichteten Werkstatt sind im privaten **Küfereimuseum** alle Arbeitsgänge bis zum fertigen Fass nachvollziehbar (Mai - 1. Oktoberwochenende Fr/Sa/So 14 - 17 Uhr, Juli/Aug./Sept. auch Di 14 - 17 Uhr). Über all dem wacht die **Burg Eberbach**, die im 11. Jh. errichtet, eigentlich aus drei getrennten Burgen besteht. Auf einem etwa 45-minütigen Fußweg ist die Ruine von der Stadt aus zu erreichen. Von oben bietet sich nach erfolgreichem Aufstieg ein imposanter Blick über Eberbach und das Neckartal.
Um den Stadtkern und noch viel mehr besser kennenzulernen, bieten sich **öffentliche Stadtführungen** (Mai - Okt. Sa 10.30, Gebühr) oder Erlebnisführungen an. Der Treffpunkt ist vor der **Tourist-Info** (Mo - Fr 9 - 17 Uhr, Mi bis 18 Uhr, Leopoldsplatz 1, Telefon 06271/87242, www.eberbach.de). Neben dem **Eberbacher Frühling**, dem Altstadtfest am Wochenende nach Christi Himmelfahrt, zieht auch der **Erbacher Kuckucksmarkt** Ende August/Anfang September viele Besucher aus nah und fern an. An Markt- oder Imbissständen und in Fahrgeschäften wird für Abwechslung bei Groß und Klein gesorgt.

Auf dem **Neckar-Talweg** können Radfahrer auf gemütlicher Strecke den Windungen des Neckars folgen. Für Wandersleute könnte der ca. 10 km lange **Eberbacher Pfad der Flussgeschichte** infrage kommen. Der Rundweg beginnt am Naturparkzentrum am Pulverturm und weist einige Steigungen auf. 14 Informationstafeln stellen die geologische und flussgeschichtliche Entwicklung des Neckars eindrucksvoll und verständlich dar. Auf dem Weg zum Breitenstein entdeckt der Wanderer u. a. Umlaufberge, die einst von Neckarschleifen umzogen waren und erfährt, warum das markante Eberbacher Neckarknie Überbleibsel einer Flussanzapfung ist (In der Stadt mit „Blauem F" auf im Boden eingelassenen Messingtafeln und im weiteren Verlauf mit „Gelbem F" markiert).

Tour 9 140 km

Hirschhorn - Neckarsteinach - Neckargemünd - Heidelberg - Abtsteinach - Wald-Michelbach - Mörlenbach

Stellplätze: Hirschhorn, Dilsberg, Heidelberg, Heiligkreuzsteinach, Unter-Abtsteinach, Wald-Michelbach, Mörlenbach, Juhöhe.
Campingplätze: Neckargemünd Campingplatz An der Friedensbrücke, Campingplatz Unterm Dilsberg.
Ver-/Entsorgung: Hirschhorn.
Besichtigen: Hirschhorn Stadtbild, Schloss Hirschhorn, Langbein-Museum; Neckarsteinach Stadtbild, vier Burgen, Geopark-Informationszentrum, Eichendorff-Museum; Neckargemünd Stadtbild, Feste Dilsberg; Heidelberg Stadtbild, Museen, Schloss, Falknerei, Freizeitpark; Wald-Michelbach Sommerrodelbahn, Kletterwald, Solardraisine.
Wandern: Neckarsteig, Neckarsteinach, Heidelberg Himmelsleiter, Unter-Abtsteinach, Mörlenbach, Juhöhe.
Radfahren: Neckartal-Radweg, Unter-Abtsteinach, Mörlenbach.
Baden: Heidelberg, Wald-Michelbach.
Essen: Hirschhorn Kartoffelhaus; Neckarsteinach Jaber's; Neckargemünd Christians; Heidelberg Goldener Anker; Juhöhe Waldschenke Fuhr.

Der Neckar ist mit 367 km Länge der viertgrößte Nebenfluss des Rheins und verläuft überwiegend durch Baden-Württemberg. An seinem Unterlauf macht er einen großen, auffälligen Bogen nach Norden, wobei er die Landesgrenze zwischen Hessen und Baden-Württemberg bildet und etwa 16 km auf hessischer Seite verläuft. Von Eberbach kommend fahren wir auf der B37/B45 Richtung HEIDELBERG und gelangen kurz vor dem Hirschhorn-Tunnel in den südlichsten Zipfel Hessens. HIRSCHHORN gehört zu den ältesten Siedlungen im Neckartal und hat, wie der offizielle WOMO-Stellplatz, eine Bilderbuchlage am Fluss. Für die Stadtbesichtigung eignet sich der gebührenpflichtige Parkplatz vor dem Stellplatz – aber mal ganz ehrlich: Was gibt es Schöneres, als bei herrlichem Wetter entspannt am Fluss vor dem WOMO zu sitzen, die Sonne kitzelt an der Nasenspitze und bei Bedarf ist es nur ein kurzer Spaziergang in die romantische Altstadt!

(204) WOMO-Stellplatz: Hirschhorn, Beim Ätsche offiziell

GPS: N 49°26'32.0" E 8°53'52.8"; Alter Weg
max. WOMOs: 18
Ausstattung/Lage: V/E, Strom, Gebühr €€, Kurtaxe ab dem 2. Tag, Gaststätte, ca. 800 m Fußweg in den Ort, Schiffsanleger in der Nähe/Ortsrand, direkt am Neckar.
Zufahrt: Hinter dem Hirschhorn-Tunnel rechts nach Hirschhorn abbiegen und ca. 600 m später liegt der Stellplatz auf der rechten Seite.

Hirschhorn

Auf einer Bergnase des 773 erstmals erwähnten Ortes liegt der Nachlass der Herren von Hirschhorn. Um 1250 begannen sie mit dem Bau einer eindrucksvollen Burganlage. Das **Schloss Hirschhorn** wurde im Laufe der folgenden Jahrhunderte erweitert und dem jeweiligen militärtechnischen Stand angepasst. Unter dem Schutz der Ritter gelangte die Stadt zu Wohlstand und ihre Bürger gingen besonders dem Fischerei- und Flößereigewerbe nach. Rund 200 Jahre nach dem Burgenbau ließen die Herren von Hirschhorn zwischen ihrem Domizil und der Stadt ein **Karmeliterkloster** errichten, das kostbar ausgestattet zu ihrer Grablege wurde, ihrem Seelenheil diente und gleichzeitig ihr Ansehen und ihren Reichtum repräsentierte. Nach der Reformation wurden die Mönche vertrieben und das Kloster aufgehoben. Die 1545 erbaute Klosterkirche diente als Stadtkirche und nach langen Prozessen kehrten die Karmeliter jedoch 1635 zurück. Der letzte Hirschhorner Ritter hatte mittlerweile das Zeitliche gesegnet und die Mönche bestimmten wieder das religiöse Leben in Hirschhorn bis zur endgültigen Aufhebung des Klosters 1803. Vom ehemaligen Kloster ist das Hauptgebäude erhalten geblieben, in dem sich heute das katholische Pfarrzentrum befindet und dessen mit kostbaren Fresken versehener Kapitelsaal für Konzerte und andere Veranstaltungen genutzt wird. In der Klosterkirche finden vereinzelte Gottesdienste statt. Bei der **Tourist-Info** (Mai - Sept. Di 14 - 17 Uhr, Mi 10 - 12/14 - 17 Uhr, Sa 10 12 Uhr, So 15 - 17 Uhr (nur Museum), Okt. - April Di - Fr 10 - 12/14 - 17 Uhr, Alleestraße 2, Telefon 06272/1742, www.hirschhorn.de) haben wir uns mit einem Faltplan eingedeckt und spazieren dem historischen Stadtrundweg nach. In der Hauptstraße stehen sehenswerte Fachwerkhäuser aus dem 15. - 17. Jh. und aus Platzmangel wurden zwischen Berg und Fluss einige Häuser über die fast vollständig erhaltene Stadtmauer gebaut. In den engen Gassen und an steilen Treppen haben es sich die Bewohner auch ohne Vorgärten schön gemacht und dort, wo einst das Rittergeschlecht residierte, befindet sich heute ein Schlosshotel mit Restaurant auf dem Felsen oberhalb des Flusses. Mehr Hintergrundwissen über die historische Altstadt und die Burganlage vermittelt eine **öffentliche Stadtführung** (Juni - Sept. Sa 10 Uhr, Treffpunkt Tourist-Info, Gebühr). Im **Langbein-Museum** können Exponate aus dem ehemaligen Karmeliterkloster und Funde von der Burg Hirschhorn angeschaut werden. Weiterhin werden Möbel und Mineralien sowie eine Sammlung von rund 180 Tierpräparaten präsentiert (Öffnungszeiten s. Tourist-Info). Der Aufstieg zur Burganlage wird übrigens mit einem atemberaubenden Blick auf die Täler und die große Neckarschleife belohnt und nach dem Abstieg in den Ort kehren wir in der **Gaststätte Kartoffelhaus** ein. Die Küche kredenzt überraschend viele Varianten der Knollenfrucht und für fast jeden Geschmack ist etwas dabei (Mo - Sa 17 - 23 Uhr, So 11.30 - 14.30/17 - 22 Uhr, www.kartoffelhaus-hirschhorn.de).

Abwechslungsreich gestalten sich die **Wander- und Radwegemöglichkeiten**. Die Neckartal- oder Burgenstraßen-Radwege können etwas für Streckenradler sein, die dabei die Landschaft genießen möchten. Unterschiedlich lange Wanderwege laden zum Naturerlebnis durch Wiesen und Wälder ein. Allen voran ist der **Neckarsteig** zu nennen, der von Heidelberg entlang des Neckars auf einer Länge von 126,4 km bis nach Bad Wimpfen führt und Hirschhorn tangiert. Am Ende einer Wander- bzw. Radetappe lässt es sich wunderbar mit dem Schiff wieder zurückfahren (weitere Infos unter www.weiße-flotte-heidelberg.de oder www.eps-kappes.de). Zudem starten am Parkplatz vor dem o. g. Stellplatz verschiedene, gut markierte Wanderwege.

Auch Neckarsteinach und Neckargemünd werden von den Ausflugsschiffen auf ihrer Fahrt nach Heidelberg angesteuert und der Flusstörn bietet ein abwechslungsreiches Erlebnis auf dem Neckar.

Wir gehen diese Strecke mit dem WOMO an, gelangen über die B45 nach NECKARSTEINACH und daran anschließend nach NECKARGEMÜND. In beiden Orten werden wir uns einmal mehr der Größe unseres fahrbaren Untersatzes bewusst. Die Parkplätze sind durch enge Gassen nur mit großen Mühen oder gar nicht zu erreichen. Das Parken ist noch am ehesten hinter Neckarsteinach auf einem besonders am Wochenende gut besuchten Parkplatz an der B45 möglich [N 49°24'31.6" E 8°49'41.1"]. Von hier sind es ca. 700 m zurück in den Ort . In Neckargemünd ist der Parkplatz unter der Friedensbrücke vor dem Campingplatz zu nennen.

Ansonsten empfehlen wir, die Ortsbesuche tatsächlich mit einer Schiffstour z. B. von Hirschhorn oder Heidelberg aus zu verbinden oder einen der folgenden Campingplätze anzufahren.

(205) WOMO-Campingplatztipp: Neckargemünd, Campingplatz an der Friedensbrücke

GPS: N 49°23'47.1" E 8°47'38.9"; Falltorstraße 4

Kontakt: Telefon 06223/2178, www.campingplatz-am-neckar.de

Öffnungszeiten/Preis: April - Okt./€.

Ausstattung/Lage: Waschmaschine, Trockner, Gaststätte, Spielplatz, Angelmöglichkeit, Kanuverleih, Quad- und Autoverleih, W-Lan, Rad- und Wanderwege, Schiffsanleger in der Nähe, Radweg und ÖPNV nach Heidelberg/ Ortsrand, direkt am Neckar gelegen. Ggf. Geräuschbelästigung von der nahen Straße.

Zufahrt: Von der B45 kommend im Ort der Bundesstraße links über die Friedensbrücke Richtung Mannheim/Heidelberg/Sinsheim fahren. An der nächsten Kreuzung rechts und gleich wieder rechts den Hinweisen zum Campingplatz folgen.

(206) WOMO-Campingplatztipp: Neckargemünd, Campingplatz Unterm Dilsberg

GPS: N 49°23'46.5" E 8°49'54.2"; Dorthsfeld 1
Kontakt: Telefon 06223/72585; www.camping-dilsberg.de
Öffnungszeiten/Preis: April - Sept./€.
Ausstattung/Lage: Rad- und Wanderwege, direkt gegenüber von Neckarsteinach (ca. 1 km Fußweg über die Schleuse), Gaststätte, viele Dauercamper/außerorts, direkt am Neckar gelegen.
Zufahrt: Wie vor, jedoch im Ort weiter Richtung Sinsheim und dann nach Dilsberg fahren. In Rainbach Richtung Feste Dilsberg und nach einem rechts gelegenen Verkehrsspiegel links in einen geteerten, engen Feldweg abbiegen und über den Brunnacker ca. 1,4 km den Hinweisen zum Campingplatz folgen (kaum Ausweichmöglichkeiten). Die Koordinaten liegen an der K4200/Brunnacker, da das Navi sonst falsch führt.

(207) WOMO-Stellplatz: Dilsberg, Feste Dilsberg

GPS: N 49°23'51.1" E 8°50'16.9"; An der Steige **max. WOMOs:** 2-3
Ausstattung/Lage: Bank, Kinderspielplatz, Gaststätte in der Nähe, Mülleimer/Ortsrand.
Zufahrt: Wie vor **(SP206)**, jedoch in Rainbach weiter nach Dilsberg fahren und den Hinweisen zur Feste und im spitzen Winkel rechts zum Parkplatz folgen.

Die drei Stellplätze befinden sich bereits in Baden-Württemberg und weisen auf die enge Verzahnung der hiesigen Ortschaften hin. Vielleicht liegt es am badisch-leichten Lebensgefühl der Neckarsteinacher, an der Nähe zu Heidelberg oder schlicht an den unterschiedlichen Geldzuweisungen der Bun-

desländer – auf jeden Fall möchte Neckarsteinach eigentlich gerne zum Nachbarbundesland gehören, doch es wird vom Land Hessen nicht gehen gelassen. Auf touristischer Ebene funktioniert indes die Zusammenarbeit und landesübergreifend nennen sich Eberbach, Hirschhorn, Neckarsteinach und Neckargemünd „Die Romantischen Vier im Neckartal" (www.romantische-vier.de). Auf die Rad- und Wandervielfalt haben wir bereits hingewiesen und der Möglichkeiten zum Bewegen in freier Natur sind im wahrsten Sinne des Wortes keine Grenzen gesetzt. Zum Beispiel verläuft der 25 km lange **Radweg der „Romantischen Vier"** auf Natur- und Asphaltwegen und startet vom Bahnhof in Neckargemünd mit der Markierung „Dunkelblauer Ritterhelm auf hellblauem Grund" Richtung Friedensbrücke nach Kleingemünd. In Neckarsteinach wechselt man über die Fußgängerbrücke an der Schleuse die Seite und radelt über Hirschhorn nach Eberbach. Wie auch immer man nach Neckarsteinach oder Neckargemünd gelangt, der Aufenthalt in beiden Orten ist sehr angenehm.

Neckarsteinach und Neckargemünd

Das erstmals 1142 urkundlich erwähnte **Neckarsteinach** ist von den dicht bewaldeten Höhen des südlichen Odenwalds und von gleich vier Burgen sowie der Bergfeste Dilsberg eingerahmt und nennt sich stolz die **Vierburgenstadt**. Die fünf Kilometer lange, befestigte Uferpromenade ohne Autoverkehr ist das Aushängeschild des Ortes, in dessen hübsche Winkel man bei einem Spaziergang gelangt. In der Nähe der Schiffsanleger befindet sich das „Eingangstor Süd" des **Geo-Naturparks Bergstraße-Odenwald**. Im Informationszentrum findet sich viel Wissenswertes über die unterschiedlichen Standorte und Aktivitäten des Naturparks und die **Tourist-Info** (März - Anfang Nov. 11 - 18 Uhr, Nov./Dez. Fr - Mo 12 - 17 Uhr,

Neckarsteinach Haus „Zum Ambtmann“

Neckarstraße 47, Telefon 06229/708914, www.neckarsteinach.com). In einer Burgenausstellung werden die über 100 Burgen und Schlösser des Odenwalds vorgestellt und es wird natürlich auf die in einem Kranz um Neckarsteinach angelegten vier Burgen eingegangen. Das Rittergeschlecht der Edelfreien von Steinach begann in der zweiten Hälfte des 12. Jh. mit dem Bau. Während die **Vorder-, Mittel- und Hinterburg** ziemlich gleichzeitig auf dem Bergsporn zwischen dem Steinach- und dem Neckartal entstanden, wurde die **Burg Schadeck** erst um 1260 errichtet. Die mittelalterlichen Burgen sind über einen 3,5 km langen **Rundwanderweg** aus der Stadt zu erreichen (Einstieg beim Restaurant „Zum Schiff“ über die „Schlosssteige“). Von den Wehrtürmen der Ruine Hinterburg und der wegen ihrer pittoresken Lage „Schwalbennest“ genannten Burg Schadeck bieten sich herrliche Ausblicke. Die beiden anderen Burgen sind in Privatbesitz und nicht zu besichtigen. Die Geschichte der Vorderburg erinnert uns wieder an die Nibelungen, denn einige Wissenschaftler vermuten, dass der um 1200 hier lebende Minnesänger Bligger von Steinach der Verfasser des Nibelungenliedes sein soll. Auch der **Nibelungengarten** macht deutlich, dass wir uns wieder im Nibelungenland befinden und die Köpfe der sechs wichtigsten Personen des Liedes nehmen dort auf mannshohen Sandsteinstelen die Parade ab. Wer nach einem Stadtrundgang oder der Burgenwanderung ermattet ein gutes Mahl zu sich nehmen oder einfach mit einer Tasse Kaffee von der Terrasse entspannt dem Treiben auf dem Neckar zusehen möchte, den verweisen wir, neben vielen anderen Lokalitäten, gerne auf das **Restaurant-Bistro-Café Jaber's**. Kulturinteressierte werden zuvor im Informationszentrum das **Eichendorff-Museum** besuchen und sich dort dem Leben und Werk des deutschen Romantikers Joseph von Eichendorff widmen. Als Heidelberger Student wurde er von der Stadt, dem Neckartal sowie den Bergen beeinflusst und ließ sie in Passagen in seine Dichtung einfließen (Öffnungszeiten s. o.). Aufgrund der topografischen Lage wird angenommen, dass eine Siedlung von Fischern der Ursprung des 988 erstmals erwähnten Ortes **Neckargemünd** an der Mündung der Elsenz in den Neckar war. Landschaftlich reizvoll gelegen, ist es die Altstadt des Ortes, die mit mittelalterlichen Gassen und Winkeln, zahlreichen Fachwerkgebäuden, der Stadtmauer und Resten der Burg Reichenstein von einer bewegten Vergangenheit erzählen kann. Die **Tourist-Info** (Mo/Di/Do/Fr 9 - 18 Uhr, Mi/Sa 9 - 13 Uhr, Neckarstraße 21, Telefon 06223/73784, www.neckargemuend.de) ist Anlaufstelle für alle touristischen Belange und bietet eine **öffentliche Stadtführung** an (jeden 2. So 11 Uhr, Treffpunkt Hanfmarkt, Gebühr). Nach dem Stadtrundgang, auf dem man sich übrigens auch per Smartphone führen lassen kann, gefiel uns das Ambiente und das Preis-/Leistungsverhältnis in **Christians Restaurant** am Marktplatz sehr gut (Di - Sa 18 - 21 Uhr, Mi - Sa 12 - 14 Uhr, www.restaurant-christian.de).

Im Ortsteil **Dilsberg** lockt die imposante Anlage der im Jahr 1208 erstmals urkundlich erwähnten **Feste Dilsberg** auf einem strategisch günstig gelegenen Berg über dem Neckar. Die Gründung einer kleinen Stadt vor deren Toren geschah auf Befehl des Pfalzgrafen. Dafür mussten die Bewohner der Dörfer Rainbach und Reidenberg 1347 auf den Berg ziehen, Häuser bauen und sich für die Einquartierung von Soldaten oder der Heidelberger Hofgesellschaft bereithalten. Während des Dreißigjährigen Krieges heiß umkämpft, besetzte sie 1622 der bayerische Feldherr Tilly für die kaiserlichen Truppen, 11 Jahre später eroberten sie die Schweden zurück und 1653 waren es wieder die Kaiserlichen, die auf dem Burgberg das Sagen hatten. Trotz dieser und später folgender Kriegswirren blieb die Burg unzerstört. Nach unterschiedlicher Nutzung wurde die Anlage 1822 zum Abbruch freigegeben und bis auf das Gewölbe wurden fast alle Gebäude abgetragen. Im Zuge der spätromantischen „Burgenherrlichkeit“ besann man sich eines Besseren und um 1895 fand eine Restaurierung der Burg statt. Nach einem Bummel durch den netten kleinen Ort und dem Aufstieg zur Burg werden wir vom Treppenturm mit einem traumhaften Blick ins Neckartal, auf den Odenwald und in den Kraichgau belohnt. Zusätzlich kann man bei einer Führung tiefer in die Geschichte der Burg eintauchen (April - Okt. Di - So 10 - 17.30 Uhr, Führungen Mai - Okt. So/Feiertage 15 Uhr, Eintritt).

Von Neckargemünd aus kann man rechts und links des Neckars nach Heidelberg gelangen. Wir entscheiden uns für die Fahrt am rechten Flussufer und sind im Nu in HEIDELBERG und in seinem östlich gelegenen Stadtteil ZIEGELHAUSEN. Selbst die Heidelberger haben in ihrer Stadt ein Parkplatzproblem und für Besucher, die zudem auch noch mit dem WOMO anreisen, wird es ganz schwierig. Die alte Universitätsstadt ist aber viel zu schön, zu lebendig und zu interessant, um einfach an ihr vorüberzufahren.
Einen offiziellen Stellplatz sucht man leider vergebens, sodass die Anreise per Schiff aus den Orten der „Romantischen Vier“ über den Neckar Sinn machen würde. Trotzdem fahren wir mit dem WOMO in die wunderschöne Stadt und werden tatsächlich bei der Parkplatzsuche fündig. Vom Parkplatz an der Ernst-Walz-Brücke ist das Zentrum fußläufig oder per Rad zu erreichen, aber auch von den beiden anderen besteht die Möglichkeit, um mit dem ÖPNV in die Stadt zu gelangen.

(208) WOMO-Badeplatz: Heidelberg-Ziegelhausen, Hallenbad Köpfel

GPS: N 49°25'21.2" E 8°44'31.5"
max. WOMOs: 2
Ausstattung/Lage: Wanderwege (6,7 km nach Heidelberg), Bank mit Aussicht, regelmäßige Busverbindung Linie 33 nach HD-Bismarckplatz, Hallenbad in der Nähe/außerorts.
Zufahrt: Von der Landstraße in Ziegelhausen rechts Richtung Wilhelmsfeld/ Ziegelhausen Mitte abbiegen. Auf der Durchgangsstraße ca. 2 km fahren und links den Hinweisen zum Hallenbad Köpfel ca. 1 km den Berg durch ein Wohngebiet steil bergauf folgen (Nur Mut! Es ist eng, aber auch der Bus passt durch!). Der Parkplatz liegt links hinter der Buswendeschleife.

(209) WOMO-Stellplatz: Heidelberg, Ernst-Walz-Brücke

GPS: N 49°24'41.6" E 8°40'38.8"; Uferstraße **max. WOMOs:** 5

Ausstattung/Lage: Parken am Straßenrand, ca. 2 km Fuß- oder Radweg in die Altstadt, Skateranlage unter der Brücke/im Ort, direkt am Neckar, Trotz Geräuschbelästigung durch die Straße nachts erstaunlich ruhig.
Zufahrt: Bei Erreichen von Heidelberg immer parallel zum Neckar Richtung Zentrum fahren. Die Ziegelhäuser Straße geht in die Neuenheimer Landstraße über und ca. 1 km hinter der Alten Brücke über den Neckar führt sie rechts vom Neckar weg. Dort links und weiter parallel zum Fluss die Theodor-Heuss-Brücke unterqueren. Ca. 700 m später an einem WC-Häuschen und links der Uferstraße weitere 400 m bis zum Straßenende folgen.

(210) WOMO-Wanderparkplatz: Heidelberg, Königstuhl

GPS: N 49°24'05.7" E 8°43'41.6"; Königstuhlweg **max. WOMOs:** 3-5
Ausstattung/Lage: Wanderwege, Freizeitpark, Falknerei, versch. Parkplätze, regelmäßige Busverbindung Linie 33 nach HD-Bismarckplatz oder mit der Bergbahn nach HD-Rathaus/außerorts.
Zufahrt: In Heidelberg zunächst den Hinweisen zu den Parkplätzen Zentrum/Altstadt folgen, dann Richtung Zentrum/Schloss und Darmstadt/Eberbach. Hinter dem Gaisbergtunnel rechts Richtung Gaiberg/Königstuhl. Erst ziemlich eng und dann in Serpentinen den Hinweisen zum Königstuhl bergauf ca. 5 km folgen.

Heidelberg

Bevor wir den Parkplatz in der Ernst-Walz-Brücke erreichen, gelangen wir nach Ziegelhausen, im Volksmund „Wäscherinnendorf“ genannt. Der Heidelberger Stadtteil verdankt seinen Namen einer Ziegelei, die um 1200 bei einem Zisterzienserkloster errichtet wurde. Stadtteilprägend ist seit fast 900 Jahren das **Benediktinerkloster Stift Neuburg**. Nach einer wechselvollen Vergangenheit kehrte erst 1927 wieder geistliches Leben in die alten Mauern ein und bei einer **öffentlichen Klosterführung** ist viel über die Geschichte zu erfahren (Letzter So im Monat 14 Uhr, Treffpunkt Turm am Klosterturm, Spende erbeten). Bierfreunde freuen

sich auf die **Brauerei im Klosterhof** und im **Hofladen** werden landwirtschaftliche Erzeugnisse angeboten (Mo - So 11 - 19 Uhr). Heidelberg kann auf vielfältige Weise erkundet werden und jeder wird bald sein Lieblingsplätzchen finden. Wir finden eines davon, als wir von der Uferstraße entlang der Neckarwiesen gehen und hinter der Theodor-Heuss-Brücke nördlich den Hang hinauf den **Philosophenweg** erreichen. In östlicher Richtung gelangen wir an die Bebauungsgrenze und schon sind wir auf dem Naturbalkon Heidelbergs. Wo einst Gelehrte wandelten, gedeihen auf einer Klima-Insel, die zu den wärmsten Orten in Deutschland gehört, exotische Gewächse wie Bambus, Palmen und Granatäpfel. Von diesem sonnenbeschienenen Platz genießen wir eine unvergleichliche Aussicht auf die Stadt, das weltberühmte Schloss, den Fluss und die Berge. Noch höher hinaus liegt der **Heiligenberg** mit den **Klosterruinen St. Michael und St. Stephan** sowie der **Thingstätte**. Wir schlagen jedoch den **Schlangenweg** ein, der den steilen Hang am Philosophenweg mit der **Alten Brücke** über den mit Platanen gesäumten Neckar verbindet.

Aussichtspunkte „versüßen“ den knapp 500 m langen Abstieg zur 9-bogigen Brücke, die trotz ihres Namens relativ jung ist. 1284 als Holzbrücke erbaut, wurde sie nach verschiedenen Hochwasserschäden 1786-88 erstmals als steinere Brücke errichtet und erst in den letzten Tagen des Zweiten Weltkrieges von deutschen Soldaten gesprengt. Spenden von Bürgern ermöglichten einen Wiederaufbau und seit 1947 überspannt die „neue“ Alte Brücke in neuem Glanz den Fluss und ebnet uns den Weg in die Heidelberger Altstadt.

Nachdem Kelten und Römer Besiedlungsspuren auf Heidelberger Grund hinterlassen haben, wird die Stadt erstmals 1196 urkundlich erwähnt und im 13. Jh. nach Plan angelegt. Das Schloss wird gebaut und mit der Gründung der Universität im Jahr 1386 beginnt die Blütezeit der damaligen Hauptstadt der Kurpfalz. In den Pfälzischen Erbfolgekriegen werden Stadt und Schloss Ende des 17. Jh. zerstört und anschließend auf dem mittelalterlichen Grundriss im Stil des Barock wiederaufgebaut. Ab 1803 gehört Heidelberg zu Baden, entwickelt sich zu einer bedeutenden Universitätsstadt und zieht Dichter und Denker wie Clemens Brentano, Joseph von Eichendorff und Friedrich Hölderlin an, die sie zur „Stadt der Romantik“ machen. Ohne größere Zerstörungen übersteht die Stadt den Zweiten Weltkrieg und wird, nachdem die amerikanischen Streitkräfte sie eingenommen haben, zu deren Hauptquartier und später zu dem der Nato. Ab den 1950er Jahren wird die Universität erweitert und Heidelberg entwickelt sich zur Stadt der Wissenschaft.

Bei unserem Rundgang durch die Altstadt fallen prunkvolle Palais, verzierte Bürgerhäuser und mehrere sehenswerte Plätze auf, die immer wieder mit Cafés und Restaurants zum Verweilen einladen. Am **Marktplatz**, der von der 1398 gegründeten **Heiliggeistkirche** dominiert wird, befindet sich das **Rathaus**, dessen Grundsteinlegung 1701 war. Neckar aufwärts befinden sich der **Neckarmünzplatz** und die **Tourist-Info** (Mo - Fr 8 - 17 Uhr, Sa 10 - 17 Uhr, Telefon 06221/5844444, www.heidelberg-marketing.de).

Eine der vielen **öffentlichen Stadtführungen** führt durch die Altstadt und dauert etwa 1 ½ Stunden (April - Okt. tägl. 10.30 Uhr, Fr zusätzlich 18 Uhr und Sa 14.30 Uhr, Nov. - März Fr 14.30 Uhr/Sa 10.30 Uhr, Gebühr). Die **HeidelbergCard** ermöglicht bei ein- bis viertägigen Aufenthalten freie Fahrt mit öffentlichen Verkehrsmitteln, Schlossticket incl. Bergbahn, Ermäßigungen bei Stadtführungen, Eintritten, Gastro-Besuchen und Shopping und beinhaltet einen Guide mit Stadtplan.

Wir schlendern durch die Hauptstraße und deren Nebensträßchen, sehen das Gebäude der **Alten Universität** mit der **Alten Aula** und dem **Studenten-Karzer**, den **Hexenturm** aus der alten Stadtbefestigung, die **Universitätsbibliothek**, die **Peterskirche**, das **Jesuitenviertel** mit der **Jesuitenkirche** und das **Haus zum Ritter**. „Der Ritter“, das wertvollste und schönste der Heidelberger Bürgerhäuser stammt aus dem Jahr 1592 und fällt vor allem wegen seiner üppigen Ornamente an der Renaissancefassade auf.

Die städtische **Museumslandschaft** ist sehr vielfältig und wir wollen an dieser Stelle das **Kurpfälzische Museum** nennen, das einzigartige Bestände in Bereichen Gemälde, Graphik, Skulpturen, Kunsthandwerk, Archäologie und der Stadtgeschichte zur Historie der Kurpfalz versammelt (Di - So 10 - 18 Uhr, Eintritt. www.museum-heidelberg.de). Ebenfalls in der Hauptstraße ist das **Deutsche Verpackungsmuseum** ansässig. Das Museum zeigt Warenverpackungen als Spiegel der kulturellen Entwicklung unserer Gesellschaft und so mancher wird Kartonagen, Dosen und Kisten sehen, die ihm wie die Uhu-Schachtel oder die Maggi-Flasche sehr vertraut vorkommen (Mi - Fr 13 - 18 Uhr, Sa/So/Feiertage 11 - 18 Uhr, Eintritt. www.verpackungsmuseum.de).

Am hübschen **Kornmarkt** mit dem Muttergottesbrunnen und dem Palais Graimberg befindet sich die Talstation der **Heidelberger Bergbahn**, die Gäste zum Schloss und über die Station Molkenkur bis zum Königstuhl

befördert. Die 1,5 km lange Strecke ist die längste in Deutschland und die Fahrt erfolgt bis zur Molkenkur in einer modernen Standseilbahn. Von dort geht es mit der ältesten elektrisch betriebenen Bergbahn weiter bis zum höchsten Punkt der Stadt (www.bergbahn-heidelberg.de). Die erste Station ist das **Heidelberger Schloss**, das 1225 erstmals als Burg erwähnt wird und bald zu einem der repräsentativsten Herrschaftssitze der Renaissance ausgebaut wurde. Die Ruine aus rotem Neckartaler Sandstein dominiert mit ihrer unverwechselbaren Silhouette und der eindrucksvollen Lage das Bild der Heidelberger Altstadt. Das Schloss beherbergte einen der bedeutendsten Höfe des Reiches und durch die rege Bautätigkeit der rheinischen Pfalzgrafen und späteren Kurfürsten entstanden der Gläserne Saalbau, der Ottheinrichs- und der Friedrichsbau sowie der Englische Bau. Wunderschöne Schaufassaden verleihen dem Innenhof einen majestätischen Rahmen. Seit den schweren Zerstörungen im Pfälzischen Erbfolgekrieg und späteren Blitzeinschlägen ist die einst prachtvolle Residenz nur noch als Ruine erhalten. Das beeinträchtigt jedoch die von ihr ausgehende Faszination nicht im Mindesten und alljährlich nimmt die **Heidelberger Schlossbeleuchtung**

die Kriegszerstörungen zum Anlass, die Ruine mit einem großartigen Feuerwerk kunstvoll in Szene zu setzen (jeweils an einem Sa im Juni/Juli/September ab 22.15 Uhr). Das letzte Unternehmen der Kurfürsten war der „Hortus Palatinus", der **Schlossgarten**, der jedoch nie vollendet wurde. Trotzdem ist es schön, über seine künstlich angelegten Terrassen zu schlendern und die Gartengestaltung zu betrachten (Mo - So 8 - 18 Uhr, Besichtigung der Innenräume nur mit Führung, letzter Einlass 17.30 Uhr, Eintritt. www.schloss-heidelberg.de).
Nächste Station der Bergbahn ist die **Molkenkur**. Der Name stammt von der in 1852 neu erbauten Gaststätte „Schweizerhaus", in der Kuren mit Ziegenmolke angeboten wurden. Von hier bieten sich **Wanderungen** an oder man genießt vom **Restaurant** des Schlosshotels Molkenkur einfach einen wundervollen Blick über die Dächer der Stadt (ab 17.30 Uhr, Wochenende 12 - 14.30/17.30 - 21.30 Uhr).
Auf dem 567,8 m hohen Hausberg Heidelbergs, dem **Königstuhl**, hat die Bergbahn ihre finale Station. Es ist keine Kunst, mit der Bahn „einfach mal so" dem Berg entgegenzuzockeln. Schwieriger und körperlich weitaus herausfordernder ist der Weg über die **Himmelsleiter**. Oberhalb des Schlosses, in der ersten Kehre des Molkenkurweges startet die 1844 gebaute, als ungleichmäßige und aus 1.200 grob behauenen Sandstein-Stufen bestehende Treppe zum Gipfel. Puh, wir wollten es ja nicht anders! Die 270 bewältigten Höhenmeter machen sich in den Waden bemerkbar und wir sind ziemlich geschafft, als wir oben angelangt mit einem grandiosen Ausblick über das Neckartal und die Rheinebene belohnt werden.

Wer verpustet hat, mit der Bergbahn oder dem WOMO auf dem Königstuhl angekommen ist, kann in luftiger Höhe den noch höheren Flugvorführungen von Falken und Uhus in der **Falknerei Tinnunculus** zuschauen (Di - Fr 11.30 Uhr, Sa/So/Feiertage/Ferien zusätzlich 15.30 Uhr, Eintritt. www.tinnunculus-heidelberg.de). Ein abwechslungsreiches Programm für die ganze Familie bietet der **Freizeitpark Märchenparadies** auf 48.000 m². Auf Knopfdruck erwachen Märchengestalten und in Pavillons werden verschiedene Märchen erzählt. Fahrgeschäfte, Hüpfburg oder Spiel- und Kletterhaus runden das Angebot ab (Mitte März - Okt. Mo - Sa 10 - 18 Uhr, So/Feiertage 10 - 19 Uhr, ab Mitte Okt. 10 - 17 Uhr, Eintritt. www.maerchenparadies.de).
Die Bergbahn bringt uns in die Stadt zurück und nun heißt es, einen kulinarischen Abschluss für diesen Tag zu finden. Der Möglichkeiten gibt es viele und wir entscheiden uns für das **Restaurant Goldener Anker**, das wir ein Stück vom Neckarufer entfernt, hinter der Stadthalle finden. Eine gute Wahl! Das Ambiente ist ansprechend, das Personal aufmerksam und die saisonalen Zutaten marktfrisch, sodass für einen sehr angenehmen Abend gesorgt ist (Mo - Sa ab 17 Uhr, Neckarstraße 52, www.goldener-anker-hd.de).
Unser Aufenthalt in dieser besuchenswerten Stadt geht viel zu schnell zu Ende. Das Meiste konnten wir in der Kürze der Zeit gar nicht anschauen und wir können uns gut vorstellen, dass man das viertägige Angebot der HeidelbergCard locker in Anspruch nehmen kann.

Nach einer ruhigen Nacht an der Ernst-Walz-Brücke fahren wir parallel am Neckarufer auf gleicher Strecke zurück. Wie zum Abschied scheint das Heidelberger Schloss von der anderen Flussseite hinüberzugrüßen. Wir sind uns einig, dass wir, in Abwandlung eines alten Liedes, tatsächlich „unser Herz an Heidelberg verloren haben".

Bald sind wir wieder in NECKARSTEINACH gelandet und verabschieden uns endgültig vom Neckar, um wieder in den Odenwald vorzudringen. Über SCHÖNAU gelangen wir nach HEILIGKREUZSTEINACH. Der idyllisch gelegene Ort inmitten der waldreichen Hügellandschaft des Steinachtals bietet einen einfachen Transitplatz.

(211) WOMO-Stellplatz: Heiligkreuzsteinach, Sportplatz offiziell

GPS: N 49°28'53.3" E 8°47'42.6"
In der Au **max. WOMOs**: 2 - 3
Ausstattung/Lage: Ca. 200 m in den Ort, Mülleimer/Ortsrand.
Zufahrt: Hinter dem Ortseingang links zum Sportplatz abbiegen.

Durch das Steinachtal verlassen wir Baden-Württemberg und kurven bergauf in hessische Gefilde. Aufwärts Richtung WALD-MICHELBACH liegt nun ABTSTEINACH vor uns, das auch das „Tor zum Überwald" genannt wird. Der Überwald ist eine der höchst gelegenen Regionen des Odenwaldes und auf rund 460 m ü. NN gibt es ein gut ausgeschildertes **Wander- und Mountainbikewegenetz**.

(212) WOMO-Wanderparkplatz: Unter-Abtsteinach, Sportplatz

GPS: N 49°31'20.4" E 8°47'34.7"
max. WOMOs: 2 - 3
Ausstattung/Lage: Infotafel ca. 200 m entfernt, Wanderwege, Loipeneinstieg/außerorts.
Zufahrt: Im Ort vor dem Abzweig nach Weinheim rechts dem Sportplatz-und Parkplatz-Piktogramm durch ein Wohngebiet auf teils engem Sträßchen folgen. Durch den Wald wird die Straße etwas breiter und nach 1 km liegt der Parkplatz rechts neben dem Sportplatz.

(213) WOMO-Wanderparkplatz: Unter-Absteinach

GPS: N 49°31'35.0" E 8°46'58.1"; Weinheimer Straße **max. WOMOs**: 1 - 2
Ausstattung/Lage: Infotafeln, Wanderwege (Panoramaweg), MTB-Rundkurs, schöne Aussicht, Bank, Mülleimer/außerorts. Nahe der Straße. **Wegen der steilen Ein- bzw. Ausfahrt sollten WOMOs über 6,50 m Länge bzw. mit langem Überhang den Parkplatz besonders vorsichtig befahren!**

Zufahrt: Im Ort links nach Weinheim abbiegen. Ca. 200 m hinter dem Ortsausgang links zum Parkplatz fahren.

In der Nähe des Sportplatzes beginnt die **Wald-Loipe** um den Hardberg. Der 9,2 km lange, mittelschwere Rundkurs ist die längste Skiloipe im Überwald und eröffnet immer wieder herrliche Ausblicke. Vom Wanderparkplatz startet die mittelschwere und 27,5 km lange Absteinacher **MTB-Rundstrecke**. Meist auf Forst- und Waldwegen verlaufend, bietet auch sie eindrucksvolle Fernblicke. Der 16,2 km lange **Panoramaweg** (Markierung A1) ist dann etwas für die Wanderfreunde, die sich auf eine anspruchsvolle mit einigen An- und Abstiegen bestückte Rundtour freuen können.

Hinter den lang gezogenen Ortsteilen Abtsteinachs nähern wir uns wieder den Erhebungen des Odenwaldes und erreichen den Bergsattel an der Kreidacher Höhe. In der abwechslungsreichen Landschaft mit waldreichen Höhenzügen und von kleinen Bachläufen durchzogenen Tälern liegt WALD-MICHELBACH.

(214) WOMO-Badeplatz: Wald-Michelbach, Waldschwimmbad

GPS: N 49°33'36.5" E 8°49'29.2" Spechtbach
max. WOMOs: 2 - 3
Ausstattung/Lage: Infotafel, Rundwanderwege (3,1 - 6,5 km), Tisch und Bank, Mülleimer/ außerorts.
Zufahrt: Von Abtsteinach aus kommend an der Kreidacher Höhe von der Landstraße rechts nach Wald-Michelbach abbiegen. Im Ort rechts den Hinweisen zum Campingplatz/Waldschwimmbad ca. 1,5 km folgen.

(215) WOMO-Wanderparkplatz: Wald-Michelbach, Kreidacher Höhe

GPS: N 49°33'50.8" E 8°48'41.8"; An der L3409/L3120 **max. WOMOs**: 2 - 3

Ausstattung/Lage: Infotafel, Wanderwege, Sommerrodelbahn, Kletterwald, Aussicht, Gaststätte, Mülleimer/außerorts, schräg. **Zufahrt:** Kurz hinter der Kreuzung an der Kreidacher Höhe rechts zum Wanderparkplatz abbiegen.

Auf gut ausgeschilderten **Wanderwegen** kann man frische Naturluft schnuppern und für Freizeitspaß bei Alt und Jung ist auch gesorgt. Bei einer rasanten Fahrt über die Odenwaldhänge flitzen die Bobs der **Sommerrodelbahn** auf 1.000 m Länge hinab ins Tal und der **Kletterwald** verspricht Abenteuer von einfachen Übungen in Bodennähe bis zu herausfordernden Kletterelementen in 14 m Höhe (April - Okt. 10 - 18 Uhr, Rodelbahn ab Nov. Sa/So 13 - 16 Uhr, Eintritt. www.sommerrodelbahn-wald-michelbach.de).

Die weltweit erste **Solardraisine** verkehrt zwischen Wald-Michelbach und Mörlenbach auf einer der schönsten denkmalgeschützten und stillgelegten Eisenbahnstrecken. Die Fahrt führt auf 10 km Länge über drei große Viadukte und durch zwei Tunnel. Die Draisinen werden mit Tretkurbeln bewegt und die gespeicherte Solarenergie lässt Steigungen spielend überwinden. Bis zu sechs Personen finden in den Schienenfahrzeugen Platz und die Fahrt ist besonders an Wochenenden so beliebt, dass

sie im Vorfeld reserviert werden sollte. In Wald-Michelbach kann das WOMO am Draisinenbahnhof kostenfrei geparkt werden [N 49°34'09.3" E 8°49'30.9"; Am Bahnhof] und in MÖRLENBACH, das wir von der Kreidacher Höhe über WEIHER erreichen, am Bahnhof oder an der Weschnitztalhalle (s. u.). Abhängig von den Standzeiten hat man in den Ankunftsorten Zeit, um sich dort ein wenig umzuschauen oder eine Rast einzulegen (Abfahrten Wald-Michelbach zwischen 11.30/12 Uhr, Mörlenbach zwischen 8.30/9.15 Uhr, 13.45/14.30 Uhr, Gebühr. Telefon 06209/7975345, www.solardraisine-ueberwald.de).

(216) WOMO-Stellplatz: Mörlenbach, Weschnitztalhalle
GPS: N 49°36'00.9" E 8°44'13.4"; Schmittgasse **max. WOMOs:** 2 - 3
Ausstattung/Lage: Infotafel, Rad- und Wanderwege, Gaststätten u. Geschäfte in der Nähe, Draisinenbahn/im Ort.
Zufahrt: Von der Kreidacher Höhe aus kommend im Ort auf der B38 Richtung Fürth fahren und wenig später links zur Weschnitztalhalle abbiegen.

Wie fast überall im Odenwald bietet sich auch die Gegend um Mörlenbach für Wanderungen und Radtouren an. An der Weschnitztalhalle/Bürgerhaus startet eine 41 km schwere **MTB-Rundstrecke** für den ambitionierten Radler, der sowohl von etlichen Höhenmetern und durch einige Singletrails gefordert werden möchte, als auch schöne Aussichten sucht (Markierung Grüner Pfeil Mb1). Wanderer dürften an der folgenden kurzweiligen Rundwanderung ihre Freude haben.

WOMO-Wandertipp: Obstwiesenweg – Streuobst und Panorama über dem Weschnitztal

Mittelschwere Wanderung von ca. 13,5 km Länge mit einigen An- und Abstiegen. Durchgängige Markierung M4.
Vom Bürgerhaus bis etwa zur Hälfte der Wanderung sind etwa 200 Höhenmeter zu überwinden, danach geht es bis auf zwei kurze Steigungen nur noch bergab. Der Weg führt durch den Wald, über Wiesen und Felder und durch zwei Ortschaften. Ein Teilstück verläuft auf dem Kunstweg Mörlenbach sowie dem Streuobstwiesen-Lehrpfad und auf Infotafeln wird die für den Odenwald typische Landschaft erklärt. Von hier hat man einen wunderbaren Panoramablick auf die 577 m hohe Tromm. Später öffnet sich der Blick gen Norden auf Lindenfels und bei klarer Sicht bis zum Schloss Reichenberg bei Reichelsheim.

Wer noch nicht genug vom Wandern hat, findet auf der Fahrt Richtung MANNHEIM/WEINHEIM und dann Richtung HEPPENHEIM ein weitere Möglichkeit dazu. Wir sind auf dem Weg zur Bergstraße und es ist erstaunlich zu beobachten, dass hier tatsächlich der Frühling etwas eher als in den übrigen Landesteilen anzukommen scheint. In den diesjährigen Apriltagen war bisher das erste Grün an den Bäumen zu erkennen, doch kurz hin-

ter Mörlenbach und vor BONSWEIHER zeigen sich tatsächlich schon die ersten Blüten an den Kirschbäumen und das Blattwerk wird zunehmend grüner. Nachdem wir das geschützte Fleckchen Erde hinter uns gelassen haben und bergauf in JUHÖHE angekommen sind, ist der Blütentraum vorerst beendet.

(217) WOMO-Wanderparkplatz: Juhöhe, Frauenhecke

GPS: N 49°37'30.0" E 8°41'59.0"; Auf der Juhöhe **max. WOMOs**: 2 - 3
Ausstattung/Lage: Infotafel, Rundwanderwege, Walderlebnispfad, Gaststätte (Mi - So/Feiertage 11 - 21 Uhr)/Ortsrand.
Zufahrt: Etwa 100 m hinter dem Ortseingang rechts und den Hinweisen zur Waldschenke Fuhr folgen. Nach ca. 350 m ist der Wanderparkplatz erreicht.

(218) WOMO-Wanderparkplatz: Juhöhe, Hölzerne Hand

GPS: N 49°37'31.1" E 8°41'35.5"; An der L3120 **max. WOMOs**: 2 - 3
Ausstattung/Lage: Infotafel, Rundwanderwege (1,9 - 5,1 km), ca. 300 m in den Ort/außerorts.
Zufahrt: Der Parkplatz liegt am Ortsausgang rechts.

WOMO-Wandertipp: Bonsweiher-Wanderung

Leichte Wanderung von ca. 10 km Länge ohne nennenswerte An- oder Abstiege. Durchgängig mit M5 markiert.
Vom Parkplatz Frauenhecke bzw. über eine Zuwegung vom Parkplatz Hölzerne Hand aus folgen wir zunächst der Straße „Auf der Juhöhe“ nach Osten. Am Waldrand entlang marschieren wir bis zum Zigeunerkopf und gehen in den Wald hinein, der sich nach 400 m wieder öffnet. Hier kreuzen wir den Kunstwanderweg und können neben einer schönen Aussicht zwei Kunstwerke betrachten. Durch eine weitere Waldpassage werden ein Parkplatz und eine Schutzhütte erreicht. Daneben liegt ein kleiner See mit Bänken. Bald macht der Weg eine Rechtskurve und durch die offene Landschaft gelangen wir nach Bonsweiher. Über die Rimbacher-, Edertal- sowie Blumenstraße durchlaufen wir den Ort und informieren uns an einer Tafel über den ehemaligen Standplatz einer Getreidemühle. Durch ein schmales Waldstück kommen wir an einen weiteren Parkplatz, überqueren die Straße und biegen nach ca. 400 m rechts ab. In Ober-Liebersbach wird die Straße noch einmal gequert und später ein idyllischer Teich an der Dornwiese erreicht. Etwa einen Kilometer später schwenkt der Hauptwanderweg Richtung Norden und es geht leicht bergauf durch den Wald. Nach dessen Verlassen wandern wir links am „Großen Köpfchen“ vorbei und sind wenig später in Juhöhe zurück und am Ausgangspunkt der Wanderung angekommen.

Tour 10 — 100 km

Heppenheim - Bensheim - Reichenbach - Staffel - Seeheim-Jugenheim - Zwingenberg - Bensheim - Lorsch

Stellplätze: Heppenheim, Reichenbach, Beedenkirchen, Staffel, Ober-Beerbach, Steigerts, Eberstadt, See-Jugenheim, Alsbach, Zwingenberg, Auerbach, Lorsch.
Ver-/Entsorgung: Lorsch.
Besichtigen: Heppenheim Stadtbild, Starkenburg, Museum für Stadtgeschichte; Lautertal Felsenmeer; Eberstadt Burg Frankenstein; Seeheim-Jugenheim Bergsträßer Museum, Burg Tannenberg; Albach-Hähnlein Alsbacher Schloss, Zwingenberg Stadtbild, Heimatmuseum; Bensheim Stadtbild, Stadtmuseum, Schloss Auerbach, Staatspark Fürstenlager; Lorsch Stadtbild, Museumszentrum, Unesco-Welterbe Kloster Lorsch, Freilichtmuseum Lauresham.
Wandern: Heppenheim, Lautertal.
Radfahren: Heppenheim, Seeheim-Jugenheim/Alsbach/Auerbach.
Baden: Seeheim-Jugenheim.
Essen: Heppenheim Burgschänke Starkenburg, Gaststätte Schwan; Lautertal Kuralpe Kreuzhof, Waldgasthaus Am Borstein, Restaurant Ada's Buka; Alsbach Burgschänke; Auerbach Burgschenke; Bensheim Landgasthof Herrenhaus; Lorsch Wirtshaus im Weißen Kreuz, Drays Back- und Brauhaus.

Die Hessische Bergstraße und der Weinbau

Wenn wir bisher im Zweifel waren, ob unsere Wahrnehmung stimmt, jetzt ist es eindeutig: Je näher wir von den Höhen des Odenwaldes ins Tal der „strata montana“ gelangen, desto eher hat der Frühling eingesetzt! Die Forsythien und Magnolien blühen und nur schwer können wir uns dem Zauber und dem Duft von Mandel-, Pfirsich- oder Kirschblüten entziehen. Von Darmstadt im Norden bis Wiesloch, südlich von Heidelberg, reicht der klimatisch begünstigte Landstrich, der in Baden-Württemberg als badische oder südliche Bergstraße benannt ist. Gemeinsam mit der hessischen Bergstraße orientiert sich der Landstrich auf 68 km Länge meist an der B3 bzw. der parallel dazu verlaufenden Landstraße, der sogenannten Alten Bergstraße, am Fuß des Odenwaldes sowie oberhalb der Rheinebene. Das zwischen Neckar, Rhein und Main ein-

gebettete Gebiet ist so bestens gegen die rauen Nord- und Ostwinde geschützt. Die wärmeren Temperaturen in Deutschlands Frühlingsgarten laden bereits zum Aufenthalt auf den idyllischen Plätzen der Orte ein, während es andernorts noch kalt ist. Im Sommer spenden die nahegelegenen Wälder Schatten und die unterschiedlichsten Veranstaltungen sorgen für Unterhaltung. An den sonnenverwöhnten Hängen gedeihen die Weinreben, deren Blätter sich in der mild-warmen Sonne im Herbst gelb-rot färben und die Hänge leuchten lassen (www.diebergstraße.de). Südlich von Darmstadt beginnt der Weinanbau und in Seeheim und Alsbach tauchen vereinzelt Weinberge auf, die ab Zwingenberg zu einer geschlossenen Rebfläche werden. Die höchste Erhebung der Bergstraße, der Melibokus, bietet den Reben Schutz und sie gedeihen vortrefflich. Auch in Auerbach, Bensheim und Heppenheim sowie den aus dem Odenwald einmündenden Seitentälern hält der Weinanbau an, der kurz vor der hessisch-badischen Landesgrenze endet. Die ebenfalls zum Weinanbaugebiet Hessische Bergstraße gehörende nördliche „Odenwälder Weininsel“ haben wir bereits bei Groß-Umstadt kennengelernt. Dort werden etwa 30% Rotweintrauben angebaut, während diese an der Bergstraße nur einen Anteil von etwa 19% einbringen. Bei den Weißweinen dominiert der Riesling mit einem Rebflächenanteil von ca. 51%, aber auch die Sorten Grauer Burgunder, Müller-Thurgau, Weißer Burgunder, Silvaner und Kerner sind nicht zu verachten. Wanderer können das kleinste der 13 deutschen Weinanbaugebiete auf dem **Bergsträßer Weinlagenwanderweg** besser kennenlernen. Die insgesamt 22 km lange, bequeme Wanderung führt durch die Weinberge von Alsbach bis Heppenheim und bis zur Landesgrenze. Die Markierung „Weißer Römer mit grüner Aufschrift WLW" ist nicht zu verfehlen und fast überall von der B3 aus zu erreichen. So können auch Ortsunkundige quereinsteigen, ein Teilstück abwandern und sich zwischen Heppenheim und Zwingenberg von den ÖPNV-Haltestellen an der Bundesstraße wieder an ihren Ausgangspunkt zurückbringen lassen (www.bergstraesser-wein.de).

Von Juhöhe aus erreichen wir die B3, an der wir uns Richtung BENSHEIM/DARMSTADT halten und in HEPPENHEIM eintrudeln. Um das interessante Städtchen zu besichtigen, kann auf dem an der Bundesstraße ausgeschilderten Parkhof geparkt werden [N 49°38'28.8" E 8°38'25.8"; Parkhofstraße, WC]. Sollte dieser besetzt sein, kann auf den Parkplatz am Europaplatz ausgewichen werden [N 49°38'36.2" E 8°37'28.6"; An der B460].

(219) WOMO-Wanderparkplatz: Heppenheim, Starkenburg

GPS: N 49°38'50.6" E 8°39'09.8"; Starkenburgweg **max. WOMOs**: 2 - 3

Ausstattung/Lage: Infotafel, Wanderwege (1,5 - 8 km), Weinlagenwanderweg, ca. 500 m Fußweg zur Burg, Burgschänke (Nov. - März Sa/So ab 12 Uhr, April - Okt. Mi - Fr ab 14 Uhr, Sa/So ab 12 Uhr), Mülleimer/außerorts.

Zufahrt: Von der B3 rechts Richtung Erbach/Fürth abbiegen und dann links den Hinweisen ca. 1,5 km bis zum Parkplatz an der Starkenburg folgen. Die teils mit Kopfsteinpflaster belegte, enge und steile Straße ist bei Nässe nicht zu unterschätzen!

Heppenheim

Die Stadt wurde 755 erstmals erwähnt und gelangte durch eine Schenkung Karls des Großen im Jahr 773 an das damals neu gegründete Kloster Lorsch. Unter dessen Leitung wurde 1065 die **Starkenburg** infolge von Streitigkeiten mit Erzbischof Adalbert von Bremen auf dem 295 m hohen Schlossberg erbaut. Unter Kurmainzer Herrschaft wurde sie ab 1232 zu einer spätmittelalterlichen Kastellburg und zwischen 1675 und 1689 zu einer Festungs- und Wirtschaftsburg ausgebaut. Nach dem Abzug der Kurmainzer Garnison 1765 verfiel die Burg langsam. Erst ab 1877 wurde sie wieder instand gehalten. Dabei blieb der Bergfried auf der Strecke, der jedoch nicht in der Mitte des Burghofs, sondern an dessen Westseite seinen Platz fand. In einem weiteren neuen Gebäude ist heute eine Jugendherberge untergebracht (Aussichtsturm Karfreitag - Sept. Sa/So/Feiertage 14 - 18 Uhr, öffentliche Burgführungen Mai - Sept. jeden 1. So im Monat 14 Uhr, Eintritt). Im 14. Jh. wurde Heppenheim zur Stadt erhoben und noch heute ist der mittlerweile **denkmalgeschützte, historische Altstadtkern** ein wahres Schmuckstück. Die **Tourist-Info**

Starkenburg

am Marktplatz bietet u. a. eine **öffentliche Stadtführung** an (Mai - Sept. 1. Sa im Monat 16 Uhr, Treffpunkt Marktplatz, Gebühr) und gibt einen umfassenden Überblick über alle touristischen Aktivitäten (10 - 12/13 - 16 Uhr April - Sept. zusätzlich 10 - 13 Uhr, Großer Markt 9, Telefon 06252/131171, www.heppenheim.de). Das Gewirr romantischer Altstadtgässchen wird von malerischem Fachwerk und „sagenhaften" Laternen gesäumt. Über 150 mit Scherenschnitten des Künstlers Albert Völkl versehene Laternen des **Laternenweges** zeigen alle hessischen Sagen. Sie sind beschildert, und wenn die Dunkelheit hereinbricht, scheinen die Geschichten zum Leben zu erwachen (**öffentliche Laternenführung** Mai - Sept. Sa 22 Uhr außer in der Zeit des Weinfestes, Treffpunkt Marktplatz, Gebühr). Wir sind mit einem Faltplan in der Hand unterwegs und es fällt uns schwer, einzelne Fachwerkhäuser hervorzuheben. Zu schön ist das Gesamtensemble, das sich um die „gute Stube", den **Marktplatz**, gruppiert. Der Markt ist von zwei- und dreigeschossigen Häusern umgeben, deren Fachwerk nach dem Stadtbrand 1693 errichtet wurde. Die Untergeschosse stammen aus dem 16. Jh. und das 1551 erbaute Rathaus erhielt ein barockes Fachwerk. Oberhalb treffen wir auf die **St. Peterskirche**, die im Volksmund „Dom der Bergstraße" genannt wird und an die sich die Schunkgasse mit Häusern aus dem 17. - 18. Jh. anschließt. In der Nähe des Marktplatzes befindet sich der fünfeckige **Kurmainzer Amtshof** aus dem 14. Jh., der für die Mainzer Erzbischöfe erbaut wurde. Im Obergeschoss befindet sich der Kurfürstensaal mit Wandmalereien aus der Renaissance. In dem Gebäudekomplex ist außerdem das **Museum für Stadtgeschichte und Volkskunde** untergebracht. Es dokumentiert die Stadtgeschichte sowie die regionale Volkskunde und in der angegliederten **Ostdeutschen Kultur- und Heimatstube** werden u. a. Egerländer- und Siebenbürgertrachten präsentiert (Museum Mi/Do/Sa 14 - 17 Uhr, So/Feiertage 14 - 18 Uhr, Heimatstube Ende März - Okt. So 10 - 12.30 Uhr, Eintritt). Der Hof des Amtshofes ist alljährlich Schauplatz der **Heppenheimer Festspiele** (www.festspiele-heppenheim.de). Der Stadtrundgang führt uns weiter durch hübsche Fachwerkviertel und endet wieder am Markt. Für Leben sorgen hier die zahlreichen gastronomischen Angebote, von denen wir nur die **Gaststätte Schwan** nen-

nen wollen, die Odenwälder Spezialitäten und hessische Tapas offeriert (Mo - Sa ab 18 Uhr, So ab 11.30 Uhr).
In der Straße „Kleine Bach" auf der Rückseite des Kleinen Marktes befindet sich der Ausgangspunkt für den **Mountainbike-Rundkurs Heppenheim**. Die 23 km lange, mittelschwere Strecke führt bergauf bis fast zur Starkenburg und durch die Weinberge sowie Mischwälder bis hoch zum Krehberg auf nahezu 600 m Höhe. Dabei eröffnen sich immer wieder tolle Ausblicke über die Rheinebene, die Bergstraße und den Vorderen Odenwald.
Aus dem großen Wanderprogramm sei an dieser Stelle die mit H6 markierte, mittelschwere **Hügelgrabwanderung** von ca. 14 km genannt, die vom Marktplatz als Rundweg zu den Hügelgräbern an der Lee führt und traumhafte Ausblicke bietet. Der am Winzerbrunnen westlich der B3 startende **Erlebnispfad Wein und Stein** präsentiert auf einem 6,9 km langen, als leicht einzustufenden Rundweg an rund 70 Stationen Wissenswertes zu Wein, Rebsorten, Geologie, Klima, Geschichte sowie Flora und Fauna der Region. Ruhebänke und Panoramablicke runden das Programm ab und mit dem in der Tourist-Info erhältlichen „Vino Kids Quiz" werden sicher auch die Jüngeren Spaß an der Tour haben.

Die B3 führt weiter Richtung BENSHEIM. Doch bevor wir uns der Stadt widmen, werden wir nochmals hinauf in den Odenwald fahren. Auf der B47 Richtung MICHELSTADT/LINDENFELS/LAUTERTAL erreichen wir den Lautertaler Ortsteil REICHENBACH. Hier lassen wir uns vom Hinweis zum FELSENMEER leiten. Kastenwagen und schmale, kurze WOMOs finden auf einem kleinen Parkplatz am Waldrand Platz, während alle größeren Fahrzeuge bis zu unseren nächstgenannten Parkplätzen oder zum Stellplatz Kuralpe weiterfahren sollten. Von allen fünf Parkplätzen aus kann das Felsenmeer auf einem Rundweg erwandert werden, sodass jeder sein Lieblingsplätzchen aufspüren dürfte. Die Zufahrtsbeschreibungen befinden sich nacheinander fortlaufend in den Stellplatzkästen, da wir unsere Rundreise aus dem Lautertaler Ortsteil Schmal-Beerbach fortsetzen werden.

(220) WOMO-Wanderparkplatz: Reichenbach, Talweg

GPS: N 49°43'14.1" E 8°41'13.1"
max. WOMOs: 1 - 2
Ausstattung/Lage: Wanderweg zum Felsenmeer-Infozentrum ca. 500m/Rundwanderweg L1, Bank/ außerorts.
Zufahrt: Bevor es im Ort rechts zum Felsenmeer weitergeht, links den Hinweisen zum Wanderparkplatz ca. 900 m bergauf folgen. **Die Zufahrt ist eng, es gibt keine Ausweichmöglichkeit, Bäume und Äste kommen dem Wagen sehr nahe! Nur für kleinere WOMOs/Kastenwagen geeignet!**

(221) WOMO-Wanderparkplatz: Reichenbach, Infozentrum Felsenmeer

GPS: N 49°43'15.8" E 8°41'37.6" **max. WOMOs**: 2 - 3
Ausstattung/Lage: Infotafeln, Wanderwege, Rundwanderweg L1, Gebühr 8 - 22 Uhr, Spielplatz, Café-Bistro während der Öffnungszeiten/Ortsrand, Häuser in der Nähe.
Zufahrt: Den Ort Richtung Beedenkirchen verlassen. Ca. 350 m hinter Reichenbach den Hinweisen links zum Info-Zentrum folgen.

(222) WOMO-Wanderparkplatz: Beedenkirchen, Römersteine

GPS: N 49°43'51.1" E 8°42'07.1"
max. WOMOs: 2
Ausstattung/Lage: Infotafel, Rundwanderweg L1, Alemannenweg, Bänke, Aussicht/außerorts. **Von hier empfiehlt sich der Weg zum römischen Werkplatz oder zur Brücke am Felsenmeer für Familien mit Kinderwagen oder für Personen mit Handicap!**
Zufahrt: Etwa 2 km hinter dem vorgenannten Parkplatz links ca. 100 m bis zum ausgewiesenen Parkplatz fahren.

(223) WOMO-Stellplatz: Staffel, Restaurant Kuralpe Kreuzhof offiziell

GPS: N 49°44'14.3" E 8°41'04.8" **max. WOMOs**: 6
Ausstattung/Lage: Strom, €€€ (bei Verzehr in der Gaststätte werden 10 € angerechnet), Geräusche durch Straße und Restaurantgäste möglich, Rundwanderwege L1, MTB-Rundkurs Ndl. B/außerorts.
Zufahrt: In Beedenkirchen Richtung Eberstadt und nach Wurzelbach/ Schmal-Beerbach fahren, von dort nach Staffel. Der Gasthof liegt etwa 800 m hinter dem Ort auf der linken Straßenseite.

(224) WOMO-Wanderparkplatz: Lautertal, Felsberg

GPS: N 49°43'48.2" E 8°41'05.4" **max. WOMOs**: 2 - 3
Ausstattung/Lage: Infotafel, Rundwanderweg L1, Nibelungensteig, Alemannenweg, Gaststätte Ada´s Buka in der Nähe/außerorts.
Zufahrt: Vorbei am Gasthaus Kuralpe in Kurven ca. 800 m ins Tal fahren. Dann links den Hinweisen zum Wanderparkplatz ca. 2,5 km auf schmaler Straße durch den Wald folgen.

Felsenmeer

Vor langer Zeit sollen im Lautertal auf dem Felsberg und dem Hohenstein zwei Riesen gelebt haben, die sich bei einem Streit mit Felsbrocken bewarfen. Der Hohensteiner Riese hatte mehr „Munition“ und konnte den hier lebenden Felsberger Riese unter einem „Meer von Felsen“ begraben. Soweit die Legende – die eigentliche Entstehung des Felsenmeeres ist wissenschaftlich fundiert und aus einem Wechselspiel zwischen Geologie und Natur entstanden.

Vor etwa 340 Millionen Jahren drifteten zwei Kontinente aufeinander und kollidierten im Gebiet des heutigen Odenwaldes. Es bildete sich ein riesiges Gebirge, in dessen Tiefen das Gestein schmolz und als flüssiges Magma aufstieg, das vor etwa 330 Millionen Jahren zu einem dem Granit ähnlichen Gestein erkaltete, dem Melaquarzdiorit. Hierbei und unter dem Eindringen von Wasser bildeten sich Risse und der „Gesteinsberg“ wurde in große Blöcke geteilt, um die sich Kies ablagerte. Im Laufe der folgenden Jahrmillionen wurde die Oberfläche des Felsberges abgetragen und die darunter liegenden Felspartien freigelegt. In den abwechselnd warmen und sehr frostigen Perioden der letzten Eiszeit wurde der Schutt zwischen den festen Steinen ausgewaschen und viele Felsbrocken bewegten sich, „flossen“ talwärts, und das Felsenmeer entstand. Im **Informationszentrum**, das zum Geopark-Naturpark Bergstraße-Odenwald gehört, erhält man neben zahlreichen Informationen zum Felsenmeer auch die Möglichkeit der Buchung von Felsenmeerführern. Das reichhaltige Programm rund um Erdgeschichte, Natur und Kultur richtet sich an alle Altersgruppen (10 - 16 Uhr, bei schönem Wetter bis 17 Uhr, www.felsenmeer-zentrum.de).

Mit viel Spaß kann der imposante Berghang auch von Kindern leicht durchklettert werden oder man lässt sich auf gut erschlossenen Wegen bergauf um diesen 168 ha großen besonderen Ort leiten. Dabei stoßen wir auf Steinbearbeitungen römischer Steinmetze, die etwa 200 Jahre lang hier tätig waren. Mehr als 300 Steinblöcke sind im Wald des Felsberges noch zu finden. Entweder wurden sie durch natürliche Risse beschädigt und zurückgelassen oder sie stellen Abschläge größerer Werkstücke dar. Spuren der römischen Steinbearbeitung sind an der sog. **Pyramide** zu sehen oder, viel imposanter, an der **Riesensäule**, die im 4. Jh. n. Chr. hergestellt wurde. Sie ist 9,33 m lang und wiegt 27,5 t.

Jahrhunderte später besann man sich wieder auf die Steinbearbeitung und begann 1879 Steinbrüche anzulegen. Sie dehnten sich bald auf die ganze Region aus und sicherten mehr als 70% der erwachsenen männlichen Bevölkerung Arbeit und Lohn. Erst die ausländische Konkurrenz und abnehmende Nachfrage nach den dunklen Odenwald-Steinen beendeten den Wirtschaftszweig und führten zur Schließung fast aller Unternehmen. Gut zwei Stunden klettern und gehen wir auf und um das faszinierende und eindrucksvolle Naturdenkmal.

Am nächsten Morgen haben wir immer noch nicht genug von den mächtigen Felskolossen und wollen zusätzlich noch etwas von der Umgebung sehen.

WOMO-Wandertipp: Felsenmeer-Rundweg

Mittelschwere Wanderung von ca. 10 km mit einigen An- und Abstiegen. Durchgängig mit L1 markiert.

Der Einstieg ist von allen vorgenannten Parkplätzen möglich, lediglich vom Informationszentrum aus bedarf es des Zuweges über den Nibelungensteig bis dieser auf den L1-Weg trifft.

Wir marschieren von der **Kuralpe** los und folgen mit L1 kurzzeitig dem Alemannenweg. Der Weg führt durch die Wiesen sowie Felder und in der Nähe einer Schutzhütte knickt der Alemannenweg links ab. Wir wandern weiter nach Beedenkirchen. Ssobald die ersten Häuser in Sicht kommen, schwenken wir rechts und erreichen den **Wanderparkplatz Römersteine**. Durch den Wald wird das Felsenmeer erreicht und später erhaschen wir immer wieder einen Blick ins Lautertal. Der Eulenturm, ein umgebautes ehemaliges Transformatorenhaus, das nun von Waldkäuzen, Fledermäusen und Turmfalken bewohnt ist, wird passiert und wir gelangen an den **Wanderparkplatz Talweg**. Hier führt der Weg bergauf und am beeindruckenden Quarzitfelsen, dem Borstein, kann im **Waldgasthaus Am Borstein** (Mi - So ab 10 Uhr) eine Rast eingelegt werden. In nördliche Richtung geht es weiter durch den Wald und nach ca. 3 km sind wir wieder am Felsenmeer. Nochmals bestaunen wir die **Riesensäule** und später den **Altarstein**. Am **Wanderparkplatz Felsberg** lichtet sich der Wald und wenige Meter vom Wanderweg entfernt steht der 27 m hohe **Ohlyturm** auf dem Gipfel des Felsberges. Der Turm ist leider verschlossen, aber wegen der hohen Bäume dürfte die Aussicht sowieso getrübt sein. Hier bietet sich aber auch die Einkehr in das afrikanische **Restaurant Ada's Buka** an (Mitte März - Okt. Fr 18 - 22 Uhr, Sa/So/Feiertage 11 - 22 Uhr). Wieder auf dem Alemannenweg gelandet ist nach etwa 800 m der Ausgangspunkt unserer Wanderung an der Kuralpe erreicht.

Wie angekündigt, fahren wir in Schmal-Beerbach Richtung DARMSTADT/EBERSTADT und notieren vor OBER-BEERBACH, das bereits zu Seeheim-Jugenheim gehört, einen Wanderparkplatz. Zusätzlich können von einem weiteren Parkplatz Ausflüge in die Natur unternommen werden. Dabei dürften sich ambitionierte Mountainbiker besonders freuen, denn den Wanderparkplatz Klingenwald streift die **MTB-Rund-**

strecke Nördliche Bergstraße. Diese führt mit der Markierung Ndl. B auf rund 33 km und mit insgesamt 1.100 Höhenmetern an weiteren der von uns genannten Parkplätze vorbei bzw. ist durch Zuwege von dort zu erreichen. Höhepunkte der Strecke sind u. a. der Melibokus und das Alsbacher Schloss. (www.mtb-geo-naturpark.de).

(225) WOMO-Wanderparkplatz: Steigerts, Hutzelstraße

GPS: N 49°45'12.4" E 8°41'52.3"; An der L 3089 **max. WOMOs**: 2
Ausstattung/Lage: Infotafel, Rundwanderwege (2,4 - 2,7 km), Radwege, Bank mit Aussicht/außerorts. **Zufahrt:** Ca. 1,5 km hinter Schmal-Beerbach links etwa 200 bis zum ausgeschilderten Wanderparkplatz fahren.

(226) WOMO-Wanderparkplatz: Ober-Beerbach, Klingenwald

GPS: N 49°45'28.6" E 8°41'04.4" An der K144 **max. WOMOs**: 2
Ausstattung/Lage: Infotafel, Bänke, Wanderwege, MTB-Rundkurs Ndl. B, Schutzhütte, Aussicht, Mülleimer/außerorts.
Zufahrt: Im Ort links Richtung Stettbach/Steigerts abbiegen und den Hinweisen zum Wanderparkplatz in Kurven ca. 750 m bergauf folgen.

Im weiteren Verlauf der Landstraße erreichen wir die B426, schlagen kurzfristig die Richtung GERNSHEIM ein, um anschließend den Hinweisen zur Burg Frankenstein zu folgen.

(227) WOMO-Stellplatz: Eberstadt, Burg Frankenstein

GPS: N 49°47'29.2" E 8°40'05.0"
max. WOMOs: 2 - 3
Ausstattung/Lage: Infotafel, Wanderwege, Tisch und Bank, Burgrestaurant (März - Dez. Mi - So ab 11 Uhr)/außerorts. **Zufahrt:** Von der B426 ca. 3 km den Hinweisen zur Burg und zum Parkplatz folgen.

Burg Frankstein

Um die nördlichste Höhenburg an der Bergstraße ranken sich viele Sagen und Mythen. Ob sie allerdings Mary Shelley, die tatsächlich im Jahr 1814 zu Gast in Gernsheim war, zu ihrem unheimlichen Frankenstein-Roman inspirierte, ist umstritten.

Tatsächlich wurde die 1252 erstmals erwähnte Burg von der Adelsfamilie Frankenstein bewohnt, die sie 1662 an den Landgrafen von Hessen-Darmstadt verkaufte. Mitte des 19. Jh. baute man die Anlage zum Ausflugsziel um und seitdem können Besucher über die Burgmauer spazieren, die kleine Kapelle erkunden und vom Burgturm einen tollen Ausblick über die Rhein-Main-Ebene genießen (9 Uhr - Sonnenuntergang, Eintritt frei).

Alljährlich um Halloween kann das **Gruseln à la Frankenstein** jedoch

trotzdem gelernt werden. Monster, Hexen, Zombies und Werwölfe übernehmen dann die Herrschaft auf der Burg und wer mag, kann im Kostüm kräftig mitspuken. Das alles ist wirklich sehr, sehr schauerlich, sodass an den Sonntagen eine „zahmere“ Version für Kinder angeboten wird (www.frankenstein-halloween.de, Eintritt).

Von der B426 zweigen wir auf die **Alte Bergstraße** und nach SEEHEIM-JUGENHEIM ab. Gerade erst ist der Frühling eingezogen, doch wem bei sommerlichen Temperaturen nach einer Abkühlung zumute sein sollte, der kann sie im hiesigen **Freibad** finden [N 49°45'27.0" E 8°38'23.1"; Notisweg].
Mitten in Seeheims altem Ortskern befindet sich das 1599 erbaute **Renaissance-Rathaus**, das mit Schnitzereien verziertem Fachwerk vom damaligen Reichtum des Ortes zeugt. Im Dreißigjährigen Krieg wurde ein Großteil der Gemeinde zerstört, doch das alte Rathaus blieb erhalten. Hier ist heute das **Bergsträßer Museum** untergebracht, in dem u. a. die Geschichte der nahen Burg Tannenberg dokumentiert wird (So 15 - 17 Uhr, Eintritt, Oberbeerbacher-Straße 1). Die Ruine befindet sich oberhalb des Ortes auf dem Gipfel des Tannenbergs. Durch das idyllisch am Stettbach gelegene Jugenheim schlängeln wir uns auf schmaler Straße in eines der schönen Seitentäler des Odenwaldes.

(228)WOMO-Wanderparkplatz: Seeheim-Jugenheim, Tannenberg

GPS: N 49°45'11.4" E 8°39'46.8"
An der K144 **max. WOMOs**: 2
Ausstattung/Lage: Infotafel, Rundwanderwege (3 km), Gaststätte ca. 500 m entfernt/außerorts.
Zufahrt: Im Ort und am folgenden Kreisverkehr links Richtung Stettbach abbiegen und ca. 2,5 km bis zum Wanderparkplatz fahren.

Von hier kann die **Burg Tannenberg** erwandert werden. Interessant sind die Verbindungen, die aus dem Stettbachtal bis in die Wetterau und den Taunus reichen. Unter Ulrich von Münzenberg wurde die Burg als Schutz gegen die Ansprüche des Mainzer Erzbischofs und später als Raubnest der Brüder Hartmut und Johann von Cronberg genutzt. 1399 schlug ihr letztes Stündlein, als sie bei einer Belagerung zerstört wurde. Bei archäologischen Grabungen fanden sich später ein spezielles Trinkgefäß, der Tannenbergkrug, sowie die Tannenbergbüchse, die die erste Handfeuerwaffe nördlich der Alpen sein soll. Zurück in Seeheim-Jugenheim folgen wir der Landstraße Richtung ZWINGENBERG und erreichen zunächst ALSBACH-HÄHNLEIN. Hier ist der Wanderparkplatz im Sperbergrund zu nennen, von dem der Einstieg in die o. g. MTB-Rundstrecke erfolgen kann (vgl. S. 272).

(229) WOMO-Wanderparkplatz: Alsbach, Sperbergrund

GPS: N49°44'26.1" E 8°37'55.1" **max. WOMOs**: 2
Ausstattung/Lage: Infotafeln, Rundwanderwege (2,4 - 6 km), MTB-Rundkurs Ndl. B, Wassertretbecken, Gaststätte ca. 500 m entfernt/Ortsrand, teils schräg. **Zufahrt:** Ca. 450 m hinter dem Ortseingang links den Hinweisen zum Sperbergrund ca. 950 m folgen.

Das Wahrzeichen der 773 erstmals erwähnten Gemeinde ist das **Alsbacher Schloss**, dass um 1240 als Burg Bickenbach erbaut wurde. Vor dem Schloss befindet sich ein Parkplatz, den Fahrzeuge bis 3,5 t Gesamtgewicht nutzen können [N 49°43'58.8" E 8°37'38.6"]. Alle anderen WOMOs müssen auf dem unteren Wanderparkplatz stehen bleiben, der zur Not auch als Übernachtungsplatz dienen kann [**230:** N 49°44' 10.8" E 8°37'42.6"; Zum Schloss]. Am Schloss wurden mehrere Kräutergärten eingerichtet und im Rosarium duften historische Rosen um die Wette. Bekannt ist Schloss Alsbach wegen verschiedener Veranstaltungen, von denen besonders der **Kunst- und Handwerksmarkt** an Pfingsten genannt werden soll. Bis auf Weiteres ist die Burganlage nur während der Öffnungszeiten der **Burgschänke** geöffnet (Mi - So/Feiertage ab 11 Uhr).

Auf der **Alten Bergstraße** und dann auf der B3 Richtung BENSHEIM ist die älteste, aber auch eine der kleinsten Städte an der hessischen Bergstraße schnell erreicht. Am Fuße des 517 m hohen Melibokus verfügt ZWINGENBERG über eine gut erhaltene und liebenswerte Altstadt.

(231) WOMO-Stellplatz: Zwingenberg, Melibokushalle

GPS: N 49°43'17.7" E 8°36'37.9"; Melibokusstraße **max. WOMOs**: 2 - 3
Ausstattung/Lage: Infotafel, kurzer Fußweg in die Altstadt/Ortsrand. Ggf. Geräusche durch die nahe Bahnlinie.
Zufahrt: Etwa 600 m nach Erreichen der B3 rechts in die Wiesenstraße abbiegen und am Ende der Straße rechts ca. 200 m bis zum Parkplatz fahren (Der offizielle Parkplatzhinweis führt durch ein sehr enges Sträßchen!).

Zwingenberg

Zu Fuß erreichen wir parallel zur Bahnstrecke die **historische Scheuergasse**. Die „Scheiergass", wie die alte Scheunengasse von den Zwingenbergern genannt wird, geht auf das Jahr 1500 zurück. Damals wurden außerhalb der Stadtmauern Holz und Vorräte sowie Streu für das Vieh gelagert. Heute ist die alte Bausubstanz herausgeputzt und neben den

sanierten Wohnhäusern haben sich gastronomische Betriebe sowie das **Heimatmuseum** angesiedelt (So/Feiertage 14.30 - 17.30 Uhr, Eintritt). Jenseits der Bundesstraße schließen sich die winkeligen Gassen der Altstadt an. Den **Marktplatz** umschließt eine bunte Fachwerkkulisse und über dem Städtchen wacht die 1258 aus einer kleinen Kapelle entstandene **Bergkirche**. Wertvolle Tipps für Unternehmungen um Zwingenberg herum sind bei der **Tourist-Information** erhältlich (März - Okt. So 11 - 16 Uhr, Löwenplatz 6, Telefon 06251/984950, www.zwingenberg.de).

Von Zwingenberg aus verläuft die B3 fast übergangslos nach BENSHEIM. Auf dem Westhang des Odenwaldes thront hoch über dem Ortsteil AUERBACH die einstmals größte und wichtigste Burg an der Bergstraße, das **Auerbacher Schloss**.

(232) WOMO-Wanderparkplatz: Auerbach, Not-Gottes-Kapelle

GPS: N 49°42'55.1" E 8°38'22.7"
max. WOMOs: 2 - 3
Ausstattung/Lage: Infotafeln, Rundwanderwege, MTB-Rundkurs Ndl. B, Joggingwege (5,5 - 20 km), schräg/außerorts, schräg.
Zufahrt: Etwa 400 m hinter dem Ortseingang links den Hinweisen zum Auerbacher Schloss ca. 2,5 km folgen. Der Parkplatz liegt links der Straße.

(233) WOMO-Wanderparkplatz: Auerbach, Auerbacher Schloss

GPS: N 49°42'39.3" E 8°38'16.4" **max. WOMOs:** 2 - 3
Ausstattung/Lage: Infotafel, Wanderwege, ca. 300 m Fußweg zum Schloss/ außerorts. **Zufahrt:** Wie vor und ca. 700 m weiter Richtung Schloss fahren.

Auerbacher Schloss

Anfang des 13. Jh. von den Grafen zu Katzenelnbogen zum Schutz ihrer südlichen Besitztümer erbaut, wurde die Burg im 14. und 15. Jh. erweitert und fiel 1479 an Hessen. Im 17. Jh. konnten die starken Mauern jedoch nicht mehr standhalten, wurden durch die Franzosen gestürmt und zerstört und die einst mächtige Burganlage verlor an Bedeutung. In jener Zeit dürften sich Kiefernsamen in einer der brüchigen Mauern eingenistet haben, aus denen in den folgenden Jahren ein Pflänzchen spross. Heute gräbt die mittlerweile fast 10 m hohe Kiefer ihre starken Wurzeln in die nackte Burgmauer, trotzt Wind und Wetter und gilt als ein Symbol für Standhaftigkeit. Daneben recken sich die zwei hohen Türme der insgesamt gut erhaltenen Burgruine in die Lüfte und bieten von oben ein schönes Panorama über die Bergstraße, den Vorderen Odenwald und die gesamte Rheinebene (Mai - Sept. 10 - 17 Uhr, Eintritt frei. Öffentliche Burgführungen 2. Sa im Monat 14 Uhr, Treffpunkt Brücke, Gebühr). Für das leibliche Wohl sorgen regionale Speisen in der Burgschenke

(April - Sept. Mi - So 11 - 22 Uhr, Nov. Sa/So 12 - 18 Uhr, März - Okt. Mi - So 12 - 18 Uhr). In der Kulisse des Schlosses finden alljährlich **Festspiele und Ritterturniere** samt entsprechender Verköstigung sowie einem kleinen mittelalterlichen Markt statt (www.schloss-auerbach.de).

Da wir das Schloss über eine Einbahnstraße erreicht haben, führt uns nun die nächste Einbahnstraße auf der anderen Seite des Melibokus wieder ins Tal. Dort halten wir uns wieder nach BENSHEIM-AUERBACH und erreichen eine der einstigen landgräflichen Sommerfrischen. Vor einiger Zeit waren auf dem folgenden Parkplatz WOMO-Piktogramme zu sehen. Mittlerweile scheinen jedoch dauerhaft abgestellte Wohnmobile aus der Nachbarschaft dem komfortablen Parken ein Ende gesetzt zu haben und die Schilder sind verschwunden. Das hat leider zur Folge, dass nun Pkw die Stellflächen meist flächendeckend benutzen und wir auf dem Parkstreifen am Straßenrand unser Glück versuchen müssen [N49°42'12.1" E 8°37'38.7"; Bachgasse].

Staatspark Fürstenlager

Nach der Entdeckung einer Heilquelle wurden 1739 ein Badehaus und zwei Pavillons erbaut, doch der geplante Kurbetrieb wollte in dem idyllischen Odenwälder Seitental nicht recht in Schwung kommen. Erst ab 1783 entstand unter Ludwig X. und Luise von Hessen-Darmstadt ein ländlicher Sommersitz, den sie abseits der strengen Hofetikette der Residenzstadt Darmstadt mit ihrem Hofstaat nutzten. Rund um den Gesundbrunnen wurden Wohn- und Wirtschaftsgebäude, das sogenannte Dörfle, errichtet. Zusammen mit dem 42 ha großen Landschaftspark stellt das Ensemble ein **bedeutendes und einzigartiges Gesamtkunstwerk** in Deutschland dar. Durch eine von Platanen und Linden gesäumte Allee und vorbei am Schwanenteich gelangen wir zum Herrenhaus und den schneeweißen ehemaligen, fast unveränderten Gäste- und Wirtschafts-

häusern. Im Fremdenbau können die historisch eingerichteten Räume des Erbprinzen Emil von Hessen-Darmstadt sowie eine Dauerausstellung über die Entstehung des Fürstenlagers besichtigt werden. Der Damenbau beherbergt wechselnde Ausstellungen und im **Landgasthof Herrenhaus** kann fürstlich gespeist oder Kaffee getrunken werden (Di Ruhetag). Vom Dorf aus führen geschwungene Alleen und Wege durch das lang gestreckte Tal zu kleinen Parkgebäuden, Aussichtspunkten und Schmuckplätzen. In den ab 1790 nach englischem Vorbild entstandenen und der hügeligen Topografie angepassten **Landschaftspark** wurden Obstwiesen, Acker- und Wiesenflächen sowie Weinberge eingebunden. Bergauf und bergab erreichen wir verborgene Schätze wie den Freundschaftstempel oder das Luisendenkmal, bewundern exotische Gehölze rund um die Herrenwiese und gelangen zur abgeschiedenen, mit Baumrinde verkleideten Eremitage. Immer wieder bieten sich wundervolle Blickachsen in die Landschaft und auf die charakteristischen Pappelalleen, sodass der zwei Stunden andauernde Rundweg zu einem spannenden und schönen Erlebnis wird.
Wir haben längst nicht alles ansehen können und empfehlen Park-Liebhabern unbedingt, viel Zeit mitzubringen und sich mit festem Schuhwerk auszustatten (Staatspark täglich geöffnet und frei zugänglich, aufgrund der Wegeführung meist nicht barrierefrei. Fremdenbau, Museumsshop April - Okt. Sa/So/Feiertage 12 - 18 Uhr, Eintritt. Führungen durch das Dorf und den Park möglich. www.schloesser-hessen.de).

Nach diesem Exkurs in die landgräfliche Vergangenheit ist die B3 bald wieder erreicht und wir halten uns Richtung HEPPENHEIM, um in BENSHEIM einzulaufen. Die Parksituation ist für WOMOs recht bescheiden und wir können einmal mehr nur auf das Parken am Straßenrand verweisen.

Bensheim

Im Jahr 765 n. Chr. wird Bensheim erstmals in einem Lorscher Urkundenbuch erwähnt und dem Kloster acht Jahre später unterstellt. Mit der Erteilung des Marktrechtes im Jahr 956 begann der wirtschaftliche Aufschwung

und Mitte des 13. Jh. folgten die Stadtrechte. Ab dem Jahr 1300 begann eine Zeit wechselnder Obrigkeiten sowie von Belagerung, Zerstörung und Wiederaufbau bis die Stadt 1650 an Kurmainz und schließlich 1803 an die Landgrafschaft Darmstadt fiel.
Seit dem Dreißigjährigen Krieg hält sich die Legende der Frau von Bensheim. Sie soll, nachdem Bensheim 1644 von einer Allianz aus protestantischen Deutschen, Schweden und Franzosen eingenommen wurde, den bayerischen Truppen einen geheimen Weg „hinten herum" in die Stadt gezeigt haben. Nachdem die Bayern die Angreifer vertrieben hatten, manifestierte sich das Sprichwort „Hinnerum, hinnerum, wie die **Fraa van Bensem**", der noch heute in Bensheim und im Odenwald gebräuchlich ist. Der Dame begegnen wir in einer kleinen Parkanlage, in der sie, als Denkmal verewigt, den nach ihr genannten Brunnen krönt. Weiteren 22 historischen Standorten wie dem Marienhaus, der Mittelbrücke, der katholische Pfarrkirche St. Georg oder vielen wunderschönen Fachwerkbauten begegnen wir auf einem **historischen Stadtrundgang**. Den passenden Flyer haben wir dem Schaukasten an der Alten Faktorei, einem 1732 errichteten denkmalgeschützten Bauwerk, entnommen. Hier befindet sich auch die **Tourist-Info**, die neben einer **öffentlichen Altstadtführung** (März - Okt. 1./3. Sa im Monat 11 Uhr, Treffpunkt Bürgerwehrbrunnen/Alte Faktorei, Gebühr) diverse Themenführungen anbietet (Mo/Di/Do 8 - 18 Uhr, Mi 8 - 13 Uhr, Sa 10 - 13 Uhr, Hauptstraße 39, Telefon 06251/5826314, www.bensheim.de). In der Nähe des Marktplatzes ist das **Stadtmuseum** auf dem Gelände des ehemaligen Lorscher Klosterhofes untergebracht. Es präsentiert Vor- und Frühgeschichte, Handwerk, Landwirtschaft, Weinbau, Hauswirtschaft sowie die Stadtgeschichte Bensheims (Do/Fr 15 - 18 Uhr, Sa/So 12 - 18 Uhr, Eintritt).
Die Tradition des Weinanbaus reicht in Bensheim bis ins Jahr 1504 zurück und auf einem 1,5 km langen **Weinlehrpfad** wird über die Rebsorten informiert. Der Einstieg erfolgt von der B47 über die Kalkgasse und führt hinauf zum **Kirschberghäuschen**. Wenn die Fahne gehisst ist, ist die Einkehr in dem mit Säulen geschmückten Ausflugslokal am Ende des Lehrpfades möglich (ab 11 Uhr, Mo Ruhetag). Für eine ausgedehnte Wanderung empfiehlt sich der mit S1 markierte **Hessentagsweg**, der als mittelschwer einzustufen ist und ebenfalls am Kirchberghäuschen vorbeiführt. Auf rund 14 km Länge verspricht der Qualitätswanderweg mit einigen An- und Abstiegen viele schöne Aussichten über die Weinberge und die Rheinebene.

In der wenige Kilometer entfernten Karolingerstadt LORSCH, die wir von Bensheim aus über die B47 erreichen, gibt es ein **Unesco-Weltkulturerbe** zu entdecken. Wenn man den offiziellen Stellplatz nicht zum Übernachten nutzen möchte, so dient er doch als regulärer Parkplatz für WOMOs, da diese nicht direkt am Klostergelände abgestellt werden dürfen.
Gerade noch an der Bergstraße, am Übergang zum Hessischen Ried gelegen, und mit der Silhouette des Odenwaldes am Horizont blickt die kleine Stadt auf ein großes Erbe zurück.

(234) WOMO-Stellplatz: Lorsch offiziell

GPS: N 49°39'07.1" 8°34'43.6"
Odenwaldstraße **max. WOMOs**: 16
Ausstattung/Lage: V/E, Strom, Gebühr €€, geringste Parkeinheit 4 Std., ca. 500 m Fußweg zum Kloster und in den Ort, Infotafeln, Wander- und Radwege, Mülleimer/Ortsrand, Häuser in der Nähe, ggf. Geräuschbelästigung durch die nahe Straße.
Zufahrt: Von der B47 auf die B460 nach Lorsch abzweigen und den Hinweisen zum Kloster Lorsch/Museum bzw. dem WOMO-Piktogramm folgen.

Rings um das Unesco-Welterbe Kloster Lorsch

Im Jahr 764 gründeten Gaugraf Kankor und seine Mutter Williswinda während der Regierungszeit König Pippins die Abtei Lorsch, die durch Erzbischof Chrodegang von Metz mit Benediktinerinnen besiedelt wird. Rasch begann der steile Aufstieg des Klosters, als die Reliquien des Heiligen Nazarius dort gesichert wurden, die für Besucherströme und einen damit verbundenen schnellen wirtschaftlichen Aufschwung sorgten. Schon wenige Jahrzehnte nach seiner Gründung gehörte die Abtei zu den reichsten Grundbesitzern östlich des Rheins und wird Reichskloster. Kaiser Karl der Große wohnt der Weihung der neuen Klosterkirche bei und die deutschen Karolinger bestimmen Lorsch zu ihrer letzten Ruhestätte. Nachdem das immer noch reiche Kloster Ende des 11. Jh. durch einen Brand verwüstet wurde, wird es im 12. Jh. wiederaufgebaut. 1232 verlor Lorsch einen Großteil seiner Privilegien, als es in das Erzbistum Mainz eingegliedert wird. In der Folgezeit folgten den Benediktinerinnen die Zisterzienser und dann die Prämonstratenser. In der Reformationszeit erlosch das klösterliche Leben und die Gebäude zerfielen. Von der einst so bedeutenden Klosteranlage sind die **Tor- oder Königshalle**, deren Funktion bis heute nicht geklärt ist, ein romanisches **Kirchenfragment** und die **Umfassungsmauern** erhalten geblieben. Seit 1991 sind sie als **Unesco Weltkulturerbe** ausgezeichnet. Trotz mehrfacher

Königshalle mit Innenstadt

Umbauten gilt die **Königshalle** als das am besten erhaltene Zeugnis karolingischer Zeit nördlich der Alpen und ist sicher der architektonische Höhepunkt des Welterbes. Auf dem Klosterhügel befinden sich außerdem die **Zehntscheune**, in der Fundstücke das Thema Baugeschichte beleuchten, und ein **Kräutergarten**. In diesem gedeihen Medizinal- und Heilpflanzen, wie sie im **Lorscher Arzneibuch** vorkommen, das zum **Weltdokumentenerbe** der Unesco gehört.

Etwas abseits am Ufer der Weschnitz lag das **Kloster Altenmünster**, das der Abtei Lorsch als erste Niederlassung diente und von dessen originaler Bausubstanz nichts mehr vorhanden ist. Erst ab 1980 wurden die Umrisse der Klosterkirche durch Aufmauerungen angedeutet und Erdaufschüttungen machen die Lage des Klausurgebäudes kenntlich.

Neben der Königshalle liegt das **Museumszentrum**. Im **Klostermuseum** erfahren Besucher Näheres über die politische, wirtschaftliche und soziale Situation im frühen Mittelalter und die Bedeutung und Funktion des Lorscher Klosters während seiner Blütezeit. Die Inszenierung einer Schreibstube weist darauf hin, dass im Kloster bedeutende Handschriften angefertigt wurden. Das **Tabakmuseum** erinnert an den Anbau und die Verarbeitung von Tabak im südhessischen Raum vom späten 17. - zum 20. Jahrhundert und auch eine Dependance des **Hessischen Landesmuseum Darmstadt** ist mit einer volkskundlichen Abteilung vertreten (Di - So 10 - 17 Uhr, geschlossen 24.12./1.1./Fastnachtsdienstag, Eintritt, Führungen möglich. Das Welterbeareal ist kostenfrei zugänglich, jedoch können einzelne Angebote nur mit Eintrittsticket besucht werden. www.kloster-lorsch.de).

Im Außenbereich Richtung Weschnitz liegt das **Freilichtlabor Lauresham**. Auf einer Fläche von 4,1 ha ist ein karolingischer Herrenhof als begehbares 1:1 Modell entstanden. Hier wird verdeutlicht, wie das Leben der einfachen Leute und der Gutsherrenfamilie zur Zeit Karls des Großen stattgefunden hat. Lauresham ist außerhalb der besonderen Veranstaltungstage nur im Rahmen einer Führung zugänglich (Ostern - Okt. Di - So 10 - 16 Uhr stündliche Führungen ab zwei Personen, Eintritt. www.kloster-lorsch.de).

Die Königshalle liegt direkt an der kleinen hübschen Lorscher Innenstadt und die im Alten Rathaus untergebrachte **Tourist-Info** ist schnell erreicht (Mo - So 10 - 18 Uhr, Marktplatz 1, Telefon 06251/175260, www.lorsch.de). Neben zahlreichen Themenführungen haben Kurzentschlossene die Möglichkeit, bei einer **öffentlichen Stadtführung** mehr über die umliegenden Fachwerkhäuser und Repräsentationsbauten zu erfahren (März - Okt. So/Feiertage 14 Uhr, Gebühr). Nach einem umfangreichen Besichtigungsprogramm laden rund um den Marktplatz gemütliche Restaurants und Cafés zur Einkehr ein. Das **Wirtshaus im Weißen Kreuz** ist das älteste Lorscher Gasthaus, bietet eine ansprechende Küche und von der Terrasse aus hat man einen Blick auf die Königshalle (11.30 - 14.30Uhr/ab 17 Uhr, Sa/So/Feiertage durchgehend geöffnet, Di Ruhetag, Marktplatz). Vom Frühstück über regionale Gerichte bis zum braufrischen Biergenuss wird in angenehmer und freundlicher Atmosphäre alternativ in **Drays Back- und Brauhaus** gesorgt (ab 9.30 Uhr, Bahnhofstraße).

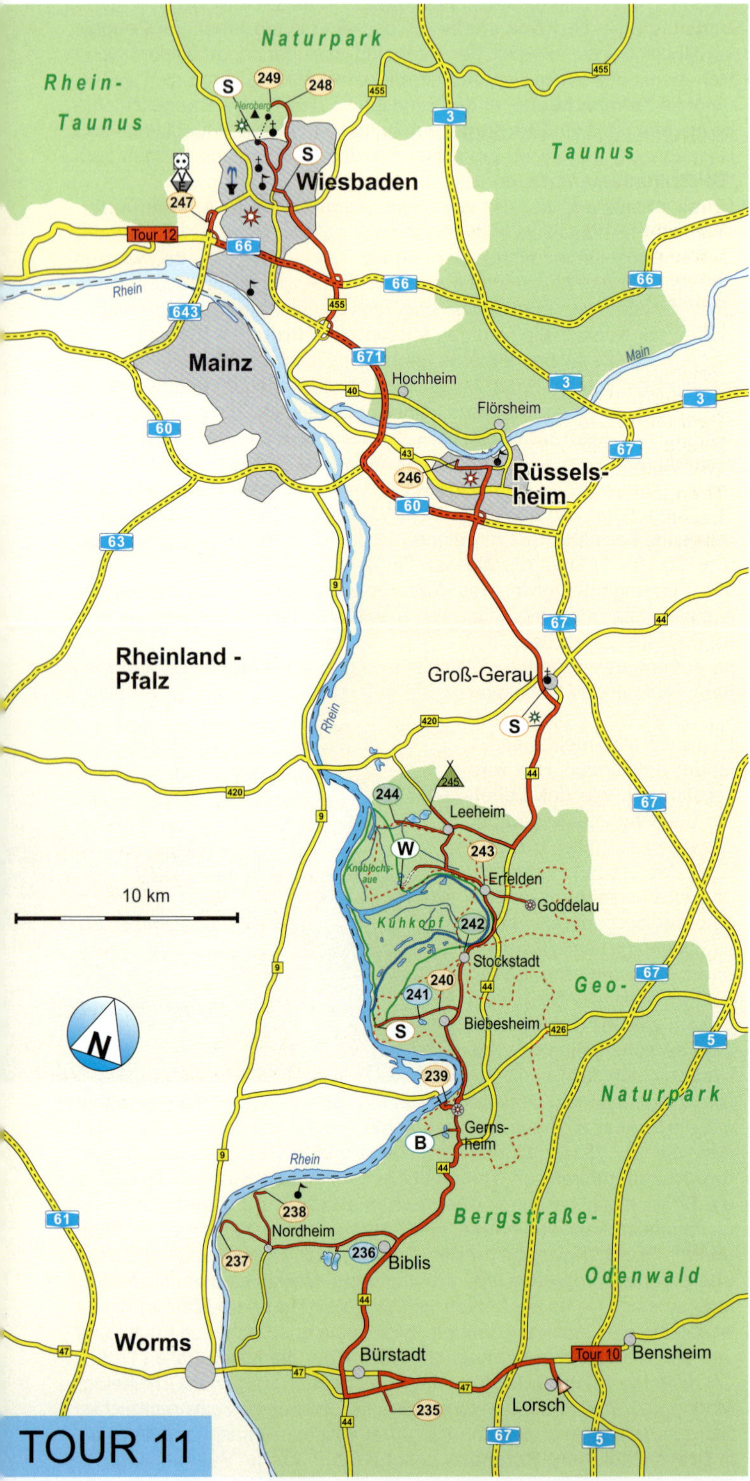
Naturpark
Rhein-
Taunus
Taunus
Wiesbaden
Tour 12
Rhein
Mainz
Main
Hochheim
Flörsheim
Rüssels-
heim
Rheinland -
Pfalz
Groß-Gerau
Rhein
Leeheim
Knoblochs-
aue
Erfelden
Goddelau
Kühkopf
Stockstadt
Geo-
Biebesheim
Naturpark
10 km
Gerns-
heim
Rhein
Bergstraße-
Odenwald
Nordheim
Biblis
Worms
Bürstadt
Tour 10
Bensheim
Lorsch
TOUR 11

Tour 11 170 km

Bürstadt - Biblis - Gernsheim - Stockstadt - Riedstadt - Groß-Gerau - Rüsselsheim - Wiesbaden

Stellplätze: Bürstadt, Nordheim, Gernsheim, Biebesheim, Stockstadt, Erfelden, Leeheim, Rüsselsheim, Wiesbaden.
Ver-/Entsorgung: Wiesbaden.
Campingplätze: Campingplatz Riedsee.
Besichtigen: Gernsheim Museum; Stockstadt Informationszentrum Kühkopf-Knoblochsaue, Riedstadt-Goddelau Büchnerhaus; Groß-Gerau Tierpark Fasanerie, Stadtmuseum; Rüsselsheim Opelvillen, Festung, Stadt- und Industriemuseum; Wiesbaden Stadtbild, Museen, Neroberg, Nerobergbahn, Kletterwald, Schloss Biebrich.
Wandern: Kühkopf - Knoblochsaue, Rüsselsheim
Radfahren: Gernsheim, Biebesheim, Stockstadt, Riedstadt, Rüsselsheim.
Baden: Bibiliser Riedsee, Rhein, Gernsheimer Badesee, Biebesheim Wechselsee, Riedstädter Riedsee, Wiesbaden Opelbad.
Thermen: Wiesbaden Kaiser-Friedrich-Therme.
Essen: Flörsheim Gasthof Wiesenmühle; Wiesbaden Café Maldaner, Café Clementine, Bar & Restaurant Momo's.

Das Hessische Ried

Im Nordwesten des Geo-Naturparks Bergstraße-Odenwald beginnt das Hessische Ried, das zur Oberrheinischen Tiefebene gehört. Das Flachland liegt zwischen Odenwald und Rhein, erstreckt sich von Lampertheim im Süden bis nach Groß-Gerau und etwa bis Mörfelden-Walldorf im Norden. Als die Römer auf dem Vormarsch waren, war es noch so sumpfig, dass diese das Ried umgingen und die „strata montana", die Bergstraße, erhöht am Rand des Odenwaldes anlegen ließen. Erst die viel späteren Regulierungen von Rhein und Weschnitz machten die Nutzung als Ackerland möglich. Durch die flächenhafte Entwässerung und geringe Niederschläge ist mittlerweile wieder eine künstliche Bewässerung erforderlich. Aufgrund des milden Klimas gedeihen besonders Tabak, Spargel, Gemüse und Salat. Seinen Namen verdankt das Hessische Ried vermutlich dem einst sehr weitläufigen Bewuchs mit Röhricht oder Schilfgewächsen.

Von Lorsch führt uns die B47 Richtung WORMS direkt ins Ried. Nach den abwechslungsreichen Höhen und Tälern des Odenwaldes fahren wir nun in eine flache, gleichförmige Landschaft und erreichen BÜRSTADT, wo wir einen Übernachtungsplatz vermelden können.

(235) WOMO-Stellplatz: Bürstadt, Bornheimer Feldschlag

GPS: N 49°37'58.6" E 8°28'59.3" Wasserwerkstraße
max. WOMOs: 2 - 3
Ausstattung/Lage: Gaststätte Waldschänke ca. 300 m entfernt (Mo Ruhetag)/außerorts.
Zufahrt: Die B47 an der Ausfahrt Bürstadt Ost verlassen. Ca. 700 m

hinter dem Ortseingang links Richtung Sonneneck/Erholungsbereich Riedforsten abbiegen. Nach ca. 1,6 km wird eine Rechtskurve erreicht, an der es geradeaus zum rechts gelegenen Parkplatz geht.

In einem Bogen umfahren wir Bürstadt auf der B47 und wechseln auf die B44 Richtung GROSS-GERAU. Nach einigen Kilometern erreichen wir einen Kreisverkehr, an dem wir die Bundesstraße vorübergehend verlassen. Wir wenden uns BIBLIS-NORDHEIM zu, das durch das in den 1970er Jahren entstandene Kernkraftwerk auch über die hessischen Grenzen hinaus bekannt wurde. Nach der Nuklearkatastrophe im japanischen Fukushima wurde, nachdem bereits der erste Reaktorblock wegen einer Revision heruntergefahren war, auch der zweite Reaktorblock vom Netz genommen. Beide sind bis heute stillgelegt und der Abbau ist beantragt.

Wassersportbegeisterte und Erholungssuchende finden jedoch in der Rheinuferlandschaft und am Riedsee auch ein überregionales und beliebtes Naherholungsgebiet. Der **Riedsee** hat eine Fläche von rund 250 ha und bietet eine ausgezeichnete Wasserqualität, die regelmäßig überprüft wird. Am **Surf- und Freizeitsee** sind Windsurfer und Kiter richtig, Taucher können die Wassertiefen erforschen und der Sandstrand lockt mit Beachvolleyballfeldern. Bei schönem Wetter ist hier richtig „Halligalli" angesagt, doch am Abend wird es ruhiger am See und einer ungestörten Nacht im WOMO steht nichts im Weg (www.freizeit-biblis.de, Telefon 06245/5959, Eintritt).

(236) WOMO-Badeplatz: Biblis-Nordheim, Riedsee

GPS: N 49°41'10.0" E 8°25'46.1"
max. WOMOs: 5
Ausstattung/Lage: Großes Freizeitangebot gegen Gebühr, kostenpflichtige Tagesparkplätze, Übernachtung €, Strom optional/außerorts.
Zufahrt: Von der B44 Richtung Biblis-Nordheim halten. Nach ca. 3 km links Richtung Biblis-West abbiegen und den Hinweisen zum Freizeitsee folgen.

Aus der Zeit des Kalten Krieges gibt es am Rhein etliche der sogenannten Nato-Rampen, die im Ernstfall als bauliche Vorbereitung für Übergänge am Fluss dienen sollten. Meist führen gut ausgebaute Wege, die Nato-Straßen, zu den Rampen durch das Vordeichgebiet. Heute sind diese Plätze beliebte Stellen, um Freizeitboote und Jetskis zu Wasser zu bringen oder einen bequemen Einstieg zum Schwimmen zu finden. Für passionierte Freisteher haben wir zwei dieser Plätzchen direkt am Rhein ausfindig gemacht. Wir wollen jedoch nicht unerwähnt lassen, dass man bei schönem Wetter und besonders an Wochenenden auch hier kaum allein sein wird.

(237) WOMO-Stellplatz: Nordheim, Nato-Rampe

GPS: N 49°40'56.1" E 8°21'26.7"
Alte Nato-Straße
max. WOMOs: 2 - 3
Ausstattung/Lage: Infotafel, Wander- und Radwege/außerorts, direkt am Rhein.
Zufahrt: Wie vor, jedoch der Straße durch Wattenheim nach Nordheim folgen und rechts in den Ort fahren. Ca. 600 m hinter dem Ortseingang rechts in die Straße „Zum Rhein" abbiegen und ca. 350 m später links und dann wieder rechts auf der Nato-Straße ca. 2,5 km bis ans Ende fahren.

(238) WOMO-Stellplatz: Nordheim, Steiner Wald

GPS: N 49°42'05.0" E 8°22'24.1"; Neue Nato-Straße **max. WOMOs**: 3 - 5
Ausstattung/Lage: Infotafel, Rundwanderweg (5 km), Radwege, Gaststätte/außerorts, direkt am Rhein.
Zufahrt: Wie vor, jedoch die Straße Zum Rhein/Neue Nato-Straße ca. 3 km bis ans Ende fahren. Bereits vor den Koords liegen genügend Parkmöglichkeiten am Straßenrand bzw. ein Wanderparkplatz.

Von letztgenanntem Parkplatz bzw. nahe der Gaststätte führt ein kleiner Spaziergang zu den Überresten der **Burg Stein**. Der Weg ist vom ehemaligen Fährturm ausgeschildert und verläuft durch das Naturschutzgebiet Steiner Wald zur Ruine. Wem das Schwimmen im fließenden Gewässer des Rheins nicht geheuer ist, der findet bei der Weiterfahrt auf der B44 nach GERNSHEIM zur Sommerzeit eine weitere Bademöglichkeit. Wir verlassen die Bundesstraße, rollen nach Gernsheim hinein und folgen der erstmöglichen Straße links bis zum **Gernsheimer Badesee** [N 49°44'33.3" E 8°28'56.5"; Burgunderstraße]. Der ca. 4,6 ha große See verfügt über einen Sandstrand und bietet ein Volleyballfeld sowie einen Kinderspielplatz.

(239) WOMO-Stellplatz: Gernsheim, Hafen

GPS: N 49°45'19.1" E 8°28'39.9"; Rheinstraße **max. WOMOs**: 2 - 3

Ausstattung/Lage: Gaststätten in der Nähe, ca. 500 m ins Zentrum, Ried-Radrunde/Ortsrand, direkt am Rhein. Ggf. Geräuschbelästigung, da der Parkplatz am Hafengelände liegt. Während des Fischerfestes gesperrt!
Zufahrt: Von der B44 kommend der Durchgangsstraße ca. 1,2 km durch den Ort und dann links den Hinweisen zur Fähre folgen. Dort rechts bis zum Parkplatz fahren.

Gernsheim

Das 852 erstmals als „Gerunesheim" urkundlich erwähnte Gernsheim liegt am östlichen Rheinufer. Der Fluss bestimmt seit jeher das Leben in der einstigen Fischersiedlung, die sich in den folgenden Jahrhunderten zu einer modernen Hafen- und Industriestadt entwickelt hat. Auch der Fischfang hat eine lange Tradition und bis in die 1970er Jahre wurden für den Aalfang von den Berufsfischern die sog. Aalschocker genutzt. Eines dieser für den Rhein typischen, langsam aus der Mode kommenden Fischereifahrzeuge steht an der Hafenspitze. Nach dem Zweiten Weltkrieg gab es erhebliche Differenzen um die Angelrechte zwischen Berufs- und Sportfischern, die jedoch 1949 bei einem Treffen beseitigt wurden. Grund genug, um bis heute das alljährliche **Rheinische Fischerfest** zu feiern. Der Höhepunkt des großen Volksfestes ist sicher das „Fischerstechen", bei dem Mannschaften gegeneinander antreten und versuchen, sich mit Hilfe von Speeren oder Lanzen von ihren Booten ins Wasser zu stoßen. Eine Gaudi für die ganze Familie, die sich natürlich zusätzlich auf diversen Fahrgeschäften austoben oder an Imbissbuden verköstigen kann (1. Wochenende im August, www.rheinisches-fischerfest.de). Neben dem Fischerfest prägt **Peter Schöffer**, der bedeutendste Mitarbeiter Johannes Gutenbergs, die Stadt. Er wurde 1425 in Gernsheim geboren und ging als erster Buchverleger in die Geschichte ein. Am Schöfferplatz fällt sein Denkmal sofort ins Auge und direkt dahinter befindet sich das **Museum der Schöfferstadt**. Es präsentiert u. a. die Stadt- und Kirchengeschichte sowie das für die Stadt bedeutsame Fischerhandwerk und die Schifffahrt. Eine eigene Abteilung widmet sich dem Drucker und Verleger Schöffer (Mi 17 - 19 Uhr, jeder 1 So im Monat 10 - 12 Uhr, während der hessischen Ferien geschlossen, Eintritt).

Nicht nur von Gernsheim, sondern auch von einigen der folgenden Stellplätze aus lässt sich das Hessische Ried am besten mit dem Rad erkunden.

WOMO-Radwandertipp: Ried-Radrunden

Zwei Radrouten führen durch den Geo-Naturpark und informieren auf zahlreichen Schautafeln über die Natur und die Geschichte der Rheinauenlandschaft.
Beide Routen sind mit einem **grünen Pfeil auf hellgrünem Grund** markiert und führen fast ausschließlich über ebene Feld- sowie Waldwege. Verbindungswege sind ausgewiesen und in Erfelden sowie Biebesheim bestehen Abkürzungsmöglichkeiten.

Die **Südroute** verläuft auf ca. 45 km Länge am Gernsheimer Hafen vorbei, wendet sich über Klein-Rohrheim zur Wallfahrtsstätte Maria Einsiedel und in den Stadtteil Allmendfeld nach Norden über den Hof Wasserbiblos nach Riedstadt-Crumstadt und Stockstadt am Rhein. Danach führt sie südwärts entlang der Biebesheimer Rheinauen zurück nach Gernsheim. Die **Nordroute** (ca. 40 km Länge) leitet den Radfahrer von Stockstadt zunächst über den Kühkopf in die Knoblochsaue und zum Rheinufer, dann über die Riedstädter Ortsteile Erfelden, Leeheim, Goddelau und Wolfskehlen zum Philippshospital und zurück zum Kühkopf.

Das WOMO befördert uns parallel zum Rhein nach BIEBESHEIM. Durch die Veränderung seines Laufes und durch Hochwasser verschlang der Rhein in den vergangenen Jahrhunderten zahlreiche Siedlungen in der Umgebung. So verschwand auch der Ort Lochheim, an dem den Überlieferungen nach, Hagen von Tronje den Schatz der Nibelungen versenkt haben soll. In der heutigen Zeit kann man sich beim alljährlich Anfang September stattfindenden **Mittelalterspektakel** oder beim **Mittelalterlichen Weihnachtsmarkt** im Dezember an der Rheinhalle nicht ganz soweit in die Vergangenheit versetzen lassen (www.heimdalls-erben.de).

(240) WOMO-Stellplatz: Biebesheim, Rheinhalle

GPS: N 49°47'07.9" E 8°27'29.5" Am Schüttengrund/Neuer Weg
max. WOMOs: 3 - 5
Ausstattung/Lage: Ried-Radrunde, evtl. bei Veranstaltungen gesperrt/ Ortsrand, Häuser in der Nähe.
Zufahrt: Der Durchgangsstraße durch den Ort bis zu einem Kreisverkehr und den Hinweisen links zur Rheinhalle folgen.

(241) WOMO-Badeplatz: Biebesheim, Wechselsee

GPS: N 49°46'59.6" E 8°27'07.6"; Neuer Weg **max. WOMOs**: 2 - 3
Ausstattung/Lage: Ried-Radrunde, Mülleimer/außerorts. **Zufahrt:** Wie vor. Der Parkplatz liegt ca. 500 m später auf der linken Straßenseite.

Von den vorgenannten Parkplätzen führt die Straße zum Rhein und man trifft nach etwa 2,2 bzw. 1,7 km auf die beschilderte Südroute der **Ried-Radrunde**. Direkt am Rhein befindet sich ein weiterer Parkplatz [N 49°46'27".1 E 8°25'10.3"; Neuer Weg].

Jeder Wohnmobilist wird dieses „Bauchgefühl" kennen, das ihn manchmal aus unerfindlichen Gründen dazu bewegt, einen Parkplatz nicht zu nutzen – hier geht es uns so. Mag sein, dass wir uns irren, aber wir kehren einfach um. Das Timing stimmt jedoch aus einem ganz anderen Grund, denn vor uns steuert ein Weißstorch sein Nest in der Nähe der Straße an. In einem der besten Storchengebiete Europas können wir ihn bei der Brutpflege beobachten.

Noch mehr Natur bietet das mit fast 24 km² **größte Naturschutzgebiet Hessens**, das wir bei unserer Weiterfahrt erreichen.

Naturschutzgebiet Kühkopf-Knoblochsaue

Die Bezeichnung Kühkopf soll aus der Karolingerzeit stammen, ursprünglich „Königskopf" bedeutet haben und damit auf die ursprüngliche Form der Rheininsel und die Besitzverhältnisse hinweisen.

Bis zum Anfang des 19. Jh. suchte sich der Rhein seinen Lauf selbst und war ohne festes Flussbett. Es kam regelmäßig zu mächtigen Überschwemmungen, die Siedlungen verschwinden ließen und nicht selten Menschenleben kosteten. Im Dienste des Großherzogs von Darmstadt begann Oberbauingenieur Krönke 1828 mit dem Rheindurchstich. Die vorhandene Flussschlinge um die Halbinsel wurde „durchstochen" und der Rhein durch eine 7 m enge Rinne begradigt. Die Verbreiterung und Vertiefung wurde der Wasserkraft überlassen. Nach einem Jahr waren ein Kanal und die heutige Rheininsel Kühkopf entstanden. Der Naturschutz stand damals bestimmt nicht im Vordergrund, eher die dauerhafte Schiff-

barmachung des Flusses und die Urbarmachung der Rheinniederung. Nachdem es bereits Anfang der 1930er Jahre Bestrebungen gab, das Kerngebiet der Rheininsel als Naturschutzgebiet auszuweisen, wurde dieses Vorhaben erst 1952 durchgeführt. Nach den Hochwasserereignissen Anfang der 1980er Jahre wurden die noch betriebene Landwirtschaft und die Pflege der Deichsysteme aufgegeben, sodass sich die natürliche Hochwasserdynamik wieder einstellen konnte. Es entwickelte sich eine naturnahe Landschaft mit verschiedenen Gewässern, urwüchsigen Holzauen sowie bunten Stromtalwiesen, die früher für das Ried typisch waren. Die Auengewässer und die langsam verlandenden Altarme des Rheins sind von besonderer Bedeutung für den Tier- und Pflanzenreichtum. Das Gebiet ist besonders für seinen Vogelreichtum bekannt und es gibt verschiedene Beobachtungspunkte, von denen sich gute Möglichkeiten zum Fotografieren bieten.

Rund **60 km Wanderwege, die auch für Radfahrer geeignet sind**, führen in die fantastische Landschaft des sehr gut erschlossenen Naturschutzgebietes.
Der Kühkopf ist über die Brücken in Stockstadt und Erfelden zu erreichen, die Knoblochsaue über Erfelden oder Leeheim. **Im gesamten Naturschutzgebiet gilt Leinenpflicht für Hunde und es herrscht ein striktes Wegegebot!**

Einen guten Einstieg in dieses grandiose Naturschutzgebiet finden wir in STOCKSTADT. Vom nahe liegenden **Informationszentrum Hofgut Guntershausen** starten Exkursionen sowie geführte Wanderungen. Eine Dauerausstellung macht die zahlreichen Naturschätze auf dem Kühkopf erlebbar und weist auf die außergewöhnliche Artenfülle hin (April - Okt. Di - Fr 14 - 18 Uhr, Sa/So/Feiertage 10 - 18 Uhr, Nov. - März Di - Fr 14 - 17 Uhr, Sa/So/Feiertage 9 - 17 Uhr, 24./31.12. geschlossen, www.schatzinsel-kuehkopf.hessen.de).
Unsere Wanderung über den Kühkopf haben wir sehr genossen. Allerdings möchten wir nicht unerwähnt lassen, dass uns bei erdrückender Schwüle und dem vorangegangenen Hochwasser ungezählte Scharen von Mücken hartnäckig begleiteten. Auf entsprechende Kleidung und Anti-Mückenmittel sollte also nicht verzichtet werden!

(242) WOMO-Wanderparkplatz:
Stockstadt, Stockstädter Brücke

GPS: N 49°48'46.2" E 8°27'52.1" **max. WOMOs:** 3-5
Ausstattung/Lage: Infotafeln, Wander- und Radwege (4,5 - 16,3 km), Ried-Radrunde, Infozentrum/außerorts. Ggf. Geräuschbelästigung durch die nahe Bahnlinie und Flugzeuge, Mücken.

Zufahrt: Der Durchgangsstraße ca. 1,7 km durch den Ort und dann links den Hinweisen Naturschutzgebiet Kühkopf/ Knoblochsaue ca. 200 m bis zum Parkplatz folgen.

In einem leichten Bogen fahren wir um den Kühkopf herum, queren die B44 und landen im Riedstädter Ortsteil ERFELDEN. Auch von hier aus können Radwanderer und Spaziergänger das Naturschutzgebiet besuchen.

(243) WOMO-Stellplatz: Erfelden, Richthofenplatz

GPS: N 49°50'00.2" E 8°28'11.6" **max. WOMOs:** 2-3

Ausstattung/Lage: Ried-Radrunde, WC, Gastronomie in der Nähe/im Ort. Bei Veranstaltungen gesperrt.

Zufahrt: Etwa 1,6 km nach der Überquerung der B44 Richtung Gewerbegebiet Erfelden liegt der Parkplatz auf der rechten Straßenseite.

In GODDELAU, einem weiteren Ortsteil von Riedstadt wurde der Schriftsteller Georg Büchner 1813 geboren. Bereits in Butzbach hörten wir von ihm, da er gemeinsam mit Friedrich Ludwig Weidig die Flugschrift „Der Hessische Landbote“ herausgab. Im Goddelauer **Büchnerhaus** in der Weidstraße wird an den Dichter, Revolutionär und Naturwissenschaftler erinnert. Die Ausstellung skizziert seinen Lebensweg und informiert über die Wirkungsgeschichte seines dichterischen Werks (Do/So 14 - 18 Uhr, Eintritt, www.riedstadt.de).

Wir folgen jedoch von Erfelden aus der Straße Richtung LEEHEIM und lassen uns links von einem Hinweis Richtung SCHUSTERWÖRTH/ SCHWEDENSÄULE/KNOBLOCHSAUE locken. Über ein schmales, später sehr holperiges mit Kopfsteinpflastersträßchen erreichen wir nach knapp 3 km den Parkplatz nahe der **Schwedensäule**. Sie erinnert an die Rheinüberschreitung des Schwedenkönigs Gustav Adolf im Dreißigjährigen Krieg [N 49°49'38.0" E 8°24'56.1"]. Wer die ausgewiesenen **Rad- und Wanderwege in die Knoblochsaue** nutzen möchte, sollte dies von hier aus tun und mit

dem WOMO nicht weiter zur Schusterwörth fahren wollen. Die sowieso schon abenteuerliche Fahrt scheitert nämlich spätestens 500 m vor dem Parkplatz an einem schmalen Brückchen nebst Gewichtsbegrenzung!
Ein weiterer Zugang in die Knoblochsaue befindet sich in LEEHEIM. Neben den Parabolspiegeln, die den Weltraumfunk beobachten, beginnt der 9 km lange **Stromtalwiesen-Pfad**. Er führt durch die Auenwiesen, deren Besonderheiten auf Erläuterungstafeln erklärt werden.

(244) WOMO-Wanderparkplatz: Leeheim, Kämmerfeld

GPS: N 49°51'10.1" E 8°23'49.0"
max. WOMOs: 2
Ausstattung/Lage: Infotafel, Ried-Radrunde, Rad- und Wanderwege/außerorts.
Zufahrt: Ca. 200 m hinter dem Ortseingang Richtung Bundesnetzagentur/Sat. Messstelle links abbiegen und ca. 3 km bis zum Parkplatz vor dem Deich fahren.

Der nahe **Riedsee** entstand infolge eines Kiesabbaus und bietet einen flach abfallenden, kostenpflichtigen **Badebereich** mit Sandstrand und Liegewiesen (April - September 10 - 20 Uhr, www.riedsee.de). Für den Tagesaufenthalt steht ein gebührenpflichtiger Parkplatz zur Verfügung und für ein längeres Verweilen bietet sich der von März bis Oktober geöffnete **Campingplatz** an [**245:** N 49°51'43.3" E 8°25'27.1", Geinsheimer Straße; Telefon 06155/828299, www.riedsee.de, €€]. Sowohl der Badesee als auch der Campingplatz sind von Leeheim aus Richtung GEINSHEIM/OPPENHEIM zu erreichen. Weder am See noch auf dem Campingplatz sind Hunde erwünscht und so fahren wir weiter Richtung DARMSTADT zur B44, auf der wir schnell nach GROSS-GERAU gelangen.
Im ehemaligen Jagdreservat der Darmstädter Herzöge hat sich der **Tierpark Fasanerie** zu einem beliebten Naherholungsgebiet entwickelt [N 49°54'21.2" E 8°29'01.3"; An der B44]. Die Fasanerie ist ein bewaldeter Park, in dem Sonntagsspaziergänger und Jogger auf ihre Kosten kommen. Hinter einem Spielgelände für Kinder befindet sich ein kleiner Tiergarten (März - Okt. 9 - 18 Uhr, Nov. - Febr. 9 - 17 Uhr, Eintritt, keine Hunde).
Der Besuch von Groß-Gerau gestaltet sich für Wohnmobilisten im Hinblick auf die Parkmöglichkeiten etwas schwierig. Entweder man parkt sein Vehikel am Straßenrand oder versucht sein Glück auf einem der gebührenpflichtigen, engen Parkplätze [z. B. N 49°55'22.8" E 8°28'51.9", Schützenstraße]. Durch die Innenstadt zieht sich ein Ring alter Wirtshäuser, die als Rastplätze an den früheren Handelswegen dienten. Die Gebäude

haben Bestand, werden aber nicht mehr als Gaststätten genutzt. Dafür laden Straßencafés zur Einkehr ein und das **Historische Rathaus** aus dem Jahr 1578 ist nett anzuschauen. Die **Stadtkirche**, um 1200 erstmals erwähnt und nach den Zerstörungen im Zweiten Weltkrieg Mitte der 1950er Jahre wieder aufgebaut, weist einen gotischen Baustil auf und hat ein barockes Dach. Am Marktplatz befindet sich das **Stadtmuseum**, dessen Dauerausstellungen sich mit der Römerzeit und der Stadtgeschichte befassen (Mi/Sa 10 - 12 Uhr, Do 14 - 17 Uhr, So 13 - 17 Uhr, Eintritt. www.gross-gerau.de). In Groß-Gerau verlassen wir die B44 Richtung BISCHOFSHEIM und steuern über die Landstraße RÜSSELSHEIM an.

(246) WOMO-Stellplatz: Rüsselsheim, Landungsplatz

GPS: N 49°59'48.3" E 8°24'39.2"
Dammgasse **max. WOMOs**: 2 - 3
Ausstattung/Lage: Mainuferweg, ca. 500 m zu den Opelvillen und zur Festung, Innenstadt mit Geschäften und Gaststätten fußläufig zu erreichen, Gebühr, Mülleimer/Ortsrand, direkt am Main gelegen.
Zufahrt: In Rüsselsheim Richtung Stadtmitte fahren. Das Parkleitsystem führt zum Parkplatz Landungsplatz.

Rüsselsheim

Unter dem Namen Rucilesheim erstmals um das Jahr 840 urkundlich erwähnt, verbinden wir mit der Stadt in erster Linie den Namen Opel. 1837 wurde **Adam Opel** in Rüsselsheim geboren. Nach seinen Lehrjahren im

Ausland begann er 1862 in seiner Heimatstadt mit der Produktion von Nähmaschinen. Der Absatz boomte, zwanzig Jahre später wurden die Fabrikanlagen erweitert und die ebenso erfolgreiche Produktion von Fahrrädern kam hinzu. Nach Adam Opels Tod begannen seine Söhne mit der Automobilproduktion, in der 1909 fast 3000 Arbeitskräfte beschäftigt waren. 1924 führte das Unternehmen deutschlandweit die erste Fließbandherstellung ein,

Festung

die die Fabrikation von kleineren und günstigeren Serienautos ermöglichte. 1929 wurde die Firma mehrheitlich an General Motors verkauft, doch der Name Opel blieb erhalten. Vor dem Altwerk der Adam Opel GmbH erinnert ein Denkmal an den Gründer. Bei einer zweistündigen **Werksbesichtigung** erhalten Interessierte einen Einblick in die moderne Technik der Automobilproduktion (Anmeldung online unter www.opel-diewerkstour.de, Gebühr).

Am Main wurde eine von einem Sohn Opels erworbene Villa erweitert sowie umgebaut und heute präsentieren die **Opelvillen** internationale Kunst der Gegenwart und der klassischen Moderne (Mi 10 - 18 Uhr, Do 10 - 21 Uhr, Fr - So 10 - 18 Uhr, Eintritt. www.opelvillen.de). Bei einem **Stadtrundgang** kann man über das Leben und Wirken des Unternehmerpaares Sophie und Adam Opel mehr erfahren. Weitere Rundgänge, **Stadtführungen**, **Stadtrundfahrten** oder **Schiffstouren** auf dem Main offeriert die **Tourist-Info** im Rathaus (Mo - Mi 8 - 17 Uhr, Do 8 - 18 Uhr, Fr 8 - 12 Uhr, Marktplatz 4, Telefon 06142/830, www.ruesselsheim.de).

Die Geschichte Rüsselsheim begann natürlich lange vor der Familie Opel. Die **Festung**, die wir von den Opelvillen aus am Main entlang des **Verna-Parks** erreichen, stammt aus dem Jahr 1399. Auf den begehbaren Wallanlagen und im ausgegrabenen Ostrondell erhalten wir einen Eindruck von der imposanten Festungsanlage. Auf dem Festungsgelände ist das **Stadt- und Industriemuseum** untergebracht. Die Ausstellungen geben einen Überblick über die historischen Entwicklungen der Stadt und in der Abteilung zur Industriegeschichte steht die Entwicklung der Firma Opel im Mittelpunkt (Di - Fr 9 - 13/14 - 17 Uhr, Sa/So/Feiertage 10 - 17 Uhr; Eintritt. www.museum-ruesselsheim.de).

Das Leinreiter-Denkmal am Landungsplatz erinnert an die Zeit, als die Schiffe auf dem Main noch mit Pferden flussaufwärts gezogen wurden. Von hier kann der **Regionalpark Rhein-Main** per pedes oder mit dem Fahrrad erkundet werden (www.regionalpark-rheinmain.de). Eine ausgedehnte **Rad- oder Wandertour** kann z. B. über die Opelbrücke auf die andere Mainseite in die schon zum Rheingau gehörenden Weinorte **Flörsheim** oder **Hochheim** führen. Von dort erschließt sich u. a. ein hügeliges Gelände, das wegen seiner landschaftlichen Schönheit und den überraschenden Aussichten als **Flörsheimer Schweiz** bezeichnet wird. Nach einem guten Mahl im **Gasthof Wiesenmühle** (ab 11 Uhr, Mo/Di Ruhetag, www.gasthof-wiesenmühle.de) kann der Weg zur **Flörsheimer Warte** oder vorbei an der kleinen **St. Anna Kapelle** zum **Kunstwerk Eisenbaum** (Foto S. 293) führen.

Nachdem wir gerade noch die grünen Seiten des Regionalparks durchstöbert haben, rüsten wir uns jetzt für einen Besuch in der hessischen Landeshauptstadt. Wir steuern von Rüsselsheim aus die Autobahn A60 an und fahren Richtung WIESBADEN/MAINZ.

Wenig später wechseln wir auf die A671 Richtung WIESBADEN, überqueren den Main, der bei Mainz-Kostheim in den Rhein mündet, und registrieren die ersten Weinberge, denen wir in der nächsten Tour im Rheingau noch viel näher kommen werden. Wir verlassen die Autobahn Richtung WIESBADEN-ERBENHEIM/B455.

Für einen längeren Aufenthalt in Wiesbaden empfehlen wir den offiziellen Stellplatz. Mit dem ÖPNV gelangt man flott in die Innenstadt und kann nach der Rückkehr getrost im Stuhl vor dem WOMO den oder die Tage Revue passieren lassen. Die Parkplätze am Neroberg eignen sich dafür eher nicht und sollten nur als reine Übernachtungsmöglichkeit bei einem Schwimmbad- oder Kletterparkbesuch genutzt werden. Betrachtet man die Parkgebühren des genannten Stadtparkplatzes, kann man zu dem Schluss kommen, dass die Nutzung des offiziellen Stellplatzes in Verbindung mit der Tourist-Card die finanziell ausgewogenste Möglichkeit für einen Wiesbaden-Aufenthalt ist. Außerdem gelten in Wiesbaden die Richtlinien der Umweltzone, sodass manches WOMO sowieso einen Bogen um die Stadt machen muss.

WOMO-Tagesparkplatz: Wiesbaden, Rhein-Main-Halle

GPS: N 50°04'41.3" E 8°14'49.3"; Rheinstraße
Ausstattung/Lage: Tag und Nacht geöffnet, Gebühr/im Ort.
Zufahrt: Von der B455 kommend Richtung Stadtmitte fahren. Ca. 4,5 km später links dem Hinweis Parkhaus Rheinstraße folgen. Der Parkplatz liegt links von der engen Zufahrt zum Parkhaus.

(247) WOMO-Stellplatz: Wiesbaden, Reisemobilhafen offiziell

GPS: N 50°03'22.1" E 8°12'39.8"; Wörther-See-Str. **max. WOMOs**: 40 - 50
Ausstattung/Lage: V/E, Strom gegen Gebühr €€€, Quickstop-Plätze, Duschen/WC behindertengerecht, Glasflaschenservice, Bäcker u. Einkaufsmöglichkeiten 600 - 800 m, Bus in die Innenstadt und zum Rhein ca. 200 m entfernt, V/E gegen Gebühr auch ohne Übernachtung möglich/Ortsrand. Ggf. Geräuschbelästigung durch die nahe Autobahn.
Zufahrt: Von der B455 auf die A66 Richtung Rüdesheim/Bingen wechseln.

An der Ausfahrt Wiesbaden-Dotzheim/A643 abfahren, dann links Richtung Schierstein über die Saarstraße der Beschilderung Kallebad bzw. den WOMO-Piktogrammen folgen.
Nach Angaben des Betreibers ist der Stellplatz über die genannte Zufahrt ohne Umweltplakette zu erreichen!

(248) WOMO-Stellplatz: Wiesbaden, Neroberg I

GPS: N 50°06'01.0" E 8°14'11.0" **max. WOMOs:** 1-2
Ausstattung/Lage: Opelbad, Kletterwald/außerorts. Teils sehr schräg!
Zufahrt: Wie vor. An der nächsten Kreuzung rechts der Wilhelmstraße folgen. Am Ende der Straße links, dann rechts den Hinweisen Neroberg/Opelbad ca. 1,6 km folgen und geradeaus zum Parkplatz fahren. Die Straßen bergauf sind teils eng, aber befahrbar.
Nur für WOMOs bis 6,50 m Länge und max. Breite bis 2,30 m!

(249) WOMO-Stellplatz: Wiesbaden, Neroberg II

GPS: N 50°05'58.0" E 8°14'00.9" **max. WOMOs:** 3-5
Ausstattung/Lage: Opelbad, Kletterwald/außerorts. Teils eben, teils sehr schräg! **Zufahrt:** Wie vor. Jedoch bei Erreichen des vorgenannten Parkplatzes links ca. 200 m bis zum nächsten Parkplatz fahren. Die Straßen bergauf sind teils eng, aber befahrbar.
Nur für WOMOs bis 6,50 m Länge und max. Breite bis 2,30 m!

Die oben erwähnte **Wiesbaden Tourist-Card** bietet vergünstigte Preise bei Stadtrundgängen und Schifffahrten, in Schwimm- und Freizeitbädern sowie verschiedenen Museen und Theatern. Zudem ist der ÖPNV an zwei aufeinanderfolgenden Tagen kostenfrei zu nutzen. Erhältlich ist die Karte online oder in der **Tourist-Info** am Marktplatz (Okt. - März Mo - Fr 10 - 18 Uhr, Sa 10 - 15 Uhr, April - Sept. zusätzlich 11 - 15 Uhr, Marktplatz 1, Telefon 0611/1729930, www.wiesbaden.de) sowie dem **Tourist-Service-Point** am Hauptbahnhof (Mo - Fr 6 - 20 Uhr, Sa 10 - 17.30 Uhr).

Wiesbaden

Hessischer Landtag im ehemaligen Stadtschloss

Neues Rathaus und Marktkirche

Bereits die Römer scheinen sich der heilenden Wirkung der 26 Grad heißen, natriumreichen Quellen und des milden Klimas bewusst gewesen zu sein, als sie sich vor 2000 Jahren in der Siedlung „Aqua Mattiacorum" am Rhein niederließen. Ende des 4. Jh. übernahmen die Alemannen die Sicherung des Ortes, die wiederum von den Franken verdrängt wurden. Diese errichteten einen Königshof und um das Jahr 830 erwähnt Einhard, der Biograf Karls des Großen, erstmals „wisabada". Seit dem Spätmittelalter gehörte Wiesbaden den Grafen von Nassau und wurde bis zur Zerstörung durch den Mainzer Erzbischof vorübergehend Reichsstadt. Zwei Brände und der Dreißigjährige Krieg brachten verheerende Verwüstungen, doch ab 1690 wurde die Stadt erweitert und neu befestigt. Mitte des 18. Jh. verlegte Fürst Karl von Nassau-Usingen seine Residenz ins Biebricher Schloss, Wiesbaden wurde Regierungssitz des Fürstentums und späteren Herzogtums Nassau. Im 19. Jh. entwickelte sich die Stadt zum internationalen Kurort, der ab 1866 unter den Preußen weiterflorierte. Berühmte Persönlichkeiten wie Johann Wolfgang von Goethe oder Otto von Bismarck waren zu Gast und in der Spielbank ruinierte sich der russische Dichter Fjodor Dostojewski. Später hielten sich die Kaiser Wilhelm I. und Wilhelm II. oft in der Stadt auf. Die Hauptstadt eines Regierungsbezirkes wurde zum beliebten Ruhesitz von Offizieren, Beamten und Privatiers. Das zeigte sich in repräsentativen Hotelpalästen und feudalen Villen, die zum Teil bis heute erhalten sind. Nach dem Ersten Weltkrieg und der Weltwirtschaftskrise verlor Wiesbaden an Finanzkraft und die Bedeutung als angesehene „Weltkurstadt" schwand. Die Zerstörungen im Zweiten Weltkrieg waren vergleichsweise gering und 1945 wurde Wiesbaden Hauptstadt des Landes Hessen. Wirtschaftlich ging es wieder bergauf, der Ruf als Kur- und Kongressstadt verfestigte sich und die Stadt gehört heute zu einem der bevorzugten Wohnorte in der Rhein-Main-Region.

Kochbrunnen

Im Gegensatz zu dem das Bundesland prägenden Fachwerkreichtum bestimmen herrschaftliche Gebäude im Baustil des Historismus, Klassizismus und des Jugendstils die Stadt. Im Zusammenspiel mit Plätzen und Grünanlagen verleihen sie Wiesbaden eine ganz besondere Ausstrahlung. Selbst dem ältesten Gebäude der Stadt, dem **Alten**

Rathaus von 1610, wurde im Jahr 1828 das Fachwerk-Obergeschoss genommen und durch einen steinernen, im gotischen Stil gehaltenen Aufbau ersetzt. Gegenüber tagt der **Hessische Landtag** im ehemaligen 1837 - 42 erbauten **Stadtschloss**, während sich die **Marktkirche** (1852 - 62) als neogotische dreischiffige Basilika präsentiert. Am **Schlossplatz** mit Marktbrunnen befindet sich weiterhin das 1887 errichtete **Neue Rathaus**, das im Zweiten Weltkrieg zerstört, 1951 seine heutige Fassade erhielt. Für eine kleine Pause schlendern wir die Marktstraße hinauf und tauchen im **Café Maldaner** in die wundervoll plüschige Zeit des 1. Original Wiener Kaffeehauses Deutschlands ein. Danach bestaunen wir die weltgrößte **Kuckucksuhr**, die halbstündig schlägt, und lassen uns durch die Gassen der Wiesbadener Altstadt zur **Kaiser-Friedrich-Therme** treiben. Auf den Fundamenten eines römischen Schwitzbades kann man sich heute in historischem Ambiente dem Badeluxus auf höchstem Niveau hingeben. Ein Stückchen weiter stehen wir vor Wiesbadens bekanntester Thermalquelle, die dampfend aus dem **Kochbrunnen** hervorsprudelt und im **Kochbrunnenpavillon** verkostet werden kann. Die Hauptmenge des Wassers wird in die Kaiser-Friedrich-Therme geleitet, dort aufbereitet und in das Thermalwassernetz der Stadt geleitet. Es dient zu Heilzwecken, aber auch zur Beheizung von Wohnungen und des Rathauses. Dorthin kehren wir nun zurück und queren den **Marktplatz** mit der alten Marktsäule (**Wochenmarkt** Mi/Sa 7 - 14 Uhr). Östlich der Wilhelmstraße, Wiesbadens Flaniermeile mit zahlreichen Boutiquen und Einrichtungsgeschäften, erstreckt sich das Kurviertel. Vor dem 1852 als

englischer Garten angelegten **Kurpark** mit den Säulenfragmenten des alten Kurhauses wurde 1904 - 07 das heutige **Kurhaus** im neoklassizistischen Stil erbaut. Die **Kurhaus Kolonnade** ist mit 129 m Länge die längste Säulenhalle Europas und bietet Platz für das „Kleine Spiel" der Spielbank. Im ehemaligen Weinsaal des Kurhauses befindet sich das **Casino**, das zu den ältesten Spielbanken in Deutschland zählt und in dem nicht nur Dostojewski sein Bares verlor (www.spielbank-wiesbaden.de). Im Anschluss besticht das 1892 - 94 erbaute **Hessische Staatstheater** mit einer weiteren Kolonnade, die im Verbund mit dem Kurhaus samt dessen Kolonnade und dem gegenüberliegenden **Kaiser-Friedrich-Platz** eine Gesamtanlage bildet. Zwischen den Kolonnaden und vor dem Kurhaus liegt die Grünfläche „**Bowling Green**" mit zwei, besonders in den Abend-

Villa Söhnlein

stunden beeindruckenden und beleuchteten Kaskadenbrunnen. Durch den 1861 als Landschaftsgarten angelegten Park **Warmer Damm** erreichen wir die **Villa Söhnlein**, die der Sektfabrikant Wilhelm Söhnlein 1906 im Stil des „Weißen Hauses" in Washington für seine amerikanische Ehefrau bauen ließ. Auch die nahe **Villa Clementine** wurde von einem Ehemann für seine Ehefrau bereits 1882 im römisch-pompejanischen Stil erbaut. In ihr ist das **Literaturhaus** untergebracht, das ein breites Spektrum von literarischen Veranstaltungen bereithält (www.literatur-in-wiesbaden.de) und das **Café Villa Clementine** (Di - So 10 - 18.30 Uhr, Sa ab 10 Uhr). Schräg gegenüber beeindruckt das zwischen 1813 und 1817 erbaute **Erbprinzenpalais**, das als Residenz für Prinz Wilhelm von Nassau-Weilburg vorgesehen war und das heute Sitz der Industrie- und Handelskammer ist. Das gastronomische Angebot in Wiesbaden ist groß und lässt fast keine Wünsche offen. Wir kehren hinter dem Palais an einem Verbindungsgässchen zwischen Wilhelmstraße und Marktplatz in **Momo's Bar & Restaurant** ein und bereuen unsere Wahl nicht (Mo - Mi 9.30 - 24 Uhr, Do - Sa ab 9.30 Uhr, So/Feiertage 11.30 - 22 Uhr, Karl-Glässing-Straße, www.momos-bar.de). Für eine erweiterte Sightseeing-Tour bietet sich die kleine Stadtbahn **THermine** an. Sie ermöglicht individuelles Ein- und Aussteigen auf der Route durch das Villengebiet zur Talstation der Nerobergbahn und zur Russischen Kirche auf dem Neroberg. Begleitet wird die Fahrt mit allerlei Historie und Histörchen aus der schicken Metropole (ganzjährig, in der Hauptsaison stündlich ab 10 Uhr und ab 13.30 - 16.30 Uhr ab Marktplatz, Gebühr. www.thermine.de). Alternativ kann man neben zahlreichen Themenführungen auch an einer **öffentlichen Stadtführung** teilnehmen (Feb. - April, Nov. Sa 10.30 Uhr, Mai - Okt. 10.30/14.30 Uhr, Treffpunkt T-Info Marktplatz, Gebühr).

Museumsgänger werden im **Museum Wiesbaden** bei der Betrachtung von Kunst und Natur ihre Freude haben (Di/Do 10 - 20 Uhr, Mi/Fr - So 10 - 17 Uhr, 1.1./24., 25., 31.12. geschlossen, Friedrich-Ebert-Allee2, Eintritt. www.museum-wiesbaden.de). An der Wilhelmstraße soll ein modernes **Stadtmuseum** entstehen, das die Geschichte und die Gegenwart von Wiesbaden und der Region beleuchtet.

Eines der beliebtesten Ausflugsziele ist der 245 m hohe **Neroberg**, Wiesbadens Hausberg. Schon die Anfahrt mit der 1888 erbauten **Nerobergbahn** ist ein Erlebnis [N 50°05'41.6" E 8'13'36.0"; Nerotal. Enge Zufahrtstraßen! Alternative: ÖPNV oder THermine]. Die Drahtseilbahn überwindet auf ihrer 440 m langen Strecke 80 Höhenmeter und wird mit Wasserkraft betrieben (April/Sept./Okt. 10 - 19 Uhr, Mai - August 9 - 20 Uhr, jeweils im 15 Min. Takt, Gebühr. Hunde erlaubt, kein Fahrradtransport). Auf dem Neroberg hat man vom 1851 erbauten **Aussichtstempel Monopteros** einen wunderschönen Blick über Wiesbaden und Mainz, kann

sich im **Ausflugslokal** (ab 10 Uhr) stärken oder im „schönsten Freibad Wiesbadens" seine Runden drehen. Das **Opelbad** wurde 1934 erbaut und lockt mit seiner herrlichen Lage viele Badegäste an (in der Badesaison 7 - 20 Uhr). Der 3 km lange **Walderlebnispfad** ist etwas für Naturfreunde und der **Kletterwald** bietet Abenteuer und Spaß in einem der schönsten Hochseilgärten Deutschlands (www.kletterwald-neroberg.de). Etwas unterhalb des Berges glänzen die fünf vergoldeten Zwiebelkuppeln der **Russischen Kirche** in der Sonne. Sie wurde 1847 - 55 als Grabkirche erbaut und dient heute der russischen Gemeinde Wiesbadens als Pfarrkirche. Hinter dem Pfarrhaus liegt der russische Friedhof mit zahlreichen Fürstengräbern aus dem 19. Jahrhundert.

Abseits der Innenstadt bereichert das zwischen 1700 und 1750 erbaute, dreiflügelige barocke **Schloss Biebrich** das ohnehin schöne Rheinufer. Die Rotunde sowie die Galerien der ehemaligen Residenz der Fürsten und späteren Herzöge von Nassau dienen heute als Repräsentationsräume für den hessischen Ministerpräsidenten. Im weitläufigen **Schlosspark** findet alljährlich das Internationale Wiesbadener Pfingstreitturnier statt.

Die Beschreibung unseres Aufenthaltes in Wiesbaden deckt nur einen kleinen Teil des Sehens- und Erlebenswerten ab und kann lediglich als Anreiz für eigene Entdeckungen dienen. Wir sind sicher, dass man sich für Hessens Landeshauptstadt einige Tage Zeit nehmen sollte, um sie in all ihren Facetten besser kennenzulernen!

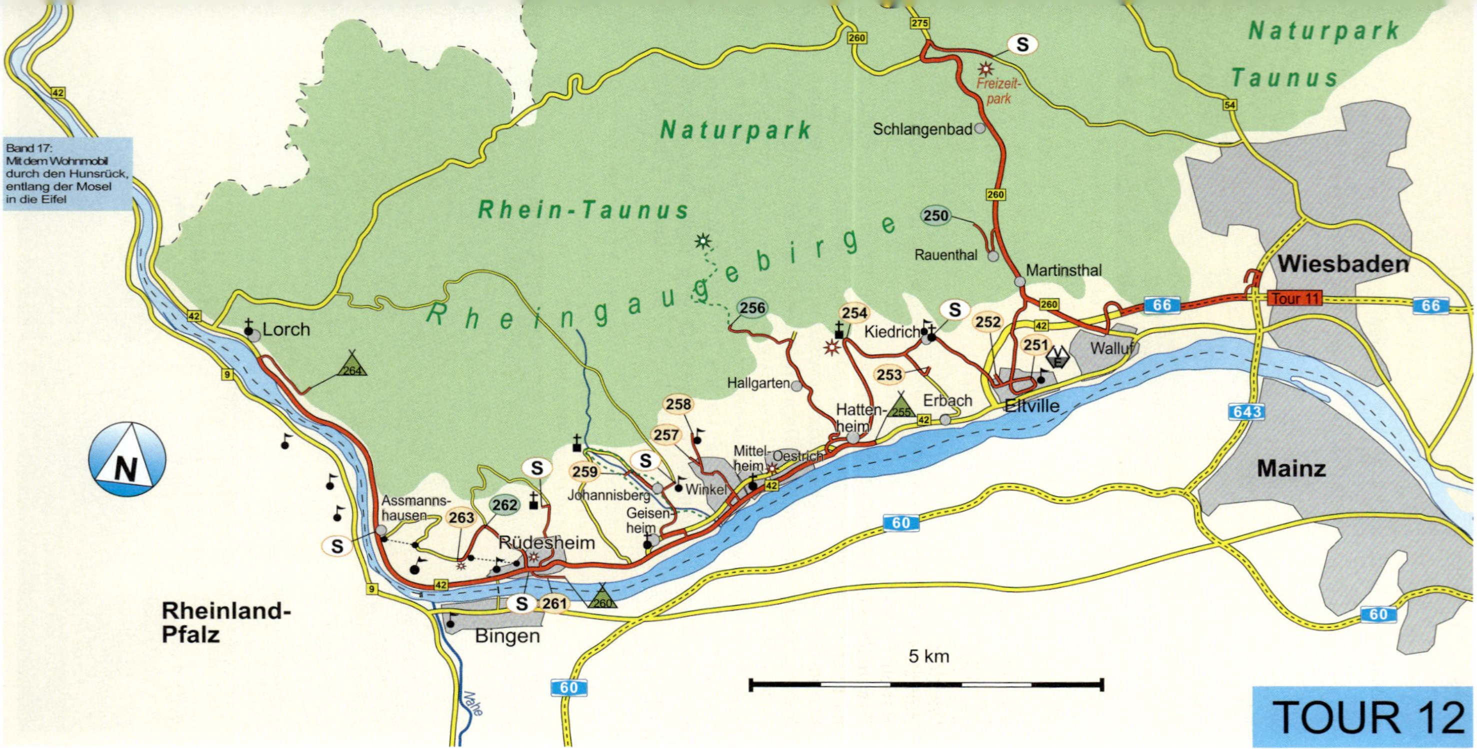
Naturpark
Taunus
Naturpark
Rhein-Taunus
Rheingaugebirge
Band 17:
Mit dem Wohnmobil
durch den Hunsrück,
entlang der Mosel
in die Eifel
Freizeit-
park
Schlangenbad
Rauenthal
Martinsthal
Wiesbaden
Tour 11
Walluf
Eltville
Erbach
Kiedrich
Hatten-
heim
Hallgarten
Mittel-
heim
Oestrich
Winkel
Johannisberg
Geisen-
heim
Rüdesheim
Assmanns-
hausen
Lorch
Bingen
Nahe
Mainz
Rheinland-
Pfalz
5 km
TOUR 12

Tour 12 — 130 km

Rauenthal - Eltville - Kiedrich - Hattenheim - Oestrich-Winkel - Marienthal - Rüdesheim - Lorch

Stellplätze: Rauenthal, Eltville, Kiedrich, Hattenheim, Hallgarten, Oestrich-Winkel, Marienthal, Rüdesheim.
Ver-/Entsorgung: Eltville,
Campingplätze: Campingplatz Hattenheim, Campingplatz Rüdesheim, Lorch Campingplatz Suleika.
Besichtigen: Schlangenbad Taunus Wunderland; Eltville Stadtbild, Kurfürstliche Burg, Gutenberg-Gedenkstätte, Hist. Sammlungen, Rheinpromenade; Kirdrich Stadtbild, Basilika Minor, Burg Scharfenstein; Hattenheim Kloster Eberbach; Hallgarten Kletterpark, Mapper Schanze; Oestrich-Winkel Stadtbild, Oestricher Kran, Graues Haus, Brentano-Haus, St. Aegidius-Basilika, Schloss Vollrads; Geisenheim Stadtbild, Rheingauer Dom, Schloss Johannisberg; Rüdesheim Stadtbild, Siegfried's Mechanisches Musikkabinett, Foltermuseum, Spielzeug- und Eisenbahnmuseum, Drosselgasse, Niederwald-Denkmal, Ruine Rossel, Zauberhöhle, Abtei St. Hildegard, Besucher Centrum Asbach; Lorch Pfarrkirche, Hilchenhaus.
Wandern: Rauenthal, Hattenheim, Oestrich-Winkel, Marienthal, Rüdesheim.
Radfahren: Eltville, Kiedrich, Rüdesheim.
Baden: Rüdesheim.
Essen: Kiedrich Weingut Klostermühle; Hattenheim Klosterschänke Kloster Eberbach, Restaurant Kronenschlösschen; Oestrich-Winkel Gutsrestaurant Schloss Vollrads; Rüdesheim Weinlokal & Restaurant Rebenhaus, Restaurant Jagdschloss Niederwald, Gutsausschank Phillip, Assmannshausen Restaurant Zur Krone; Lorch Weinhaus Freistaat Flaschenhals.

Zum Abschluss unserer Reise durch Mittel- und Südhessen verschlägt es uns in eine Region, von der bereits der Erzähler Heinrich von Kleist schwärmte, dass sie eine „Gegend wie ein Dichtertraum“ sei.

Rheingau

Wo der namensgebende Rhein sein im allgemeinen in Nordrichtung verlaufendes Flussbett bis zum Binger Loch für etwa 30 km nach Westen schwenkt, liegt der sonnenverwöhnte Rheingau. Rechtsrheinisch erstreckt sich am Südhang des Taunus die unverwechselbare Kulturlandschaft von Flörsbach am Main über die Landeshauptstadt Wiesbaden bis Rüdesheim und Lorch am Rhein. Seit Jahrtausenden haben sich hier Menschen niedergelassen und hinterließen bedeutende Baudenkmäler wie das Zisterzienserkloster Eberbach oder die Schlösser Johannisberg und Vollrads. Mit den Städten Rüdesheim und Lorch bildet der Rheingau das Tor zum **Unesco-Welterbe Oberes Mittelrheintal**, das bis nach Koblenz reicht.
Auf 3.200 ha Rebfläche wachsen in dem vom Rhein reflektierten Sonnenlicht neben dem hervorragenden Spätburgunder zu 80% die vortrefflichen Trauben des Rieslings. Flussaufwärts hat der Rhein eine Breite von fast einem Kilometer, doch flussabwärts wird das Rheintal enger und die Hänge immer steiler. Hier gedeihen sowohl auf den weichen, tiefgründigen als auch auf härteren Gesteinsböden die aromareichen Rieslinge, die weltweit für ihre Qualität und ihre Vielfalt berühmt sind. Im Frühjahr beginnen alljährlich die **Rheingauer Schlemmerwochen**. Dann öffnen traditionsreiche Weingüter und Winzer ihre Tore und Kellertüren und laden zu Wein, Geselligkeit und hausgemachten Köstlichkeiten ein. Ne-

ben zahlreichen **Weinfesten** finden wir in den Sommermonaten kleine, aber feine **Weinprobierstände** in fast allen Orten des Rheingaus. In ungezwungener Atmosphäre haben Gäste die Möglichkeit, verschiedene Weine von unterschiedlichen Winzern zu verkosten.
Über das Jahr verteilt warten diverse Musik-, Theater- und andere **Kulturveranstaltungen** auf interessierte Besucher und im Juli verzaubert der **Rhein in Flammen** durch Feuerwerke entlang des Flusses die Zuschauer. **Wanderfreunde** werden inmitten der Weinberge und am Rhein ihre Freude haben und **Radfahrer** können z. B. auf der Rheingauer Riesling Route auf 65 km Länge die Region teils mit Steigungen teils auf flacher Strecke am Fluss erkunden.
Zu alldem gehört eine herzliche Gastfreundschaft, die nicht nur in Prospekten angepriesen wird, sondern tatsächlich bei unseren Besuchen spürbar war. Gepaart mit einer fast südländisch geprägten Lebensart und -lust gehört der Rheingau zu unseren favorisierten Urlaubsregionen in Hessen (www.kulturland-rheingau.de).

Von Wiesbaden aus dringen wir über die A66 Richtung Rüdesheim und im weiteren Verlauf über die B42 in den Rheingau vor. Wer auf Spiel und Spaß aus ist, dem sei noch einmal ein Ausflug in den Taunus angeraten. Über die B260 Richtung SCHLANGENBAD und weiter über WAMBACH ist der **Freizeitpark Taunus Wunderland** ausgeschildert [N 50°06'59.2" E 8°06'37.9"; Haus zur Schanze 1]. In einer Abenteuerlandschaft versprechen Rutschen, Türme, Brücken, unterirdische Tunnelsysteme und Kletterparcours viel Unterhaltung und Nervenkitzel für die ganze Familie. Dafür sorgen zusätzlich der Taunusblitz, eine Wildwasserbahn, die Riesenschaukel, die Rangers Road und vieles mehr (April - Okt. 9.30 - 18 Uhr, letzter Einlass 17 Uhr, Eintritt. www.taunuswunderland.de).
Wem mehr nach Wandern zumute ist, der wird im Höhendorf RAUENTHAL, einem Ortsteil von Eltville fündig. Der 8 km lange **Premiumwanderweg Rauenthaler Spange** ist als Alternative zum Rheinsteig gut markiert. Der aussichtsreiche Rundweg führt durch den Wald und die Weinberge, entlang von Bächen

und Wiesen und ist trotz einiger An- und Abstiege als leicht einzustufen. Ein Höhepunkt der Strecke ist die Bubenhäuser Höhe, von der der Blick weit über das Rheintal und bei günstigen Bedingungen bis zum Melibokus an der Bergstraße schweift.

(250) WOMO-Wanderparkplatz: Rauenthal, Grillhütte

GPS: N 50°04'21.2" E 8°06'05.6"; Auf der Großen Straße **max. WOMOs**: 2 - 3
Ausstattung/Lage: Infotafel, Wanderwege, Gaststätten im Ort, u. a. Weingut Rußler mit Gutsausschank etwa 1 km entfernt (Di/Mi/Do 15.30 - 23 Uhr, Sa/So 15 - 23 Uhr), Mülleimer/außerorts, schräg.
Zufahrt: Von der B42 auf die B260 Richtung Bad Schwalbach/Schlangenbad/Rauenthal abbiegen. Nach ca. 5,5 km von der B260 die zweite Ausfahrt nach Rauenthal nehmen. Etwa 800 m später rechts Richtung Sportplatz ca. 1 km bis zum Parkplatz fahren.

Sowohl in Rauenthal als auch in den inmitten von Weinbergen gelegenen Nachbarorten **Martinsthal** und **Erbach** sind etliche Weingüter mit Gutsausschänken zu Hause. Verbindend sind außerdem die Fachwerkhäuser und kleinen Plätze, auf denen sich Besucher und Einheimische anlässlich der **Wein- oder Kirchweihfeste** zusammenfinden.
Um die engen Ortsdurchfahrten in Rauenthal und besonders in Martinsthal zu umgehen, fahren wir über die B260 zurück zur B42 und von dort nach ELTVILLE.

(251) WOMO-Stellplatz: Eltville, Weinhohle offiziell

GPS: N 50°01'43.0" E 8°07'27.1"; Weinhohle **max. WOMOs**: 10
Ausstattung/Lage: V/E auf dem angrenzenden Parkplatz, Gebühr €, max. Aufenthalt 3 Tage, Supermarkt, ca. 200 m in den Ort, Mülleimer/im Ort. Ggf. Geräuschbelästigung durch Bahnlinie.
Zufahrt: Von der B42 nach Eltville abfahren. Im Ort den Hinweisen zum Parkplatz Weinhohle bzw. den WOMO-Piktogrammen folgen.

Eltville

Marktplatz mit Brunnen

Die größte Stadt im Rheingau ist das 1051 erstmals als „Altavilla“ erwähnte Eltville. Das Wahrzeichen der Stadt ist die **Kurfürstliche Burg**, die ab 1330 von Balduin von Trier direkt am Rheinufer erbaut wurde. Im 14./15. Jh. als Residenz der Mainzer Erzbischöfe bewohnt, wurde sie 1635 bis auf den heute erhaltenen Wohnturm und den im 17. Jh. wieder errichteten Ostflügel durch die Schweden zerstört. Im Turm erinnert heute die **Gutenberg-Gedenkstätte** an Johannes Gutenberg, den Erfinder des modernen Buchdrucks. Als Johannes Gensfleisch verbrachte er einige Jahre seiner Kindheit und wohl auch seine letzten Lebensjahre in der Stadt, die ihn als Einzige zu Lebzeiten als Hofmann des Kurfürsten von Nassau ehrte. Heute lädt die Burg mit Burghof, Burggraben und Amtsgarten zum Spaziergang zwischen wundervollen Rosenbeeten ein und im Burgturm befindet sich neben einer **Historischen Sammlung** die **Tourist-Info** (Außenanlagen April - Sept. 9.30 - 19 Uhr, Okt. - März 10 - 17 Uhr, Eintritt frei. **Burgturm/Tourist-Info** April - Okt. Mo/Di/Do/Fr 10 - 13 Uhr, Mo - Do 14 - 17 Uhr, Fr 14 - 18 Uhr, Sa/So/Feiertage 10 - 18 Uhr, Nov. - März wie vor, jedoch Fr 10-13 und 14-17 Uhr, Sa/So 11 - 15 Uhr, feiertags geschlossen, Turmbesichtigung Eintritt, Burgstraße 1, Telefon 06123/90980, www.eltville.de). Mehr als 20.000 Rosenstöcke verwandeln im Frühsommer den Burggraben, aber auch die idyllische **Rheinpromenade** in ein farbiges Blumenmeer. Im Schatten der Platanen am Rheinufer gelangen wir in die Gassen der **historischen Altstadt** mit Fachwerkhäusern aus dem 16. - 19. Jh. und stattlichen Adelshöfen. Dazwischen laden kleine Geschäfte und gastronomische Betriebe vom Weinprobierstand über den Gutsausschank bis zum Restaurant zum Verweilen ein. Zu Fuß oder mit dem Drahtesel gelangt man schnell in die Natur. So locken **Wanderungen** z. B. auf den Rheinsteig oder zum Kloster Eberbach und **Radtouren** führen in die Nachbarschaft. Im Hinblick auf die Fülle von Möglichkeiten und Themenschwerpunkten verweisen wir auf die Tourist-Info.

Bei der 23,5 km langen **Radrundtour „Die Drei im Rheingau“** können Radfahrer z. B. den oberen Rheingau kennenlernen. Sie beginnt in Eltville, führt über Walluf nach Kiedrich und wieder zurück. Wir machen uns mit dem WOMO auf den Weg und schlagen in Eltville bzw. von der B42 aus die Straße nach KIEDRICH ein. Unterwegs registrieren wir die Hinweise zum **Weingut Klostermühle**, das sowohl nahe der Weinberge als auch nahe der Bundesstraße, drei gebührenpflichtige Stellplätze auf seinem Parkplatz bereithält [**252:** N 50°01'56.7" E 8°06'25.9"; An der Klostermühle]. In den historischen Klostergemäuern werden regionaltypische Speisen und Weine aus den eigenen Weinbergen angeboten (Mi - Sa ab 16 Uhr, So/Feiertage ab 12 Uhr, Telefon 06123/4021, www.klostermuehle.de). In KIEDRICH, das von Wald und Edelweinlagen umgeben ist, notieren wir zunächst einen Parkplatz, von dem es sich prima in das Weindorf gehen lässt [N 50°02'24.1" E 8°04'56.0"; Sonnenlandstraße]. Am folgenden kleinen Kreisverkehr richten wir uns nach den Hinweisen zum KLOSTER EBERBACH.

(253) WOMO-Stellplatz: Kiedrich, Sportplatz

GPS: N 50°02'01.8" E 8°04'55.6"
max. WOMOs: 2 - 3
Ausstattung/Lage: Ca. 5 Min. Fußweg in den Ort/außerorts. An den Weinbergen mit schöner Sicht ins Rheintal gelegen.
Zufahrt: Am Ortsende links den Hinweisen zu den Sportanlagen ca. 750 m folgen und nochmals links etwa 200 m zum hinteren Parkplatz fahren.

Kiedrich

Vom Sportplatz aus bringt uns ein kurzer Spaziergang in den **historischen Ortskern**. Im 1585 erbauten **Rathaus** mit Renaissance-Erkern befindet sich die **Tourist-Info** (Mo - Do 8 - 16.30 Uhr, Fr 8 - 12.30 Uhr, Marktstraße 27, www.kiedrich.de). Viele Fachwerkhäuser sowie alte Bürger- und Adelshöfe begleiten uns durch die heimeligen Gassen des Örtchens, das mit zahlreichen Gutshöfen, gastfreundlichen Gutsausschänken, Straußwirtschaften und Restaurants aufwarten kann. Sehenswert ist die **Kirche St. Valentin**, die 2010 von Papst Benedikt XVI. zur **Basilika Minor** erhoben wurde und somit die starke Bindung an den Bischof und die Bedeutung dieser Kirche für das Umland hervorheben soll. Das Gotteshaus wurde um 1300 erbaut und 1480 - 93 erweitert. Das Inventar wie z. B. die älteste noch spielbare Orgel Deutschlands aus der Zeit um 1500 blieb fast vollständig erhalten. Kunstinteressierte dürften großen Gefallen an der Kiedricher Madonna (um 1330/50) und dem handgeschnitzten Gestühl aus dem 16. Jh. finden. Ein Kunstgenuss sind auch die Kiedricher Chorbuben, die in Bewahrung einer auf das Jahr 1333 zurückgehenden Tradition jeden Sonntag (9.30 Uhr) einen gregorianischen Choral im germanischen Dialekt singen. Hoch über dem Ort erhebt sich die Ruine der 1160 erbauten **Burg Scharfenstein**, die erwandert werden kann. Der Marktplatz ist Ausgangs- und Zielpunkt mehrerer gut markierter **Rundwanderwege** und Veranstaltungsort. Hier findet z. B. am Pfingstwochenende das **Kiedricher Rieslingfest** oder Anfang Juni das **Champagnerfest** statt.

Durch die Weinberge und mit einer herrlichen Aussicht über das Rheintal fahren wir auf der Landstraße weiter. Nach wenigen Minuten erreichen wir in einem Seitental abseits des hektischen Alltags zweifellos eines der eindrucksvollsten Denkmäler mittelalterlicher Klosterbaukunst in Europa – die ehemalige

Zisterzienserabtei Kloster Eberbach, heute Eigentum der Stiftung Kloster Eberbach. Die Parkplätze sind ausgeschildert und nur eingeschränkt nutzbar [**254:** N 50°02'26.3" E 8°02'59.0"; An der L3320].

Kloster Eberbach

Das Kloster stammt aus der Gründerzeit des Zisterzienserordens und wurde 1136 durch Bernhard von Clairvaux gegründet. Das strenge Leben der Mönche und die bedachtsame Bewirtschaftung der Güter machten das Kloster bald zu einem aufblühenden Wirtschaftsbetrieb. Besonderes Augenmerk lag auf dem Weinanbau, der nach 800-jähriger Tradition heute durch die Hessischen Staatsweingüter Kloster Eberbach fortgesetzt wird. Die weitläufige Anlage und die dem Geist der Zisterzienser entsprechende Architektur mit romanischen und frühgotischen Innenräumen sind weitgehend erhalten. Hier finden Weinproben, Führungen, Konzerte und andere kulturelle Veranstaltungen statt. In den 1980er Jahren wurde das Kloster einem weltweiten Publikum als Schauplatz der Verfilmung von Umberto Ecos „Der Name der Rose“ bekannt. Sehenswert sind u. a. die 1186 geweihte mächtige romanische Basilika und das Mönchsdormitorium, ein zweischiffiger, frühgotischer Raum in einem 72 m langen Kreuzrippengewölbe und der historische Cabinet-Keller. Im Rahmen von Veranstaltungen besticht das Laiendormitorium mit dem längsten, im Mittelalter erbauten nichtsakralen Raum in Deutschland. Der **Klostergarten** lädt zum Spaziergehen ein und die **Vinothek** der Staatsweingüter zur Verkostung und zum Kauf der Spitzenweine des Rheingaus (10 - 18 Uhr). In der **Klosterschänke** fühlten wir uns bei traditioneller hessischer Küche und beim erlesenen Wein im historischen Kreuzgewölbe oder auf der Gartenterrasse mit Blick auf die beeindruckende Basilika bestens aufgehoben (ab 11.30 Uhr). Die **Weinführungen** im Kloster sind legendär (z. B. die Schlender-Weinprobe!) und die **Themenführung** „Der Name der Rose“ brachte uns die Abgründe des filmischen Klosterlebens nahe. Es ist schon ein Erlebnis, den nur durch Kerzenlicht erleuchteten Cabinet-Keller in einem ganz anderen Licht betrachten zu können. Wir legen jedem Besucher ans Herz, auf der Homepage des Klosters nach Führungen oder Veranstaltungen für den persönlichen Geschmack zu stöbern und diese dann rechtzeitig zu reservieren! Besonders an Wochenenden und Feiertagen herrscht im Kloster reger Besucherandrang

und Themenführungen sowie weitere Veranstaltungen sind rasch ausgebucht. Die Besichtigung der ehemaligen Zisterzienserabtei ist während der Öffnungszeit der Klosterkasse möglich (April - Okt. 10 - 18 Uhr, Regelführungen Fr 15 Uhr, Sa/So/Feiertage 11/13/15 Uhr, Sept. zusätzlich Sa/So 12.15 Uhr, Nov. - März 11 - 17 Uhr, Regelführungen Sa/So 14 Uhr, Audioführungen/Themenführungen u. a. barrierefrei oder für Kinder möglich, Eintritt. Hunde im Kloster nicht erwünscht, sie können jedoch im Hospitalgarten angeleint abgelegt werden. www.kloster-eberbach.de).

Vom östlichen Parkplatz beginnen längere, gut markierte Wanderungen. Der neue **Klosterrundweg** hingegen folgt der Grenze des historischen Klosterbezirkes. Schautafeln gewähren Einblicke in die Geschichte der Abtei und nach leichten An- und Abstiegen endet der Weg nach etwa 2,5 km am Ausgangspunkt. Bei der Weiterfahrt nach HATTENHEIM kommen wir wenig später an der **Domäne Steinberg** vorbei, die zum Staatsweingut Kloster Eberbach gehört. Der Haus- und Lieblingsberg der Zisterzienser ist übrigens auch bequem zu Fuß über den **Bernharduspfad** vom Kloster aus zu erreichen. In einer 5.000 m² großen unterirdischen Kelleranlage der Domäne werden die Weine ausgebaut und wer Lust hat, kann sich einer Führung durch den Steinbergkeller anschließen (April - Okt. Sa/So/Feiertage 13/15 Uhr, Nov. - März So 14 Uhr, Eintritt incl. Weinprobe). Wer das Tageslicht bevorzugt und den Abstieg in die Kellertiefen nicht mag, der kann bei schönem Wetter die feinen Weine und eine kleine Vesper in traumhafter Lage am Ausschank am **Schwarzen Häuschen** genießen (April - Okt. Fr 15 - 20 Uhr). Größere und längere WOMOs sollten jetzt die Strecke zum Kloster Eberbach und über Kiedrich und Eltville auf gleichem Weg zur B42 zurückfahren und von dort HATTENHEIM ansteuern. Wir rumpeln auf ziemlich holperiger Straße mit 10% Gefälle direkt in den Ort weiter und quälen uns bei Gegenverkehr durch die enge Ortsdurchfahrt bis wir zur B42 gelangen. Der

hübsche Eltviller Ortsteil erstreckt sich am Rhein und die zahlreichen Fachwerkhäuser in den verwinkelten Gassen erinnern an eine längst vergangene Zeit. Zur Übernachtung empfiehlt sich der einfache Campingplatz und für eine Tagesvisite der Parkplatz davor. Für das leibliche Wohl sorgen etliche Gaststätten und der Weinprobierstand direkt am Rhein. Die gehobene, mit einem Michelin Stern ausgezeichnete Küche wird im Restaurant des Mitte des 19. Jh. errichteten **Hotel & Restaurant Kronenschlösschen** zelebriert. Wir haben hier einen wundervollen Abend mit exzellenten Speisen und Weinen verlebt und sind sicher, dass die nicht ganz so hochpreisige Küche im Bistro ebenso zu empfehlen ist (Restaurant Di - Sa 18.30 - 22 Uhr, So/Feiertage12 - 14/18.30 - 22 Uhr, Tischreservierung empfohlen; Bistro/Café 12 - 14/18.30 - 22 Uhr, Rheinallee, Telefon 06723/640, www.kronenschloesschen.de).

(255) WOMO-Campingplatztipp: Campingplatz Hattenheim

GPS: N 50°00'44.6" E 8°03'48.2" ; Auweg 2 - 4
Kontakt: Telefon 06723/2827, www.rheingau-campingplatz.de
Öffnungszeiten/Preis: April - 15. Okt./€.
Ausstattung/Lage: Gaststätte, Radwege, Weinprobierstand in der Nähe, ca. 200 m in den Ort/Ortsrand, direkt am Rhein gelegen. **Zufahrt:** Vom Kloster Eberbach kommend der Ortsdurchfahrt in Hattenheim folgend bis zu einem Kreisverkehr fahren. Dort Richtung Wiesbaden auf die B42 fahren und ca. 1 km später rechts dem Hinweis zum Campingplatz abbiegen.

Von der B42 bzw. nach der Ortsdurchfahrt von Hattenheim biegen wir nach HALLGARTEN ab. Durch die Weingärten fahren wir auf die Ausläufer des Taunus zu und erreichen den Ort. Unser Ziel ist die beschilderte **Hallgarter Zange**, die markanteste und 580 m ü. NN hohe Erhebung des Rheingaus. Der Begriff „Zange" leitete sich aus dem Mittelhochdeutschen von „zanke" ab, was so viel wie Spitze bedeutet und einen Felsvorsprung bezeichnen soll. Hier gibt es den neuen **Kletterpark Hallgarter Zange,** in dem ein vielseitiges Wege-Netz erobert werden will. Für aktuelle Informationen verweisen wir auf die Homepage und können nur hoffen, dass der nachstehende Wanderparkplatz noch Bestand hat (Fr - So/Feiertage 10 - 19 Uhr, in den Ferien tägl. geöffnet, Eintritt. www.wiesbadener-nordwand.de).

(256) WOMO-Wanderparkplatz: Hallgarten, An der Kreistanne

GPS: N 50°03'02.8" E 8°00'29.8" **max. WOMOs:** 2-3
Ausstattung/Lage: Tisch und Bänke, Wanderwege (ca. 2 km bis zur Mapper Schanze), Kletterpark in der Nähe/außerorts.
Zufahrt: Von der B42 Richtung Hallgarten abbiegen und den Hinweisen Hallgarter Zange ca. 4,5 km folgen. An der Bushaltestelle Am Rebhang links in den Wald abbiegen und etwa 3 km weiter bis zum Wanderparkplatz fahren.

Der eigentliche Grund unseres Hierseins ist das **Rheingauer Gebück**, eine Grenzbefestigung, die den Rheingau 600 Jahre lang umschloss.

Die grüne Grenze des Rheingaus

Vom Wanderparkplatz gehen wir über den Hans-Rothe-Weg/Rheinhöhenweg geradeaus bis zu einer Wegekreuzung, dem Kasimir-Kreuz. Dort halten wir uns hinab bis zur nächsten Kreuzung und schwenken rechts. Nach etwa 500 m haben wir die ehemalige Verteidigungsanlage erreicht. Im Mittelalter war der Rheingau ein relativ eigenständiger kleiner Staat, der vom Erzbischof von Mainz beherrscht wurde. Die Bewohner kannten keine Leibeigenschaft und genossen zahlreiche Freiheiten und Privilegien, die zusammen mit dem Wein- und Obstanbau für Wohlstand sorgten. Das führte natürlich zu Begehrlichkeiten außerhalb des Rheingaus und fremde Raubritter oder Banden plünderten die Bevölkerung aus oder schleppten Krankheiten ein. Vermutlich wurde im 12. Jh. damit begonnen, die Landesgrenze systematisch zu befestigen. Die Rheingauer pflanzten Bäume, bogen (bückten) sie hinab, wenn eine gewisse Höhe erreicht war, und verflochten die Zweige miteinander. Zusammen mit wild wachsenden Dornensträuchern entstand eine fast undurchdringliche, bis zu 50 m breite lebende Hecke, die von Walluf bis Lorchhausen auf einer Länge von knapp 40 km verlief – das **Rheingauer Gebück**. Jeder Rheingauer Gemeinde fiel ein Heckenabschnitt zur Pflege zu und Beschädigungen wurden unter Strafe gestellt. Um den Verkehrs- und Warenfluss zu ermöglichen und zu sichern, wurden ab Ende des 15 Jh. an den wichtigsten Straßendurchgängen kleine Festungen, die sogenannten Bollwerke, errichtet. Erst im 18. Jh. verlor das Gebück seine Bedeutung, wurde aufgegeben und viele der Bäume wurden abgeholzt. Das einzige noch erhaltene Bollwerk ist die **Mapper Schanze**, die 1494 errichtet wurde und die Straße von Oestrich in Richtung Gerolstein sicherte. Neben der Schanze befindet sich ein kurzer rekonstruierter Gebückstreifen, der die einstige Herstellungstechnik gut erkennen lässt. Reste der alten Straße sieht man als Hohlweg südlich der Wiese im Wald, während vor und hinter der Ruine am Waldrand Reste der Erdwälle erkennen lassen, die die Schanze umgaben.

Nachdem wir wieder zurück auf der B42 gelandet sind, ist Hessens größte Weinstadt OESTRICH-WINKEL schnell erreicht. Im Stadtteil Oestrich ist das Wahrzeichen der Stadt, der **Oestricher Kran** nicht zu übersehen. Der holzverschalte Weinkran wurde 1743/44 erbaut, war bis 1926 in Betrieb und wurde natürlich überwiegend für das Verladen von Weinfässern genutzt (April - Okt. Führungen jedes 1. Wochenende im Monat 13 - 17 Uhr). Die Parkplatzsuche in den Ortsteilen Oestrich, Mittelheim und Winkel ist, zumindest bei schönem Wetter oder am Wochenende reine Glücksache. Die dafür vorgesehenen Möglichkeiten nahe der Bundesstraße sind nicht zu übersehen, aber auch heiß begehrt und schnell besetzt. Irgendwann kapitulieren wir und fahren auf den etwas außerhalb gelegenen offiziellen Stellplatz, um von dort die Orte zu erkunden.

(257) WOMO-Stellplatz: Oestrich-Winkel, Sportzentrum offiziell

GPS: N 50°00'16.7" E 7°59'55.7"; Kirchstraße **max. WOMOs**: 10
Ausstattung/Lage: Ausgewiesener Teil eines Parkplatzes, Wanderweg (Flötenweg), Gutsausschänke in der Nähe, ca. 1 km in den Ort/Ortsrand, schräg.
Zufahrt: Von der B42 kommend nach Oestrich-Winkel abbiegen und im Ort den Hinweisen WOMO-Parkplatz/Schloss Vollrads folgen. Ca. 400 m vor dem Stellplatz teilt sich die Straße, dort links halten.

(258) WOMO-Stellplatz: Oestrich-Winkel, Schloss Vollrads

GPS: N 50°00'45.0" E 7°59'46.9" **max. WOMOs:** 2
Ausstattung/Lage: Infotafel, Wanderwege (Flötenweg), Vinothek und Restaurant, Mülleimer/außerorts. Eine kostenfreie Übernachtung nach tel. Voranmeldung 06723/660 möglich. **Ggf. bei Veranstaltung gesperrt!**
Zufahrt: Von der B42 kommend in Oestrich-Winkel den Hinweisen Schloss Vollrads folgen. Links um das Schlossgelände zum Parkplatz fahren.

Oestrich-Winkel

Der Ortsteil **Winkel** ist eine der ältesten Ansiedlungen am Rhein. Seine erste Erwähnung fand im Jahr 850 statt, als Bischof Rabanus Maurus die Leitung des Erzbistums übernahm. Glaubt man alten Erzählungen, dann war das **Graue Haus** sein damaliges Domizil. Bei Ausgrabungen fanden sich Mauerreste aus dem 7. bis 9. Jh. und das nur von außen zu besichtigende Haus gilt heute als ältestes steinernes Wohngebäude Deutschlands. Weitere Sehenswürdigkeiten in dem von Weinanbau geprägten Ort sind der historische **Zehnthof**, die örtliche **Kirche** oder das **Brentano-Haus**. Es liegt im Herzen Winkels und schon Johann Wolfgang von Goethe und die Brüder Grimm genossen die Gastfreundschaft der Familie von Brentano. In dem 1751 erbauten und 1804 von den Brenta-

Schloss Vollrads

nos als Sommerhaus erworbenen Gebäude vermitteln original erhaltene Zimmer und Salons einen Eindruck der damaligen Wohnkultur (Termine für offene Führungen www.brentano.de, Eintritt). Das beeindruckende **Schloss Vollrads** liegt inmitten der Weinberge und ist wohl eines der ältesten Weingüter der Welt. Kernstück des Schlosses ist ein wuchtiger, um 1330 erbauter Turm, der in einem Weiher steht und über eine Brücke zu erreichen ist. Das Herrenhaus, an das sich im Laufe der Jahre weitere Gebäude anschlossen, wurde 1684 errichtet. Im Kavaliershaus und der Orangerie befindet sich das sehr empfehlenswerte **Gutsrestaurant** (Do - Di 12 - 21.30 Uhr, bei Veranstaltungen ggf. geschlossen). Natürlich werden hier zu feinen Speisen die vorzüglichen Weine aus eigenem Anbau kredenzt, die aber auch in der **Vinothek** verkostet und erworben werden können. Ebenso können Weinproben und Führungen gebucht werden (Mo - Fr 9 - 17 Uhr, Sa/So/Feiertage 11 - 19 Uhr). Die Weinbautradition reicht bis in das Jahr 1211 zurück und die 63 ha großen Weinbergflächen sind ausschließlich mit Riesling bestockt (www.schlossvollrads.com).

Als Bindeglied zwischen Oestrich und Winkel liegt **Mittelheim**, das 1292 erstmals erwähnt wurde. Mit dem Bau der **St.-Aegidius-Basilika** begann man bereits im 10. Jh. und sie gilt als älteste erhaltene romanische Pfeiler-Basilika im Rheingau. Sehenswert ist auch das gotische Rathaus aus dem Jahr 1504. Ganz in der Nähe der Basilika befindet sich die **Tourist-Info** der Weinstadt im advena-Hotel & Restaurant Jesuitengarten (Mo - Fr 9 - 13 Uhr, Sa 10 - 14 Uhr, Hermannstraße 6, Telefon 06723/6012806, www.oestrich-winkel.de).

Den Weinverladekran von **Oestrich** haben wir bereits gesehen und im Ort gruppieren sich um den mittelalterlichen Marktplatz viele schöne Fachwerkhäuser und Weingüter. Im 17. und 18. Jh. wurden an der Rheinfront zahlreiche Herrensitze erbaut, deren malerisches Fachwerk noch heute zwischen Bäumen bezaubert.

Die Freizeitangebote in

Oestrich-Winkel sind vielseitig. Herausgreifen möchten wir das **Wandererlebnis** auf dem **Flötenweg**, der durch die vier Weinbergsgemarkungen Oestrich-Winkels führt. Benannt ist er nach den typischen Rheingauer Weinflaschen, den Flöten. Je nach Lust und Kondition bieten sich Wanderstrecken unterschiedlicher Länge an. Auf dem Hauptweg von Hallgarten über Schloss Vollrads bis zum Schloss Johannisberg kann auf einer Strecke von ca. 10 km der Lauf des Rheins verfolgt werden und Querwege führen in die Ortsteile hinein. Unterwegs laden Aussichtspunkte und Weinprobierstände zur Rast und zum Verweilen ein. Jedes Jahr am Wochenende vor Pfingsten findet ein besonders Erlebnis statt, wenn örtliche Winzer entlang der Wanderwege eine große Auswahl an Weinen und Sekten sowie kleine kulinarische Köstlichkeiten anbieten (www.floetenweg.de).

Die Bundesstraße führt uns Richtung RÜDESHEIM weiter in die nächste Weinstadt. GEISENHEIM wurde bereits von den Kelten, Römern und Franken besiedelt. Der historische Ortskern wird u. a. vom 1550 erbauten **Schloss Schönborn**, der Pfarrkirche Heilig Kreuz und der **Villa Monrepos** umrahmt. Die dreischiffige Pfarrkirche wird, obwohl Geisenheim nie Bischofssitz war, im Volksmund als **Rheingauer Dom** bezeichnet und wurde um 1500 auf den Fundamenten einer romanischen Kirche errichtet. Ihr jetziges Aussehen erhielt sie im 19. Jahrhundert. Beeindruckend sind der neugotische Hochaltar mit einer Kreuzigungsgruppe und der Dreikönigsaltar von 1480 aus dem Spessart. Rund um die Stadt erstrecken sich 410 ha Weinabbaufläche und über 30 Weingüter, Gaststätten, Restaurants und Weinstuben halten in den Stadtteilen Johannisberg, Marienthal und Stephanshausen ihre Tore für Besucher geöffnet (www.geisenheim.de). Inmitten dieser Weinberge und im wunderschönen Elsterbachtal gelegen, bietet einer der Winzerbetriebe einen ruhigen und schönen WOMO-Stellplatz.

(259) WOMO-Stellplatz: Marienthal, Weingut Ostermühle offiziell

GPS: N 50°00'25.0" E 7°57'36.9"
Ostermühle 1 **max. WOMOs**: 4
Kontakt: 06722/8923, www.weingut-ostermuehle.de
Ausstattung/Lage: Grauwasserentsorgung, Frischwasser, Strom, Gebühr € (für Weinkunden und Gäste des Gutsausschanks kostenlos), Weinprobe, Gutsausschank, geführte Wanderungen/außerorts.
Zufahrt: Von der B42 Richtung Geisenheim-Mitte abfahren, der Vorfahrtsstraße folgen und rechts nach Johannisberg abbiegen. Im Ort links Richtung Marienthal abzweigen. Nach ca. 1,5 km liegt die Ostermühle links.

Neben dem Stellplatz gurgelt der Elsterbach durch die Wiesen, die Vögel zwitschern und die Gastfreundschaft der Familie Daniel tut ihr Übriges für einen angenehmen Aufenthalt. Einst verrichteten 18 Mühlen am Elsterbach ihren Dienst. Zehn davon verbindet der Mühlenweg, der hinter der Ostermühle verläuft.

WOMO-Wandertipp: Der Mühlenweg im Elsterbachtal

Leichte Wanderung von ca. 10 km Länge mit einigen An- und Abstiegen, diverse Einkehrmöglichkeiten.

Hinter der Ostermühle führt der Wanderweg talaufwärts (Markierung blauer Schmetterling), quert den Elsterbach und wir gelangen zum **Kloster Marienthal**. Das Franziskanerkloster liegt zwischen Weinbergen sowie Wäldern und ein Mühlstein erinnert an die ehemalige Mühle der Jesuiten. Wir wenden uns zurück und folgen der Straße in Richtung Johannisberg bis zur Schleifenmühle. Entlang der Straße ist bald die Reuß'sche Mühle erreicht, bevor wir rechts wieder die Ostermühle liegen sehen und etwa 200 m später links über den **Rheingauer Riesling Pfad** (gelbe Markierung) in die Weinberge ansteigen. Bergauf und dann halb rechts führt ein asphaltierter Weg zu einem Aussichtspunkt, von dem wir die herrliche Aussicht über Johannisberg genießen. Wenig später erreichen wir den Ortsrand und gelangen rechts über die Straße „Schweizertal“, dann weiter rechts über den Badpfad und die Straße „Grund“ zum Weingut Johannishof, der einstigen Brückenmühle. Wir folgen der Hauptstraße bis zur Bushaltestelle und zweigen dort links ab. Der Elsterbach wird gequert und wir gehen unterhalb von Schloss Johannisberg durch die Weinberge. Wir folgen an der 2. Weggabelung der Straße rechts, queren ein weiteres Mal den Elsterbach und gelangen zur Ankermühle, die heute ein Restaurant beherbergt. Über den Hauptweg/Kapperweg gelangen wir vorbei an der Weißmühle und der Krayersmühle und nach Winkel. Über den Bahndamm links und über ein Treppchen gehen wir in die Bartholomästraße zur Bischofsmühle. Hier wird umgekehrt und auf gleichem Weg zurückmarschiert.

Majestätisch liegt das 1716 erbaute **Schloss Johannisberg** jetzt über uns. Es gilt als erstes Riesling-Weingut der Welt und die edlen Weine können in der Vinothek verkostet und erworben werden (Mo - Fr 10 - 13/14 - 18 Uhr, Sa/So/Feiertage 11 - 18 Uhr/Mai - Sept. 11 - 19 Uhr/Nov. - Feb. 11 - 17 Uhr). Zudem werden Weinproben und Kellerführungen angeboten und von der Terrasse des Gutsrestaurants bietet sich ein grandioser Blick ins Rheintal (ab 11.30 Uhr, www.schloss-johannisberg.de). Das Schloss kann auch mit dem WOMO angefahren werden N 50°00'01.5" E 7°59'01.0". Wieder am Weingut Johannishof angekommen, folgen wir der Hauptstraße, passieren links die Schamariemühle, die einst als Öl- und Getreidemühle fungierte. Am Kloster Johannisberg gehen wir ein kurzes Stück auf der Straße nach Marienthal, um dann links über Treppenstufen das Elsterbachtal zu erreichen. Letztmalig wird der Bach gequert, um rechts der Straße „Im Bodental“ zur Elstermühle, die bis Ende des 19. Jh. als Ölmühle betrieben wurde, zu folgen. Im scharfen Bogen marschieren wir links und auf einem Wirtschaftsweg in die Weinberge am Kilzberg hinein. Über einen Schotterweg erreichen wir leicht bergab die Weihermühle, die heute ein Weingut ist. Vor dem Hof zweigt in einer Rechtskurve links ein Waldweg ab, der uns oberhalb des Tales zurück zur Ostermühle bringt.

Wie gut, dass wir uns erstmal in der Ostermühle ausruhen können, bevor es uns in die wohl umtriebigste Stadt im Rheingau führen wird.

Wer nun denkt, dass man in RÜDESHEIM mit zahlreichen vergnügungssüchtigen und weinseligen Kegelklubs konfrontiert wird, dem müssen wir sagen: Ja, das stimmt! Hinzukommen unzählige Kreuzfahrtschiffe, die ihre Fahrgastladungen aus

aller Herren Länder an Land spucken, damit diese das „wonderful Romantic Rhine Valley“ mitsamt seiner „typically German **Drosselgasse**“ aufmischen. Gruselige Vorstellung? Mag sein, aber viele Menschen wollen genau diese Form der Unterhaltung und sie werden bestens bedient! Allen anderen sei versichert, dass man zwar dem Touri-Rummel nicht ganz entfliehen kann, aber Rüdesheim und Umgebung tatsächlich eine ruhigere, vielleicht sogar beschauliche Seite zu bieten hat! Für die reine Stadtbesichtigung kann das WOMO auf dem Parkplatz P4 abgestellt werden. Dort gibt es längere Parkbuchten und obwohl nur für Pkw ausgewiesen, wird das Parken von WOMOs toleriert [N 49°58'45.0" E 7°55'44.3"; An der B42]. Eine weitere Möglichkeit gibt es am Straßenrand in der Kastanienallee, deren Kapazitäten allerdings schnell erschöpft sind. An der Zufahrt zum sehr empfehlenswerten Campingplatz gelegen, bietet sich die Allee an den Rheinwiesen jedoch auch für eine freie Übernachtung an, falls dieser geschlossen ist [**260:** N 49°58'40.5" E 7°55'56.5"; Kastanienallee]. Alle anderen Parkplätze in der Innenstadt sind für WOMOs tabu, außer man möchte ein „Knöllchen“ riskieren. Absolut ruhig und legal haben wir auch auf dem Parkplatz am Niederwalddenkmal übernachtet, an dessen Zufahrt zusätzlich ein Wanderparkplatz zu nennen ist.

(261) WOMO-Campingplatztipp: Rüdesheim, Campingplatz am Rhein

GPS: N 49°58'39.9" E 7°56'15.0"; Kastanienallee
Kontakt: Telefon 06722/2528, www.campingplatz-ruedesheim.de
Öffnungszeiten/Preis: April - Anfang Okt./€€€.
Ausstattung/Lage: V/E, Strom, Stellplätze für WOMOs mit Wasser u. Kanalanschluss, Waschmaschine, Trockner, Kiosk, Brötchenservice, Terrasse mit Ausschank, Freibad, Tennisplätze, Minigolfplatz, Spielplatz in der Nähe/Ortsrand, direkt am Rhein gelegen.
Zufahrt: Von der B42 kommend den Hinweisen zum Campingplatz folgen.

(262) WOMO-Wanderparkplatz: Rüdesheim

GPS: N 49°59'24.0" E 7°54'28.2"; An der L3034 **max. WOMOs**: 2-3
Ausstattung/Lage: Infotafel, Wanderwege, Bänke, Schutzhütte, ein wenig Aussicht/außerorts. Enge Einfahrt, Untergrund etwas holperig.
Zufahrt: In Rüdesheim den Hinweisen Niederwalddenkmal/Jagdschloss Niederwald aus dem Ort folgen. Bei Erreichen des Waldes liegen zwei Parkplätze auf der rechten und linken Straßenseite.

(263) WOMO-Stellplatz: Rüdesheim, Niederwalddenkmal

GPS: N 49°58'56.3" E 7°54'02.5"; An der L3034 **max. WOMOs**: 3-5
Ausstattung/Lage: Infotafeln, Wanderwege, Bänke, Gebühr €, Gaststätten u. Seilbahn in der Nähe, Mülleimer/außerorts, teils schräg.
Zufahrt: In Rüdesheim den Hinweisen Niederwalddenkmal folgen. Der Parkplatz liegt auf der linken Straßenseite.

Rüdesheim

Inmitten weitläufiger Weinberge und steil abfallender Schieferfelsen wurden vor rund 2.500 Jahren die ersten Bauern sesshaft. Später fühlten sich die Römer so wohl, dass sie gleich 400 Jahre vor Ort blieben und erst im 5. Jh. von den Franken abgelöst wurden. Die brachten dem Rheingau ein geordnetes Staatswesen, das die Mainzer Erzbischöfe im Jahr 983 gerne übernahmen. 1074 wird Rüdesheim erstmals urkundlich erwähnt und es verwundert kaum, dass sich diese Erwähnung bereits auf den Weinbau bezieht. Neben dem Wein gehört der Rhein zu den wichtigen Lebensadern der Stadt, die erst ab 1818 diesen Status besitzt. Von jeher wurden über den Fluss Waren transportiert und zahlreiche Rüdesheimer Schiffer fanden ihr Auskommen als Fracht- und Fährschiffer, Lotsen sowie Flößer. Viele Reisende machten hier Station und brachten den Gastwirten ein gutes Auskommen. Die Zollburg Ehrenfels sicherte weitere Einkommen, denn der rege Güterverkehr auf dem Rhein durch das enge Binger Loch wurde mit satten Zöllen belegt. Nach etlichen Auseinandersetzungen und Kriegen, nach Missernten und Steuerschulden, wechselnden Landesherren und Unruhen ging es mit Rüdesheim langsam bergab. Erst das technische Zeitalter

Brömserhof

Siegfried´s Mechanisches Musikkabinett

brachte ab Anfang/Mitte des 19. Jh. mit Dampfschiffen und der Eisenbahn wieder Wohlstand in die Stadt. Neben dem Weinhandel entstanden Schaumweinkellereien und Weinbrennereien. Die Waren gingen in die ganze Welt, aus der nun auch wieder die Touristen nach Rüdesheim kamen. Zwischen diese mischen wir uns nun und spazieren vom Campingplatz entlang des Rheins in die Rüdesheimer Altstadt. Am Flussufer sehen wir den **Adlerturm**, der im 15. Jh. erbaut wurde und zur alten Stadtbefestigung gehörte. Ein Stück weiter befindet sich die **Tourist-Info** (Jan. - März/Nov. - Dez. Mo - Fr 10 - 16 Uhr, April - Nov. Mo - Fr 8.30 - 18.30 Uhr Sa/So 10 - 16 Uhr, während des Weihnachtsmarktes Sa/So 11 - 15 Uhr, Rhein in Flammen Sa 10 - 18 Uhr, Rheinstraße 29a, Telefon 06722/906150, www.ruedesheim.de). Wir streifen durch die Gassen, entdecken zwischen Andenken- und Souvenirläden alte Adelshöfe, die verschiedene Kulturepochen darstellen. Besonders schön ist der 1292 erbaute **Brömserhof**, in dem sich **Siegfried's Mechanisches Musikkabinett** befindet. Angezogen von den Klängen eines Orchestrions begeben wir uns in ein musikalisches Abenteuer, das uns 350 selbstspielende Musikinstrumente aus drei Jahrhunderten nahebringt. Kleine, wunderbar verzierte Spieluhren mit kleinen tirilierenden Singvögeln begleiten uns genauso durch die Ausstellung, wie das ganze Jazz-Orchester des tonnenschweren Weber-Maesto Orchestrion oder der von Zauberhand spielende Bechstein-Welte-Flügel. Abgerundet wird die Ausstellung durch Werkzeuge und Maschinen zur Herstellung von Notenrollen, Orgelwalzen und vielem anderen. Ein tolles Erlebnis, das unbedingt ins Rüdesheim-Programm gehört (März - Dez. 10 - 18 Uhr, Führung obligatorisch, Eintritt. www.siegfrieds-musikkabinett.de)! Ein Stück weiter fällt die **Brömserburg** ins

Niederwaldtempel

Niederwald-Denkmal

Auge. Vom 10. - 19. Jh. war der mächtige Bau im Besitz der Mainzer Erzbischöfe und ist heute Sitz des **Rheingauer Weinmuseums** (März - Okt. 10 - 18 Uhr, Eintritt. www.rheingauer-weinmuseum.de). In unmittelbarer Nähe befindet sich der romanische Bergfried der **Boosenburg** aus dem 9. Jh., der nicht zugänglich ist. Erwähnenswert sind zwei weitere Museen. Zum einen das **Foltermuseum**, das sich mit der Rechtsgeschichte des Mittelalters sowie der Zeit der Hexenverfolgung in Deutschland beschäftigt (April - Nov. 10 - 18 Uhr, Eintritt. www.Foltermuseum.com). Zum anderen das **Spielzeug- und Eisenbahnmuseum**, in dem Kinder- und Erwachsenenspielzeug der letzten 100 Jahre präsentiert wird (Mo - Fr 8 - 18 Uhr, Sa/So 11 - 18 Uhr, Jan. - März am Wochenende geschlossen, Eintritt. www.toy-museum.de).
Mit der **Kabinenseilbahn** schweben wir als Nächstes über die Reben hinauf zum Niederwald-Denkmal (Mitte März - Anfang Nov. Mo - Fr 9.30 - 17/18/19 Uhr, Sa/So 9.30 - 18/19 Uhr, genaue Zeiten bei der Tourist-Info oder auf der Homepage. Einzel-, Kombi-, Ringtickets möglich, Gebühr, Hunde erlaubt. www.seilbahn-ruedesheim.de). Wir haben uns für das Ringticket entschieden und spazieren von der Seilbahnstation zum 38 m hohen **Niederwald-Denkmal**. Es wurde 1877 - 1883 errichtet und symbolisiert die Wiedererrichtung des Deutschen Kaiserreiches nach dem deutsch-französischen Krieg 1870/71. Hauptfigur ist die 640 Zentner schwere Germania mit der Kaiserkrone und dem Reichsschwert. Von hier oben bzw. vom **Niederwaldtempel** in der Nähe der

Mit dem Sessellift nach Assmannshausen

Picknick am Ramstein mit Blick auf Rüdesheim

Seilbahn haben wir eine herrliche Fernsicht ins Rhein- und Nahetal. Bei einem anderen Aufenthalt gingen wir vom Parkplatz über Treppen und durch die Weinberge direkt nach Rüdesheim zurück. Dabei empfiehlt sich die Einkehr im **Weinlokal & Restaurant Rebenhaus**, das nicht nur mit guter Küche, sondern auch mit einem atemberaubenden Ausblick aufwarten kann (Mi - So 11 - 20 Uhr). Eine mindestens genauso schöne Aussicht inklusive Picknickbänken hat man aber auch vom Felsenvorsprung **Ramstein**.
Jetzt sind wir aber mit dem Ringticket unterwegs und gelangen über den Weg an der Aussichtsplattform des Niederwald-Denkmals in den Wald. Immer wieder führen Seitenwege zu weiteren **Aussichtspunkten** bis wir nach etwa 20 Minuten die 1774 erbaute, künstliche **Ruine Rossel** auf der höchsten Erhebung des Niederwaldes erreichen. Was für ein grandioser Ausblick auf die Nahe-Mündung und die Höhenzüge des Hunsrücks! Wenig später sind wir an der **Zauberhöhle**, die um 1790 erbaut wurde und einen ummauerten Gang von etwa 60 m Länge darstellt. Ursprünglich waren die Wände mit Glassteinen verziert, und nachdem man den halbdunklen Glitzergang durchschritten hatte, eröffnete sich dem Besucher im grellen Sonnenlicht eine Sichtschneise zum Rhein hinab. Die Glitzersteine sind verschwunden, doch die Sichtachse vermittelt mit viel Fantasie immer noch die Zauberwelt der Natur. Nach weiteren 10 Minuten Fußweg gehen wir am **Hotel-Restaurant Jagdschloss Niederwald** vorbei und erreichen die Bergstation vom **Sessellift Assmannshausen** (April/Oktober Mo - Fr 10 - 17 Uhr, Sa/So 10 - 17.30 Uhr, Mai - Sept. Mo - Fr 10 - 17.30 Uhr, Sa/So 10 - 18 Uhr, Einzel-, Kombi-, Ringtickets möglich, Gebühr, keine Hunde. www.seilbahn-assmannshausen.de). In etwa 15 Minuten überwinden wir die 230 Höhenmeter in den Rüdesheimer Stadtteil **Assmannshausen**. Was für Rüdesheim die Drosselgasse ist für Assmannshausen die **Höllengasse**, in der die abendliche Unterhaltung in diversen Wirtshäusern, Kellerlokalen und Weinstuben garantiert sein soll. Höllisch gut ist jedoch auch der Spätburgunder, der in besten Lagen am **Höllenberg** seinen Ursprung hat und durch seine samtig weiche sowie vollmundige Art die Sinne von Rotweinkennern anspricht. Kosten kann man ihn entlang der Rheinterrassen auf den Laubenterrassen etlicher Lokalitäten oder man kehrt auf einen Kaffee ins traditionsreiche **Hotel Zur Krone** ein. Wir müssen uns jetzt aber sputen, um das Schiff zurück nach Rüdesheim zu erreichen. An Bord der **Bingen-Rüdesheimer Fahrgastschifffahrt** durchfahren wir das Binger Loch, schauen hinauf zur Ruine Rossel und sehen den momentan wegen Sanierungsarbeiten verhüll-

ten **Mäuseturm**. Als Wachturm zwischen den **Burgen Ehrenfels** und **Klopp** Anfang des 14. Jh. erbaut, wird sein Name einem hierher verbannten Bischof zugeschrieben, der bei lebendigem Leib von Mäusen aufgefressen wurde. Eine sehr unschöne Geschichte, der wir uns gar nicht länger widmen wollen, zumal der Mäuseturm zum rheinland-pfälzischen Bingen gehört. Wenn man des Bischofs Schicksal bedenkt, wird uns nun augenzwinkenrd verständliche, warum die Rüdesheimer von der „ebsch Seit", der schlechten oder falschen Seite, sprechen, wenn sie die andere Rheinseite meinen. Sei's drum, wir sind jedenfalls wieder gut in Rüdesheim gelandet und lassen uns auf den „Selbstversuch **Drosselgasse**" ein. Was ist denn nun an der 144 m langen, mit 37.508 Pflastersteinen belegten und mit mehreren gastronomischen Betrieben samt 1.500 Sitzplätzen bestückten Gasse dran? Unter dem beliebten Glockenspiel des Weinlokals Rüdesheimer Schloss nehmen wir an einem Ecktisch Platz und schauen uns das Treiben an: Selbstvergessen bewegt sich ein schick und korrekt gekleidetes, älteres Paar in exzellenter Tanzhaltung zu den Rhythmen einer elektrischen Orgel. Gegenüber dröhnt laute, fetzige Musik aus den Fenstern und das eine oder andere Glas zu viel, scheint einen jungen Mann unter den anfeuernden Rufen seiner Kumpane dazu zu bewegen, auf dem Tisch tanzend, sich seines Hemdes zu entledigen. Dann gibt es die Menschen, die einfach nur staunend und auf irgendetwas wartend durch die Drosselgasse gehen oder die, die nach etlichen Weinproben einfach nur fröhlich sind. Fest steht, dass man die richtige Laune mitbringen sollte, um es mal so richtig „krachen" zu lassen!

Burg Ehrenfels und Ruine Rossel

Nach unserem heutigen Besichtigungsprogramm steht uns der Sinn eher nach einem gemütlichen Abend. Wir lassen die Drosselgasse hinter uns und finden in der nächsten Gasse im **Gutsausschank Philipp** genau das, was wir gesucht haben. Im idyllischen Winzerhof kommt typische Winzerküche auf den Tisch, den wir mit aufgeschlossenen Tischnachbarn teilen. Die hauseigenen Weine aus allen bekannten Rüdesheimer Lagen gefielen uns so gut, dass einige Flaschen den heimischen Keller bereichern und mittlerweile wieder nachgeordert werden müssen. Insgesamt ein gelungener Abend, den wir gerne zu Nachahmung empfehlen (Ostern - Mitte Okt. ab 13 Uhr, Steingasse 13, www.wein-philipp.de).

Am nächsten Morgen bietet sich der 6,7 km lange Rüdesheimer **Hildegard-Weg** durch die Weinberge an, um den Kopf wieder so richtig frei zu bekommen. Der mit dem Symbol der Hildegard von Bingen markierte Weg führt ab der Personenfähre Bingen/Rüdesheim zur Brömserburg und mit kleinem Anstieg über Eibingen mit der Pfarr- und Wallfahrtskirche zur **Abtei St. Hildegard**, die im Geist von Hildegard von Bingen geführt wird. Die Klosterkirche der 1904 gegründeten Benediktinerinnenabtei zeigt sehenswerte Fresken im Stil der Beuroner Kunstschule und der Klosterladen bietet eine Auswahl an Büchern oder Karten und Kunst aus den eigenen Werkstätten. Die erlesenen Weine, Sekte und Liköre stammen aus dem **Klosterweingut** und das **Klostercafé** lädt zur Einkehr ein (Sa 11 - 17 Uhr So/Feiertag 14 - 17 Uhr. Am Hang laufen wir anschließend mit einem wunderbaren Blick ins Rheintal weiter und gelangen über den Viadukt der ehemaligen Zahnradbahn zurück nach Rüdesheim. Die Abtei ist von der B42 ausgeschildert und kann auch mit dem WOMO angefahren werden [N 49°59'35.2" E 7°55'50.5"; Klosterweg]. Dem „Geist des Weines" kann man im **Besucher Centrum Asbach** nachspüren und erfährt Details über die Historie und Herstellung der Asbach Produkte. Im Besucher Shop können u. a. die Accessoires zur Herstellung der Spezialität Rüdesheimer Kaffee erworben werden. Dazu gehören die original Kaffeetassen, in denen drei Würfel Zucker mit erhitztem Weinbrand Asbach uralt aufgelöst und entzündet werden. Die Mischung wird mit Kaffee aufgefüllt und mit gesüßter Schlagsahne sowie Schokoladenraspeln verziert (März - 22. Dez. Di - Sa 9 - 17 Uhr, Feiertage geschlossen, Anmeldung erwünscht, Telefon 06722/497345, www.asbach.de).

Von Rüdesheim aus fahren wir entlang des Rheins auf der B42 Richtung LORCH. In ASSMANNSHAUSEN notieren wir für diejenigen, die unserer oben beschriebenen Ringtour nicht gefolgt sind und den Weinort mit dem WOMO anfahren möchten, einen gebührenpflichtigen Parkstreifen am Straßenrand [N 49°59'14.9" E 7°51'55.7"; Rheinallee]. Auf der gegenüberliegenden Rheinseite grüßen die **Burgen Rheinstein**, **Reichenstein** und **Sooneck**, die einen weiteren Vorgeschmack auf das romantische **Welterbe Oberes Mittelrheintal** geben. Wer sich inmitten von Bergen, Wäldern und Wein länger aufhalten und vielleicht sogar ins **Tal der Loreley** vordringen möchte, der findet auf dem folgenden Campingplatz eine gute Basisstation. Schon die Anfahrt durch die Weinberge ist ein Erlebnis, das während der Arbeiten in den Weinbergen manchmal von kleinen Wartezeiten begleitet wird. Als „Wiedergutmachung" sollte man dann einfach das Panorama betrachten!

(264) WOMO-Campingplatztipp: Lorch, Camping Suleika

GPS: N 50°01'52.1" E 7°49'24.5"; Im Bodenthal 2
Kontakt: Telefon 06726/839402, www.suleika-camping.de
Öffnungszeiten/Preis: 15. März - Okt./€€.
Ausstattung/Lage: V/E, Strom, Waschmaschine, Trockner, Kiosk, Brötchenservice, Weinhaus mit warmer Küche (Di/Mi/Fr 17 - 22 Uhr, Sa/So 13 - 22 Uhr), Weinverkauf, Spielplatz, Aussicht, Wanderwege (Rieslingpfad/Rheinsteig)/außerorts, terrassenartig in den Weinbergen gelegen.
Zufahrt: Von der B42 aus Assmannshausen kommend ist der Campingplatz nach rechts ausgeschildert, jedoch mit dem WOMO wegen der Bahnunterführung (2,20 m Höhe) nicht zu erreichen! Etwa 3 km später liegen die von uns genannten Koordinaten am Ortseingang von Lorch. Dort rechts auf schmalen Einbahnsträßchen und teils ordentlicher Steigung ca. 3 km den Hinweisen zum Campingplatz folgen.

Im Weinort Lorch kann die **Pfarrkirche St. Martin**, mit deren Bau 1270 begonnen wurde, mit einem 1483 errichteten Hochaltar, einem Chorgestühl aus dem 13. Jh. und einem Triumpfkreuz aufwarten. Erwähnenswert ist das Riesling-Register der Orgel, das bei seiner Betätigung Vogelgezwitscher hören lässt und hinter einer kleinen, sich öffnenden Tür zwei Flaschen Riesling und zwei Weingläser versteckt. Die **Tourist-Info** befindet sich im historischen **Hilchenhaus**, das 1546/48 erbaut wurde und als bedeutendster Renaissancebau im Mittelrheintal gilt (Mo - Fr 9 - 12/14 - 16 Uhr, Mitte Okt. - März nur Fr bis 12 Uhr, Rheinstraße 48, Telefon 06726/8399249, www.lorch-rhein.de). Auf dem Campingplatz oder bei Lorcher Winzern fällt uns immer wieder der Begriff „Freistaat Flaschenhals" auf und es ist Zeit, diesem Mysterium auf den Grund zu gehen.

Freistaat Flaschenhals

Nach dem Ersten Weltkrieg legten die Besatzungsmächte Großbritannien, Frankreich und Amerika mittels eines Zirkelschlags ihre Gebiete fest. Sie gingen davon aus, dass sich die Kreise überlappten und bemerkten vorerst nicht, dass zwischen Kaub und Lorsch ein Landstreifen übrig blieb, der aufgrund seiner flaschenhalsartigen Form schnell den Namen Freistaat Flaschenhals erhielt. Die Region war von den Alliierten weitgehend abgeriegelt und die üblichen Straßen- und Bahnverbindungen standen den Bewohnern nicht mehr zur Verfügung bzw. deren Nutzung war durch die Alliierten verboten. Der übliche Austausch von Waren, Informationen sowie Gütern war somit nicht mehr möglich und notgedrungen wurde geschmuggelt, was das Zeug hielt. Es gab eine eigene „Regierung" und sogar eine Währung, die in der eigenen Münze geprägt wurde. Erst in den 1920er Jahren hatte das improvisierte Le-

ben der Menschen im „Flaschenhals" ein Ende, als der Freistaat in die Besatzungszone einbezogen wurde. Heute haben sich geschichtsbewusste Winzer und Gastronomen zur „Freistaat Flaschenhals Initiative" (FFI) zusammengeschlossen und bieten Weine und kulinarische Menüs an. Sogar die „Einbürgerung" in den „Flaschenhals" kann beantragt werden. Nach positiv-wohlwollender Annahme (u.a. im Weinhaus Freistaat Flaschenhals am Campingplatz) erhält der Neubürger einen „Reisepass", der ihm viele Vergünstigungen auf dem „FFI-Territorium" gewährt (www.freistaat-flaschenhals.de).

Der Abschluss unserer abwechslungsreichen Reise durch Hessens Mitte und Süden wird uns im Rheingau durch ein Spektakel der besonderen Art „versüßt". Bengalfeuer und Feuerwerksraketen verzaubern alljährlich von Mai bis September die schönsten Rheinabschnitte, Uferpromenaden und Sehenswürdigkeiten zwischen Bonn und Rüdesheim beim Event **Rhein in Flammen** in eine funkelnde und rot glühende Bühne. Unzählige Gäste können den Abend an Bord illuminierter Schiffe verbringen oder dem bunten Treiben mit Musik und kulinarischen Leckereien an Land folgen. Zwischen Trechtingshausen und Rüdesheim/Bingen findet die Veranstaltung traditionell am ersten Samstag im Juli statt und wir beobachten vier der sieben Großfeuerwerke vom Niederwald-Denkmal aus (www.rhein-in-flammen.com, Eintritt frei). Nachdem das Finalfeuerwerk von einer Plattform inmitten des Rheins abgeschossen wurde, genießen wir einen letzten Rheingauer Riesling und verabschieden uns in der Hoffnung, dass es Ihnen mit uns gefallen hat! Wir wünschen Ihnen eine gute Weiterreise und sagen „Tschüss" oder wie es im Rheingau heißt: **„Addschee!"**

Wissenswertes

Allgemeines

Wenn Sie sich bis hierher durch unser Buch gelesen haben, werden Sie vielleicht verstehen, warum wir unsere Heimat so lieben und wir von Hessen als Reiseland begeistert sind!
Um uns Hessen, die wir uns selber gerne in Nord-, Ost-, Mittel und Südhessen eingruppieren, und unsere Heimatverbundenheit ein wenig besser zu verstehen, wollen wir die Historie unseres Landes bemühen.
In der Mitte Deutschlands gelegen, waren sie in den Jahrtausenden der Geschichte fast alle im heutigen Hessen: Kelten, Römer und Franken. Die Chatten, die sich aus den Resten der keltischen Bevölkerung entwickelten, wurden hauptsächlich in Nord- und Mittelhessen ansässig. Immerhin sollen sie durch eine allmähliche Wortwandlung ihres Stammesnamen für die Bezeichnung „Hessen“ gesorgt haben. Südlich des obergermanischen Limes dominierte der römisch, fränkische Einfluss und die Franken waren es dann auch, die das Christentum nach Hessen brachten. Karl der Große machte die ehemals römische Rhein-Main-Region um das Jahr 800 zu einem der Kernländer seines Reiches und unter seinem Sohn wurde Frankfurt bevorzugter Regierungssitz. Auch der Stauferkönig Friedrich Barbarossa, 1152 in Frankfurt zum König gewählt, schätzte die Region als Zentrum seines Reiches. Im darauf folgenden Jahrhundert war es dann die Tochter der Heiligen Elisabeth, Witwe des thüringischen Landgrafen Ludwig IV., die Hessen als Erbteil für ihren Sohn Heinrich von Brabant sicherte. Im Jahr 1247 läutete die Proklamation des kleinen Kerls zum ersten Landgraf von Hessen die eigenständige staatliche Entwicklung Hessens ein. Nach einer glanzvollen Regierungszeit Philip des Großmütigen, der das Land im 16. Jh. umfassend modernisierte, als Anhänger Luthers den Protestantismus einführte und soziale Einrichtungen sowie die Universität Marburg gründete, endete nach seinem Tod die Einheit des Landes. Die Teilung in Hessen-Darmstadt und Hessen-Kassel nahm ihren Lauf und verschärfte sich im 17. Jh. zusätzlich durch die konfessionelle Spaltung. Im 19. Jh. war es die napoleonische Ära, die für eine politische Neuordnung sorgte. Kassel wurde Hauptstadt des Königreiches Westfalen, zu dem Kurhessen, Braunschweig sowie Teile von Hannover und Preußen gehörten. Aus Frankfurt, Aschaffenburg, Fulda, Hanau und Wetzlar wurde das Großherzogtum Frankfurt. Das Großherzogtum Hessen-Darmstadt und die nassauischen Fürstentümer schlossen sich dem Rheinbund an. Napoleons Niederlage änderte die Gegebenheiten erneut. Dem Kurfürstentum Hessen-Kassel wurden Teile des Fürstenbistums Fulda und Hanau zugeschlagen, während das Königreich Westfalen zerfiel. Hessen-Darmstadt wurde um die Gebiete Mainz und Worms, die den Namen Rheinhessen erhielten, erweitert und die Nassauer behielten ihr Herzogtum. Die souveränen Kleinstaaten des Landgrafentums Homburg und das Fürstentum Waldeck gehörten dem Deutschen Bund an und Frankfurt wurde wieder zur Freien Stadt. Auch das Fürstentum Solms-Braunfels verlor seine Unabhängigkeit und gehörte ebenso wie die damals freie Reichsstadt Wetzlar zum preußischen Rheinland. In der Folge der französischen Revolution forderten die Bürger mehr Freiheiten und Rechte und das 19. Jh. brachte die erste ständische Verfassung im Herzogtum Nassau sowie weitere Verfassungen in anderen Regionen. Diese gipfelten im Jahr 1848 in der Frankfurter Paulskirche mit der Deutschen Nationalversammlung. Der spätere Krieg zwischen Preußen und Österreich war dafür verantwortlich, dass Hessen-Kassel, die Stadt Frankfurt und das Herzogtum Nassau preußisch wurden und zur Provinz Hessen-Nassau zusammengefasst wurden. Nach dem Ende der Monarchie 1918 und mit der Gründung der Weimarer Republik wurde aus dem Großherzogtum Hessen-Darmstadt der Volksstaat Hessen, dessen Regierungssitz Darmstadt war. Nach dem Zweiten

Weltkrieg ernannte die amerikanische Militärregierung in Kassel und Wiesbaden neue Regierungspräsidenten und setzte eine „Deutsche Regierung des Landes Hessen" ein, die ihren Sitz in Darmstadt hatte. In der Folge umfasste das hessische Staatsgebiet die ehemaligen preußischen Regierungsbezirke Wiesbaden und Kassel sowie den früheren Volksstaat Hessen. Wiesbaden wurde Landeshauptstadt und die Kreise Ober- und Unterwesterwald, Unterlahn und St. Goarshausen sowie das linksrheinische Rheinhessen wurden in das Land Rheinland-Pfalz integriert.
Vielleicht findet sich in allen diesen Umwälzungen der Grund, dass es den einen Typus des Hessen nicht gibt. Jede territoriale Veränderung und alle hohen Herren, egal woher und wann sie kamen, ließen ein Stück ihrer Kultur und Sprache zurück und prägten damit die jeweiligen hessischen Landstriche. Dutzende kleiner Residenzstädte und Burgen zeugen von der Vergangenheit und lassen die Geschichte lebendig werden. Auf unserer Reise ist unschwer zu merken, dass Hessen das waldreichste Bundesland Deutschlands ist und neben den Ballungsgebieten im Rhein-Main-Gebiet eine Menge wunderschöner, abwechslungsreicher Landschaften zu bieten hat. Obwohl Hessen ein modernes, nach vorne gewandtes, weltoffenes Bundesland ist, sind die Vergangenheit und die damit verbundenen Traditionen überall spürbar. Wahrscheinlich ist es genau diese Mischung, die uns zu überzeugten Hessen macht!
Die Straßenverhältnisse sind in unserem Reisegebiet im Allgemeinen als gut zu bezeichnen und falls es auf Seitenstraßen für größere WOMOs einmal eng werden könnte, dann weisen wir im Text gezielt darauf hin.
Wie in vielen Städten Deutschlands sind wegen der häufigen und regelmäßigen Überschreitung der EU-Luftqualitätsgrenzwerte für Feinstaub und Stickstoffdioxide **Umweltzonen** eingerichtet. In Hessen gibt es derzeit Umweltzonen in **Frankfurt am Main, Offenbach am Main und Wiesbaden**. Die Zonen sind durch Verkehrs- und Zusatzzeichen gekennzeichnet und dürfen nur gemäß des jeweiligen Schadstoffausstoßes von WOMOs befahren werden. Der Campingplatz City Camp in Frankfurt ist nur von Fahrzeugen mit einer grünen Umweltplakette anzufahren, während der Campingplatz Mainkur in Maintal als auch der Reisemobilhafen Wiesbaden auf den von uns beschriebenen Strecken ohne Feinstaubplakette zu erreichen sind. Nähere Informationen sind auf der Homepage des hessischen Umweltministeriums zu finden (www.umweltministerium.hessen.de).
An dieser Stelle möchten wir uns bei allen Museumsleitern sowie verantwortlichen Personen der von uns besuchten Sehenswürdigkeiten und bei den Mitarbeitern der Touristinformationen herzlich bedanken. Sie widmeten uns bei Führungen durch Ausstellungen und persönlichen Gesprächen viel ihrer wertvollen Zeit und gestatteten uns Fotoaufnahmen.

Baden/Wassersport

Auf unseren Touren bieten sich viele und abwechslungsreiche Möglichkeiten, um ins kühle Nass zu springen. Ob kleine Natur- und Baggerseen oder die größeren Erholungs- und Freizeitanlagen, sowie die Frei- und Hallenbäder und Badestellen an den Flüssen - überall kann man im Wasser nach Herzenslust planschen. In den Thermal-, Sole- und Kneippbädern können müde und angeschlagene Knochen wieder in Schwung gebracht werden. Wer sich lieber auf dem Wasser bewegt, wird bei Schiffs-, Boots- und Kanutouren dazu Gelegenheit haben.

Besichtigungen

Dieser WOMO-Reiseführer bringt Sie zu einer Vielzahl von Sehenswürdigkeiten. Damit bei einer intensiven Besichtigungstour der Geldbeutel nicht zu sehr belastet wird, bieten verschiedene Städte mehrtägig gültige Touristen-Karten an. Diese berechtigen zum freien oder ermäßigten Eintritt der verschiedensten

Attraktionen bzw. zur Nutzung des ÖPNV und anderer Vergünstigungen zu einem Pauschalpreis.

Campingplätze/offizielle Wohnmobil-Stellplätze

Wir haben zahlreiche Campingplätze beschrieben und weisen in den Tourenkarten auf weitere hin. Die in ihrer Qualität sehr unterschiedlichen Plätze eignen sich für einen längeren Aufenthalt und bieten teilweise viele Freizeitangebote an. Oft verfügen sie über separate Stellplätze für Reisemobile, immer aber über eine Ver- und Entsorgungsmöglichkeit. Die offiziellen Wohnmobil-Stellplätze reichen vom separaten WOMO-Bereich auf einem Parkplatz bis zum voll ausgestatteten Stellplatz mit Ver- und Entsorgung, Strom, Sanitärbereich, Abfallbehälter und meist Platz für Tisch und Stühle vor dem WOMO. Im Winter kann die Ver- und Entsorgung schwieriger werden, da V/E-Anlagen wegen Frostgefahr möglicherweise geschlossen sind.

Freies Übernachten

Das einmalige Übernachten im WOMO an Straßen und auf Parkplätzen ist in Deutschland zur Wiederherstellung der Fahrtüchtigkeit erlaubt. Natürlich sind örtliche Einschränkungen zu beachten und ein Camping ähnliches Verhalten, wie z. B. Markise ausfahren, Tisch und Stühle aufstellen, Grillen und Wäsche aufhängen, zu unterlassen. Für längere Aufenthalte empfehlen wir die offiziellen Stell- und Campingplätze. Wir haben uns auf „unseren“ Plätzen fast immer allein befunden und bei der Angabe von max. WOMOs stets die Anzahl angegeben, die wir für verträglich halten, um niemanden durch eine zu große Ansammlung von Reisemobilen zu verärgern oder zu stören. Auch haben wir die Plätze im Allgemeinen sauber und ordentlich vorgefunden und diese auch so wieder verlassen. Es wäre schön, wenn das so bleiben würde, und wir bitten deshalb alle Leser und vor allen Dingen die Nutzer der Stellplätze ganz herzlich sich so zu verhalten, dass niemand uns Wohnmobilisten zürnen kann! Es wäre schade, wenn WOMOs in Zukunft in Hessen nicht mehr gern gesehen würden.
Lassen Sie sich nicht von der Nähe einiger unserer Plätze zu den Straßen abschrecken! Meist ruht der Straßenverkehr nachts völlig und wir haben dort störungsfreie Nächte verbringen können. Sollte eine Geräuschbelästigung nicht auszuschließen sein, dann weisen wir im Text gesondert darauf hin. Es kann sein, dass sich ein Stellplatz im Sommer anders darstellt als im Winter. Da wir uns in der freien Natur aufhalten, sollten Unterlegkeile zum Ausgleich von Bodenunebenheiten immer dabei sein!

Gas

Gastankstellen sind mittlerweile in Deutschland fast flächendeckend vorhanden, sodass Sie Ihre Gastankflasche befüllen können. Für den Gasflaschentausch bieten sich die angegebenen WOMO-Händler mit Zubehörläden an.

GPS/Navigation

Inzwischen gehört die Navigation per GPS-Gerät zum Alltag und wird nahezu in jedem WOMO genutzt. Auf unseren Recherchetouren haben uns die TomTom-Navigationsgeräte sicher zu unseren Zielen geführt. Wir empfehlen trotz aller Technik, bei der gelegentlich Ungenauigkeiten einkalkuliert werden müssen, die Mitnahme einer Straßenkarte und ggf. einer Wanderkarte. Die GPS-Koordinaten aller Plätze haben wir in der Schreibweise Grad° Minuten’ und Sekunden”, z. B. N 50°36’38.2” E 10°07’55.6” angegeben. Diese können manuell in ein Navigationsgerät eingegeben werden oder bequem mithilfe der im WOMO-Verlag erhältlichen „GPS-CD zum Buch“ übertragen werden.

Kartenmaterial/Lektüre

Unsere den Touren vorangestellten Karten ersetzen keine Straßen- und Wanderkarten und sollen lediglich bei der Orientierung helfen!
Für die detaillierte Planung Ihrer Reise empfehlen wir Ihnen folgende Karten und Lektüren:

- Freytag & Berndt: Hessen 1:200.000 (gibt es beim WOMO-Verlag)
- Rother Wanderführer: Vogelsberg - Wetterau (gibt es beim WOMO-Verlag)
- Hess. Landesamt für Bodenmanagement u. Geoinformation: Verschiedene Topografische Wander-/Freizeitkarten 1 : 50.000
- DuMont Wanderführer: Odenwald, Taunus
- Jahreszeiten Verlag: MERIAN Hessen
- Wartberg Verlag: Freizeitführer Mittelhessen und Südhessen
- Emons-Verlag: 111 Orte im Odenwald, Spessart und an der Bergstraße, die man gesehen haben muss
  111 Orte im Vogelsberg und in der Wetterau, die man gesehen haben muss

In den Tourist-Informationen gibt es zusätzlich eine Fülle von Broschüren, Prospekten und Vorschlägen für die Freizeitgestaltung, die wir wärmstens empfehlen können. Beim Stöbern in örtlichen Buchhandlungen stößt man auf Mundartgedichte, Geschichten und Krimis aus der Region. Also genügend Lesestoff gegen Langeweile und für unterhaltsame Lesestunden!

Linksammlung

Für Smartphone-Nutzer werden für verschiedene Regionen bzw. Aktivitäten nützliche Apps im Apple- bzw. Android - Store angeboten. Interessante Informationen finden sich auch unter folgenden Internetpräsenzen.

www.de-de.daslahntal.de
www.geo-naturpark.net
www.hessen-tourismus.de
www.mkk-tourismus-spessart.de
www.outdooractive.com
www.romantischer-rhein.de
www.spessart-mainland.de
www.taunus-info.de
www.wetterau.de
www.diebergstrasse.de
www.frankfurt-rhein-main.de
www.kulturland-rheingau.de
www.naturpark-taunus.de
www.radroutenplaner.hessen.de
www. schloesser-hessen.de
www.tourismus-odenwald.de
www.vogelsberg-touristik.de
www.outdooractive.com

Öffnungszeiten

Bei den von uns genannten Museen und Sehenswürdigkeiten haben wir die jeweiligen Öffnungszeiten notiert. Trotzdem kann es sein, dass sich die Zeiten verändern oder dass einzelne Abteilungen oder gleich ganze Museen vorübergehend wegen Sanierungs- oder Renovierungsarbeiten geschlossen sind. Da wir nicht nur Hessen bereisen, sondern auch in Baden-Württemberg und Bayern unterwegs sind, möchten wir auf die unterschiedlichen Feiertagsregelungen hinweisen. In Bayern und Baden-Württemberg sind der 6. Januar (Heilige Drei Könige) und der 1. November (Allerheiligen) Feiertage, jedoch nicht in Hessen. In Bayern ist Mariä Himmelfahrt am 15. August Feiertag.
Zusätzlich möchten wir darauf hinweisen, dass einige offizielle als auch freie, mit den Begriffen WOMO-Stellplatz, WOMO-Picknickplatz, WOMO-Badeplatz oder WOMO-Wanderparkplatz beschriebene, Stellplätze und Parkplätze bei Veranstaltungen und Festen gesperrt sein können.

Reisezeit/Klima

Hessen ist ein Reiseland für jede Jahreszeit. Trockene, heiße Sommer sind möglich, genauso wie niederschlagsreiche Monate in Frühjahr und Herbst und schneereiche Winter. Im Reisegepäck sollten Bade- und Regenbekleidung, aber auch ein warmer Pullover nie fehlen. Im Frühjahr lockt die überall erwachende Natur. Im Sommer laden die Seen zu einem Bad oder einer Schiffstour und vielen anderen Aktivitäten in freier Natur ein. Der Herbst bietet einen besonderen Reiz, wenn in den Wäldern das bunt gefärbte Laub den hessischen Indian Summer einläutet. Im Winter kommen Skifahrer, ob Langlauf oder Abfahrt, sowie Rodler bei entsprechenden Witterungsverhältnissen auf ihre Kosten. Eine besonders beschauliche Weihnachtsatmosphäre findet sich im Advent in vielen Orten auf Weihnachtsmärkten.

Wandern/Radwandern/Wintersport

Hessen ist ein wahres Paradies für Wanderer! Das ist schon alleine an den vielen von uns genannten Wanderparkplätzen zu erkennen, von denen man zu beliebig langen Touren mit den verschiedensten Schwierigkeitsgraden aufbrechen kann. Wir haben versucht, vom kleinen Spaziergang bis zur Ganztageswanderung in der jeweils typischen Landschaft eine kleine Kostprobe zu präsentieren. Bei unserer Auswahl von Wandertipps haben wir meist Rundwanderungen ausgewählt, die am WOMO starten und nach einem erlebnisreichen Marsch dort enden. Zusätzliche Angebote bei den Touristinformationen, bei Wanderportalen und den Aushängen an den Parkplätzen sind schier grenzenlos. In der letzten Zeit entstanden viele Premium- und Themenwanderwege, die das Wandern zu einer erholsamen Freizeitbeschäftigung werden lassen. Diese Wege sind bestens markiert, sodass wir eine Reihe von ihnen erwähnen, aber keine Notwendigkeit sehen, sie explizit zu beschreiben. Das Gleiche gilt für ausgewiesene Rad- und Mountainbikestrecken.
Zahlreiche Radwege führen an Flüssen oder auf stillgelegten Bahntrassen entlang. Wer ohne Zweirad unterwegs ist, findet Verleihstationen für herkömmliche Fahrräder als auch für E-Bikes.
Im Winter laden Loipen und präparierte Pisten zum Rodeln, Langlauf, Snowboarden oder zur Abfahrt ein. Wanderungen durch eine verschneite Traumwelt bieten zusätzliche Abwechslung.

Sonnenuntergang über Groß-Umstadt (vgl. Tour 7)

Stichwortverzeichnis

Info-Blatt aus dem WOMO-Buch: Hessen (M+S) '16

(komplett ausgefüllt erhalte ich 10% Info-Honorar auf Bestellungen direkt beim Verlag)

Lokalität: Seite: Datum:
(Stellplatz, Campingplatz, Wandertour, Gaststätte, usw.)

unverändert gesperrt/geschlossen folgende Änderungen:

Lokalität: Seite: Datum:
(Stellplatz, Campingplatz, Wandertour, Gaststätte, usw.)

unverändert gesperrt/geschlossen folgende Änderungen:

Lokalität: Seite: Datum:
(Stellplatz, Campingplatz, Wandertour, Gaststätte, usw.)

unverändert gesperrt/geschlossen folgende Änderungen:

Lokalität: Seite: Datum:
(Stellplatz, Campingplatz, Wandertour, Gaststätte, usw.)

unverändert gesperrt/geschlossen folgende Änderungen:

Lokalität: Seite: Datum:
(Stellplatz, Campingplatz, Wandertour, Gaststätte, usw.)

unverändert gesperrt/geschlossen folgende Änderungen:

Lokalität: Seite: Datum:
(Stellplatz, Campingplatz, Wandertour, Gaststätte, usw.)

unverändert gesperrt/geschlossen folgende Änderungen:

Meine Adresse und Tel.-Nummer:

(nur komplett ausgefüllte, zeitnah eingesandte Infoblätter können berücksichtigt werden)

Wir bestellen zur sofortigen Lieferung: (Alle Preise in € [D], Preisänderungen vorbehalten)

- ☐ Wohnmobil Handbuch ..... 19,90 €
- ☐ Wohnmobil Kochbuch ..... 12,90 €
- ☐ Heitere WOMO-Geschichten ..... 6,90 €
- ☐ Albanien ..... 19,90 €
- ☐ Allgäu ..... 17,90 €
- ☐ Auvergne ..... 17,90 €
- ☐ Baden-Württemberg ..... 19,90 €
- ☐ Baltikum ..... 20,90 €
- ☐ Bayern (Nordost) ..... 19,90 €
- ☐ Bayern (Südost/Oberbayern) ..... 19,90 €
- ☐ Belgien & Luxemburg ..... 19,90 €
- ☐ Bretagne ..... 18,90 €
- ☐ Burgund ..... 17,90 €
- ☐ Dänemark ..... 19,90 €
- ☐ Elsass ..... 18,90 €
- ☐ England ..... 18,90 €
- ☐ Finnland ..... 19,90 €
- ☐ Franz. Atlantikküste (Nord) ..... 17,90 €
- ☐ Franz. Atlantikküste (Süd) ..... 17,90 €
- ☐ Griechenland ..... 19,90 €
- ☐ Hessen (Norden + Osten) ..... 19,90 €
- ☐ Hessen (Mitte + Süden) ..... 19,90 €
- ☐ Hunsrück/Mosel/Eifel ..... 19,90 €
- ☐ Irland ..... 19,90 €
- ☐ Korsika ..... 17,90 €
- ☐ Latium/Rom/Abruzzen ..... 18,90 €
- ☐ Kroatien / Montenegro ..... 19,90 €
- ☐ Ligurien ..... 17,90 €
- ☐ Loire-Tal/Paris ..... 17,90 €
- ☐ Languedoc/Roussillon ..... 19,90 €
- ☐ Marokko ..... 19,90 €
- ☐ Namibia ..... 19,90 €
- ☐ Neuseeland ..... 24,90 €
- ☐ Niederlande ..... 19,90 €
- ☐ Nord-Frankreich ..... 18,90 €
- ☐ Normandie ..... 17,90 €
- ☐ Norwegen (Nord) ..... 19,90 €
- ☐ Norwegen (Süd) ..... 19,90 €
- ☐ Österreich (Ost) ..... 19,90 €
- ☐ Österreich (West) ..... 18,90 €
- ☐ Ostfriesland ..... 19,90 €
- ☐ Peloponnes ..... 18,90 €
- ☐ Pfalz ..... 19,90 €
- ☐ Piemont/Aosta-Tal ..... 19,90 €
- ☐ Polen (Nord/Masuren) ..... 17,90 €
- ☐ Polen (Süd/Schlesien) ..... 17,90 €
- ☐ Portugal ..... 17,90 €
- ☐ Provence & Côte d'Azur (Ost) ..... 18,90 €
- ☐ Provence & Côte d'Azur (West) ..... 18,90 €
- ☐ Rumänien ..... 19,90 €
- ☐ Pyrenäen ..... 17,90 €
- ☐ Sachsen ..... 19,90 €
- ☐ Sardinien ..... 19,90 €
- ☐ Schleswig-Holstein ..... 19,90 €
- ☐ Schottland ..... 18,90 €
- ☐ Schwarzwald ..... 17,90 €
- ☐ Schweden (Nord) ..... 18,90 €
- ☐ Schweden (Süd) ..... 19,90 €
- ☐ Schweiz (Ost) ..... 19,90 €
- ☐ Schweiz (West) ..... 18,90 €
- ☐ Sizilien ..... 18,90 €
- ☐ Slowenien ..... 17,90 €
- ☐ Spanien (Nord/Atlantik) ..... 19,90 €
- ☐ Spanien (Ost/Katalonien) ..... 18,90 €
- ☐ Spanien (Süd/Andalusien) ..... 17,90 €
- ☐ Südafrika (Krüger NP) ..... 24,90 €
- ☐ Süditalien (Ost/Apulien) ..... 19,90 €
- ☐ Süditalien (West/Kalabrien) ..... 17,90 €
- ☐ Süd-Tirol ..... 18,90 €
- ☐ Thüringen ..... 19,90 €
- ☐ Toskana & Elba ..... 19,90 €
- ☐ Trentino/Gardasee ..... 17,90 €
- ☐ Tschechien ..... 18,90 €
- ☐ Tunesien ..... 17,90 €
- ☐ Türkei (West) ..... 18,90 €
- ☐ Türkei (Mitte-Kappadokien) ..... 17,90 €
- ☐ Umbrien & Marken mit Adria ..... 18,90 €
- ☐ Ungarn ..... 17,90 €
- ☐ Venetien/Friaul ..... 19,90 €
- ☐ Wales ..... 18,90 €

... und jährlich werden's mehr!

* WOMO * WOMO * WOMO * WOMO *

Absender:

Datum

Unterschrift

WOMO®-VERLAG

Versandabteilung

Wiesenweg 4-6

98634 Mittelsdorf/Rhön

DIE REISE- UND ERLEBNISFÜHRER

* Bequeme Touren durchs ganze Urlaubsland.
* Viele Plätzchen für freie Übernachtungen mit GPS.
* Genaue Hinweise auf viele Trinkwasserstellen.
* Die schönsten Badeplätze, die nicht jeder kennt.
* Bergtouren und Spaziergänge für groß und klein.
* Die besten Anreiserouten, Fähren, usw.
* 300 Tipps und Tricks – für Ausrüstung, Reisevorbereitung und Urlaub.
* Ausgefeilte Profipackliste.
* Spezialkarten mit präzisen Einträgen der freien Stellplätze, Trinkwasser- und Entsorgungsstellen.

DAS KOCHBUCH

* Einrichtung der WOMO-Küche.
* Lebensmittel-Grundausstattung.
* Konserven selbst gemacht.
* Backen in der Bratpfanne – Kuchen, Pizza, Brote.
* Viele, viele WOMO-Rezepte für zwei Gasflammen – einfach, schnell und lecker!
* Einkochen im Urlaub.
* Spezialrezepte für den Dampftopf.
* Der WOMO-Pfannenknecht.

DAS HANDBUCH

* Beratung bei Kauf und Miete.
* Gas-, Wasser-, Elektroinstallation.
* Einrichten des Wohnmobils.
* Tipps & Tricks fürs Wochenende.
* 3200 freie deutsche Stellplätze.
* 700 deutsche Entsorgungsstationen.
* Urlaubsvorbereitung, Profipackliste.
* .Stellplatz-Infos für ganz Europa.
* Wohnmobil und Wintersport.
* Der WOMO-Urlaubspartner-Service.
* Gastankstellen in ganz Europa.

Unsere Bücher erhalten Sie in jeder Buchhandlung oder auf Rechnung direkt vom Verlag. Hier gibt's auch die aktuellen Infos über unsere ständigen Neuerscheinungen. (Versandkosten 1,20 €, ab 10 € portofrei / Ausland 4 €, Preisänderungen vorbehalten).

24 Std.-Bestell-Telefon: 036946-20691*Fax: 036946-20692
Internet: www.womo.de * eMail: verlag@womo.de**

* WOMO * WOMO * WOMO * WOMO *